근대 한중 교류의 기원

문학과 사상 그리고 학문의 교섭

이화학술총서

근대 한중 교류의 기원

:: 문학과 사상 그리고 학문의 교섭

• 홍석표 지음

이화여자대학교출판부

▮ 저자 서문 ▮

오늘날 중국의 위상이 높아지고 동아시아 내에서의 영향력이 커지면서 중국과의 관계는 그 어느 때보다도 한국의 정치·경제적 현실에 직접적으로 영향을 미치는 중요한 변수가 되었다. 이러한 때 우리는 공존과 호혜의 이념을 바탕으로 하는 정당한 한중 관계를 수립해나가야 할 것이다. 정당한 한중 관계를 수립하기 위해서는 지난 역사도 반추해보아야 한다. 근대 시기 공존과 호혜의 이념을 지향해온 한중 교류의 역사적 경험을 돌아보고 그 기억을 되살릴 필요가 있기 때문이다. 이 책은 다양한 실증적 자료를 활용해 근대 한중 교류의 실상을 드러내고 상호 이해의 흔적을 추적한 것이다. 구체적으로는 중국 현대문학을 매개로 한국과 중국의 문학과 사상, 그리고 학문의 교섭이 어떻게 이루어졌는지 고찰했는데, 이는 곧 근대 한중 교류의 기원을 탐색하는 일이다.

일제 치하에서 주권을 상실한 한국은 주체적으로 중국과 교류할 수 없었다. 그 결과 양국의 교류는 주로 비공식적이고 개인적인 차원에서 매우 제한적으로 이루어졌다. 이러한 상황을 고려한다면, 그 시기 한중 교류의 구체적인 사실(史實)을 실증적으로 밝혀내는 것만으로도 대단히 중요한 학술적 가치를 갖는다. 이 책은 새로 발굴한 다양한 실증적 자료를 활용해 세밀한 고증을 진행함으로써 그동안 잘 알려지지 않았던 한중 교류의 많은 새로운 사실을 밝혀내고 있다. 더욱이 문인과 학인(學人)을 중심으로 한중 지식인의 만남과 접촉, 서로에게 끼친 사상적 영향 등을 구체적인 사례를 들어 서술하고 있어 흥미진진한 이야기가 전개될 것이다.

그동안 한국에서의 '중국 현대문학 연구'는 괄목할 만한 발전을 이룩하면서 연구 영역을 끊임없이 확대해왔다. 문학을 위시해 영화와 문화, 학술과 지식인, 사상과 담론, 한중의 문학(문화) 교류와 비교 등 연구 분야가 다양해졌다. 이제는 개별 연구 영역 내에서 무엇을 중점적으로 다루어야 하는지, 영역별 연구의 허와 실은 무엇인지, 어떤 영역을 비교우위에 둘 것인지 하는 문제에 대해 전반적으로 점검할 시간이 필요하다. 물론 이러한 점검은 연구자 개인별로 민감한 사안이고 결론을 곧바로 도출할 수 있는 것도 아니지만, 점검과 토론을 통해 문제의식을 공유할 필요가 있을 것이다.

보통 '가까운 과거'를 기술하게 되면, 즉 지금의 시점에서 '중국 현대문학'을 기술하게 되면 단절적인 요소가 두드러져 보여 세밀한 시기 구분이 요구된다. 그러나 일정한 시간이 경과한 후 '먼 과거'를 기술하게 되면 연속적인 측면이 부각되어 세밀한 시기 구분은 의미를 상실하게 된다. 그러면 중국 현대문학에서 이른바 '근대 · 현대 · 당대'라는 시기 구분 개념도 무색해질지 모른다. 이때 전통의 내면화 또는 전통의 현대적 변용이 중시되어 고전전통과 현대문학과의 관련 양상 및 고전전통을 탐구한 현대학술을 연구해야 할 과제가 우리 앞에 놓이게 된다. 또한 그동안 주요 화두로 떠오른 '동아시아문학' 또는 '동아시아공동체' 담론만 하더라도 그 가치를 실현하기 위해서는 이론적인 탐색뿐만 아니라 지난 과거의 역사적 경험을 확인하고 되살리는 실증적 연구가 절실하다. 과거보다 나은 현재를 만들기 위해 과거의 무엇을 상기할 것인가, 과거에 대한 지식을 어떻게 새롭게 형성할 것인가, 나아가 그 지식을 어떻게 이론적으로 구성할 것인가 하는 문제를 고민해야 한다. 이때 한중의 문학과 사상,

학문의 교섭 및 그에 대한 비교 연구가 중요한 과제로 대두된다. 당위적인 이론을 제기하는 것 못지않게 그 실질을 구체적인 역사 속에서 검증해야 하기 때문이다.

더욱이 중국 현대문학의 성립은 중국의 근대 민족국가 성립과 밀접하게 관련되어 있는데, 만일 그것을 중국 고전전통과의 연계 속에서 다루려 한다면 근대 민족국가 개념으로서의 중국이라는 범주를 넘어서는 새로운 '중국' 개념을 창안해야 할 것이다. 중국의 고전전통은 오늘날 정치적 통합체로서 근대 민족국가의 중국에 한정되지 않고 동아시아가 공유해온 공통의 문화전통일 수 있기 때문이다. 이를 염두에 둔다면, '문화적 공간 개념으로서의 중국'이라는 범주를 새롭게 설정할 필요가 있다. 그래야만 『시경』, 『논어』, 『맹자』, 『삼국지』 등도 우리의 고전전통으로 받아들일 수 있을 것이다. 근대 시기에 시인 이육사(李陸史)도 『시경』의 시를 우리의 고전으로 읽으면서 "혈맥이 통하는"(「연인기」)이라는 말로 우리의 문화전통임을 강조한 바 있다.

근대 시기의 뒤틀린 역사적 경험이 현재에도 의식적, 무의식적으로 영향을 끼치고 있는 동아시아의 현실에서 각국의 정체성 확립에 필수 불가결한 역사와 민족의 문제는 여전히 회피할 수 없는 당면 과제로 남아 있다. 하지만 오늘날 근대 민족국가를 회의적인 시선으로 바라보는 상황에서 역사와 민족의 문제를 절대화할 수는 없을 것이다. 동아시아 역내의 정당한 관계 정립을 위해서는 민족국가 차원에서 각기 '차이'를 인정하면서도 민족국가의 틀을 넘어서서 '대화'를 열어가고자 하는 공존을 위한 노력이 무엇보다 중요하다. 이때 과거의 역사적 경험은 우리에게 새로운 계시를 준다.

중국의 문호 루쉰(魯迅)의 문학과 사상이 전후(戰後) 일본 사상계를 주도했던 다케우치 요시미(竹內好)에게 수용되어 그의 사상 체계의 절대적 구성 요소가 되었다는 것은 주지의 사실이다. 그런데 그 다케우치 요시미의 사상이 근래에 중국의 비평가 쑨거(孫歌)에 의해 다시 중국에 소개됨으로써 일본적 토양을 거친 루쉰이 중국으로 되돌아온 것이다. 만일 이러한 사상적 상호 침투와 영향이 한—중, 한—일, 중—일의 관계로 다양하게 확대될 수 있다면 동아시아의 한중일 국가 간 상호 이해는 극대화될 수 있을 것이다. 근대 시기 한중 교류에서 영향을 서로 주고받은 루쉰—다케우치 요시미의 관계에 필적할 만한 사상적 자원을 찾기는 쉽지 않다. 이는 일제 치하 열악한 한국의 특수한 사정에 기인함은 두말할 필요가 없다. 그렇기에 작지만 소중한 가치를 갖는, 한중 교류와 상호 이해의 역사적 경험을 발굴해 되살리는 일은 지금 우리가 해야 할 중요한 과제이다.

베이징대학 교수이자 저명한 산문 작가인 저우쭤런(周作人)은 1925년 당시 존재가 희미했던 조선의 정체성을 적극적으로 인정하면서 중국의 문화를 연구하는 데 일본학 못지않게 조선학도 필요하다고 다음과 같이 역설한 바 있다. "우리는 일본학이 우리나라 문화 연구에 적지 않은 도움을 줄 수 있다는 것을 알고 있으며, 동시에 조선이 기여할 수 있는 것도 일본만 못지않다는 것을 알아야만 한다…… 일본적인 것도 아니요 또 전적으로 중국적인 것도 아니다. 나는 여기에 덧붙여 조선의 예술에 대해 경의를 표하고 싶다"(「조선 전설」). 역시 베이징대학 교수를 역임한 웨이젠공(魏建功)은 1926—1927년 경성제국대학 중국어문학과의 중국어 '강사'로 초빙되어 서울에 체류하면서 그때의 느낌을 이렇게 서술했다. "목전의 사실(事實)로서 중한 인민이 감정적으로 미워하는 것과 이상(理想)으로서 중한 인민이 정신적으로 우호적인 것은 '공영공존'의 '동아주의(東亞主義)'의 표면과 이면이다"(「중한 사이의 애증」). 웨이젠공은 한중 인민들 사이에 미워하는 정서가 표면적으로 드러나기도 하지만 저변에 흐르는 우호적인 정신적 유대감이 본질임을 강조한 것이다.

루쉰의 제자이자 루쉰의 정신을 잘 계승한 비평가로 평가되는 후펑(胡風)은 1936년 4월 조선과 타이완(臺灣) 작가의 작품을 번역한 단편소설집 『산신령(山靈)』—조선 작가 장혁주(張赫宙)의 작품 「산신령」을 소설집 제목으로 삼았음—을 펴냈다. 그는 당시 일제 치하에서 신음하고 있던 조선과 타이완 민중의 실상을 중국 독자들에게 알리고자 이들 작품을 번역했다. "그들의 문학 작품이 현재 중국 독자들에게 반드시 소개되어야 한다고 생각했다…… 나는 작품 안의 인물 속으로 점점 빠져들어 그들이 감내하고 있는 거대한 마귀의 손아귀에 짓눌려 그들과 함께 고통스러워하고 몸부림쳤다"(『산신령 · 서』). 시인 이육사는 1933년 6월 중국 상하이에 체류하던 중 중국의 민주인사 양싱포(楊杏佛)의 빈소를 찾았다가 루쉰을 만났고, 그 감회를 1936년 10월 「루쉰 추도문」에서 다음과 같이 감동적으로 서술했다. "외국의 선배 앞이며 처소가 처소인 만치 다만 근신과 공손할 뿐인 나의 손을 다시 한 번 잡아 줄 때는 그는 매우 익숙하고 친절한 친구이였다…… 암연 한 줄기 눈물을 지우느니 어찌 조선의 한 사람 후배로서 이 붓을 잡는 나뿐이랴." 이렇듯 근대 시기 한중 사이에 서로 이해하고 존중하고자 했던 역사적 경험은 적지 않으며 그 내용도 시사하는 바가 크다.

그동안 필자는 중국 현대문학을 연구해오면서 종종 충일감(充溢感)을 느끼곤 했다. 중국 현대문학은 중국의 현실과 밀접하게 관련되어 있어 현대 중국을 이해하는 지름길이라는 점 이외에 그것이 근대 이후 한국과 직간접적으로 연결되어 있어서 현실적 의의가 특별하다는 점 때문이었다. 필자는 먼저 루쉰 문학을 중심으로 중국 현대문학을 연구했고 이어 중국 현대문학사 연구로 나아갔으며, 다시 연구 영역을 확대해 중국 현대학술 분야에도 관심을 집중해왔다. 지난 20세기 전체를 포괄하는 중국 현대문학과 현대학술은 멀지 않은 과거에서 시작되어 지금도 변화와 성장을 거듭하고 있는 영역이기에 그에 대한 연구는 역사의식과 현실감을 강화시켜준다. 더욱이 중국 현대문학의 작가와 작품 및 현대학술과 현대학인(學人)에 대한 연구는 그 흔적이 지금도 곳곳에 그대로 남아 있어 새로운 자료의 발굴과 현장답사를 통한 실증적 고찰이 가능하다. 그동안의 연구 과정에서 필자는 중국 현대문학과 현대학술이 한국 또는 한국인과 직간접적으로 연결되어 있다는 사실을 깨닫고 관련 자료를 모으며 그에 대한 연구도 병행해왔다. 그것은 각기 다른 정치·문화적 환경에서 이룩된 한중의 '근대 경험'을 상호 비교하며 반추하는 작업의 일환이었다. 이 책은 바로 그 연구 성과를 담은 것이다.

이 책에서는 근대 시기 한국의 이육사(李陸史), 김태준(金台俊), 그리고 중국의 루쉰(魯迅), 장아이링(張愛玲)을 중심으로 한중 지식인의 문학적 교류와 학문적 교섭, 나아가 사상적 접촉이 어떻게 이루어졌는지 다루었다. 새로운 자료의 발굴로 처음 소개하는 내용도 많고 현지답사를 아우르는 세밀한 실증적 고증도 돋보일 것이다. 구체적으로는 이육사의 베이징 '중국대학(中國大學)' 유학, 이육사의 루쉰 문학 및 중국 현대문학과의 관련성, 김태준의 중국 신문에 소개와 한중의 학문적 교섭, 김태준과 후스(胡適)의 근대적 문학사 서술의 비교와 한문학의 정체성, 루쉰을 비롯한 중국 지식인의 근대적 '조선' 인식, 루쉰 제자들의 '조선' 체험과 '조선인' 형상화, 장아이링과 최승희의 만남, 장아이링의 문학세계와 한국전쟁 서사 등을 주요 내용으로 삼았다. 다만 서장은 근대 시기 한중 교류의 전체적인 윤곽을 살피기 위해 이 책의 주요 내용을 중심으로 현지답사의 현장감을 더해서 새로이 구성한 것이다. 또 이 책의 주제와 부합한다고 생각해 『점석재화보(點石齋畫報)』의 조선 재현 양상을 보론으로 실었고, 이육사, 김태준, 루쉰, 장아이링의 전기적 사실을 이해하는 데 도움을 주고자 각각의 연보를 부록으로 덧붙였다. 아무쪼록 이 책이 한중 교류와 상호 이해의 역사적 경험의 실상을 드러내어 현실적 계시를 줄 수 있기를 기대한다.

이 책이 완성되기까지 많은 분들의 도움이 있었다. 일일이 밝힐 수는 없지만, 일반 독자의 입장에서 조언을 아끼지 않으신 분, 현지답사를 함께하거나 안내해주신 분, 자료 구입이나 연보 작성에 도움을 준 대학원생들, 모두에게 이 자리를 빌려 감사를 드린다. 아울러 충실한 연구가 진행될 수 있도록 재정적 지원을 해주고 또 멋진 책으로 꾸며준 이화여자대학교출판부에도 깊은 사의(謝意)를 표한다.

2015년 1월

홍석표

차례

저자 서문 5

서장 근대 한중 교류의 윤곽 15

제1부 이육사: 중국 유학을 계기로 중국 현대문학을 소개하다

제1장 이육사의 중국 유학 45

1. 절망적 현실과 무지개의 꿈 45
2. 베이징 '중국대학(中國大學)' 유학 50
3. 베이징 중국대학의 실체와 학적 상황 60
4. 중국어 독해 능력과 중국어 번역 69
5. 전통과 근대의 내면화 76

제2장 이육사의 루쉰 대면과 중국 현대문학 소개 79

1. 동양 고전시와 중국 현대문학에 대한 열정 79
2. 루쉰 대면과 '문학적 실천' 83
3. 예술성과 사상성의 통일 93
4. '자기의식'과 '조선적 전통' 또는 '동양적인 것' 99

제2부 김태준: 중국 신문학을 매개로 근대학문을 시작하다

제3장 김태준의 학문 연구와 동아시아 지평 속의 학문적 교섭 109

1. 경성제국대학의 새로운 학문 분야 109
2. 중국 신문예의 소개 117
3. 루쉰 문학의 이해와 학문 성과의 공유 123
4. 중국소설사에 대한 인식과 그 차이 130
5. 동아시아 지평 속의 학문적 교섭 136

제4장 김태준과 후스의 근대적 문학사 서술 139

1. 자국 문학사 서술 139
2. 중국 신문화운동의 자극 147
3. 전통문학의 이원대립적 구조 152
4. 민간문학 · 속문학의 중시와 학술문화운동 160
5. 한문학의 정체성 168
6. 시대적 한계와 문화운동의 특수성 175

제3부 루쉰(魯迅): 전통 관념에서 벗어나 한국을 이해하다

제5장 루쉰의 근대적 '조선' 인식 181

1. 홍커우공원에서 루쉰공원으로 181
2. '신생의 희망' 188
3. '소리 없는' 조선 195
4. 신언준과 카라시마 타케시의 루쉰 방문 202
5. '망국노'의 철학과 근대적 '조선' 인식 212

제6장 루쉰과 그 제자들의 심화된 '조선' 이해 217

1. 루쉰과 그 제자들 217
2. 웨이젠공의 조선 체험 223
3. 타이징농의 소설에 나타난 조선인 형상 233
4. 리지예가 소개한 일화: 김구경과 어느 일본인 241
5. 루쉰으로부터 받은 정신적 영향 249

제4부 장아이링(張愛玲): 한국과의 인연으로 문학적 주제를 심화하다

제7장 장아이링과 최승희, 그리고 한국전쟁 서사 255

1. 장아이링과 한국 255
2. 상하이 여작가와의 좌담회: 최승희와 장아이링의 만남 261
3. 『적지지련』의 한국전쟁 서사: 이념 대립의 극복과 초월 269
4. 『대조기』의 마지막 '몽타주' 사진: 김일성 사망 소식 281
5. 장아이링과 선총원, 그리고 루쉰 288

제8장 장아이링의 서사 전략: 축적된 곤경의 기억 292

1. 대도시 상하이와 '경계지대'의 경험 292
2. 비극적인 시간의식과 시대문명에 대한 회의 295
3. '불철저'한 정체성과 '엇섞인 대조'의 묘사법 301
4. 순간의 진실과 기억의 슬픈 서사 310
5. 곤경의 기억과 실상의 계시 319

보론 『점석재화보(點石齋畵報)』의 조선 재현 양상 323

1. 『점석재화보』의 내용 323
2. 『점석재화보』의 성격과 조선 관련 화보 326
3. 조선 관련 화보에 반영된 시각과 욕망 335
4. 조선 인식과 재현 양상 345
5. 화이관(華夷觀)을 넘어 356

연보 361
참고문헌 388
출전 396
찾아보기 397

서장

근대 한중 교류의 윤곽

루쉰(魯迅)은 1904－1905년 일본의 센다이(仙臺)의학전문학교에서 유학할 때 그의 강의노트를 일일이 고쳐주며 지도와 격려를 아끼지 않았던 후지노 겐쿠로(藤野嚴九郎) 교수를 나중에 '위대한' 스승으로 기린 바 있다(「후지노 선생(藤野先生)」). 루쉰은 그 보답이라도 하듯이 1931년 자신의 저서 『중국소설사략(中國小說史略)』을 일본어로 번역하기 위해 내방한 젊은 일본인 학자 마쓰다 와타루(增田涉)에게 3개월여 동안이나 마치 개인교습을 하는 것처럼 매일 그 내용을 설명해주기도 했다. 루쉰과 후지노 및 마쓰다 사이의 일화는 민간 차원의 중일 교류에 있어서 귀감이 될 만한 사례를 보여준다.

근대 시기 한국과 중국, 일본 상호 간의 교류는 주로 일본을 중심으로 중일 관계 또는 한일 관계 속에서 이루어졌다. 그 시기 한중 교류는 매우 제한적으로 이루어졌는데, 그것은 주권을 상실한 한국의 특수한 사정이 빚어낸 결과였다. 하지만 좀 더 적극적으로 찾아보면, 당시 한중 교류를 돋보이게 하는 실례도 적지 않았음을 확인할 수 있다. 예컨대 이육사, 신언준, 김태준, 류수인, 최승희 등은 중국과의 교류를 적극적으로 모색했다. 이들은 각각 문인, 기자, 학자, 독립운동가, 예술가 등의 신분으로서 다양한 분야에서 활동했으니, 이들을 통해 근대 시기 한중 교류가 어떻게 이루어졌는지 전체적인 윤곽을 살펴볼 수 있을 것이다.

그 누구보다 루쉰을 정확히 이해했던 시인 이육사

몇 년 전, 충청남도 홍성에 있는 만해 한용운 생가를 찾은 적이 있다. 당시 그곳의 시비를 통해 만해는 물론이요, 시인 이육사, 윤동주가 다 광복을 보지 못하고 해방 직전에 서거했다는 사실을 알고 무척 안타까워했던 기억이 생생하다. 한용운, 이육사, 윤동주는 민족 수난기의 가장 뛰어난 민족저항시인으로 일컬어진다. 그 가운데 「청포도」, 「절정」, 「광야」라는 시로 유명한 이육사(李陸史, 1904－1944)는 "겨울은 강철로 된 무지갠가 보다"(「절정」)라고 하며 겨울의 엄혹한 현실 속에서도 오히려 강철로 단련되어 무지개를 꿈꾸었다. "차마 바람도 흔들진 못해라"(「교목」)라는 표현에서 보듯 그는 굳은 신념으로 한 치의 흔들림도 없는 정신적 경지에 이르렀다.

그런 육사가 중국 유학을 했으며 중국 현대문학을 국내에 적극 소개했다는 사실은 잘 알려져 있지 않다. 육사는 중국의 문호 루쉰(魯迅, 1881－1936)의 단편소설 「고향(故鄕)」을 최초로 번역했으며, 중국 현대 시단을 소개하고, 서정시인 쉬즈모(徐志摩)의 시, 문학혁명을 제창한 후스(胡適)의 문학사 저작을 번역하기도 했다. 한국인으로서는 드물게 루쉰을 만나기도 했는데, 중국 현대문학에서 루쉰의 무게를 고려할 때 그 인연에 주목하지 않을 수 없다. 필자의 고증에 의하면, 육사는 1926－1927년 사이의 두 학기 동안 베이징의 '중국대학(中國大學)'에 유학한 바 있다. 그런데 이 대학은 1949년에 폐교되었는데 육사가 다닐 당시에는 베이징 시단(西單)에 위치한 정왕부(鄭王府)를 캠퍼스로 사용했다. 현재 이곳에는 중국 교육부가 자리하고 있다. 필자는 육사의 중국대학 학적을 추적하기 위해 생존하고 있는 중국대학 졸업생들을 만나보기도 했는데, 그들은 이육사라는 한국의 유명한 민족시인이 중국대학의 동문이라는 사실에 중국대학에 관한 여러 가지 자료를 제공해주기도 했다.

육사는 중국대학 이외에 1932년 10월부터 이듬해 4월까지 중국 난징(南京) 근교의 조선혁명군사간부학교에서 6개월간 교육을 받았고, 바로 이 군사간부학교를 졸업한 후 국내로 잠입하기 직전 상하이에 잠시 체류하던 중 우연히 루쉰을 만나게 된다. 1933년 6월 18일 당시 중국의 민주인사 양싱포(楊杏佛)가 암살되어 그 빈소가 상하이의 만국빈의사(萬國殯儀社)에 마련되었고, 육사도 조문을 위해 빈소를 찾았다가 쑨원(孫文)의 부인 쑹칭링(宋慶玲)과 함께 온 루쉰을 대면한 것이다. 육사는 1936년 10월 19일 루쉰이 사망하자 나흘 뒤 『조선일보』에 「루쉰 추도문(魯迅追悼文)」을 게재해 루쉰의 죽음을 애도하며 그때의 정황을 소개했다. 그는 "처소가 처소인 만치 다만 근신과 공손할 뿐인 나의 손을 다시 한 번 잡아 줄 때는 그(루쉰)는 매우 익숙하고 친절한 친구이였다"라며 당시 중국을 대표하는 진보적인 문인 루쉰을 만나본 남다른 심경을 표현했다. 육사는 루쉰과의 만남을 매우 의미심장한 것으로 여겼을까? 육사는 루쉰을 만난 후 문학 창작에 매진했을 뿐 아니라 중국 현대문학을 적극 번역해 소개했다.

사실 육사의 「루쉰 추도문」은 추도문이라는 제목을 달고 있지만 문학평론인 '루쉰론'이라 할 만한데, 육사는 이 글에서 중국인의 국민성을 비

이육사가 루쉰을 만난 만국빈의사(萬國殯儀社)의 현재 모습(2012년 촬영)

판한 루쉰의 문학을 가장 정확하게 평가했다. 그는 우선 "루쉰의 소설에는 주장이 개념에 흐른다거나 조금도 무리가 없는 것은 그의 작가적 수완이 탁월하다는 것을 말하지 않을 수 없다"라고 지적했다. 특히 육사는 예술과 정치의 관계에서 루쉰이 취한 입장을 정확하게 정리해냄으로써 그것을 자신의 문학 창작의 방향으로 수렴해나갔던 것으로 보인다. "루쉰에 있어서는 예술은 정치의 노예가 아닐 뿐 아니라 적어도 예술이 정치의 선구자인 동시에 혼동도 분립도 아닌, 즉 우수한 작품, 진보적인 작품을 산출하는 데만 문호 루쉰의 위치는 높아갔고……"라는 글에서 알 수 있는 루쉰의 문학적 태도는 육사에게 문학의 예술적 독립성을 견지하면서도 예술과 정치를 통일시키려는 관점을 확보해주었던 것으로 보인다. 이렇게 육사는 루쉰이 그랬던 것처럼 문학의 예술성을 놓치지 않으면서도 민족과 역사의 문제를 체화해 문학적으로 승화시킴으로써 저항과 진보를 대변하는 문인이 될 수 있었던 것이다.

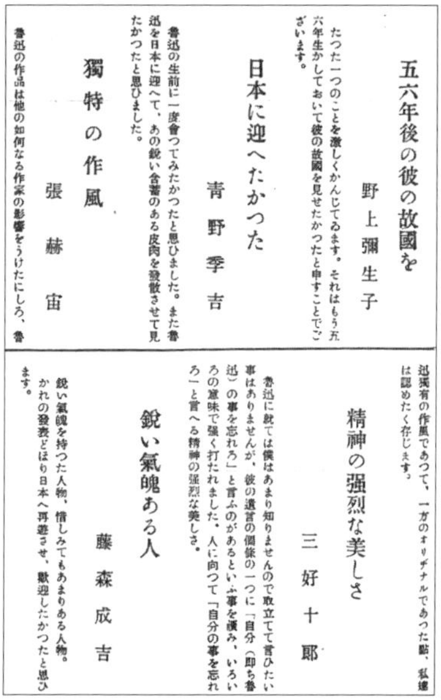

五六年後の彼の故國を　野上彌生子

たつた一つのことを激しくかんじてゐます。それはもう五六年生かしておいて彼の故國を見せたかつたと申すことでございます。

日本に迎へたかつた　青野季吉

魯迅の生前に一度會つてみたかつたと思ひました。また魯迅を日本に迎へて、あの鋭い含蓄のある皮肉を發散させて見たかつたと思ひました。

獨特の作風　張赫宙

魯迅の作品は他の如何なる作家の影響をうけたにしろ、魯迅獨有の作風であつて、一方のオリヂナルであつた點、私達は認めたく存じます。

精神の强烈な美しさ　三好十郎

魯迅に就ては僕はあまり知りませんので取立てて言ひたい事はありませんが、彼の遺言の個條の一つに「自分（即ち魯迅）の事を忘れろ」と言ふのがあるといふ事を讀み、いろいろの意味で強く打たれました。人に向つて「自分の事を忘れろ」と言へる精神の强烈な美しさ。

鋭い氣魄ある人　藤森成吉

鋭い氣魄を持つた人物、惜しみてもあまりある人物。かれの發表どほり日本へ再遊させ、歡迎したかつたと思ひます。

장혁주의 「독특한 작풍」

루쉰 사후에 루쉰을 기리는 글을 쓴 한국 문인 중에는 장혁주(張赫宙)라는 인물도 있다. 그는 일본 잡지 『문학안내(文學案內)』에 「독특한 작풍」이라는 제목으로 “루쉰의 작품은 다른 어떤 작가의 영향을 받았다고 하더라도 루쉰 특유의 작풍이었으며, 일면 오리지널이었다는 점을 우리는 인정하고 싶습니다”라는 내용의 짧은 글을 실은 바 있다. 흥미로운 것은, 육사가 군사간부학교에 입교하기 전인 1932년 3월 조선일보 대구 지국에서 기자로 재직하면서 신진 작가를 인터뷰했는데, 그가 바로 장혁주였다는 사실이다. 마침 장혁주는 일본 잡지 『개조(改造)』의 현상공모에 「아귀도(餓鬼道)」라는 소설이 당선되어 크게 촉망받고 있었다. 이 인터뷰에서 육사는 “그의 눈은 이지에 타는 듯이 빛났다”, “우리 장(張) 군은 확실히 눈의 사람인 모양이다”(「신진작가 장혁주 군 방문기」)라고 하며 장혁주에게 상당한 호의와 기대를 표현했다. 그러나 바로 이 인터뷰 이후 육사는 곧 중국으로 건너가 군사간부학교를 거치고 루쉰을 만났으며 독립운동에 적극 가담하게 되는 반면, 장혁주는 일본을 왕래하거나 체류하면서 일본 작가들과 교류, 점차 친일적인 경향을 드러내게 된다. 이처럼 상반된 행보는 개인적인 차이에서 비롯되었겠지만, 당시 ‘중국’—국가나 민족 개념이 아니라 문화적 공간 개념—이라는 활동 공간과 ‘일본’이라는 활동 공간의 차이도 육사와 장혁주 두 사람의 행보에 일정한 영향을 끼친 것은 아닐까.

루쉰을 취재한 신언준, 루쉰과 서신을 주고받은 카라시마 타케시

루쉰을 만나본 한국인으로는 『동아일보』 상하이 특파원 기자였던 신언준(申彦俊, 1904－1938)이 있는데 그는 육사보다 한 달 앞서 루쉰을 만났다. 신언준은 1933년 5월 22일 루쉰을 내방하고 루쉰과 대담을 가진 바 있으며, 그 내용을 정리해 1934년 4월 『신동아』에 「루쉰 방문기」라는 제목으로 발표했다. 이 방문과 관련해 신언준이 루쉰과 만난 장소가 일본인 우치야마 간조(內山完造)가 운영하던 상하이의 우치야마서점(內山書店)인 것으로 알려져 왔다. 하지만 최근 필자가 조사한 바에 의하면, 그 장소는 우치야마서점으로부터 200미터 가량 떨어진 곳에 마련된 루쉰의 장서실(藏書室)이었다. 이 장서실은 표면상으로는 루쉰 개인의 장서를 보

中國의 大文豪
魯迅訪問記
上海 申彦俊

신언준의 「루쉰 방문기」(『신동아』, 1934)

루쉰의 장서실(2012년 촬영)

관하기 위해 마련한 것이지만, 실은 요주의 인물로 지목된 본인의 비밀 장소로 활용하기 위한 것이기도 했다.

우치야마서점 주인 내외의 안내를 받아 이 장서실을 찾은 신언준은 루쉰과 마주 앉아 대화를 나눴는데, 신언준은 이때의 정황을 「루쉰 방문기」에서 "컴컴한 책성(册城)을 등지고 그(루쉰)는 나와 정면으로 대좌(對坐)하였다"라고 서술했다. 신언준은 '대문호 루쉰'을 겉모습이 매우 평범한 인물로 묘사하면서도 "그는 보기와 딴판인 건담(健談)의 사람이다. 그의 이야기하는 태도는 어린 아이들과 자근자근 속삭이는 천진미(天眞味)가 있다. 아주 무사기(無邪氣)하다"라고 표현했다.

신언준은 신문기자로서 취재차 루쉰을 내방했지만, 이미 루쉰의 문학을 잘 이해하고 있었던 것 같다. 신언준은 루쉰을 소개해 "마치 메스를 들고 만나는 사람마다(물론 그 사람들은 모두가 환자) 마취약도 바르지 않고 그들의 환부를 해부하는 괴의생(怪醫生) 같이 보였다"라고 하고, 또 "사실주의자 루쉰의 충실한 붓대는 냉정무사(冷情無私)한 필치로 중국인의 진상을 그대로 폭로하였다"라고 설명하기도 했다. 그는 루쉰이 조선의 현실 상황을 적극적으로 알아보고자 "조선 정형(情形)을 물었던" 사실도 빠뜨리지 않고 서술했다.

여기서 우리는 신언준과 비슷한 시기, 즉 1933년 1월 루쉰을 내방한 서울의 경성제국대학 교수 카라시마 타케시(辛島驍, 1903-1967)를 떠올리지 않을 수 없다. 카라시마 타케시는 도쿄제국대학 중문과 출신으로 중국 고전문학을 전공했고 경성제국대학 중국어문학과 교수로 부임하게 된 인물이다. 그는 세 차례 루쉰을 방문하고 루쉰과 서신을 주고받았으며, 진보적인 입장에서 중국의 신문예를 생생하게 소개했을 뿐만 아니라 중국 국민당의 사상 탄압을 비판적으로 묘사한 바 있다. 카라시마가 중국의 신문예를 생생하게 소개할 수 있었던 것은 당시 중국 문단의 중심인물이던 루쉰으로부터 직접 문단 상황을 전해 들을 수 있었기 때문인데, 그는 루쉰과의 교류 및 루쉰으로부터 받은 가르침을 매우 중시했고, 중국의 신문예를 소개하면서 루쉰과 좌익문예를 대단히 비중 있게 다루었다. 하지만 1930년대 후반부터 '조선문인협회' 결성에 간여해 조선 문인들을 일본의 전시 체제에 동원하는 등 일본의 '국책' 선전에 앞장서게 된다.

1937년 4월호 『조선과 만주(朝鮮及滿洲)』라는 잡지에 실린 와카모토 하마요시(岡本濱吉)의 「성대(城大) 교수 평판기(3)」에는 '카라시마 타케시 조교수'에 대한 평판이 이렇게 서술되어 있다. "그는 중국문학사, 중국소설, 초사 등을 강의하고 있지만 좌익은 아니며 파쇼라고 말하는 사람이 많다. 아무리 좌익에 동정하는 것 같은 제스처를 취하고 있지만, 본심은 반동가라고 하는 평판도 있다." 이후 카라시마의 행보를 볼 때 와카모토의 평판은 정확하게 들어맞았다고 볼 수 있다. 그동안 중국 학자들은 카라시마

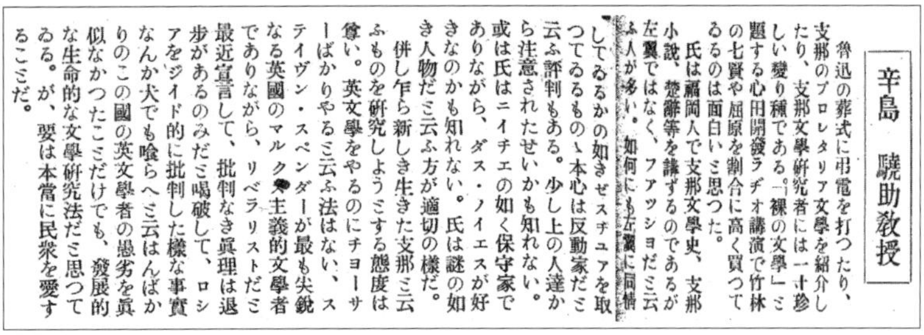

辛島　驍助教授

魯迅の葬式に弔電を打つたり、支那のプロレタリア文學を紹介したり、支那文學研究者には一寸珍しい變り種である。「裸の文學」と題する心用開發ラヂオ講演で竹林の七賢や屈原を割合に高く買つてゐるのは面白いと思つた。

氏は福岡人で支那文學史、支那小說、楚辭等を講ずるのであるが左翼ではなく、ファッショだと云ふ人が多い。如何にも左翼に同情してゐるかの如きゼスチュアを取つてゐるものゝ本心は反動家だと云ふ評判もある。少し上の人達から注意されたせいかも知れない。或は氏はニイチエの如く保守家でありながら、ダス・ノイエスが好きなのかも知れない。氏は謎の如き人物だと云ふ方が適切の樣だ。

併し乍ら新しき生きた支那と云ふものを研究しようとする態度は偉い。英文學をやるのにチヨーサーばかりやると云ふ法はない、スティヴン・スペンダーが最も尖鋭なる英國のマルクス主義的文學者でありながら、リベラリストだと最近宣言して、批判なき眞理は退步があるのみだと喝破して、ロシアをジイド的に批判した樣な事實なんか犬でも喰らへと云はんばかりのこの國の英文學者の愚劣を眞似なかつたことだけでも、發展的な生命的な文學研究法だと思つてゐる。が、要は本當に民衆を愛することだ。

와카모토 하마요시의 「성대(城大) 교수 평판기(3)」- 카라시마 타케시 조교수에 대한 평판 내용

를 연구할 때 주로 루쉰과의 교류, 중국학 연구 성과에만 치중해 그의 기회주의적인 태도와 일본의 '국책' 선전과 같은 사상적 경향에는 주목하지 않았는데, 이제는 시야를 넓혀 보다 확대된 인식을 가져야 할 것이다.

요컨대, 비슷한 시기에 루쉰과 인연을 맺은 이육사, 장혁주, 신언준, 카라시마는 나아간 길이 갈라졌다. 이육사와 신언준은 한국의 독립운동에 참여하고 진보적인 입장에서 중국 현대문학을 소개했으며 중국의 정치 정세와 사상 동향도 적극 소개했다. 반면 장혁주와 카라시마는 점차 기회주의적인 태도를 드러내며 친일문학에 기울거나 일본의 '국책' 선전에 적극 가담했던 것이다. 이러한 사실은 우리에게 역사와 민족의 문제에 대해 다시금 사고하도록 이끈다. 21세기에 이른 오늘날 역사와 민족의 문제가 절대화될 수 없음은 당연하지만 우리의 정체성을 확립하는 데 그것은 여전히 필수 불가결한 요소이기 때문이다.

자국의 전통문학을 정리한 김태준과 후스

김태준(金台俊, 1905-1949)은 한국 최초의 체계적인 근대적 문학사 저술에 해당하는 『조선소설사』와 『조선한문학사』를 완성한 탁월한 국문학 연

구자이다. 이 두 문학사 책은 오늘날에도 국문학 연구에서 빠뜨릴 수 없는 필독서로 통하는데, 사실 김태준은 중국문학 전공자였다. 그는 1926년 경성제국대학 예과에 입학했고, 이어 1928년 본과 중국어문학과에 진학해 중국문학을 본격적으로 연구했다.

1930년 여름, 졸업을 앞둔 김태준은 졸업논문에 필요한 자료를 수집하기 위해 중국 베이징을 방문한다. 그의 「외국문학 전공의 변(辯)」이라는 글에 소상하게 서술되어 있듯이 이 베이징 답사는 김태준에게 매우 의미심장한 경험이었다. 그는 중국에는 건설도상에 있는 신문학이 많다는 것, 중국문학 연구의 사명은 이 신문학의 수입과 소개 · 번역이 아니면 안 된다는 것, 정치와 문학을 일원(一元)적으로 파악해야 한다는 것 등을 깨달았다. 베이징 답사는 김태준에게 학문 연구의 어떤 전환점을 가져다주었으니, 그는 이 답사를 통해 중국 신문학 연구의 필요성을 절감했을 뿐 아니라 중국의 새로운 학술 성과를 목도함으로써 이에 자극을 받아 조선의 전통문학도 체계적으로 정리해야 한다고 생각했다. 이것은 김태준이 『조선한문학사』의 결론에서 "만일 이 뒤로 중국문학이 수입된다면 그것은 물론 백화문학(白話文學)일 것이다…… 낡은 것을 정리하고 새로 새 것을 배워서 신문화의 건설에 힘쓰자!"라고 강조한 데서 여실이 드러난다. 신문화 건설에 앞서 낡은 것을 정리하는 작업이 수순일 때, 중국문학 연구자이지만 김태준으로서는 우리 문학을 정리하는 '조선소설사'와 '조선한문학사'의 서술을 급선무로 여길 수밖에 없었다.

여기서 우리는 중국의 저명한 사상가로 중국 신문학의 수립을 위해 문학혁명을 제창했던 후스(胡適, 1891–1962)도 중국문학사 저작을 남겼고, 중국 최초의 근대소설 「광인일기」를 발표했던 루쉰(魯迅)도 중국소설사를 저술했다는 사실을 상기할 필요가 있다. 후스는 문학혁명의 필요성을 역설하면서 문언문인 고문을 폐기하고 언문일치의 구어체로 된 백화문학

김태준이 졸업논문에 필요한 자료를 수집하기 위해 방문한 베이징의 류리창 거리

을 창작할 것을 주장했는데, 그는 백화문학의 당위성을 중국의 과거 문학 속에서 검증하기 위해 『백화문학사(白話文學史)』(1928)를 저술했다. 루쉰은 흩어져 있는 중국의 수많은 고소설들을 체계적으로 정리한 뒤 그 유명한 『중국소설사략(中國小說史略)』(1925)을 저술했다. 이렇게 중국에서는 우리보다 한발 앞서 몇몇 근대적 문학사 저술이 이미 나와 있었다. 중국문학 전공자로서 김태준은 이때 베이징 답사를 통해 백화문학이 주류로 부상해 중국 신문학을 구성하고 있으며 중국 고전문학을 정리한 근대적 학술 성과가 두드러진다는 사실을 직접 눈으로 확인하면서 큰 자극을 받았다. 김태준이 1930년 베이징을 다녀온 직후 그해 10월부터 『동아일보』에 중국 신문학을 소개한 「문학혁명 후의 중국문예관」(18회 연재)이라는 글을 연재하고, 동시에 한국의 고전소설을 정리한 『조선소설사』(68회 연재)를 연재하는 등 왕성한 저술 활동을 펼친 것은 베이징에서 받은 자

극과 무관하지 않을 것이다. 뿐만 아니라 이듬해 12월에는 한국의 전통 한문학을 정리한 『조선한문학사』도 완성해 출판했다.

따라서 한중 양국은 비슷한 시기에 근대적인 학술 활동을 통해 자국의 전통문학을 정리한 근대적 문학사를 갖게 되었다. 김태준이 '조선소설사'와 '조선한문학사'를 쓸 수 있었던 데는 무엇보다 그의 탁월한 개인적 능력이 큰 몫을 차지한다. 더욱이 그가 중국문학을 전공하고 있었기에 조윤제, 김재철, 이희승 등 다른 '조선어문학회' 성원들보다 유리한 위치에서 전통문학을 다룰 수 있었다는 점도 지적하지 않을 수 없다. 한국의 전통문학은 한문학이 주류를 이루어왔고 중국문학의 영향을 많이 받아온 탓에 한국의 전통문학을 정리하는 데 한중 비교문학적 관점의 확보가 대단히 중요했기 때문이다.

김태준은 『조선한문학사』의 「서론」에서 "중국민족의 정신적 유동을 볼 수 있는 문학은 오로지 중국 현대의 구어체인 백화(白話)에 있으므로 이제 고대의 문언체 시문(詩文)은 하나의 골동품을 구경하는 셈박에 되지 않으며, 필자의 이 제목도 한낱 고전 연구에 그친다"라고 언급하며 『조선한문학사』 저술이 중국 신문학운동과 맥락을 같이하고 있음을 은연중에 드러냈다. 중국문학의 새로운 언어 형식으로 확정된 백화문학의 관점에서 볼 때 문언체인 시문 중심의 고문문학은 이미 의미를 상실한 것이므로 그 모방인 조선의 한문학 역시 그 생명력을 다했다. 김태준이 스스로 조선한문학사의 서술을 두고 '결산보고서'라고 단언한 것은 중국 신문학운동을 강하게 의식한 결과였다.

이제 후스의 『백화문학사』와 김태준의 『조선한문학사』를 비교해보자. 우선 후스와 김태준은 진화와 반진화(퇴화)의 관점에서 전통문학을 바라보았다는 점이 주목된다. 각 시대에는 그 시대 나름의 문학양식이 발전된 형태로 존재했었다는 점, 과거의 문학을 일괄 부정할 것이 아니라 진화의 길을 밟아 시대의 특색을 지닌 문학은 긍정되어야 한다는 점, 시대의 특색을 드러내지 못하고 모방을 일삼아 진화를 멈춘 문학은 부정되어야 한다는 점에서 그들은 동일한 입장을 취했다. 진화론적 관점이 전제됨으로써 후스와 김태준은 과거의 전통문학을 진화와 반진화의 측면에서 이원대립적 구조로 파악한 것이다.

『백화문학사』를 쓰던 당시의 후스

후스는 전통문학사를 백화문학의 관점에서 서술함으로써 문언문으로 된 고문문학을 부정하고 백화문학이 주류로 발전해왔음을 밝히고자 했다. 후스에게는 시문 중심의 고문문학이 자국 문학이었으니, 고문문학의 청산은 언문일치의 언어로 된 백화문학이 전통문학사 속에서 주류로 발전해왔음을 증명하는 것으로 충분했다. 그는 문언과 백화의 대립 속에서 백화의 독립을 선언하는 것만으로도 근대적 국민문학을 수립할 수 있는 근거를 역사 속에서 확보할 수 있었다. 그러나 조선 한문학은 중국 한문학의 모방에 지나지 않으므로 김태준은 조선의 근대적 국민문학을 수립하기 위해서는 두 가지를 청산하지 않을 수 없었다. 중국문학의 영향으로부터의 독립과 문언으로부터의 독립이 그것이었다. 그래서 중국문학의 모방이요 문언으로 표기된 시문 중심의 조선 한문학은 청산해야 할 두 가지 요소를 고스란히 담고 있기에 철저하게 부정하지 않을 수 없었다. 김태준이 표현한 한문학의 '결산보고서'라는 말은 이러한 맥락에서 나온 것이다.

후스와 김태준은 전통문학을 이원대립적 구조로 파악해 시문 중심의 고문문학을 철저하게 청산하려 했고, 각기 고문문학, 한문학에 대립되는 백화문학, 조선문학을 수립하기 위해 민간문학, 속문학(俗文學)의 가치를 크게 부각시켰다. 그들이 전통문학을 이원대립적 구조로 단순화해 파악한 것은 근대적 국민문학의 수립이 그만큼 절박했기 때문인데, 그 결과 시문 중심의 전통문학을 일괄 부정하는 단선적인 관점을 드러내게 되었다. 다만 후스는 중국문학의 백화화(白話化) 추세를 드러내는 것을 자신의 문학사 서술의 사명으로 삼았고, 김태준은 조선 한문학의 퇴화 과정을 드러내는 것을 자신의 문학사 서술의 사명으로 삼았다는 점에서 각기 구체적인 문학사 서술의 내용은 다르다.

더욱이 후스와 김태준은 자국의 전통문학을 정리하는 데 있어서 유사한 관점을 드러냈지만, 신문학의 형식을 구성하는 데 있어서는 상이한 태도를 보여주었다. 후스가 신문학의 형식적 모범을 서양의 문학에서 구해야 한다고 보았다면, 김태준은 그것을 전통 국문문학에서 구해야 한다고 보았다. 후스의 관점은 전면 서구화를 지향하던 당시 신문화운동과 깊은 연관이 있으며, 김태준의 관점은 중국문학의 모방인 한문학으로부터의 독립과 '조선문학'의 정체성 확립이 시급히 요청되었던 당시 일제강점기 조선의 특수한 문화적 상황과 밀접하게 관련되어 있다.

후스 외에 김태준의 학문적 성취에 사상적 영향을 준 사람으로는 중국 신문학에서 유명한 시인이자 중국고대사 연구자인 궈모뤄(郭沫若)를 들 수 있다. 김태준은 베이징을 다녀옴으로써 중국문학에 대한 인식을 완전히 새롭게 했는데, 중국의 신문학에 눈을 뜨고 정치와 문학을 일원적으로 보게 된 것은 앞서 언급한 바대로이다. 바로 이 정치와 문학을 일원적으로 보는 데는 궈모뤄의 영향력이 크게 작용했다. 김태준은 「외국문학 전공의 변」에서 당시 자신이 받은 가장 큰 충격은 중국의 뛰어난 중견작가인 궈모뤄가 쓴 『중국고대사회연구(中國古代社會硏究)』를 읽은 데서 비롯되었다고 했듯이 궈모뤄의 연구방법론이 큰 자극제가 되었던 것이다.

궈모뤄는 원래 중국 신문학에서 '창조사'라는 문학단체를 조직, 낭만주의 사조를 제창했던 대표적인 시인이다. 그의 첫 시집 『여신(女神)』은 중국 신시(新詩)의 본격적인 출발을 알렸으며, 전통의 파괴와 자아표현을 부르짖으면서 1919년을 전후한 5·4신문화운동 시기의 시대정신을 폭발시켰다. 그 후 궈모뤄는 1920년대 후반부터 혁명문학을 제창해 프롤레타리아 문학운동에 헌신했고, 사회경제적 배경을 중시하는 이른바 유물사관의 관점에서 중국 고대사회를 분석한 『중국고대사회연구』라는 저작을 내놓았다. 바로 이 저작의 사회경제적 배경을 중시하는 관점이 김태준에게 큰 충격을 주었으며, 『조선소설사』에도 사상적 영향이 간접적으로 반영되어 있다.

지식인의 사상적 연대를 모색한 류수인

2013년 7월 필자는 기대에 부풀어 중국 쑤저우(蘇州)를 방문한 바 있다. 한국의 독립운동가 류수인(柳樹人, 1905-1980)의 따님 류앵(柳鶯) 여사를 만나기 위해서였다. 정원이 잘 꾸며진 단아한 아파트를 찾아 들어서니 벌써 류앵 여사 내외분이 밖으로 나와 반겨주었다. 류앵 여사는 70대 후반의 나이에도 불구하고 지적이며 활력이 넘치는 분이었다. 마치 부친 류수인의 풍모를 보는 듯했다. 대화는 중국어로 진행되었지만 유쾌하고 스스럼없는 대화였다. 류앵 여사는 부친의 조국을 자신의 또 다른 조국으로 여기며 자랑스럽게 부친에 관한 이야기를 들려주었다. 그녀는 부친의 자전적 회고록 『삼십년 방랑기(三十年放浪記)』의 친필 원고(중국어 원본)와 부친과 관련된 사진 등을 보관하고 있었으며, 모친 잉치루안(應起鸞)이 남편인 류수인을 회고한 「옛일을 회상하며: 한국 혁명 선배 류수인의 중국에서의 항일생활(往事縈懷: 韓國革命先輩柳樹人在中國的抗日生活)」(2006)이라는 글

1970년대 류수인

과, 자신이 쓴 「늦게 찾아온 영예: 부친 류수인 선생을 추억하며(遲到的榮譽: 追憶父親柳樹人先生)」(2010)라는 글을 필자에게 전해주었다.

류수인은 1927년 한국 최초로 중국의 문호 루쉰(魯迅)의 단편소설 「광인일기」를 국내에 번역해 소개한 것으로 유명하다. 본명은 류기석(柳基石)이며 류서(柳絮)라는 필명을 사용하기도 했는데, 일제 시기 중국 역내에서 한국의 독립을 위해 헌신했으며 당시 아나키즘 문예이론가로서 중국 비평계에서도 크게 주목을 받았다. 그는 1905년 황해도 금천군(金川郡)에서 태어나 여덟 살 때 가족을 따라 중국의 북간도로 이주, 1924년 6월 난징(南京)의 화중공학(華中公學)을 졸업하고 그해 9월 베이징(北京)의 차오양대학(朝陽大學)에 입학했다. 그 후 한국의 독립운동에 뛰어들어 아나키즘운동의 이론가요 실천가로 활동하게 되는데, 일본 영사관에 폭탄을 투척하기도 했고 중일전쟁 시기에는 한국인으로 구성된 전지공작대(戰地工作隊)를 지휘하기도 했다. 그 공로로 2008년 대한민국 정부로부터 건국훈장 독립장을 추서 받았다.

류수인은 1925년 중국 상하이에서 5·30사건이 발생해 전국적으로 반제(反帝)운동이 절정에 이르렀을 때 베이징 조선유학생회 대표로서 톈안먼(天安門) 광장에서 열린 민중대회에 참가한 바 있다. 그해 7월 10일자 『조선일보』에는 「베이징 국민대회에서 대중을 흥분시킨 동포: 조양대학에 재학 중인 류군 벽두에 등단하여 일장 연설」이라는 제하의 기사가 실려 있는데, 그 내용의 일부를 보면 다음과 같다. "그중에서 외국 사람으로 제일 먼저 등단한 사람은 류기석이라는 동포였었다. 류군은 현재 조양대학에 재학 중인 학생으로서 이날 제일 먼저 등단하여서 침통한 사기

필자와 류앵 여사의 인터뷰 장면(2013년 촬영)

로 장시간의 연설을 시험하였으며 연설이 끝나매 단하에 모여 섰던 십만 군중은 비상히 흥분되어 중화민족 만세와 'ㅇㅇㅇㅇ타도 ㅇㅇ제국주의'를 높이 불러 많은 중국인에게 흥분을 주었고, 그 다음으로는 독일인, 일본인, 인도인, 대만인, 터키인 등의 대표가 차례로 일장연설을 시험하였더라." 류수인의 연설 내용은 베이징의 각종 주요 신문에 보도되기도 했는데, 이 민중대회 연설은 일제(제국주의)에 항거하는 류수인의 실천가적 면모를 여실히 보여준다.

필자가 전해 받은 류수인 가족들의 회고의 글 또한 그동안 잘 알려지지 않은, 류수인의 또 다른 일면과 사실을 보여주기에 무척 흥미롭다. 부인 잉치루안은 「옛일을 회상하며」라는 글에서 남편 류수인과의 첫 만남, 나라 잃은 이국 청년에게 딸을 줄 수 없다는 부모의 반대를 극복하고 성공한 결혼, 남편의 한국 독립운동 활동과 그로 인해 아이 넷을 홀로 키우던 어려운 생활, 남편에 대한 그리움과 짧은 재회의 아쉬움 등을 감동적으로 서술해놓았다. 그녀는 1928년 가을 어느 날 난창(南昌)에서 류수인을 처음 만났고, 첫인상을 "그의 눈빛은 번쩍번쩍 빛나고 용맹한 기개가 넘쳤으며, 보자마자 깊은 인상을 남겼다"라고 표현했다. 장시성(江西省) 여자사범학교에 재학 중이던 잉치루안은 그때 마침 학생시위를 주도하다 공청단(共青團)에 참가하고 있다는 이유로 경찰로부터 체포 위협을 받고 난창을 떠나지 않을 수 없었는데, 이후 융슈(永修)에서 초등학교 교사로 지내면서 4년간의 연애 끝에 마침내 부친의 승낙을 얻어 류수인과 결혼했다고 한다.

1931년 만주사변이 발발하자 류수인은 적극적으로 항일운동에 가담해 1932년에는 톈진(天津)의 일본군 병영에 폭탄을 투척하기도 했고 1937년에는 일본의 전면적인 중국 침공이 시작되자 일본의 주중국 대사 다니마사유키(谷正之)의 암살 계획에도 참여했다. 1938년 이후에는 쑤베이(蘇北) 지역으로 옮겨가 중국 유격대에 합류하기도 했는데, 이 무렵 홀로 아이 넷을 키우던 부인 잉치루안이 남편에 대한 그리움을 담아 보낸 시는 감동적이다. 7언 배율로 씌어진 이 시는 류수인의 필명 류서(柳絮)를 '버드나무(柳)'와 '솜털(絮)'로 빗대어 표현하는 등 '정경교융(情景交融)'의 풍부한 은유로 남편을 그리는 마음을 절절히 표현하고 있다.

滿懷優郁訴君知	가슴 가득 우울함 그대에게 알리노니,
鴻雁無書何事羁	큰 기러기도 편지 전하지 않고 어인 일로 타향에 오래 머무르시는지.
兩載離情縈夢轂	2년간 이별에 그리움은 꿈에서 감돌고,
一輪明月系相思	휘영청 밝은 달에게 그리운 마음 전할 뿐.
紅梅吐蕊爭春早	붉은 매화는 꽃술을 틔우며 초봄을 다투고,

綠柳垂絲着絮遲 푸른 버들 실가지 드리운 채 솜털은 천천히 피어나는데,
兒女成行方待哺 아이들은 먹이를 달라고 앙앙 울어대니,
千鈞重任付將誰 이 막중한 책임 누구에게 지우는가?

梅影窺窗春夜寒 매화 그림자 창문에 비치니 봄밤은 더욱 차갑고,
傷心獨自倚欄杆 슬픈 마음에 나 홀로 난간에 기대네.
今宵對月情彌篤 오늘 밤 달을 마주하니 그리움이 깊어져,
此夕思君心更酸 이 밤 그대 보고 싶은 마음 더욱 시리어라.
莫戀江南春色好 강남의 아름다운 경치 탐하지 마시고,
應思塞北昔年歡 북방에서의 즐거운 옛 시절을 그리워하소서.
雲飛千里君忘返 구름 천 리 밖 떠나신 그대는 돌아올 것을 잊었는지,
幾點相思淚未乾 그리워하며 흘린 눈물 아직도 마르지 않았네.

류수인은 이 시를 받고서 전선을 뚫고 "위험을 무릅쓰고 천 리나 되는 머나먼 길을 지나 부인과 아이들을 만나러 왔다"고 한다. 하지만 그는 이틀 만에 또다시 부인과 아이들을 두고 떠나지 않을 수 없었는데, 부인 잉치루안은 「멀리서 돌아온 그대 떠나니, 다시 이별시를 짓다」라는 제목의 시를 지어 이별의 아쉬움과 사랑의 다짐을 사무치게 표현했다.

兩載睽違夢寐思 2년 이별의 그리움은 꿈속에서도 맴돌고,
相逢數日又相離 며칠간 만남에 또다시 이별을 해야 하네.
驪歌再唱心如醉 이별노래 다시 부르니 마음이 취한 듯,
馬齒徒增鬓有絲 어느덧 나이만 먹어 흰 머리 늘었어라.
万縷相思何處訴 샘솟는 그리운 마음 어디에 호소할까?
幾多別緒暗中悲 얼마나 남몰래 이별을 슬퍼했는가!

陽春似慾留君住　따스한 봄날이 그대를 만류하는 듯하고,
柳影花光樓滴遲　버드나무 그늘 꽃빛 화사한 누각에서 눈물 천천히 흐르네.

感君來去太匆匆　그대는 왔다가 총총히 떠나지만,
脈脈情懷彼此同　서로 사랑하는 마음 그대와 나 한결같네.
共話淒涼流浪後　함께 했던 이야기는 그대 떠난 후 처량해질 것이고,
空留寂寞夢魂中　꿈속에서도 외로움만 덩그러니 남아 있겠지.
參差綠柳爭春色　들쭉날쭉 푸른 버드나무는 봄 경치를 다투고,
隱約紅桃漾晚風　은은한 붉은 복숭아는 저녁바람에 넘실거리네.
最是無情今夜月　가장 무정한 것은 오늘 밤 저 달이어라,
照人離別倍朦朧　이별할 사람을 비추니 몽롱한 분위기 더욱 짙어지네.

류수인의 따님 류앵 여사는 「늦게 찾아온 영예」라는 글에서 "아버지의 전반(前半) 생애는 조국의 독립을 위해 피투성이의 싸움 속에서 보냈다"라고 하며 어린 시절 온화하고 다정했던 아버지에 대한 기억을 되살렸다. "평시에 집에서는 말이 많지 않으셨지만, 내가 이야기를 해달라고 졸라대면 아버지는 언제나 내 요구를 다 들어주셨다. 끝없이 이어지는 감동적인 이야기를 들려주셨는데, 가장 많이 해주신 이야기는 항일투쟁에 관한 이야기였다. 정말이지 감격적인 이야기였다. 회고해보면, 아버지께서는 모두 다른 사람의 이야기처럼 들려주셨지만 실제로는 대부분이 당신이 직접 겪으신 일이었다. 그러니 그 얼마나 생동적이고 황홀한 이야기였겠는가. 심금을 울리던 이야기가 지금도 나의 기억에 남아 마치 영화의 한 장면처럼 눈앞에 아른거린다." 류앵 여사는 어머니에 관한 이야기도 잊지 않았다. 1932년 12월 부친 류수인이 주도해 톈진의 일본 영사관 폭파사건을 일으켰을 때 베이징에 있던 폭탄을 톈진으로 옮기는 임무

를 모친 잉치루안이 맡았다는 것이다. "당시 어머니는 겨우 스물다섯의 나이였다. 유행복 차림에 가죽외투를 입은 모던 여성으로 분장하고 크지도 작지도 않은 신식 가죽상자(안에 두 개의 폭탄이 담겨 있었음)를 손에 들고 이등칸에서 내려 태연자약하게 플랫폼을 빠져나오는데…… 아버지와 어머니가 연합해 '연출'한, 손에 땀을 쥐게 하는 이 이야기는 지금까지도 우리 자녀들에게 흥미진진한 이야기로 남아 있다."

이처럼 한국의 독립운동을 지지하고 애틋한 사랑으로 충만한 부인과 아버지에 대한 긍지로 가득한 딸이 있었기에 류수인은 고난에 찬 항일독립운동에 흔들림 없이 매진할 수 있었을 것이다. 다만 광복 이후 아나키즘사상으로 인해 그는 남한과 북한 어디에도 뿌리를 내리지 못했는데, 한국 현대사의 비극의 일면을 보는 듯하다. 류수인은 1949년 5월, 조국을 떠난 이후 처음으로 서울을 방문했으나 2개월을 머물다가 다시 중국으로 돌아갔다. 1952년 11월부터 쑤저우대학(蘇州大學) 역사학과 교수로 취임하면서 쑤저우에 정착했고, 1980년 11월 사망하기까지 대학 교수로서 동남아 역사와 한중관계사 연구에 전념했다.

류수인의 중국에서의 독립운동 활동과 관련해 우리가 좀 더 주목해야 할 것은 한중의 진보적인 지식인의 국제적 연대에 관한 것이다. 류수인은 아나키즘 문예이론가로 활동하던 1928년 당시 상하이에 있는 출판사에서 편집을 담당하고 있던 스유헝(時有恒)과 함께 루쉰을 방문하기도 했는데, 그것은 문예이론과 사상 면에서 루쉰과 공감하는 바가 컸기 때문이다. 당시 중국 문단에서 격렬하게 진행되고 있던 '혁명문학 논쟁'에서 루쉰과 류수인은 동일하게 문예의 '선전 도구화' 또는 '무기의 예술'을 주장하던 '혁명문학파'를 비판하면서 문예의 자율성을 지키려는 입장을 견지하고 있었다. 류수인이 루쉰을 방문한 것은 단순히 루쉰 작품의 번역이나 중국의 대표적인 문인을 만나려는 열망 때문만이 아니라 문예이론

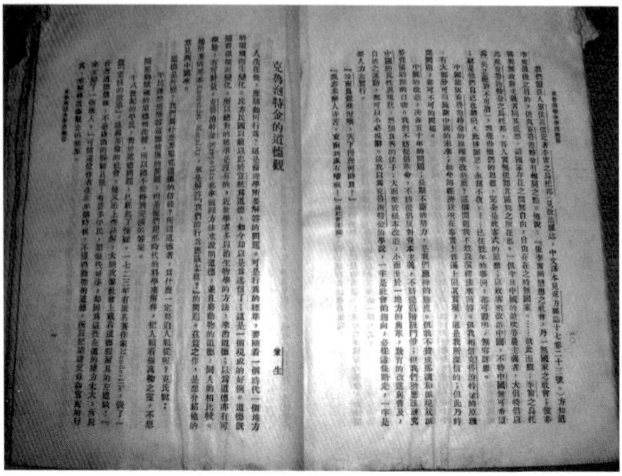
克魯泡特金的道德觀

류수인과 스유헝이 공유했던 아나키즘사상을 소개한 『크로포트킨학설개요(克魯泡特金學說概要)』라는 책의 일부 내용. 쉬저우(徐州)의 장쑤사범대학(江蘇師范大學) 도서관에 있는 스유헝 장서실 소장

상 서로 대화할 수 있는 공감대가 형성되어 있었기 때문이었다. 그것은 당시 한국의 독립운동과 아나키즘운동을 전개하고 있던 류수인에게는 일종의 사상적 연대를 모색하려는 시도라고 해야 옳을 것이다.

동양적 뿌리에서 예술적 세련미를 꽃피운 장아이링과 최승희

1930－1940년대에 세계적인 명성을 얻고 있던 한국의 무용수 최승희(崔承喜, 1911－1967)는 1945년 4월 중국 상하이에서 공연을 했는데, 이 무렵 당시 중국의 베스트셀러 신예작가 장아이링(張愛玲, 1920－1995)을 한 좌담회에서 만나게 된다. 장아이링은 우리에게 잘 알려져 있는 영화 '색, 계(色, 戒)'의 원작자이다. 그 흔적을 찾아 필자는 2012년 2월 상하이에서 가장 번화한 와이탄(外灘)의 중심에 위치한 허핑호텔(和平飯店)을 방문했다. 상하이의 문예지 『잡지(雜誌)』 1945년 4월호에는 「최승희의 두 번

째 상하이 방문기(崔承喜二次來滬記)」라는 제목으로 최승희가 상하이 여류 작가 장아이링 등과 대담한 내용 및 함께 찍은 사진이 실려 있고, 좌담회 장소가 '화마오호텔(華懋飯店) 8층 3호실'이라고 씌어 있기 때문이다. 이 호텔은 지금 허핑호텔이라는 이름으로 바뀌었는데, 대단히 격조 있는 장식과 우아한 분위기의 특급 호텔이다. 8층 3호실은 오랫동안 리딩룸(reading room)으로 쓰이다가 지금은 상하이각(上海閣)이라는 이름으로 회의나 식사를 할 수 있는 장소로 꾸며져 있었다. 특히 이곳에서 바라다보이는 창밖의 와이탄 전경은 대단히 인상적이었는데, 바로 여기서 한국의 대표적인 무용수 최승희와 중국의 대표적인 여류작가 장아이링이 마주 앉아 이야기를 나누었다고 하는데 감회가 새로웠다.

1945년 최승희가 상하이를 방문했을 때—첫 번째 방문은 1943년 8월—'신중국보(新中國報)' 신문사는 '최승희와 상하이 여작가 좌담회'를 개최

최승희와 장아이링의 좌담회 장소인 허핑호텔 상하이각(2012년 촬영)

최승희와 상하이 여작가와의 좌담회를 소개한 글(사진 오른쪽에서 첫 번째가 장아이링, 세 번째가 최승희, 1945)

했다. 이 좌담회에서 사회자 루펑(魯風)은 '동방 예술의 자각'이라는 화두를 꺼냈다. 먼저 말문을 연 최승희는 문학이든 예술이든 "오로지 고대의 것 또는 서양의 것만 모범으로 삼는다면 옳지 않아요. 반드시 둘의 장점을 취해서 우리 자신의 것을 창조해내야 해요"라고 강조했다. 그런데 대담 중에 장아이링은 다른 이들의 이야기는 경청하지 않은 채 오로지 최승희에만 주목하면서 마치 최승희의 얼굴에서 무언가 예술적인 맛을 찾아내려는 듯했다고 한다. 어쩌면 인물의 특징을 잡아내려는 소설가의 작가적 기질이 드러난 것은 아닐까. 사회자가 장아이링에게도 고견을 묻자 그녀는 "저는 문학에서는 반드시 서양을 먼저 연구해서 그 정화(精華)를 끄집어내야만 창조적으로 나아갈 수 있다고 생각해요. 무용과 음악도 마찬가지겠죠"라고 간단히 대답했다. 장아이링은 이 좌담회에서 우선 서양에 대한 연구를 강조했지만, 실제로 그녀의 작품세계는 중국 전통소설과 깊은 관련이 있었다. 장아이링은 중국 전통소설의 꽃이라고 평가되는 『홍루몽』의 표현 기법을 즐겨 썼으며, 전통적인 중국 정서를 잘 표현한 것으로 정평이 나 있다.

그렇기에 장아이링은 최승희의 춤으로부터 동양적인 특징을 발견하는

데 주저하지 않았다. 장아이링은 열다섯 살 연상의 남편 후란청(胡蘭成)과 함께 최승희의 춤을 관람한 후 자신의 느낌을 이렇게 표현했다. "풍자도 이렇게 호의적이며, 비극도 사람을 웃게 할 수 있군요…… 채플린의 영화는 대단하다고 할 수 있지만, 떠돌이의 부자연스러움이 느껴져 나는 싫어요. 그것은 최승희의 춤에 미치지 못해요. 어쨌든 우리 동양적인 것이 가장 기본적이에요." 장아이링은 최승희의 춤으로부터 동양적인 것을 읽어냄으로써 크게 공명할 수 있었다. 물론 중국의 대표적인 현대 시인 아이칭(艾青)이 1951년 최승희의 춤을 관람한 후 최승희와 그녀의 딸 안성희를 위해 「어머니와 딸(母親和女兒)」이라는 시를 지어 노래하면서 "그대의 슬픈 춤사위에/ 조선의 고난이 비친다"라고 읊었듯이 장아이링이 본 최승희의 춤에는 시인 아이칭이 느꼈던 그런 슬픔이 서려 있었을 것이다. 소설을 통해 "창량한(蒼凉) 인생의 의미를 표현하고자 했던" 장아이링이 최승희의 춤에 공감했던 것은 당연해 보인다.

주지하듯이 최승희는 일제 시기에 세계적으로 이름을 떨친 한국의 무용수이다. "얇은사(紗) 하이얀 고깔은 고이접어서 나빌레라…… 두볼에 흐르는 빛이 정작으로 고와서 서러워라"고 노래했던 시인 조지훈의 「승무(僧舞)」도 최승희의 춤이 동기가 되었다고 한다. 그녀는 열여섯 살의 나이에 이시이 바쿠(石井漠)의 무용을 보고 충격을 받아 그의 연구생이 되어 일본으로 건너갔고, 그곳에서 현대무용을 배웠다. 조선으로 돌아온 최승희는 점차 현대무용 기법을 바탕으로 조선의 민속을 소재로 한 작품을 발표하기 시작했다. 그녀는 조선 춤의 현대화로 예술 방향을 바꾸어 민속적인 소재로부터 자신만의 독특한 예술세계를 구축함으로써 '살인적인 인기'를 누리게 된다.

최승희는 1937년부터 1940년까지 미국과 유럽 및 중남미 순회공연에서 명성을 얻으며 '동양의 환상'이라는 극찬을 받기도 했다. 그 후 동양적 소재를 바탕으로 한 창작 활동에 매진하는데, 중국 상하이 공연도 그 연장선에 놓여 있었다. 그녀가 예의 좌담회에서 "중국에는 중국적인 형식의 춤이 있고, 일본은 일본적인 토속 춤이 있고, 조선에는 조선의 춤이 있지만, 동양 전체를 대표할 만한 무용은 없어요. 그러니 저는 동양을 대표할 만한 무용을 연구할 수 있기를 바랍니다"라고 하면서 "동양 각 민족의 무예(舞藝)의 교량이 될 것을 희망한" 것도 그런 맥락에서 나온 것이다.

물론 최승희의 동양적인 춤은 당시 세계적으로 유행한 오리엔탈리즘 지향의 예술사조와도 무관하지 않다. 하지만 그녀의 조선 춤과 동양적인 춤의 완성은 전통에 대한 자각과 그 특유의 예술적 재능에서 비롯되었음은 두말할 필요가 없다. 최승희의 춤이 표층적인 오리엔탈리즘에 그치고 있다거나 정신적 깊이가 부족하다는 평도 있지만, 그녀는 새로운 이념과 형식을 갖춘 조선 춤을 창조해 조선인의 자존심을 지켜냈으니 그 가치는 누구도 부인하기 어려울 것이다. 요컨대, 최승희는 조선적 양식 내지 동양적 양식과 현대적 양식을 결합해 새로운 형식의 조선 춤, 나아가 동양적인 춤을 창조하는 데 큰 공적을 이룩한 것이다. 게다가 「최승희의 두 번째 상하이 방문기」에서 "올해(1945년) 베이징에 무용연구소를 설립해 중국 학생들을 가르치고 동양 무용예술의 부활을 떠맡고 있다"라고 최승희를 소개하고 있듯이 그녀는 중국 무용계에도 많은 영향을 끼쳤다.

그렇다면 장아이링도 최승희와 비교될 수 있을까? 장아이링은 초등학교와 중·고등학교를 미국인이 세운 학교를 졸업하고 영어로 수업하는 홍콩대학에 유학하는 등 철저하게 서구식 교육을 받았다. 하지만 그녀의 작품세계는 세련된 현대적 기법을 구사하면서도 인생 태도와 창작 방법 면에서는 중국의 전통문화에 깊이 뿌리를 내려 중국적 특징을 고스란히 담고 있다. 『홍루몽』과 『수호전』을 『전쟁과 평화』보다 더 훌륭하다고 평가하기도 한 장아이링은 『홍루몽』과 『금병매』가 자신의 창작의 원천이라고 말하기도 했다. 그렇다면 최승희와 장아이링은 각기 무용과 문학에서 전통문화에 뿌리를 내려 조선적 양식과 정서, 중국적 양식과 정서를 현대화시키는 데 크게 공헌한 것이다. 그들은 서양적인 것으로부터 많은 것을 배웠지만, 마침내 동양적인 것에 뿌리를 내림으로써 자신만의 창조적이고 독특한 춤과 문학을 완성시킬 수 있었다.

중국 현대문학에 대한 이해의 폭을 넓히기 위해 장아이링의 문학세계를 좀 더 깊이 있게 다루어보자. 장아이링은 "사람은 연애할 때가 전쟁이나 혁명 때보다 훨씬 소박하고 더욱 자유로운 법이다"라고 했듯이 전쟁이나 혁명보다 개인의 삶이나 남녀 간의 애정 문제를 소설에 담아냈다. 그래서 「경성지련(傾城之戀)」, 「붉은 장미 흰 장미(紅玫瑰與白玫瑰)」 등이 실려 있는 그녀의 대표 소설집 『전기(傳奇)』에는 시대와 민족의 대서사가 전면에 나서지 못하고 평범한 인물들의 자질구레한 이야기가 중심을 이룬다. 대서사는 오히려 소서사를 이끌어내는 우연적인 요인으로만 작용할 뿐이다. 장아이링은 남녀 애정과 혼인 문제를 둘러싼 개인의 삶의 무게를 다루며 이상과 의지가 충만하던 시대에 그것을 비웃기라도 하듯이 평범한 사람들의 세속적인 욕망과 그 욕망의 허망함을 세련되고 절실한 언어로 표현해냈다. '색, 계'에서 '색(色)'이 인간의 욕망을 표상한다는 것은 익히 알겠지만, '계(戒)'가 '경계하다'라는 뜻뿐만 아니라 반지(중국어로 반지는 '戒指'임)의 뜻도 포함하고 있어 그것조차 인간의 욕망을 대변한다는 점을 염두에 두어야 할 것이다. 더욱이 장아이링의 문학에는 인간의 고독하고 슬픈 기억이 스며 있으며, 이는 역사의 반복과 순환에 대한 비극적인 인식을 바탕으로 하고 있다. 장아이링의 문학세계가 큰 의미를 갖는다면, 그것은 그녀의 세련되고 원숙한 문학적 표현에서뿐만 아니라 인간의 근원적인 존재 조건을 탐문하고 있다는 데서 찾아야 할 것이다.

제1부

이육사

: 중국 유학을 계기로 중국 현대문학을 소개하다

제1장

이육사의 중국 유학

1. 질망적 현실과 무지개의 꿈

시인 이육사(李陸史, 1904-1944, 본명 이원록李源祿)는 만해 한용운이나 윤동주와 더불어 한국의 대표적인 민족저항시인으로 불린다. 그는 「청포도」로 우리에게 잘 알려져 있는데, 그의 대표작 「절정(絶頂)」과 「광야(曠野)」는 일제 강점기에 민족의식을 담은 저항시의 전형으로 꼽힌다. 육사는 생전에 한 권의 시집도 발간하지 못했을 뿐 아니라 그의 행적도 구체적으로 밝혀지지 않은 점이 많지만, 치열한 삶과 함께 그가 남긴 많지 않은 시 작품은 우리에게 깊은 감명을 불러일으킨다. 육사는 "숫벼룩이 꿇앉을 만한 땅도 가지지 못한"[1] 채 "주림과 치위가 매운 챗죽같이 휘갈기고"

1 김용직 · 손병희 편저, 「季節의 五行」, 『李陸史全集』(깊은샘, 2008), 162쪽.

1943년 이육사의 모습

"그 어느 한 곳도 발을 붙일 곳은 없는"[2] 절망적 현실에서 "쫓기는 마음, 지친 몸"[3]이었다. 그래서 그는 "나의 현실은 어찌 이다지도 착종(錯綜)이 심한고? 마음은 창공을 그리면서 몸은 대지를 옮겨 디뎌 보지 못하는가?"[4]라고 탄식하기도 했다. 그럼에도 불구하고 육사는 담배 "연기를 천정으로 곱게 불어 올리고" "거기에 개인 날의 무지개를 그리는 것이었다."[5] 그렇게 한 것은 "저바리지 못할 약속"[6] 때문이었다.

절망적 현실에서도 무지개의 꿈을 놓지 않았던 육사의 정신적 경지는 「절정(絶頂)」에서 완전한 시적 표현을 획득하게 된다. "매운 계절(季節)의 채쭉에 갈겨/ 마츰내 북방(北方)으로 휩쓸려오다// 하늘도 그만 지쳐 끝난 고원(高原)/ 서리빨 칼날진 그 우에서다// 어데다 무릎을 꿇어야 하나/ 한발 재겨 디딜곳조차 없다// 이러매 눈 감아 생각해 볼밖에/ 겨울은 강철로 된 무지갠가 보다".[7] 육사는 겨울과 같은 엄혹한 현실 속에서도 오히려 강철로 단련되어 무지개를 꿈꾸었다. 육사는 무지개 꿈을 놓지 않았기에 절망적 현실 속에서도 저항적 몸부림을 지속할 수 있었고, "시와 행동을 하나로 융합한" "육사의 특유하고도 높은 시적 경지"[8]를

2 김용직 · 손병희 편저, 「黃葉箋」, 『李陸史全集』, 99쪽.
3 김용직 · 손병희 편저, 「路程記」, 『李陸史全集』, 26쪽.
4 김용직 · 손병희 편저, 「蒼空에 그리는 마음」, 『李陸史全集』, 134쪽.
5 김용직 · 손병희 편저, 「季節의 表情」, 『李陸史全集』, 196쪽.
6 김용직 · 손병희 편저, 「꽃」, 『李陸史全集』, 56쪽.
7 김용직 · 손병희 편저, 「絶頂」, 『李陸史全集』, 29쪽.
8 金學東 편저, 「I. 陸史의 詩世界」, 『李陸史全集』(새문社, 1986), 252쪽.

구축할 수 있었다.

육사는 짧은 기간이지만 1920년대 중반에 중국의 대학에서 유학했으며, 1933년 6월 한국 문인으로서는 최초로 중국의 문호 루쉰(魯迅)과 대면하는 기회를 가졌다. 또 1936년 10월 루쉰이 세상을 떠나고 나흘 뒤에 루쉰의 죽음을 애도하고 그의 문학을 비평한 「루쉰 추도문(魯迅追悼文)」을 써서 『조선일보』(1936년 10월 23 · 24 · 25 · 27일)에 연재했다. 루쉰의 단편소설 「고향(故鄕)」을 번역해 잡지 『조광(朝光)』에 발표한 것도 그해 12월이었다. 또한 중국의 5 · 4신문화운동을 이끌었던 후스(胡適)의 학술 저작 『50년 동안의 중국문학(五十年來中國之文學)』의 전체 10장 중에서 4장까지를 번역해 「중국문학 오십년사」라는 제목으로 『문장(文章)』(1941년 1월 · 4월)에 실었다. 또한 중국 현대시의 특징을 소개하고 쉬즈모(徐志摩)의 시 「배헌(拜獻)」(삼가 바치리)과 「재별강교(再別康橋)」(케임브리지와 다시 이별하며)를 번역 · 비평한 「중국 현대시의 일단면」을 써서 잡지 『춘추(春秋)』(1941년 6월)에 발표했다. 당시 만주의 신징(新京, 지금의 창춘長春)에서 활동하던 작가 구딩(古丁)의 단편소설 「골목안(小巷)」을 번역해 잡지 『조광』(1941년 6월)에 실은 것도 동일한 작업의 일환이었다. 그 밖에 중국 현실과 관련된 시사평론도 여러 편 발표했는데, 「오중전회(五中全會)를 앞두고 외분내열(外分內裂)의 중국 정정(政情)」(『신조선(新朝鮮)』, 1934년 9월), 「위기에 임한 중국 정국(政局)의 전망」(『개벽(開闢)』, 1935년 1월), 「중국 청망비사(靑幇秘史) 소고(小考)」(『개벽』, 1935년 3월), 「중국 농촌의 현상(現狀)」(『신동아(新東亞)』, 1936년 8월) 등이 그것이다. 육사는 독립운동가로서 일제의 검속(檢束)이 되풀이되는 매우 힘겨운 상황에 처해 있었음에도 불구하고 중국 유학 경험을 바탕으로 중국의 현대문학을 소개하고 비평하는 데 많은 공을 들였다. 그렇다면 육사를 한국의 제1세대 중국 현대문학 연구자라고 불러도 무방할 것이다. 육사는 루쉰 문학과 중국 현대문학을 소개 · 비평하면서 그로부터 일정한 영향을 받았는데, 육사의 중국 유학 및 중국 현대문학과의 관계성에 대한 연구는 육사 문학에 대한 이해를 더욱 심화시켜주며 근대 시기 한중(韓中)의 문학 교류와 학술 교류의 범례로서 중요한 의의를 갖는다.

김학동은 1986년에 『이육사전집』을 펴내면서 「책머리에」를 통해 육사 전집을 편성하는 과정에서 제기되는 문제점을 다음과 같이 세 가지로 요약했다. 첫째는 육사가 필명으로 사용한 '이활(李活)'이 다른 사람의 필명으로도 사용된 바 있으므로—예컨대 원산(元山) 출신의 여류작가 이활(李活)—이활이라는 필명으로 된 글 중에서 확실한 육사의 글을 식별하는 문제이다. 둘째는 육사에 대한 전기적 연구가 잘 이루어져 있지 않기 때문에 작품 정리 과정에서 어려움이 따르는데, 이를테면 육사가 베이징대학(北京大學)에서 사회학을 전공했다는 통념을 전제로 '이활'이라는 필명으로 된 중국의 정치와 사회, 농촌 및 러시아의 정치 문제에 관련된 평문들을 육사의 것으로 보고 수록했지만, 그것이 육사의 글인지 아닌지의 여부는 그의 전기적 차원이 확연히 밝혀질 때 가능하다는 점이다. 셋째는 육사의 작품들은 그 시대 우리나라에서 간행된 신문이나 잡지만을 대상으로 수집한 것인데, 육사는 중국을 내왕하면서 시작(詩作) 활동을 했으므로 중국에서 나온 간행물에 발표된 자료도 조사해보아야 한다는 점이다. 김학동은 곧이어 육사에 관한 연구에서 실증적 국면이 도외시된 결함을 다음과 같이 지적했다. "이것은 한 작가를 연구한다는 것이 그만큼 어렵다는 것도 되지만, 작가론을 너무나 안이하게 수행하고 있다는 연구자의 책임도 있는 것이다. 작품분석에 편중된 나머지 그 작가 연구를 위한 실증적인 국면을 도외시한 데서 오는 결함이라 할 수 있다."[9] 김

9 金澤東 편저, 「책머리에」, 『李陸史全集』, 7쪽.

학동은 육사에 대한 좀 더 진전된 연구를 위해서는 실증적인 연구가 보완되어야 한다는 점을 강조했다. 그의 문제 제기로 볼 때, 그동안 육사에 대한 실증적 연구가 상당히 진척되어왔다고 하더라도 자료 부족 등의 원인으로 인해 상당한 어려움이 뒤따르고 있음을 짐작하게 한다. 특히 중국과 관련된 육사의 전기적 사실과 중국 현대문학과의 관계성에 대한 연구는 상대적으로 더욱 미흡한 형편인데, 육사와 그의 문학세계에 대한 심화된 이해를 위해서는 실증적 연구가 좀 더 착실하게 진행되어야 할 것이다.

육사의 중국 유학에 관한 전기적 사실만 하더라도 의견이 갈린다. 안동의 육사시비(陸史詩碑)에는 육사 가족들의 증언에 의거해 육사가 베이징대학 사회학과에 다닌 것으로 기록하고 있다. 1934년 6월 17일 경성본정(京城本町)경찰서에서 작성한 「이활(李活) 신문조서」에서는 육사가 '베이징의 중국대학(中國大學) 사회학과에 입학하지만 2년 만에 중도 퇴학한' 것으로 기록하고 있다. 또 1934년 7월 20일 안동경찰서 도산(陶山)경찰관주재소에서 작성한 「이원록(李源祿) 소행조서」에서는 '베이징 중국대학 상과(商科)에 입학하여 재학하기를 7개월'인 것으로 기록하고 있다. 한편 김희곤은 『새로 쓰는 이육사 평전』에서 육사가 이활이라는 필명을 사용한 점과 광저우(廣州) 중산대학(中山大學)의 학적부에 한국인 '이활'의 이름이 나온다는 사실에 근거해 육사가 광저우의 중산대학을 다닌 것으로 추정하고 있다. 이처럼 육사의 중국 유학을 두고 견해 차이가 뚜렷한데, 전기적 사실의 실증적 고찰이 매우 절실함을 보여준다. 중국 유학 등 육사의 중국 관련 전기적 사실의 실증적 고찰이 선행될 때, 이를 바탕으로 육사가 루쉰 문학 및 중국 현대문학과 어떤 연관을 맺고 있는지에 대해 좀 더 심화된 연구를 진행할 수 있을 것이다.

2. 베이징 '중국대학(中國大學)' 유학

육사의 중국 유학과 관련된 전기적 사실을 실증적으로 고찰하는 데 우선 문제가 되는 것은 유학 시기이다. 유학 시기가 1925－1926년 사이라는 설과 1926－1927년 사이라는 설이 있거니와 예전에는 1930년대 초라는 견해도 있었다. 육사가 중국에 유학했던 시기를 정확하게 파악하기 위해서는 육사의 중국 유학을 알려주는 관련 자료를 꼼꼼하게 검토하는 일부터 시작해야 한다. 먼저 가장 중요하게 다루어야 할 자료는 당연히 1934년 육사가 조선혁명군사간부학교 출신이라는 것이 드러나 일본 경찰에 구속된 뒤 작성된 신문조서인 「이활 신문조서」와 「이원록 소행조서」이다. 여기에는 연월일이 구체적으로 기록되어 있기 때문이다. 또한 이러한 경찰의 신문조서를 토대로 작성된 「의열단 군관학교 관계자 씨명표(義烈團 軍官學校 關係者 氏名表)」 및 육사의 수필 「계절(季節)의 오행(五行)」도 좋은 참고 자료가 된다.

「이활 신문조서」(1934년 6월 17일)

① "대정(大正) 13년(1924년) 4월에 도쿄(東京)로 건너가서 간다꾸(神田區)의 긴죠(錦城)고등예비학교에 입학, 1년간 재학, 대정 14년(1925년) 1월에 귀선(歸鮮)하고, 동년 8월경 중국으로 도항(渡航), 베이징 중국대학(中國大學) 사회학과에 입학하지만 2년 만에 중도 퇴학, 소화(昭和) 4년(1929년) 5월부터 대구 중외일보(中外日報) 지국 기자가 되어 약 1년간 근무하고, 소화 6년(1931년) 8월부터 조선일보(朝鮮日報) 지국 기자로 전직하지만 소화 7년(1932년) 3월에 퇴사, 4월 하순에 중국으로 도항, 소화 8년(1933년) 7월 15일경 귀선하고, 최근 조선일보 대구 지국 특파원으로 채용되었다."[10]

10 國史編纂委員會, 『韓民族獨立運動史資料集 30』(國史編纂委員會, 1997), 398쪽.

② "취직을 목적으로 소화 7년(1932년)…… 그 뒤 베이징 둥청(東城) 얼탸오 후퉁(二條胡同)의 중국대학 재학 중의 친구 중국인 자오스강(趙世綱)에 의탁하여 그곳에서 약 3주간을 체재했다."[11]

③ "나도 다시 베이징으로 가서 자오스강(趙世綱)을 방문하여 약 3주간을 체재하면서 취직운동을 했으나 뜻대로 되지 않았다."[12]

「이원록 소행조서」(1934년 7월 20일)

④ "대정 15년(1926년) 7월에 중국으로 건너가, 베이징 중국대학 상과(商科)에 입학하여 재학하기를 7개월, 소화 5년(1930년)에 귀선하고, 대구 중외일보, 중앙일보(中央日報) 지국의 기자를 거쳐, 소화 7년(1932년) 4월에 다시 만주로 건너가지만 그 후 소재불명인바, 요주의 인물로 수배 중인 자이다."[13]

「의열단 군관학교 관계자 씨명표」(1934년 12월)

⑤ "대정 9년(1920년)에 본적지 공보교(公普校)를 졸업한 후 영천(永川) 백학학원(白鶴學院), 도쿄 세이소쿠예비학교(正則豫備校), 니혼대학(日本大學) 문과(文科) 전문부(專門部)를 전전하다 병으로 퇴학하고, 대정 15년(1926년)에 베이핑(北平, 즉 베이징) 중국대학에 들어가 소화 2년(1927년)에 중도 퇴학 귀선하였으며, 동년 10월 대구의 조선은행 지점 포탄사건으로 검거되고, 소화 4년(1929년) 5월에 면소(免訴), 그 후 중외일보, 조선일보 등의 특파원이 되어 활동하다가 소화 7년(1932년) 3월 10일에 펑톈(奉天)으로 가서 그곳으로부터 베이핑, 톈진(天津)을 배회하다가 동년 10월에 훈

11 國史編纂委員會, 『韓民族獨立運動史資料集 30』, 398쪽.
12 國史編纂委員會, 『韓民族獨立運動史資料集 30』, 399쪽.
13 國史編纂委員會, 『韓民族獨立運動史資料集 30』, 423쪽.

련반(訓練班) 제6대에 입대하였다."[14]

「계절의 오행」(1938년 12월 24-28일)

⑥ "누구나 이십(二十)이란 시절엔 가을밤 깊도록 금서를 읽든 밤이 있으리다. 그러나 나는 그때 무슨 까닭에 야금술(冶金術)에 관한 서적을 읽어 본 일이 있었나이다.

그때 나를 담당한 Y교수는 동경에서 문학을 공부한 사람으로 그의 작품에 「안작(贋作)」이라는 것이 있었습니다. 그 내용이란 건 글씨의 안품(贋品)을 능굴이 같은 상인들이 시골놈팡이 졸부를 붙들어놓고 능청맞게 팔어 먹는 것인데, 그 독후감을 얘기했더니 그는 좋아라고 나를 붙들고 자기의 의견을 말한 뒤 고도의 가을 바람이 한층 낙막(落寞)한 자금성을 끼고 돌면서 고서와 골품(골동품-인용자 주)에 대한 얘기와 역대 중국의 비명에 대한 지식을 가르쳐준 것이 인연이 되여 나는 그의 연구실을 자조 드나들게 되였나이다."[15]

사실 「이활 신문조서」와 「이원록 소행조서」는 서울지방검찰청이 보관해오던 일제 강점하의 독립운동 관련 재판 기록을 정리한 것이다. 이 자료가 실려 있는 『한민족독립운동사자료집(韓民族獨立運動史資料集)』의 「범례(凡例)」에서 말하고 있듯이, 경찰의 신문조서는 신문 현장에서 속기한 난초(亂草)로 오자·탈자가 많고 어법에 맞지 않은 경우도 많음을 감안해야 한다. 또 이 책의 「발간사」에서도 언급하고 있거니와 이들 기록은 독립운동가들의 독립운동 방략상(方略上)의 필요에서, 일제의 식민지 통치

14 朝鮮總督府警務局, 「軍官學校事件の眞相」, 『韓國民族解放運動史資料叢書 3』, 韓洪九·李在華 編(京沅文化社, 1988), 125쪽.

15 김용직·손병희 편저, 「季節의 五行」(『朝鮮日報』, 1938. 12), 『李陸史全集』, 156-157쪽.

정책상(政策上)의 필요에 의해서 진실이 충분히 밝혀지지 않은 면이 있을 수도 있다. 또 수필은 구체적인 사실의 정확한 표현을 추구하기보다 개인의 정서나 느낌을 드러내는 데 주력하므로 이러한 점을 충분히 고려하면서 읽어야 한다. 다만 「의열단 군관학교 관계자 씨명표」의 "이원삼(李源三), 육사(陸史) 또는 이활(李活)"에 대한 설명은 조선총독부 경무국(警務局)이 「군관학교사건의 진상」이라는 자료를 만들면서 작성한 것인데, 기존의 신문조서 자료를 종합해 정리한 것으로 보여 좀 더 신빙성이 있다고 판단된다.

박현수는 『원전주해 이육사 시전집』을 펴내면서 부록으로 「이육사 연보」를 덧붙여놓았는데, 「이활 신문조서」와 「이원록 소행조서」를 참고해 1925－1927년의 육사의 활동을 이렇게 기록했다. "1925(21세) 1월, 일본에서 귀국해, 대구 조양회관을 중심으로 활동하다. 9월, 이정기의 권유로 이원기, 이원일 등 3형제가 항일운동단체에 입단하다. 1926(22세) 7월, 북경(베이징) 중국대학 상과(1925년 8월경, 사회학과)에 입학해 7개월 재학하다. 중국대학에서 수학하다 2년 중퇴하다. 1927(23세) 여름에 귀국하다. 장진홍의거(10월 18일)에 연루되어 구속되다."[16] 박현수는 「이활 신문조서」와 「이원록 소행조서」에 기록된 육사의 중국 유학 관련 내용이 일치하지 않는다는 점을 반영해 '1926년 7월 북경 중국대학 상과' 입학과 '1925년 8월경 북경 중국대학 사회학과' 입학의 두 가지 가능성을 모두 밝혀두었다. 그렇지만 「이활 신문조서」와 「이원록 소행조서」를 세밀하게 따져 읽어보면, 두 조서의 기록 내용이 꼭 모순적인 것만은 아니라는 사실을 발견하게 된다.

①에서는 육사가 1925년 8월경에 중국으로 도항해서 베이징의 중국대

16 박현수, 『원전주해 이육사 시전집』(예옥, 2008), 273쪽.

학 사회학과에 입학하지만 2년 만에 중도 퇴학한 것으로 표현되어 있고, ④에서는 1926년 7월에 중국으로 건너가, 베이징의 중국대학 상과에 입학해 재학하기를 7개월이라고 표현되어 있다. 언뜻 보기에 이 둘은 시기가 서로 어긋나 보인다. 그렇지만 ①의 "동년 8월경 중국으로 도항, 베이징 중국대학 사회학과에 입학하지만"이라는 표현에서 '중국으로의 도항'과 '중국대학의 입학'이라는 두 사건이 동일 시점에서 발생한 것이 아닐 수도 있다면 상황은 달라진다. 즉 1925년 8월경에 중국으로 건너간 사실과 베이징 중국대학 사회학과에 입학한 사실이 동일 시점에서 이루어진 것이 아니라 선후 관계만을 나타낼 수도 있다. 속기에 의해 축약 기술하는 조서의 작성 원리를 생각할 때 충분히 그럴 수 있다. 시간적 선후 관계를 나타낸 것이 표현상 동일 시점의 사건처럼 보이게 된 것이다. 그렇다면 육사는 1925년 8월경에 최초로 중국에 건너갔고, 그 후 베이징의 중국대학(이에 대해서는 앞으로 논의될 것임)에 입학했다. '그 후'의 구체적인 시점은 ④에서 명확하게 표현되어 있다. 1925년 1월 일시 귀국했던 육사는 다시 1926년 7월에 중국으로 건너가 베이징의 중국대학 상과에 입학했다. 다만 ①에서는 '사회학과'에 입학한 것으로 되어 있고 ④에서는 '상과'에 입학한 것으로 되어 있으니 이 둘은 분명 어긋나 보인다. 그렇지만 육사가 다녔던 중국대학의 당시 전공 분류를 참고하면 납득할 수도 있다.

중국대학의 학제는 크게 문과, 법과, 상과로 나누어져 그 아래에 세부 전공이 있었으나 사회학이라는 전공은 따로 없었다.[17] 여기서 사회학과란 문과와 구별하기 위해 사용한 일반적인 범주로 보이는데, 상과는 넓은 범주의 사회학에 속하므로 '상과' 대신에 그냥 '사회학과'로 기록했을 수

17 北京中國大學校友會, 『北京中國大學簡介』(北京中國大學校友會 編輯, 1993), 87쪽 참조.

있다. 요컨대, 두리뭉실하게 표현된 ①의 내용이 ④에서 좀 더 구체적으로 표현된 것이다. 다시 말하면 ①의 내용과 ④의 내용은 표현상의 차이로 인해 어긋나 보일 뿐 본질적인 차이가 없으며, ④의 내용이 좀 더 구체적이고 정확하다. 이렇게 보면 육사가 중국대학에 입학하고 중퇴한 해는 ⑤에서 정확하게 정리되고 있다. "대정 15년(1926년)에 베이핑(즉 베이징) 중국대학에 들어가 소화 2년(1927년)에 중도 퇴학 귀선하였으며"라는 표현이 그것이다.

방증의 자료로서 다음을 살펴보자. ④에서 "소화 5년(1930년)에 귀선하고, 대구 중외일보, 중앙일보 지국의 기자를 거쳐"라는 표현이 나온다. 소화 5년은 1930년이므로 육사가 중외일보 대구 지국 기자로 입사한 시점이다. 육사는 소화 2년, 즉 1927년 여름에 귀국하고 그해 10월에 발생한 장진홍(張鎭弘)의 조선은행 대구 지점 폭파사건에 연루되었으니 그가 소화 5년(1930년)에 귀국했을 리 만무하다. 소화 2년을 5년으로 잘못 기록했을 수도 있지만, 단순 오기가 아니라면 귀국과 기자 활동을 동시에 기록하다 보니 시점의 착종이 발생한 것으로 보인다. 그렇다면 ④의 정확한 표현은 '…… 재학하기를 7개월, 귀선하여 소화 5년(1930년)에 대구 중외일보, 중앙일보 지국의 기자를 거쳐' 정도가 될 것이다. '귀선한' 시점과 '중외일보' 기자로 입사한 시점은 선후 관계를 나타내는 것이지 동일 시점을 나타내는 것은 아니다.

육사는 1925년 8월에 처음으로 중국에 건너갔으니 그해에 곧바로 베이징의 중국대학에 입학하기는 어려웠을 것이다. 중국어를 능숙하게 구사할 수 없었던 육사가 중국대학에 곧바로 입학했다면 그것이 오히려 이상하다. 육사는 1925년 8월에 중국에 건너가 그곳에 체류하는 동안 독립운동에 관심을 가지면서 중국어도 배우고 중국의 현지 사정을 파악하는 데 시간을 보냈을 것이다. 그렇기에 1925년 8월경은 육사가 처음 중국에 건너간 시점을 말하는 것이고 중국대학에 입학한 시점을 말하는 것은 아니다. 입학의 시점과 재학 기간은 ④에서 정확하게 표현되고 있다. 육사는 1926년 7월에 중국에 건너가서 그해 가을학기에 입학해 이듬해 봄학기까지 다님으로써 재학 기간이 7개월 정도 된다. 따라서 육사는 1925년(21세) 8월에 중국으로 건너갔으며, 일시 귀국했다가 1926년(22세) 7월에 다시 중국으로 건너가서 베이징의 중국대학 상과에 입학해 7개월을 다니다 햇수로 2년째인 1927년에 봄학기를 마치고 중퇴해 여름에 귀국한 것으로 정리할 수 있다. ⑥에서 육사가 '이십이란 시절'에 Y교수와 더불어 '고도의 가을 바람이 한층 낙막(落寞)한 자금성을 끼고 돌기'도 하고 'Y교수의 연구실을 자주 드나들었던' 시점은 바로 그가 베이징 중국대학에 입학한 1926년의 가을 무렵이었던 셈이다.

김희곤은 『새로 쓰는 이육사 평전』에서 「이활 신문조서」에 기록된 육사의 베이징 중국대학 유학 사실과 관련해 이렇게 설명했다. "앞에서도 말했듯이 베이징에 있던 어느 대학인지 알 수도 없고, 베이징대학 학적부에서 이육사의 기록이 확인되지 않고 있다. 더구나 중국대학도 마찬가지이니 막연하기만 하다."[18] 곧이어 그는 "1926년 후학기부터 1927년 전학기까지 광둥(廣東)의 중산대학(中山大學)을 다녔던 사실이 있다. 중산대학의 〈조선인 학생 명부〉에 남아 있는 '이활'은 이육사와 관련이 없을까?"[19]라고 조심스럽게 말한 뒤 "광둥에 나타난 '이활'이 육사를 지칭한다고 꼭 집어 기록한 일은 없다. 그렇지만 이를 육사가 아니라고 말하기도 힘들다"[20]라고 전제하고 그 이유로 다음의 네 가지를 들었다. 육사 이외에 이활이라는 이름을 사용한 경우가 중국 지역 한인사회사나 독립운동

---

18 김희곤, 『새로 쓰는 이육사 평전』(지영사, 2000), 76쪽.

19 김희곤, 『새로 쓰는 이육사 평전』, 79쪽.

20 김희곤, 『새로 쓰는 이육사 평전』, 80쪽.

사에 전혀 보이지 않는다는 점, 육사가 1926년에서 1927년 사이에 중국 본토 지역에서 활동하고 있었다는 점, 육사가 1932년 의열단에서 수립한 조선혁명군사간부학교 제1기생 26명 가운데 한 명으로 입교하게 된 점, 광둥은 육사가 그곳으로 이동할 충분한 요건을 갖추었던 점을 들었다. 김희곤은 "그러므로 광둥에 나타난 이활이 육사가 맞을 것이라는 결론에 이르게 된다"[21]라고 확신에 차서 말했다. 김용직·손병희의 편저 『이육사전집(李陸史全集)』에 나오는 「이육사 연보」의 1926년 항목에 "이 해 이정기(李定基)와 베이징에 가다. 광둥성 광저우 소재 중산대학 수학 설이 있다"[22]라고 했는데, 이는 김희곤의 견해를 따른 것으로 보인다. 김희곤의 추론은 육사가 의열단과 깊은 연관이 있어 광둥으로 이동했을 것이라는 가정에서 출발한다. 그렇지만 육사가 광둥으로 이동해 중산대학을 다녔다는 근거는 매우 박약한 것 같다. '이활(李活)'의 전공이 '의일(醫一)[한국생(韓國生)]', 즉 '의과 1년(한국 학생)'으로 기록되어 있는데,[23] 도쿄에서 1년간 학교를 다닐 때 문과를 전공한 바 있는[24] 육사가 의학을 전공했다는 것은 석연치 않은 대목이다. 또한 1926년에 예과 과정의 '의과 1년'으로 기록되어 있던 '이활'이 1년 만인 1927년에는 '법과 4년'으로 기록되어 있는데,[25] 이러한 점을 고려해볼 때 〈조선인 학생 명부〉의 신빙성을 의심할 수도 있다.

---

21 김희곤, 『새로 쓰는 이육사 평전』, 81쪽.

22 김용직·손병희 편저, 『李陸史全集』, 407쪽.

23 김희곤, 『새로 쓰는 이육사 평전』, 84쪽 사진 참조; 한상도, 『韓國獨立運動과 中國軍官學校』(문학과지성사, 1994), 187쪽 주석[271] 참조.

24 朝鮮總督府警務局, 「軍官學校事件の眞相」, 『韓國民族解放運動史資料叢書 3』, 125쪽 참조.

25 한상도, 『韓國獨立運動과 中國軍官學校』, 187쪽 주석[271] 참조; 한상도, 『중국혁명 속의 한국독립운동』(집문당, 2004), 103쪽 참조. 또 다른 예를 들면, 1926년에 본과의 이과 3년이던 이영준(李英俊)이 1927년에는 예과의 2년으로 기록되어 있고, 1926년에 의과 2년이던 장지락(張志樂)은 1927년에는 법과 4년으로 기록되어 있다.

경찰의 신문조서에 육사가 베이징 중국대학에 재학한 사실이 기록되어 있거니와 수필에서도 대학 시절에 고도(古都), 즉 베이징의 자금성을 거닐었던 경험이 서술되어 있으나 그가 광저우(廣州)의 중산대학을 다닌 정황은 전혀 포착되지 않는다. 육사가 광저우의 중산대학을 다녔다면 「계절의 오행」에서 베이징 생활을 다루었듯이 어떤 식으로든 기억을 돌이켜 그때의 추억을 담아냈을 것이다. 가령 1942년 12월에 발표한 수필 「고란(皐蘭)」에서도 육사는 다음과 같이 베이징 생활을 다시 떠올렸다. "그런데 얼마 전 정말 중국산의 말리향[茉(茉의 오자인 듯)莉香, 즉 재스민] 차가 조금 생겨서 달여서 맛을 보았더니 그것은 20년 전 북경(베이징) 생활에서 맛보든 그 맛이 그냥 남어 있지 않은가?"[26] '20년 전'이라는 말은 어림짐작으로 표현한 것이라 정확하지 않다 하더라도 차를 달여 마셨던 '북경 생활'에 대한 기억은 뚜렷하다. 그렇다면 '20년 전 북경 생활'이란 바로 '이십(二十)이란 시절'의 중국 유학 시절을 가리키는 것으로 보인다. 이처럼 베이징 생활은 자주 추억되고 있지만, 중산대학을 다녔을 광저우 생활에 대한 추억은 현재 남아 있는 육사의 글에서는 전혀 찾아볼 수 없다. 중산대학의 〈조선인 학생 명부〉에 나오는 '이활'을 그 이름만으로 육사로 단정하는 것은 속단에 가깝다.

또 다른 측면에서, 육사가 중산대학에 학적을 두었다고 가정한다면 그 시기에 공교롭게도 루쉰과도 인연을 맺은 것이 된다. 왜냐하면 육사가 '이활'의 이름으로 학적을 두었을 것으로 추정되는 1927년 봄학기는 루쉰도 중산대학의 교수로 재직하고 있던 시기였기 때문이다. 루쉰은 1926년 샤먼대학(厦門大學)에서 가을학기를 마친 뒤 1927년 1월 중산대학으로 자리를 옮겼는데, 당시 루쉰의 지명도를 생각할 때 육사는 루쉰에 대한 어

26 김용직 · 손병희 편저, 『李陸史全集』, 203쪽.

떤 인상을 가질 수도 있었을 것이다. 그러나 육사는 「루쉰 추도문」에서 루쉰이 샤먼대학에서 중산대학으로 자리를 옮긴 정황을 짤막하게 언급했을 뿐이다. "그(루쉰)의 말과 같이 최암흑한 50일이 지나고 그는 북경(베이징)을 탈출했다. 샤먼대학에 초청을 받아 갔으나 대학 기업가의 음흉 수단인 것을 안 그는 광둥 중산대학으로 갔다."[27] 만일 육사가 중산대학을 다닌 바 있었다면, 루쉰의 중산대학 부임과 관련해 좀 더 재미있는 이야기를 풀어갈 수 있지 않았을까. 「루쉰 추도문」에서 "그가 벌써 56세를 일기로 상해 시고탑(施高塔) 9호에서 영서(永逝)하였다는 부보(訃報)를 받을 때에 암연 한 줄기 눈물을 지우느니 어찌 조선의 한 사람 후배로서 이 붓을 잡는 나뿐이랴"[28]라고 슬픔을 표현한 육사임을 상기할 때, 동일 시기에 자신은 학생이었고 루쉰은 교수로 부임한 그 중산대학에 대한 추억이나 기억은 각별했을 것이다. 그럼에도 불구하고 육사는 중산대학과 관련된 어떠한 경험적 추억을 되새긴 적이 없다.

요컨대, 〈조선인 학생 명부〉에 나오는 '이활'이라는 이름에도 불구하고 구체적인 기록과 정황으로 보건대, 육사는 광저우의 중산대학이 아닌 베이징의 중국대학을 다닌 것이 분명해 보인다. 「이활 신문조서」의 ②와 ③의 내용에서 육사가 1932년에 베이징에 잠시 머물 때 "중국대학 재학 중의 친구 중국인 자오스강(趙世綱)에 의탁하여 그곳에서 약 3주간을 체재했"던 바, 이를 보더라도 육사가 베이징 중국대학에 재학한 것은 확실해 보인다. 이제 육사가 다녔던 베이징 중국대학의 실체를 좀 더 구체적으로 검토할 차례이다.

27 김용직 · 손병희 편저, 『李陸史全集』, 220쪽.

28 김용직 · 손병희 편저, 『李陸史全集』, 209－210쪽.

3. 베이징 중국대학의 실체와 학적 상황

사실 육사가 다녔다는 베이징 중국대학(中國大學)은 국내에서는 오랫동안 베일에 가려진 채로 있다가 최근에야 알려지게 되었다. 그도 그럴 것이 이 대학은 1913년 베이징에서 개교했으나 1949년에 폐교되었기 때문이다. 1913년, 쑨원(孫文, 쑨중산孫中山)에 의해 설립될 때는 '국민대학(國民大學)'이라는 이름으로 개교했다가 1917년에 '중국대학(中國大學)'이라는 이름으로 바뀌었다. 이것은 학교 이름을 나타내는 고유명사이므로 우리말로 표기할 때 중국어 원음대로 '중궈대학'이라 해야 옳겠지만, 중국이라는 말이 우리에게 너무나 익숙하므로 그냥 '중국대학'이라고 해도 무방할 것이다.

중국대학은 신해혁명 후 혁명의 성과가 위안스카이(袁世凱)에게 넘어가자 인재 양성의 필요성을 절감한 쑨원이 황싱(黃興), 쑹자오런(宋教仁)과 더불어 일본의 와세다대학을 모방해 세운 사립대학이었다. 쑹자오런이 제1대 총장을 맡았고, 그 후 황싱, 황윈펑(黃雲鵬), 린창민(林長民), 왕인촨(王印川), 야오한(姚憾), 왕정팅(王正廷), 허치공(何其鞏) 등이 총장을 맡기도 했다. 중국대학은 1930년대에 잠시 베이핑중국학원(北平中國學院)이라는 이름을 갖기도 했으며, 1937년 중일전쟁의 발발로 일본군에 의해 베이징이 함락된 이후에도 계속 베이징에 남아 북방의 인재를 길러내는 중심 역할을 담당했다고 한다. 하지만 1949년 사회주의 중국이 성립되면서 대학의 통·폐합 과정에서 중국대학은 결국 폐교되었다. 폐교와 더불어 이 대학의 각 전공 학과들은 다른 대학으로 옮겨가게 되는데, 이학원(理學院) 각 학과, 문학원(文學院) 철학과는 베이징사범대학(北京師范大學)에, 법학원(法學院) 법률학과는 화베이연합대학(華北聯合大學)에 병합되었다. 그 밖의 전공 학과의 많은 학생들은 화베이연합대학, 혁명대학(革命大學), 군정대학(軍政大學)에 응시하거나 남하해 공작단(工作團)에 참가했으며, 직원들은 대부분 화베이연합대학으로 옮겨 근무하게 되었다. 이렇듯 전공 학과의 분산, 학생들의 이적, 그리고 교직원의 이동 등으로 말미암아 중국대학의 존재는 중국에서도 완전히 사라지게 된 것이다.

하지만 1980년대 중반부터 졸업생들의 움직임으로 중국대학의 존재가 다시 알려지고, 졸업생들은 모교를 복원하는 데 힘을 쏟게 된다. 이들은 1994년 9월 16일에 베이징 중산공원(中山公園)에 있는 중산당(中山堂)에서 베이징이셴학원(北京逸仙學院)이라는 이름으로 개교식을 거행함으로써 마침내 중국대학의 복원을 알리게 되었다.[29] 베이징이셴학원은 현재 이셴전수학원(逸仙專修學院)이라는 이름으로 베이징시 다싱취(大興區)에 위치하고 있는데, 항공 관련 전문학교로서 주로 기장과 승무원 등을 배출하는 학교로 존재하고 있다.

필자는 2008년 12월 23일 중국대학 교우회 제1부회장을 맡고 있는 리다웨이(李大偉) 선생(1945년 입학생)을 방문하고, 동창생 동쟈쉬(董家緖) 선생(1945년 입학생), 가오웨이이(高維毅) 선생(1944년 입학생) 등이 함께한 자리에서 인터뷰를 가진 바 있다. 이 자리에서 리다웨이 선생으로부터 졸업생들이 중국대학을 복원하기 위해 많은 노력을 기울였다는 점과 이셴전수학원의 성격 등에 대해 자세한 설명을 들을 수 있었다. 또 12월 26일에는 리다웨이(제1부회장), 가오웨이이(부회장), 동쟈쉬(비서장), 리빈성(李濱聲, 현 베이징문사연구관北京文史研究館 관원) 및 천즈콴(陳致寬) 선생 등이 참여한 두 번째 인터뷰를 가졌는데, 동창생들은 이육사가 중국대학에 유학한 바 있는 한국의 대표적인 항일 민족저항시인이라는 사실을 듣고 기뻐하면서 깊은 관심을 보였다. 리빈성 선생은 필자에게 자신이 관계하는

29 關昕, 「中國大學: 37年的變遷」, 『先鋒國家歷史』, 2008. 4 참조.

이육사가 유학한 베이징 중국대학(中國大學) 정왕부 캠퍼스의 현재 모습(2008년 촬영)

베이징문사연구관(北京文史研究館)의 학술지 『문사(文史)』에 실을 이육사와 중국대학에 관한 글을 부탁하기도 했다.

중국대학의 캠퍼스는 개교 당시 지금의 톈안먼(天安門) 광장 서쪽의 쳰먼(前門) 시다제(西大街) 13호에 위치하고 있었다. 그런데 '13호'에 위치한 캠퍼스는 좁아서 1925년 6월 지금의 베이징시 시단(西單) 피쿠후통(皮褲胡同, 당시의 얼롱루二龍路 커우다이후통口袋胡同)의 정왕부(鄭王府)를 매입하고 그해 9월에 부속중학을 제외한 대학 전체가 그곳으로 옮겼다. 중국대학은 그해 9월에 정왕부에서 첫 강의를 시작함으로써 정왕부 캠퍼스 시대를 열었는데, 이때 도서관을 확충하고 학생기숙사도 마련했다고 한다.[30] 필자는 2008년 12월 22일에 베이징시 시단 피쿠후통에 위치한 정왕부

30 北京中國大學校友會, 『北京中國大學簡介』, 68쪽 참조.

중국대학(국민대학國民大學) 설립 당시의 쳰먼 캠퍼스(2008년 촬영. 지금은 철거되었음)

캠퍼스와 쳰먼 시다제 13호의 부속중학 부지를 답사했다. 정왕부 캠퍼스 부지는 현재 중국 교육부가 차지하고 있었는데, 당시 중국대학의 정문으로 쓰였던 문은 옛 모양을 그대로 유지한 채 '중국교육발전기금회(中國教育發展基金會)'라는 간판을 달고 있었고 그 옆에는 '베이징시 문물보호단위 정왕부(北京市文物保護單位鄭王府)'라는 글씨가 뚜렷하게 새겨진 화강암 표지석이 있었다. '13호'에 남아 있던 부속중학은 1949년 사회주의 중국이 성립된 뒤 '신성중학(新生中學)'이라는 이름으로, 다시 '신잉중학(新英中學)'이라는 이름으로 바뀌었다가 1952년에 '29 중학'이라는 이름으로 바뀌어 최근까지 존속해왔다. 하지만 '29 중학'의 자리에 중국인민대회당(中國人民大會堂)의 사무실 건물이 지어지는 바람에 '29 중학'은 2008년 7월에 철거되고 말았다. 필자가 이곳을 방문한 2008년 12월 22일 당시 '29 중학'에서는 공사가 한창이라 내부를 볼 수가 없었다. 다만 주소를 나타내는 '13호'의 표식이 붙어 있는 학교 정문 기둥과 췌먼을 향해 뻗어 있는 학교 담이 아직 그대로 남아 있어 그것이 중국대학의 옛 캠퍼스임을 확인할 수 있었다. 중국대학 졸업 동창생 리다웨이, 가오웨이이, 동쟈쉬 선생 등은 필자와의 인터뷰에서 '29 중학' 교내에 중국대학 관련 유적이 남아 있었지만 지금은 철거되어 볼 수 없게 되었다며 아쉬움을 표하기도 했다.

그렇다면 1926년 가을학기부터 이듬해 봄학기까지 중국대학을 다닌 육사는 당연히 정왕부 캠퍼스에서 수업을 받았을 것이다. 시단(西單)의 정왕부는 자금성(紫禁城)으로부터 그리 멀지 않으며 걸어서 산책할 수 있는 거리에 위치해 있다. 육사가 「계절의 오행」에서 Y교수가 "나를 붙들고 자기의 의견을 말한 뒤 고도의 가을 바람이 한층 낙막(落寞)한 자금성을 끼고 돌면서 고서와 골품에 대한 얘기와 역대 중국의 비명에 대한 지식을 가르쳐준 것이 인연이 되여 나는 그의 연구실을 자조 드나들게 되였나이다"[31]라고 표현한 것은 실제의 경험을 서술한 것임을 알 수 있다. 최근에 중국대학의 존재가 알려지면서 이 대학이 '29 중학'의 자리에 위치해 있었던 점을 미루어 육사가 '29 중학' 캠퍼스의 중국대학을 다닌 것으로 설명하기도 하지만,[32] 정확히 말하면 1925년에 캠퍼스를 옮겼으므로

31 김용직 · 손병희 편저, 「季節의 五行」, 『李陸史全集』, 157쪽.

32 2006년 6월 5일자 『한겨레』 신문에서는 육사가 다닌 '베이징의 중국대학'의 존재가 최근 처음으로 확인되었다고 보도하면서 민족문학연구소(소장 김재용 원광대 교수)가 베이징에서 주최한 '근대문학과 북경(베이징)' 세미나와 현지답사 과정에서 확인되었다고 밝히고 이어 이렇게 설명했다. "김 교수와 소속 연구원들은 세미나의 공동 주최 측인 베이징 중앙민족대학 조선 어언문학계 오상순 교수와 함께 지난 2일 베이징 천안문광장 서쪽에 자리 잡은 '제29중학교'가 옛 중국대학임을 확인했다. 이날 일행이 찾아간 29중 정문 앞에는 '중국대학' 시절 정문 사진을 배경으로 학교의 역사를 간략히 적은 표지판이 세워져 있었다. 또 학교 안에는 학교의 역사를 사진과 도표 등으로 정리한 자료관도 있었다. 자료를 보면 중국대학은 1913년 쑨원의 뜻에 따라 세워진 국민당 계열 학교로 원래 이름은 국민대학이었으며 1930년에 중국학원으로 다시 이름을 바꾸었고 1949

육사는 정왕부 캠퍼스의 중국대학을 다닌 것이다.

이제 「이원록 소행조서」에 기록되어 있는 육사의 '베이징 중국대학 상과에 입학하여 재학하기를 7개월'이라는 말의 의미를 좀 더 세밀하게 따져보자. 육사의 중국대학 재학을 알려주는 학적부의 기록이 발견되지 않은 상황에서 '상과'의 의미와 '7개월'이라는 숫자에 주목함으로써 육사의 중국대학 학적(學籍) 상황을 좀 더 명확하게 밝힐 수 있을지도 모른다.

육사가 중국대학에 재학했음을 확정해주는 구체적인 학적 상황을 추정하기 위해서는 먼저 중국대학의 학제(學制)를 확인해보아야 한다. 중국대학의 신입생 및 진입생 현황을 알려주는 다음의 자료는 중국대학의 학제를 확인하는 데 도움이 된다.

> 1922년 9월 15일, 대학(大學) 문(文)·법(法)·상(商) 3예과(三豫科) 학생 292명, 전문부(專門部) 법예과(法豫科) 학생 135명, 상본과(商本科) 8반(班) 학생 88명을 새로 받아들였고, 또 대학으로 진입한 본과(本科) 국문학계(國文學系) 1반 학생 17명, 영문학계(英文學系) 2반 학생 6명, 법률계(法律系) 4반 학생 11명, 정법계(政法系) 4반 학생 23명, 경제계(經濟系) 4반 학생 27명, 상학계(商學系) 7반 학생 7명, 전문부(專門部) 법률본과(法律本科) 6반 학생 74명, 정경본과(政經本科) 7반 학생 30명이 일률적으로 수업을 시작했다.[33]

년 중국 공산당 집권 이후 폐교되었다. 김재용 교수와 오상순 교수는 육사가 1925-1926년 사이 이 대학에 다닌 것으로 추정했다"(최재봉, 「이육사가 다닌 중국대학 찾아냈다」, 『한겨레』, 2006. 6. 5). 그러나 정확히 말하면, 중국대학이 1925년 9월부터 정왕부(鄭王府) 캠퍼스로 옮겼으므로 육사가 다닌 곳은 정왕부 캠퍼스이며 그 시기도 1926-1927년 사이이다.

33 北京中國大學校友會, 「大事記(1913-1948)」, 『北京中國大學簡介』, 91쪽.

이를 분석하면, 중국대학의 학제는 크게 예과(豫科)와 본과(本科)로 구분되며, 예과에는 대학부(大學部)와 전문부(專門部)가 있고 본과에도 대학부와 전문부가 있다. 대학부 예과에는 문과, 법과, 상과가 있고, 전문부 예과에는 법과가 있다. 본과는 예과를 마친 뒤 진학하게 되며, 대학부 본과에는 국문학계(國文學系), 영문학계(英文學系), 법률계(法律系), 정법계(政法系), 경제계(經濟系), 상학계(商學系)의 학과가 있고, 전문부 본과에는 법률계(法律系), 정경계(政經系)의 학과가 있다. 또 대학부 상본과(商本科)는 예과를 두지 않고 곧바로 본과 신입생을 모집할 수 있다.[34] 이러한 중국대학의 학제에 근거할 때, 육사의 '중국대학 상과 입학'은 대학부 상본과를 의미하는 것이 아닐까 추정해볼 수 있다. 일본에서 도쿄 세이소쿠예비학교(正則豫備校), 니혼대학(日本大學) 문과 전문부를 전전하며 1년간 다닌 적이 있는[35] 육사는 예과를 거치지 않고 입학할 수 있는 상본과에 곧바로 입학했을 수 있는 것이다. 육사가 「계절의 오행」에서 "그(Y교수를 가리킴)가 그 야금학에 통한 얘기는 나에게 들려주지 않었으므로 일부러 묻

34 1917년 2월에 설립된 베이징(北京) 민국대학(民國大學)의 「학제(學制)」를 참고할 수도 있다. 민국대학의 학제 역시 크게 예과(豫科)와 본과(本科)로 나누어지며, 예과에는 대학부(大學部)와 전문부(專門部)가 있고 본과에도 대학부와 전문부가 있다. 예과의 대학부에는 문과(文科), 법과(法科), 상과(商科)가 있고 전문부에는 법과가 있다. 본과의 대학부에도 문과, 법과, 상과가 있는데, 문과에는 철학계(哲學系), 중국문학계(中國文學系), 영국문학계(英國文學系), 교육학계(敎育學系), 역사학계(歷史學系), 신문학계(新聞學系)의 전공이 있고, 법과에는 법률학계(法律學系), 정치학계(政治學系), 경제학계(經濟學系)의 전공이 있으며, 상과에는 상업학계(商業學系), 은행학계(銀行學系), 보험학계(保險學系), 교통학계(交通學系)의 전공이 있다. 또 본과의 전문부에는 법률학계(法律學系), 정치학계(政治學系), 상업학계(商業學系), 지방자치학계(地方自治學系)의 전공이 있다. 특히 주목되는 것은 "대학 예과는 2년을 수업하고, 전문부 예과는 1년을 수업하고 상과(商科)는 예과를 면설(免設)한다"라는 규정이다. 상과는 예과를 거치지 않고 곧바로 입학할 수 있다는 것이다. 北京民國大學出版部 編著, 「學則槪要」, 『北京民國大學一覽』(北京民國大學消費社, 民國 十三年[1924]), 1－2쪽 참조.

35 朝鮮總督府警務局, 「軍官學校事件の眞相」, 『韓國民族解放運動史資料叢書 3』, 125쪽 참조.

는 것도 쑥스럽고 해서 자제하든 차에 나와 한 반에 있는 B에게 물어보았더니 B는 한참 말이 없이 빙그레 웃다가 말하는 것이였습니다"[36]라고 했는데, '나와 한 반'이라는 표현에 주목할 때, 어쩌면 이 '반'이라는 말이 본과 소속을 나타내는 것이 아닌가 생각된다. 더욱이 육사는 베이징에서 귀국한 직후인 1927년 10월에 발생한 대구의 장진홍사건에 연루되어 옥고를 치르고 1929년 5월에 석방되면서 중외일보 기자가 되는데, 기자가 되기 위해서는 일정한 학력이 필요한바, 대학부 상본과 중퇴, 즉 대학교 중퇴의 학력을 가졌을 가능성이 높다.

그렇지만 상과에 입학한 육사를 문학을 전공한 Y교수가 '담당한' 것으로 미루어볼 때 또 다른 가능성도 열어두어야 할 것이다. 즉 육사는 상과에 입학했더라도 선과생(選科生) 또는 방청생(旁聽生) 자격으로 입학했을지도 모른다는 점이다. 이는 육사가 중국대학에 7개월 동안 재학했다는 사실을 실증적으로 따져보는 것과 관련되어 있다.

중국대학의 '선과생 빙칭생 규칙(選科旁聽生規則)'은 1926년 10월 16일에 공포되는데, 육사가 중국대학에 입학한 것은 바로 그 학기이다. 당시 중국대학은 입학시험을 통해 신입생을 선발했으니,[37] 육사가 시험을 치르고 입학하기는 쉽지 않았을 것이다. 그렇다면 육사는 처음으로 실시된 선과생 또는 방청생 모집에 응해 중국대학에 입학했을 가능성도 배제할 수 없는 것이다. 육사가 선과생 또는 방청생으로 중국대학에 입학한 것으로 가정한다면, 「이원록 소행조서」에 기록된 '재학하기를 7개월'의 의미도 좀 더 뚜렷해진다. 1926—1928년 사이 중국대학의 학사 일정과 관련된 중대한 일을 기록한 다음 자료를 보자.

36 김용직 · 손병희 편저, 『李陸史全集』, 157쪽.

37 北京中國大學校友會, 「校史」(『中國大學建校三六周年紀念刊』, 1928), 『北京中國大學簡介』, 77쪽 참조.

1926년 3월 20일: 본교 학생 자오종위(趙鍾玉) 열사가 3·18애국운동에 참가했다가 피살되었으며, 특별히 자오(趙) 열사 부모와 보증인에게 통고했음.

—— 3월 23일: 3·18참사에 대해 교무회의의 결의에 따라 4일간 수업을 중지함으로써 애도를 표함.

—— 4월 20일: 본교 계간(季刊) 제1기를 출판함.

—— 10월 16일: 선과방청생규칙(選科旁聽生規則)을 공포함.

1927년 2월 25일: 본교 교간(校刊)을 매주 주간(周刊)으로 바꿈.

—— 6월 10일: 시국의 긴장으로 인해 미리 시험을 치르고 종료함.

—— 9월 12일: 본 학년부터 본교 대학부 예과 문·법·상 각 과 명칭을 취소하고 대학부 예과(大學部豫科)로 통칭함.

1928년 10월 9일: 북벌(北伐)의 완성을 알리고, 국경기념을 경축하고 3일간 방학함.[38]

'선과방청생규칙'이 공포된 것이 1926년 10월 16일이고 시국의 긴장으로 인해 학년말 시험을 조기에 치르고 학기를 마친 것이 1927년 6월 10일이다. 당시 대학의 '학력(學歷)' 규정에 따르면, 한 학년은 두 학기로 나누어 대체로 9월 11일부터 1월 31일까지가 제1학기이고 2월 22일부터 6월 30일까지가 제2학기이다.[39] 육사가 1926년 10월 16일 이후 선과생 또는 방청생 자격으로 상과에 입학해 이듬해 1월 말까지 제1학기를 마치고 제2학기가 시작된 2월 말부터 시국의 긴장으로 인해 학년말 시험이 서둘러 치러진 6월 10일까지 학교를 다닌 것으로 본다면, 겨울방학 기간을

38 北京中國大學校友會, 「大事記(1913−1948)」(『中國大學建校十六周年紀念刊』, 1929), 『北京中國大學簡介』, 93−94쪽.

39 北京民國大學出版部 編著, 「學則概要」, 『北京民國大學一覽』, 2쪽 참조.

뺀 재학 기간은 정확하게 7개월이 된다.

1926년 3월 18일에 군벌 정부가 반정부 시위 학생들에게 발포해 많은 사상자를 낸 3·18사변이 발생했고, 그해 6월 5일에는 베이징의 군벌 정부를 타도하기 위한 국민당 국민혁명군의 '북벌(北伐)'이 결정되고 7월 4일에는 '북벌선언(北伐宣言)'이 발표되어 베이징의 군벌 정부를 공격하는 북벌전쟁이 시작되었다. 이러한 상황에서 베이징의 정국은 매우 어수선했으며, 이로 말미암아 육사는 1927년 봄학기의 종료와 더불어 더 이상 진학이 어려워지자 중도 퇴학한 것이 아닌가 추정된다.

요컨대, 중국대학의 학제에 근거할 때 육사의 중국대학 재학 상황은 두 가지 가능성으로 압축된다. 하나는 대학부 상본과에 정식으로 입학했을 가능성이고, 다른 하나는 선과생 또는 방청생 자격으로 상과에 입학했을 가능성이다. 대학부 상본과는 시험을 치르고 입학해야 했으므로 입학이 쉽지는 않았겠지만, 몇 가지 정황으로 보건대 육사가 정식으로 상본과에 입학했을 가능성은 높다. 그러나 만일 상본과에 입학한 것이 아니라면 또 다른 가능성을 생각해볼 수 있는데, 그것은 육사가 입학한 그 학기에 중국대학이 처음으로 선과생 또는 방청생을 모집했으므로 그러한 자격으로 상과에 입학했을 수도 있다는 것이다.

4. 중국어 독해 능력과 중국어 번역

육사의 중국 유학을 실증적으로 고찰하면서 함께 검토해야 할 것은 그의 중국어 독해 능력이다. 이는 육사의 중국 현대문학 및 중국 현실에 대한 이해의 깊이를 가늠할 수 있는 중요한 근거가 되기 때문이다.

육사가 처음 중국에 건너간 것은 1925년 8월이었고, 중국대학을 다닌 것이 1926년 가을학기부터 1927년 봄학기까지이다. 그렇다면 육사는 1925년 8월부터 중국대학에 입학하기 이전까지는 대체로 비체계적인 방식으로, 중국대학에 입학한 후 두 학기 동안은 체계적인 방식으로 중국어를 배웠을 것이다. 수필 「계절의 오행」에 서술되어 있듯이 육사는 중국대학 재학 시절에 Y교수의 작품 「안작(贋作)」[40]을 읽고 독후감을 이야기할 정도로 중국어 독해 · 회화 능력이 일정한 수준에 이르렀던 것으로 보인다. 물론 Y교수가 도쿄에서 문학을 공부했고 육사 역시 1924년 도쿄의 학교에 1년간 통학할 당시 '푸르타크 영웅전'을 비롯해 '시저', '나폴레옹'에 관한 책들도 읽었다고 하니,[41] 일본어를 매개로 소통이 더욱 수월했을지도 모른다.

육사는 1932년 10월 난징(南京) 근교에서 문을 연 조선혁명군사간부학교[42]에 입교해 6개월간 군사간부 교육을 받게 되는데, 이 기간에도 정규

---

40 필자는 Y교수의 존재와 그의 작품 「안작(贋作)」을 찾기 위해 노력했으나 현재까지 확실한 단서를 확보하지는 못했다. 중국대학은 두 개의 간행물, 즉 『비평(批評)』과 『상학계간(商學季刊)』을 발행한 바 있는데, 이 간행물들은 육사의 중국 유학 시기와 가깝거나 겹치는 시기에 발행되었으므로 정밀한 조사가 필요하다. 이 두 간행물은 마침 중국국가도서관(中國國家圖書館)에 소장되어 있어 Y교수와 그의 작품 「안작」 및 육사 관련 자료를 찾기 위해 직접 조사해보았다. 순간(旬刊)으로 발행된 『비평』은 1922년 11월 21일의 제1호부터 1924년 4월 16일의 제22호까지 소장되어 있고 『상학계간』은 제1권 제1호－제4호 및 제2권 제1호－제2호 등이 소장되어 있다. 조사 결과 『비평』 제8호에서 필명이 'Y'인 사람이 쓴 「누가 문화의 장애물인가?(誰是文化的障碍物?)」라는 글을 발견했는데, 필명 'Y'가 혹시 육사가 「계절의 오행」에서 언급한 「안작(贋作)」의 작자 'Y교수'가 아닐까 추측해볼 수 있다. 하지만 그렇게 단정하기 위해서는 확실한 고증을 거쳐야 할 것으로 생각된다.

41 김용직 · 손병희 편저, 「季節의 五行」, 『李陸史全集』, 152쪽, 156쪽 참조.

42 조선혁명군사간부학교는 의열단이 운영한 군사간부학교로서 정식 명칭이 '중국국민정부(中國國民政府) 군사위원회(軍事委員會) 간부훈련반(幹部訓練班) 제6대(第6隊)'였다. 1932년 10월부터 1935년 9월에 이르는 3년여 동안 1기생 26명, 2기생 55명, 3기생 44명 등 130여 명에 이르는 '청년 투사'를 양성했다. 한상도, 『韓國獨立運動과 中國軍官學校』, 255쪽 참조.

과정으로 중국어를 배웠다. "학원(學員)들은 오전 6시에 기상해 약 30분 간 체조를 하고 오전 7시에 아침을 먹고, 7시 10분부터 강당에서 사회학 강의가 있고, 점심 후에는 군사교련에 들어가 오후 2시부터 야외훈련을 하고, 6시에 저녁을 먹고, 강당에서 중국어를 배우고, 오후 9시에 취침하도록 일과로 되어 있다."[43] 중국대학에서 유학을 한 경험이 있는 육사는 다시 6개월 동안 중국어 수업을 듣게 됨으로써 중국어 독해 능력을 크게 향상할 수 있었다. 육사가 「루쉰 추도문」을 쓰고, 루쉰의 단편소설 「고향」과 후스의 『50년 동안의 중국문학』을 번역하고, 비평문 「중국 현대시의 일단면」을 쓰면서 쉬즈모의 시를 번역할 수 있었던 것은 이러한 중국어 학습이 바탕이 되었기 때문일 것이다.

그런데 육사의 중국어 독해 능력은 일정한 수준에 이르렀지만 그의 번역문에는 오역도 종종 발견된다. 오역의 실례를 구체적으로 살펴볼 수 있는데, 이는 오역의 문제점을 지적하려는 것이라기보다 당시 육사의 현실 상황을 확인하기 위한 것이다. 즉 육사가 중국어 원문을 토대로 착실한 번역을 시도했지만 오역이 발생한 것은 열악한 번역 환경과 관계가 있었다는 점을 지적하기 위함이다.

육사는 「루쉰 추도문」에서 루쉰의 소설집 『외침(吶喊)』의 서문 일부를 인용하면서 "졸업만 하고 고국에 돌아오면 아버지와 같이 치료 못하는 병인을 살리고 전쟁이 나면 출정도 하려니와 국인(國人)의 유신(維新)에 대한 신앙에까지 나아갈 것……"[44]이라고 번역했다. 여기서 문제가 되는 것은 '국인의 유신에 대한 신앙에까지 나아갈 것'으로 번역한 문장이다. 이 문장의 원문을 직역하면 "한편으로는 또 나라사람들의(國人)의 유

---

43 國史編纂委員會, 「李活 신문조서」(1934), 『韓民族獨立運動史資料集 30』, 155쪽.

44 김용직 · 손병희 편저, 『李陸史全集』, 215쪽.

신에 대한 신앙을 촉진하겠다(一面又促進了國人對于維新的信仰)"[45]인데, '촉진하다(促進)'라는 동사를 '나아갈 것'으로 번역했으니 오역에 가깝다. 육사는 '촉진하다(促進)'라는 동사를 잘못 이해했거나 착각해 '촉(促)'자를 빠뜨리고 번역했을 가능성이 높다. 육사는 예의 「루쉰 추도문」에서 루쉰의 「꽃 없는 장미 2(無花的薔薇之二)」의 일부를 인용해 "붓으로 쓴 헛소리는 피로 쓴 사실을 만착(瞞着)하지 못한다. —(중략)— 붓으로 쓴 것이 무슨 힘이 있으랴. 실탄을 쏘는 것은 오직 청년의 피다"[46]라고 번역했다. 이 글의 원문을 직역하면, "먹으로 쓴 거짓말은 결코 피로 쓴 사실을 덮어 가릴 수 없다…… 붓으로 썼으니 무슨 상관이 있겠는가? 실탄에 맞아 흘러나온 것은 청년들의 피다(墨寫的慌說, 決掩不住血寫的事實…… 筆寫的, 有什麽相干? 實彈打出來的却是青年的血)"[47]가 될 것이다. 여기서 '실탄에 맞아 흘러나온 것'을 '실탄을 쏘는 것'으로 번역한 것이다.

후스의 학술 저작을 번역한 「중국문학 오십년사」에서도 오식(誤識)이나 오역이 종종 발견된다.

> 50년래 백화소설사는 의연히 일년래의 백화문학과 다름이 한 개 큰 결점도 가졌다는 것은 백화 채용이 다시 말하면 무자각했다는 것, 즉 되는 대로 해서 아무런 비판적이 아니었다. 그러나 민국 6년 이래의 문학혁신은 그야말로 일종의 의의 있는 주장으로서, 무의의한 연진(演進)이 너무나 오랬고 또한 불경제적이었다.
>
> 근 50년래의 혁신운동으로만 보드라도 의식적인 주장이 있고 계획적인 혁신인 때문에 가장 쩌른 기간 중에서도 능히 최후의 승리를 얻을 수 있

45 魯迅, 「自序」, 『吶喊』, 『魯迅全集(1)』(人民文學出版社, 1981), 416쪽.

46 김용직 · 손병희 편저, 『李陸史全集』, 220쪽.

47 魯迅, 「無花的薔薇之二」, 『華蓋集續編』, 『魯迅全集(3)』, 263-264쪽.

었든 것이다…… 이러한 의의 있는 주장이 그야말로 문학혁신의 특점이며 그야말로 50년래에 이러한 운동이 능히 성공할 수 있는 최대의 원인이었다.[48]

이 글의 원문을 직역하면 다음과 같다. "이 50년의 백화소설사는 여전히 1천 년 동안의 백화문학과 동일한 하나의 큰 결점이 있었다. 즉, 백화의 채용은 여전히 무의식적이고 되는 대로 하는 것이었지, 결코 의도적인 것은 아니었다. 민국 6년 이래의 '문학혁명'은 곧 일종의 의도적인 주장이다. 무의식적인 연진(演進)은 매우 느린 것이요 비경제적인 것이다. [예컨대, 건륭(乾隆) 이래 곳곳의 비적의 난리는 얼마간 언제나 '배만(排滿)'의 의미를 띠고 있었지만, 대부분 무의식적인 충동이며 주장이 있는 혁명이라고 부를 수 없는 까닭에 쉽게 실패했다. 태평천국(太平天國)의 혁명은 배만의 색채가 다소 분명했지만 결국에는 의식적이고 계획적인 배만운동(排滿運動)이라 할 수 없는 까닭에 중상(中上)계급의 동정을 얻을 수 없었고 끝내 실패로 돌아가게 되었다.] 근 20년래의 혁명운동은 의식적인 주장이요 계획적인 혁명이었기 때문에 짧은 시기 내에 최후의 승리를 거둘 수 있었다…… 이러한 의도적인 주장이 바로 문학혁명의 특점이며, 바로 5년 동안 이 운동이 성공할 수 있었던 최대 원인이다."[49] '의도적인(有意的)'이라는 말을 '의의 있는'으로 번역하고 '무의식적인(無意的)'이라는 말을 '무의의한'으로 번역함으로써 의미의 전달이 매끄럽지 못하게 되었다. 인쇄 조판 때의 실수일 수도 있겠으나, '1천 년'을 '일 년'으로, '20년'을 '50년'으로, '5년'을 '50년'으로 잘못 이해한 숫자의 오식도 종종 발견된다.

이 대목에서 우리가 고려해야 할 것은 바로 일제의 검열과 압박으

48 김용직 · 손병희 편저, 「中國文學 五十年史」, 『李陸史全集』, 250쪽.

49 胡適, 『五十年來中國之文學』, 『胡適文存』 第二集(亞東圖書館, 1924), 183쪽.

로 인해 잠행할 수밖에 없었던 육사의 현실 상황과 그러한 상황에서 그가 원문을 정확하게 읽으면서 차분하게 번역하고 퇴고할 시간적 여유를 가질 수 없었다는 점이다. 1936년에 「루쉰 추도문」을 쓰고 루쉰의 단편소설 「고향」을 번역하던 상황만 보더라도 이를 짐작할 수 있다. 육사는 1936년 만주로 가서 같은 조선일보 기자였던 이선장(李善長)을 몽양(夢陽) 여운형(呂運亨)과 일헌(一軒) 허규(許珪)에게 소개해주고 귀국하는 길에 체포되어 1주일간 서울형무소에 구류된다.[50] 그해 7월, 그는 쇠약해진 몸 때문에 동해송도원(東海松濤園)으로 가서 요양하게 되는데, 이때 폭풍우가 몰아치는 바닷가에서의 경험을 이렇게 표현한 바 있다. "가시넝쿨에 업더지락 잡버지락 문학의 길도 그럴넌지는 모르지마는 손에 들인 전등도 내 양심과 같이 겨우 내 발끝밖에는 못 비치드군요. 그러나 바닷가를 거의 다었을 때는 파도소리는 반군의 성이 무너지는 듯하고 하얀 포말에 번개가 푸르게 빈질 때만 영롱하게 빛나는 바다의 일면(一面)! 나는 아즉도 꿈이 아닌 그날 밤의 바닷가로 태풍의 속을 가고 있는지도 모릅니다."[51] '바닷가의 태풍 속을 가고 있는' 듯한 현실에 처한 육사는 동해송도원에서 요양하고 상경한 뒤 10월에 「루쉰 추도문」을 쓰고 12월에 루쉰의 「고향」을 번역했다. 급박하고 어려운 상황 속에서 원문을 꼼꼼히 읽고 번역문을 차분하게 퇴고할 충분한 시간적 여유를 가질 수 없었을 것이다. 「고향」을 번역할 때도 '楊二嫂(양씨네 둘째 며느리)'를 앞에서는 '양씨 마누라'라고 번역했다가 뒤에서는 '양씨 아즈머니'로 번역했던[52] 것도 따지고 보면 퇴고할 시간이 충분하지 않았기 때문으로 추정된다.

육사가 비평문 「중국 현대시의 일단면」을 완성한 것은 1941년 4월 25

---

50 심원섭 편주, 「작가 연보」, 『원본 李陸史 전집』(집문당, 1986), 412쪽.

51 김용직 · 손병희 편저, 「질투(嫉妬)의 반군성(叛軍城)」, 『李陸史全集』, 137-138쪽.

52 김용직 · 손병희 편저, 『李陸史全集』, 123쪽, 129쪽 참조.

일 '원산(元山)의 임해장(臨海莊)'에서인데, 바로 그 이튿날인 4월 26일에 장소를 '원산의 청도장(聽濤莊)'으로 옮기고 구딩(古丁)의 단편소설 「골목안(小巷)」을 번역했다. 여관을 옮겨 다니면서 번역할 상황이니 육사의 번역은 매우 열악한 환경에서 진행된 것임을 짐작할 수 있다. 육사는 「중국 현대시의 일단면」의 말미에서 쉬즈모의 백화시(白話詩) 2편을 번역한 뒤, "백화로 읽을 때에 운율과 격조를 우리말로 이식하기는 여간 곤란한 것이 아니다. 이만하고 두기로 하며 본의로는 좀 더 많은 작품을 역(譯)해서 한 사람의 시를 완전히 이해토록 하고저 했으나, 필자의 시간과 생활이 그다지 여유가 없는 것과 재능이 부족함을 심사(深謝)해 두며"[53]라고 고백한 바 있는데 이 대목에서 당시 육사의 처지와 번역에 임하는 자세를 엿볼 수 있다. 이처럼 열악한 상황에서도 백화시의 운율과 격조를 우리말로 이식하려는 육사의 노력은 높이 평가할 만하다.

육사의 번역문은 오식이나 오역에도 불구하고 우리말의 멋을 가장 잘 살린 것이 두드러진 특징이다. 루쉰의 단편소설 「고향」의 번역문 중에서 "불티같이 날러갔으나 아모리 해도 그 적은 발에 뒷굽 높은 구두를 신은 것도 생각지 않고 되는 대로 뛰여서 가는구나 글쎄"[54]라는 문장을 예로 들 수 있다. 이 문장의 원문을 직역하면 "날듯이 달아났는데, 바닥이 두툼한 전족한 발로 어찌 그렇게 빨리 뛰어가는지(飛也似的跑了, 虧伊裝着這麽高底的小脚, 竟跑得這樣快)"[55]가 될 것이다. 여기서 원문 '高底的小脚'는 '바닥이 두툼한 전족한 발'을 가리키는데, '적은 발에 뒷굽 높은 구두를 신은 것'으로 번역했으니 오역에 가깝다. 그렇지만 문장 전체로 보자면 우리말의 멋을 잘 살린 대단히 매끄러운 번역이라고 할 수 있다.

53 김용직 · 손병희 편저, 『李陸史全集』, 272-273쪽.

54 김용직 · 손병희 편저, 『李陸史全集』, 129쪽.

55 魯迅, 「故鄕」, 『吶喊』, 『魯迅全集(1)』, 484쪽.

육사는 처음 중국에 건너가 중국어를 접했고 중국대학에 입학한 이후 두 학기 동안 정식으로 중국어를 배웠으며, 군사간부학교에서 정규 과정으로 6개월간 중국어를 배웠다. 이렇게 2년 정도 중국어를 배워 중국어 사전도 변변치 않은 상황에서 문학 작품과 학술 저작 등을 번역하고 비평하기는 쉽지 않았을 것이다. 물론 육사는 어려서부터 전통 한학을 배워 한시도 지을 수 있었으므로 한문의 독해 능력이 중국어 독해에 도움이 되었을 것이다. 어쨌든 육사는 비교적 짧은 중국어 학습 기간에도 불구하고 일정한 수준의 중국어 독해 능력을 갖추고 있었으며 이를 바탕으로 어려운 상황에서도 꾸준히 중국 현대문학을 번역·비평했으니, 그 시도와 성과에 감탄하지 않을 수 없다.

5. 전통과 근대의 내면화

그동안 필자는 육사의 '중국대학' 재학을 알려주는 확실한 증거를 찾으려고 노력했지만 학적부 기록 등 결정적인 단서를 아직 확보하지는 못했다. 중국대학이 1949년에 폐교되면서 각 학과들이 여러 곳으로 분산되는 과정에서 관련 자료가 제대로 보존되지 못했으므로 증거를 찾는 데 어려움을 겪는 것은 당연한 일이다. 우회적인 방법이지만, 필자는 1940년대 중·후반에 중국대학을 다닌 동창생들을 만나 인터뷰를 진행하면서 중국대학의 상황을 파악하고 관련 자료를 탐문할 수 있었다. 그 과정에서 중국대학 관련 자료의 일부가 '베이징시 문서보관소(北京市檔案館)'에 보관되어 있다는 사실을 알게 되었고, 그 자료를 조사할 수 있었다. 하지만 육사의 학적과 관련된 뚜렷한 증거는 아직까지 발견하지 못했으니 앞으로 좀 더 정밀한 조사가 필요할 것으로 생각된다.

이 장에서는 육사의 중국 관련 전기적 사실을 중국 유학을 중심으로 실증적으로 고찰해보았다. 그것은 육사가 중국에서 유학한 시기, 중국대학에서 유학한 사실, 중국대학의 실체, 중국어 독해 능력과 중국어 번역 상황 등을 확인하는 일이었다. 육사의 중국대학 학적부 기록 등을 찾을 수는 없었지만 현재 남아 있는 여러 가지 기록과 정황으로 보건대, 육사는 1926년 가을학기부터 1927년 봄학기까지 중국대학에 재학했던 것이 확실해 보인다. 1913년에 설립된 중국대학은 원래 베이징시 첸먼(前門)의 '13호'에서 출발했으나 1925년에 시단(西單)의 정왕부(鄭王府) 캠퍼스로 교사를 옮겼는데, 육사는 바로 이 정왕부 캠퍼스에서 유학했다. 구체적인 학적의 경우, 육사가 대학부(大學部) 상본과(商本科)로 입학했거나 선과생 또는 방청생 자격으로 상과에 입학했을 두 가지 가능성을 모두 고려해야 한다. 그리고 육사는 2년여의 중국어 학습 기간에도 불구하고 일정한 수준의 중국어 독해 능력을 갖추었고 독립운동가로서 일제의 검속이 되풀이되는 열악한 상황 속에서도 열정적으로 중국 현대문학을 번역·비평했으니 그 시도와 성과에 찬사를 보내지 않을 수 없다.

육사의 중국 유학을 실증적으로 고찰한 것은 그동안 미비했던 육사의 전기적 사실을 보충하고 육사가 중국 현대문학에 관심을 갖게 된 객관적인 조건을 확인하기 위한 것이었다. 그것은 육사 문학과 루쉰 문학 및 중국 현대문학과의 관련성에 대한 심화된 연구로 나아가기 위한 선행 작업이었다. 육사는 한국의 제1세대 중국 현대문학 연구자로서 중국 현대문학을 국내에 소개하는 데 누구보다 많은 공을 들였다. 더욱이 루쉰을 높이 평가하고 루쉰의 문학을 소개하면서 그로부터 일정한 영향을 받았다. 육사는 실천과 저항으로서의 문학을 강조하고 문학의 심미적 가치를 중시한 점에서 루쉰과 상통하는 점이 많았다. 또 전통이 해체되고 근대가 수립되는 과도기적인 시기에 전통과 근대를 함께 내면화하고 있었다는 점에서도 루쉰과 일맥상통한다. 루쉰은 중국의 '저동학풍(浙東學風)'을 이어받아 전통을 계승하면서 중국 현대소설을 개척해나갔고, 육사는 안동의 퇴계학통을 이어받아 전통을 계승하면서 현대시 창작에 매진했다. 이는 육사 문학과 루쉰 문학을 상호 교차해 비교할 수 있으며 근대 시기에 전통을 내면화한 동아시아 지식인의 공통성을 검증하는 데까지 나아갈 수 있음을 시사한다. 이제 다음 단계의 심화된 연구로서 육사 문학과 루쉰 문학 및 중국 현대문학과의 관련성에 대해 논의할 수 있을 것이다.

제2장

이육사의 루쉰 대면과 중국 현대문학 소개

1. 동양 고진시와 중국 현대문학에 대한 열정

육사는 수필 「계절(季節)의 표정(表情)」에서 밤에 책상머리에 쌓여 있는 시집들 중에서 가을을 읊은 시들을 한두 차례 읽어보았다고 말한 뒤 "여기서 나의 가을시의 순례는 마침내 아세아로 돌아오고 마는 것이다"[1]라고 했다. 프랑스의 베를렌, 구르몽, 영국의 키츠, 예이츠, 기타 유럽 대륙의 레나우, 크론, 니체, 그리고 러시아의 에세닌 등이 쓴 가을시들을 차례대로 감상하고 나서 '마침내 아세아로 돌아온' 육사는 "시문학의 세계적 고전이며 그 광휘가 황황한 삼천 년 전의 가을을 읊은 시전(詩傳)의 「국풍겸가장(國風兼葭章)」을 찾어보고는 곧 번역해 보고저운 충동을 느끼지 않

1 김용직 · 손병희 편저, 「季節의 表情」, 『李陸史全集』(깊은샘, 2008), 194쪽. (이하 『李陸史全集』으로 줄임)

이육사가 난징에 체류할 때 다녔던 난징도서관(2013년 촬영)

을 수는 없었다"[2]라고 말했다.

육사는 「국풍 겸가장」의 전체 3장 중 제1장을 번역해 「계절의 표정」에 실었는데, 서양의 현대시들을 책상머리에 두고 가까이 읽으면서도 그가 정작 번역한 것은 동양 고전시의 원형인 『시전(詩傳)』, 즉 『시경(詩經)』의 시였음은 주목할 만하다. 「국풍 겸가장」은 사랑을 노래한 시인데, 육사의 번역은 다음과 같이 미려하다. "갈대 우거진 가을 물가에/ 찬이슬 맺어 무서리치도다./ 알뜰히 못 잊을 그님이시고/ 이 강(江) 한 가 번연히 계시련만./ 물따라 찾어 오르려 하면/ 길은 아득해 멀기도 멀세라./ 물따라 찾어 나리자 하면/ 그 얼굴 그냥 물 속에 보여라."[3] 육사가 1933년 4월에 조

---

2 「季節의 表情」, 『李陸史全集』, 194쪽.

3 「季節의 表情」, 『李陸史全集』, 194쪽. 육사가 번역한 「국풍 겸가장(國風蒹葭章)」의 제1장 원문은 다음과 같다. "蒹葭蒼蒼, 白露爲霜. 所謂伊人, 在水一方. 遡洄從之, 道阻且長.

선혁명군사간부학교를 졸업한 뒤 잠시 난징(南京)에 머물던 시기에 고책사(古册肆)나 고동점(古董店)에 드나들면서 발견한, 「모시 칠월장(毛詩七月章)」이 새겨진 비취 인장을 구입한 뒤 몹시 아끼며 어딜 가나 가지고 다녔던 것도 '시경' 시에 대한 애착과 무관하지 않아 보인다. 그것은 향수와 혈맥이 통하는 것이었다. "나는 내 고향이 그리울 때나 부모형제를 보고저울 때는 이 인장을 들고 보고 칠월장(七月章)을 한번 외워도 보면 속이 시원하였다. 아마도 그 비취인(翡翠印)에는 내 향수와 혈맥(血脈)이 통해 있으리라."[4]

유년 시절에 『논어』와 『맹자』, 『시전(詩傳)』과 『서전(書傳)』을 읽고 외웠던[5] 육사에게 향수와 혈맥이 통하는 '아세아'의 고전시로 돌아와 '시경' 시를 번역한 것은 자연스러운 일이다. 서양에 대응되는 '아세아'란 문화전통으로서의 '동양적인 것'을 의미하기에 육사가 동양적인 문화전통의 공간적 표현인 '중국'의 고전시에 주목한 것은 당연해 보인다. 육사가 "늘 경구와 같이 말히고 있던 '낙이불음(樂而不淫), 애이불상(哀而不傷),' 즉 즐거워도 음하지 않고 슬퍼도 상하지 않는다는 시경 관저장(關雎章)의 그 경지를 누구보다도 잘 터득하고 있었던"[6] 것도 충분히 납득할 수 있다.

그렇다면 육사의 중국 유학도 '아세아'로 돌아오려는 그의 내면의 무의식과 무관하지 않다. 육사는 "그때 나는 그 물소리를 따라 어데든지 가고 싶은 마음을 참을 수 없어 동해를 건넜고 어느 사이 뿌류닭-크의 영

遡游從之, 宛在水中央."

4 「戀印記」, 『李陸史全集』, 180쪽.

5 「銀河水」, 『李陸史全集』, 173쪽.

6 申石艸, 「이육사의 인물」, 『이육사: 이육사 전집/이육사 평전 · 연구자료』, 이동영 편저(문학세계사, 1992), 231쪽.

웅전도 읽고 씨-저나 나포레옹을 다 읽은 때는 모두 가을이였읍니다"[7]라고 했듯이 1924년 봄 일본으로 건너가 공부를 한 적이 있었다. 육사의 일본 유학에 관해 도쿄 세이소쿠예비학교(正則豫備校) 또는 니혼대학(日本大學) 문과 전문부를 다녔다는 일제 경찰의 기록도 있고 도쿄 간다꾸(神田區)의 긴죠(錦城)고등예비학교에 입학해 1년간 재학했다는 진술도 있다.[8] 하지만 육사는 9개월만에 일본 유학을 청산하고 1925년 1월에 귀국한다. 귀국한 그해부터 대구 지역의 청년들을 대상으로 민족의식을 일깨우는 계몽운동을 펼치던 조양회관(朝陽會館)을 중심으로 사회문화운동에 참여했으며, 그해 말에는 독립운동단체에 가입하고 또 베이징을 방문하기도 했다. 그 후 중국을 자주 왕래하게 된 육사는 짧은 기간이지만 1926년 가을학기부터 이듬해 봄학기까지 두 학기 동안 베이징 중국대학(中國大學)에서 유학했고, 또 1932년 10월부터 이듬해 4월까지 6개월간 난징(南京) 근교의 '조선혁명군사간부학교'(이하 '군사간부학교'로 줄임)에서 교육을 받았다. 육사의 중국 유학은 이후의 그의 활동이 중국과 깊은 연관을 갖는 중요한 계기가 되었는데, 중국 현대문학에 관심을 갖게 된 것도 그런 인연 때문이었을 것이다. 육사가 1933년 6월 한국 문인으로서는 최초로 루쉰(魯迅)과 대면하는 기회를 가진 것도 '군사간부학교'를 졸업한 직후 상하이(上海)에 머물고 있었기에 가능했던 일이다.

육사의 문우(文友)이며 지기(知己)인 시인 신석초(申石艸)가 육사의 시에서 보이는 그의 한학적(漢學的)인 소양을 지적하며 "그는 중국에 가서 많이 있었던 듯하고 중국에서 학교를 나온 처지이므로 중국풍이 많이 있었다. 그는 루쉰과 궈모뤄(郭沫若)의 문학을 즐겨 이야기했다"[9]라고 회고

---

7 「季節의 五行」, 『李陸史全集』, 152쪽.

8 김희곤, 『새로 쓰는 이육사 평전』(지영사, 2000), 61쪽 참조.

9 申石艸, 「이육사의 추억」(『現代文學』 96호, 1962. 12), 『李陸史全集』, 金澤東 편저(새문社,

한 바 있으니, 육사는 한학적 소양을 갖추고 있었을 뿐만 아니라 중국 현대문학에 대해서도 상당한 조예가 있었던 것으로 보인다. 신석초가 "그가 문학을 이야기할 때, 가령 루쉰이나 후스(胡適) 등을 이야기할 때, 동양의 고유한 미나 아취를 이야기할 때는 의외로 다변적이고 열렬하였다"[10]라고 한 데서 알 수 있듯이 육사는 중국 현대문학과 동양적인 문화전통에 깊은 이해와 열정을 품고 있었다. 김학동은 육사의 시가 시의 공간을 크게 확대함으로써 한국의 근대시사(近代詩史)에서 시의 공간의식 면에서 독특한 경지를 개척했다고 평가했는데, 육사의 시가 그럴 수 있었던 것은 "그가 중국의 광활한 대륙을 자주 내왕하면서 친숙해진 공간 개념일 뿐만 아니라, 그의 시의 내부에 깔고 있는 중국문학이 갖고 있는 폭량(幅量)에서 기인된 것이 아닌가 한다"[11]라고 말했다. 육사는 전통적인 한학 교육을 통해 동양적인 문화전통에 익숙해 있었을 뿐만 아니라 중국을 왕래하고 중국에서 유학한 경험을 토대로 중국 현대문학에 대한 이해도 심화시키고 있었다. 그 결과 중국 현대문학을 소개, 비평하는 데 특별한 관심과 열정을 쏟을 수 있게 된 것이다.

2. 루쉰 대면과 '문학적 실천'

루쉰(魯迅)은 1934년 11월에 쓴 「병후잡담(病後雜談)」에서 "나는 좀처럼 앓지 않는 사람인데 지난달에 좀 앓았다. 처음에는 저녁마다 열이 나고 맥이 없으며 밥맛이 떨어지더니 한 주일이 되어도 낫지 않으므로 하는

1986), 259쪽 재인용.

10 申石艸, 「이육사의 인물」, 『이육사: 이육사 전집/이육사 평전 · 연구자료』, 227쪽.

11 金澤東, 「이육사의 문학 활동」, 『이육사: 이육사 전집/이육사 평전 · 연구자료』, 242쪽.

수 없이 의사에게 보였다"[12]라고 말한 바 있다. 육사도 1942년 1월에 발표한 수필 「계절의 표정」에서 "황소같이 튼튼하든 못해도 20년 내에 물에 씻은 듯 감기 고뿔 한번 시다이 못해 보고 병 없이 지내왔"지만 지난해 여름부터 "모든 것이 귀찮고 거북하고 말조차 여러 번 하기 싫었고" "밥을 먹어야 한다는 것도 그실 큰 짐이었다"라고 했다.[13] 루쉰과 육사는 거의 동일한 병세를 보여주고 있는데, 이른바 폐병을 앓은 것이다. 루쉰은 「병후잡담」을 쓴 날로부터 거의 2년 만인 1936년 10월 19일에 사망하고, 육사도 「계절의 표정」을 쓴 날로부터 거의 2년 만인 1944년 1월 16일 베이징 주재 일본 총영사관의 감옥에서 사망한다.[14] 이렇게 루쉰과 육사는 폐병을 앓아 힘겹게 병마와 싸우면서도 죽을 때까지 현실과 정면으로 맞서는 저항적 몸부림을 멈추지 않았다.

육사는 "영원히 남에게 연민은커녕 동정 그것까지도 완전히 거부할 수 있는 비극의 '히-로'"[15]의 운명을 스스로 떠안으며 절망적 현실 속에서도 연민과 동정마저 거부한 채 한 치의 타협도 없이 전진하고자 했다. 육사의 이러한 전진의 이미지는 작품 속에서 형상적으로 표현된다. 단편소설 「황엽전(黃葉箋)」에서 '유령'의 꿈에 등장하는 사람들은 '이빨을 물고 있는 힘을 다해 전진하며', 꿈에서 깨어난 '유령'도 "캄캄한 암흑 속을 영원히 차고 영원히 새지 못할 듯한 밤을 제 혼자 가는 것"이다.[16] 연민과 동정마저 거부하고 전진하는 고독자의 이미지는 루쉰의 『들풀(野草)』에 나오는 '나그네(過客)' 형상을 연상시킨다. '유령'의 형상은, 일체의 선물조차 거부하고 오로지 자신의 피를 무기 삼아 전진하는 강인한 의지의 소유자

---

12 魯迅, 『且介亭雜文』, 『魯迅全集(6)』(人民文學出版社, 1981), 162쪽.

13 「季節의 表情」, 『李陸史全集』, 192쪽, 195쪽 참조.

14 김희곤, 『새로 쓰는 이육사 평전』, 214쪽 참조.

15 「山寺記」, 『李陸史全集』, 190쪽.

16 「黃葉箋」, 『李陸史全集』, 101－102쪽.

인 '나그네' 형상과 겹친다. 루쉰의 '나그네'는, 겨울의 절망적 현실에도 불구하고 강철로 단련되어 무지개 꿈을 놓지 않는, 육사의 고독자 '유령'으로 다시 태어난 것이다. 비타협적이고 강인한 고독자의 전진하는 이미지는 "정면으로 달려드는 표범을 겁내서는 한 발자욱이라도 물러서지 않으려는 내 길을 사랑할 뿐이오"[17]라고 말하는 육사의 정신적 태도에서 두드러지게 표현되며, "내 기백(氣魄)을 키우고 길러서 금강심(金剛心)에서 나오는 내 시를 쓸지언정 유언은 쓰지 않겠소"[18]라는 육사의 다짐에서 다시 한 번 환기된다. 루쉰 역시 "이 기회를 빌려 친구들에게 앞으로 내가 죽은 다음에 설사 중국에서 추도할 가능성이 있다 하더라도 절대 추도회를 열거나 기념 책을 내지 말아 달라고 부탁하고 싶다"[19]라는 태도를 표명한 바 있다.

주지하는 바와 같이 육사가 루쉰을 만난 것은 1933년 6월 20일 상하이에서였다. 육사는 '편집원 R씨'와 함께, 국민당 남의사원(藍衣社員)에 의해 암살된 양싱포(楊杏佛)를 조문하기 위해 상하이 만국빈의사(萬國殯儀社)를 찾아갔고, 거기서 우연히 루쉰을 만나게 된다. 육사는 「루쉰 추도문」에서 그때의 상황을 이렇게 회고했다.

> 그때 루쉰은 R씨로부터 내가 조선 청년이란 것과 늘 한 번 대면의 기회를 가지려고 했드란 말을 듣고, 외국의 선배 앞이며 처소가 처소인 만치 다만 근신과 공손할 뿐인 나의 손을 다시 한 번 잡아 줄 때는 그는 매우 익숙하고 친절한 친구이였다. 아! 그가 벌써 56세를 일기로 상해 시고탑(施高塔) 9호에서 영서(永逝)하였다는 부보(訃報)를 받을 때에 암연 한 줄기

17 「季節의 五行」, 『李陸史全集』, 162쪽.

18 「季節의 五行」, 『李陸史全集』, 162쪽.

19 魯迅, 「病後雜談」, 『且介亭雜文』, 『魯迅全集(6)』, 172쪽.

눈물을 지우느니 어찌 조선의 한 사람 후배로서 이 붓을 잡는 나뿐이랴.[20]

당시 중국을 대표하는 진보적인 문인이었던 루쉰을 만나본 육사의 감회는 남달랐을 것이다. 육사는 첫 대면에서 느낀 감회의 강도만큼이나 루쉰의 부음에 즉각 반응해 추도문을 써서 그의 죽음을 애도하고 그의 문학을 비평했다.

육사가 루쉰을 만난 시점은 군사간부학교를 졸업한 직후인 1933년 6월이었지만 그 이전부터 루쉰의 존재를 잘 알고 있었다고 보아야 한다. 루쉰은 1925년 9월부터 1926년 5월 말까지 두 학기 동안 겸임교수의 신분으로 베이징 중국대학에서 강의를 했고,[21] 육사는 그 다음 학기인 1926년 가을학기부터 1927년 봄학기까지 동일한 베이징 중국대학을 다녔다. 중국대학 재학 시절에 육사는, 도쿄에서 문학을 전공한 뒤 귀국해 문학을 가르치던 'Y교수'로부터 지도를 받았으니,[22] 자연스럽게 중국의 문단 상황과 당시 명성이 높았던 루쉰을 알게 되었을 것이다. 이는 "루쉰은 R씨로부터 내가 조선 청년이란 것과 늘 한 번 대면의 기회를 가지려고 했드란 말을 듣고"[23]라는 표현에서 드러난다. 더욱이 루쉰을 만났던 그 시점을 전후해 육사가 소설 창작에 몰두하고 있었음에랴.

1933년 5월 무렵, 육사는 『조선일보』에 공고된 현상금 1천 원(圓)의 '연

20 「魯迅 追悼文」(『朝鮮日報』, 1936. 10. 23), 『李陸史全集』, 209－210쪽; 『韓國現代小說理論資料集(22卷)』(韓國學術振興院, 1985), 246쪽. 원문에는 '노신'으로 되어 있으나 여기서는 '루쉰'으로 고쳤음.

21 魯迅博物館 · 魯迅硏究室 編, 『魯迅年譜』 第二卷(人民文學出版社, 1983), 246쪽 참조. 루쉰은 1925년 9월 23일부터 1926년 5월 31일까지 베이징 중국대학(中國大學)의 '대학부(大學部) 문과(文科) 국문계(國文系) 소설학과(小說學科) 강사'로 초빙되어 강의를 맡았었다. 루쉰은 1926년 5월 말의 강의를 끝으로 이 대학의 겸임교수직을 사직하고 그해 8월에는 남하해 샤먼대학(厦門大學) 교수로 부임하게 된다.

22 「季節의 五行」, 『李陸史全集』, 156－157쪽 참조.

23 「魯迅 追悼文」, 『李陸史全集』, 209쪽.

재소설 현상모집'에 응모를 준비하고 있었다. 군사간부학교 본부에서는 한국에서 발행되던 잡지 『신동아(新東亞)』 등을 받아보고 있던 터라 상하이나 난징에서 '현상모집' 소식을 접하기는 어렵지 않았을 것이다. 「김공신(金公信) 신문조서(제4회)」에서 "이상구(李相求) 앞으로 조선잡지 신동아를 보내왔다. 그것을 읽고 있는데 난징(南京) 본부의 석정(石正)에게서 신동아를 왜 빨리 보내지 않느냐고 전갈이 왔으므로 비로소 그곳으로 보내는 것이라는 것을 알고 본부로 보냈다"[24]라고 한 데서 확인이 된다. 육사는 1933년 4월 22일 군사간부학교를 졸업한 뒤, 난징과 상하이에 머물면서 이 '현상모집'에 응모할 장편소설 '무화과(無花果)'를 쓰고 있었는데[25] 예선 원고 마감일이 6월 30일이었다. 육사는 마감일 전까지 10회분과 전체 줄거리를 썼고, 『조선일보』 1933년 9월 20일자의 「현상소설 예선 당선자 근황」이라는 글에서 "기간(其間) 몸을 정양(靜養)하느라고 여행을 계속하였기 때문에 자연 집필치 못하였습니다. 이지음 명랑한 가을 기분에 승(乘)하여 80회 가량 썼습니다. 정해주신 기일까지에는 완료 예정입니다"[26]라고 한 것에서 알 수 있듯이 예선 통과 후 9월 20일 이전에 80회분 가량을 썼으며, 최종 마감일인 10월 30일까지 나머지 원고를 마무리 지어야 했다. 육사가 루쉰을 만난 것이 6월 20일이었고 『조선일보』 현상소설 공모 예선 원고 마감일이 6월 30일이었으니 루쉰을 만났던 그 시점을 전후해 육사는 응모소설의 원고 구상과 집필에 매진하고 있었다. 그런 까닭에 문인이요 소설가로 이름이 높았던 루쉰을 만나본 육사의 심경은 남달랐다. "늘 한 번 대면의 기회를 가지려고 했던" 육사에게는 비록 뜻밖

24 國史編纂委員會, 『韓民族獨立運動史資料集 31』(國史編纂委員會, 1997), 168쪽

25 응모 요령은 장편의 경우 "150회 이내(1회 14자 130행)"로 되어 있다. 강창민, 『李陸史詩의 硏究』(국학자료원, 2002), 47쪽 각주 [30] 참조.

26 金澤東 편저, 「懸賞小說 豫選 當選者 近況」(『朝鮮日報』, 1933. 9. 20), 『李陸史全集』, 208쪽.

의 만남이었지만, 그것은 육사의 이후 문학 활동에 어떤 계시를 주기에 충분했을 것이다. 루쉰 문학은 육사에게 '문학적 실천'의 이상적 모델로 인식되었을 것이기 때문이다. 육사는 루쉰을 만난 이후 좀 더 적극적으로 문학 창작을 독립운동이나 혁명운동과 동일한 사회적 실천의 범주로 받아들이게 된 것으로 보인다.

사실 군사간부학교 졸업식 때 공연된 연극 중 하나인 '지하실'의 대본을 육사가 직접 썼는데 문예 창작에 흥미를 보인 육사의 면모가 여실히 드러난다. 「김공신 신문조서(제2회)」에는 그 졸업식이 끝난 뒤 무대를 만들고 오후 8시경 졸업생 일동이 여흥으로 공연한 '조선 독립이나 현재의 계급제도의 철폐를 풍자한 극', 즉 '육사(陸史) 작' 「지하실」의 줄거리를 이렇게 소개했다. "경성(서울)의 모 공장 지하실의 어두운 방에서 노동자 일동이 일을 하고 있는데 라디오의 방송으로 '모월 모일 우리 조선혁명이 성공하다'라는 보도가 있고, 계속해 지금 용산의 모 공장을 점령하였다든가, 지금 평양의 모 공장을 점령하였다든가, 지금 부산의 모 공장을 점령하였다든가 하는 방송을 해오고, 마침내 공산제도가 실현되어 토지는 국유로 되어서 농민에게 공평하게 분배되고, 식당 · 일터 · 주거 등이 노동자 등에게 각각 지정되어 완전한 노동자 · 농민이 지배하는 사회가 실현되었으므로 농민 · 노동자는 크게 기뻐해 '조선혁명성공만세'를 고창하고 폐막하였다."[27] 이때 김공신(金公信)은 기계 직공으로, 호평(胡平)은 방송인으로, 육사(陸史)와 이남해(李南海)는 방송국의 서기로, 장수정(張守正)은 농민으로 각각 분장했다는 것이다. 군사간부학교 졸업 직후에 '편집원 R씨'[28]와 교류하고 있었던 것도 육사의 문예 활동에 대한 관심을 엿볼 수

27 國史編纂委員會, 「金公信 신문조서(제2회)」, 『韓民族獨立運動史資料集 31』, 149쪽.

28 '편집원 R씨'는 수필 「문외한(門外漢)의 수첩(手帖)」(『朝鮮日報』, 1937.8)에 나오는 '나와 친한 동무' 'R이라는 사람'일지도 모른다. 여기서 'R'은 문학청년으로 묘사되고 있는

있는 대목이다. 육사는 의열단(義烈團) 관련 사건으로 검거된 뒤 일본 경찰의 신문조서에서, 군사간부학교의 졸업을 앞두고 의열단의 단장 김원봉(金元鳳)에게 호출되어 금후 어떻게 하겠느냐는 질문을 받았을 때 "조선 독립운동을 위해서는 조선으로 돌아가서 노동자, 농민에게 독립사상을 고취하여야 한다고 주장했더니, 김원봉은 그러면 조선으로 돌아가서 의열단을 위하여 사력을 다하여 활동하라"[29]고 말했다고 밝힌 바 있다. 일본 경찰의 신문조서임을 감안하더라도 문맥으로 보건대 육사는 무력 실천보다 독립사상의 고취 쪽으로 자신의 실천 방향을 굳히고 있었던 것으로 보인다.

육사에게 문학 활동은 독립사상을 고취하는 주요한 수단이었다. '환등사건'을 계기로 의학에서 문학으로 전향해 문학 계몽의 길로 나아간 루쉰의 방향이 예시해주고 있듯이 육사는 '문학적 실천'의 의미를 내면화하고 있었다. 루쉰과의 만남은 육사에게 '문학적 실천'의 의미를 더욱 환기시켜주는 역할을 한 것이다. 육사가 군사간부학교를 졸업한 직후임에도 불구하고 『조선일보』의 '연재소설 현상모집'에 응모해 소설 창작에 매진한 것을 두고 석연치 않은 행위라고 해석하는 경우도 있지만, 그것이야말로 오히려 육사다운 실천 행위인지도 모른다. 이를테면, 김희곤은 "이활(李活)이란 이름으로 『조선일보』 1933년 9월 20일자에 실린 이 글을 두

데 그가 쓴 일기에 "나는 여기서 형이 일찍이 하든 말을 생각해 보았소. 상해 어데선가? 목욕을 갔을 때 불란서 사람과 서반아 사람과 같은 욕조에 들어갔을 때의 감정을 얘기한 것을 기억이나 하시는지요. 그때는 적나라한 몸뚱이들이 모두 꼭 같은 온도를 느낄 수 있더라고 세계는 모름지기 목간통같이 되어야 한다고"(『李陸史全集』, 140-141쪽)라고 하여 상하이에서 육사와 함께 목욕한 경험을 서술하고 있기 때문이다. 상하이에서 함께 목욕한 경험을 가진 'R'은 1933년 6월에 상하이 만국빈의사(上海萬國殯儀社)에서 육사를 루쉰에게 소개해준 바로 그 '편집원 R씨'와 관련이 있지 않을까 추정해볼 수 있다.

29 國史編纂委員會, 「李活 신문조서」(1934), 『韓民族獨立運動史資料集 30』, 157쪽.

고, 육사가 장편소설도 썼다고 추정해왔던 것이다…… 그렇지만 이 '이활'은 육사와는 이름만 같은, 즉 동명이인이었다. 여기에 등장하는 이활은 황해도 개성 출신으로서 '무화과(無花果)'라는 제목으로 예선을 통과했으나 본선에서 떨어졌고, 이후 문단에 그 이름이 다시 나타나지 않은 것 같다"[30]라고 했다. 김희곤은 『조선일보』에 응모된 장편소설 '무화과'가 '이활'의 이름으로 투고되었기에 육사의 창작이 아니라고 했지만, 당시 정황으로 보건대 육사는 그때까지 본명으로 사용하던 이활이라는 이름으로 현상모집에 응모했던 것으로 보인다. 육사는 1927년 여름 베이징 중국대학을 중퇴하고 귀국한 후 그해 가을에 장진홍(張鎭弘) 의사의 조선은행 대구 지점 폭파사건에 피의자로 피검되어 투옥되었다가 1929년에 출옥하게 되는데, 이후 『중외일보(中外日報)』의 기자로 활동하면서 이활이라는 이름을 사용했다. 예컨대, 『별건곤(別乾坤)』 1930년 10월호에 실린 「대구사회단체개관(大邱社會團體概觀)」이라는 글의 저자에 대해 목차에서는 그 이름을 '이활(李活)'로 표기했으나 실제 원고에서는 '대구 이육사'로 표기하고 있다. 육사는 투고할 때는 본명인 이활이라는 이름을 사용했으나 실제 원고에는 '대구(大邱) 이육사(二六四)'라는 필명을 표기한 것이다. '육사(陸史)'라는 필명의 원형을 여기서 확인할 수 있다. 육사는 조선일보사의 대구 지국 기자로 활동하던 1932년 초에도 본명인 이활을 사용했는데, 조선일보사의 기자로서 신진작가 장혁주(張赫宙)를 방문한 뒤에 쓴 「신진작가 장혁주 군 방문기(新進作家 張赫宙君 訪問記)」에서도 여전히 이활이라는 이름을 쓰고 있다. 그렇다면 육사가 1933년 6월 무렵 『조선일보』 연재소설 현상모집의 응모 단계에서 본명인 이활이라는 이름을 사용한 것은 당연해 보인다. 군사간부학교 재학 시기에 나중에 필명으로 굳

30 김희곤, 『새로 쓰는 이육사 평전』, 160쪽.

어진 '육사(陸史)'라는 이름을 사용하기는 했지만, 군사간부학교를 졸업했다는 비밀을 유지하기 위해서라도 현상공모에서는 '육사'라는 이름을 사용할 수는 없었을 것이다. 오히려 조선일보사에 재직할 때 본명으로 사용했던 '이활'이라는 이름이 더 적절했을 것이다. 따라서 이활이라는 이름으로 응모된 '무화과'를 육사의 창작으로 간주해도 무리가 없을 듯하다. 육사는 수필 「계절의 오행」에서 "다만 나에게는 행동의 연속만이 있을 따름이오. 행동은 말이 아니고, 나에게는 시를 생각는다는 것도 행동이 되는 까닭이오"[31]라고 했듯이, 시를 쓰는 행위의 존엄성을 지키려는 육사에게 '시를 생각한다는 것도 행동이 되는' 까닭에 시를 쓰는 행위, 즉 문학 창작은 사회적 실천과 등가였다.

물론 육사에게 '문학적 실천'은 문학의 예술성 구축을 전제로 하는 구체적인 창작 활동을 의미하는 것이었다. 육사는 「루쉰 추도문」에서 루쉰 문학의 특징을 매우 정확하게 비평했는데, "루쉰의 소설에는 주장이 개념에 흐른다거나 조금도 무리가 없는 것은 그의 작가적 수완이 탁월하다는 것을 말하지 않을 수 없다"[32]라고 평가했다. 특히 예술과 정치의 관계에서 루쉰이 취한 입장을 정확하게 정리했고 이후 그것을 자신의 문학 창작의 방향으로 수렴해나갔던 것으로 보인다. 육사는 "루쉰에 있어서는 예술은 정치의 노예가 아닐 뿐 아니라 적어도 예술이 정치의 선구자인 동시에 혼동도 분립도 아닌, 즉 우수한 작품, 진보적인 작품을 산출하는 데만 문호 루쉰의 위치는 높아갔고"[33]라고 했는데, 바로 이러한 비평을 통해 문학의 예술적 독립성을 견지하면서 예술과 정치를 통일시켜내는 관점을 확보할 수 있었다.

---

31 「季節의 五行」, 『李陸史全集』, 162쪽.

32 「魯迅 追悼文」, 『李陸史全集』, 213쪽.

33 「魯迅 追悼文」, 『李陸史全集』, 216쪽.

예컨대, 육사는 1939년 5월에 발표한 영화평론 「예술형식의 변천과 영화의 집단성(集團性)」에서도 「루쉰 추도문」에서 개진한 루쉰 문학에 대한 비평적 입장을 그대로 견지하고 있다. 그는 이 글에서 예술적 장르로서 형식의 문제를 거론하는 사람이 있다고 하더라도 "그것은 무엇보다 먼저 우수한 작품을 생산하면 스스로 해결될 문제"라고 하여 이론적인 주장보다 작품의 생산이 더욱 중요하다는 점을 지적했다. 또한 당시 개인주의의 부정과 집단이해의 추구로 말미암아 선전성을 앞세워 영화의 예술성까지 부정하는 경향이 있었으나 "진실로 위대한 예술영화, 양심적인 영화를 제작하려는 데는 이런 것은 기우에 지나지 않는 것"이라고 하여 예술적으로 영화의 진정성이 확보되면 문제될 것이 없다고 보았다. 그래서 육사는 "'씨나리오' 문학은 아무런 데로 구애될 것이 없이 예술적으로 독립해야 할 것"을 천명한 것이다.[34] 이렇게 육사는 '문학적 실천'으로서의 창작 태도를 견지하면서 문학(영화)의 진정성과 예술성을 놓치지 않았다. "윈갓 고독이나 비애를 맛볼지라도 '시(詩) 한 편'만 부끄럽지 않게 쓰면 될 것을 그래 이것이 무에겠소"[35]라는 믿음은 창작의 진정성과 예술성을 환기시킨다. 그래서 "나는 내 기백(氣魄)을 키우고 길러서 금강심(金剛心)에서 나오는 내 시를 쓸지언정 유언은 쓰지 않겠소"라는 육사의 다짐은 "시 한 편만 부끄럽지 않게 쓰면 된"다는 믿음과 동일한 의미를 지닌다. 이렇게 '금강심'의 정신적 태도를 지닌 육사에게는 진정성이 구현된 예술 창작이라면 그것 자체가 이미 중대한 사회적 실천이므로 정치성을 주장하기에 앞서 예술적 완성이 더욱 중요한 의미를 지니는 것이었다.

34 「藝術形式의 變遷과 映畵의 集團性」, 『李陸史全集』, 230쪽, 241－242쪽.

35 「季節의 五行」, 『李陸史全集』, 161쪽.

3. 예술성과 사상성의 통일

육사가 중국의 현대 시인 중에서 쉬즈모(徐志摩)의 시를 중시해 그의 시를 번역, 비평한 것은 '부끄럽지 않은 시 한 편'의 창작이라는 문학의 예술성 추구와 무관하지 않다. 육사는 「중국 현대시의 일단면」에서 '혁명문학'이 제기된 이후 "문학인들도 이 시대적 격류에 휩쓸려서 십자가두로 걸어나오지 않을 수 없었다"라고 전제한 뒤 중국 시단을 이해하는 첩경으로서 신문학 건설의 시대로 올라가 현대시의 발전 과정을 더듬어보겠다고 했다. 그러고 나서 후스(胡適)의 '상시집(嘗試集)', 시인 캉바이칭(康白情), 위핑보(兪平伯), 왕징즈(王靜之), 궈모뤄(郭沫若), 선인모(沈尹默), 셰빙신(謝氷心), 주쯔칭(朱自淸), 쉬즈모 등을 소개했는데, 이 중에서 시인 쉬즈모의 소개와 그의 작품 번역에 가장 많은 부분을 할애했다. "이 시기에 누가 중요하니 어떠니 해도 중국의 현대시를 시로서 완벽에 가깝도록 쓴 사람은 쉬즈모라고 한다"라고 소개하며 중국 시단에서의 쉬즈모의 위상을 높이 평가하고, 그의 작품 두 편을 번역해놓았다. 번역시 「삼가 바치리」(1929)의 전문과 「케임브리지와 다시 이별하며」(1928)의 후반부를 보자.

> 산아 내 웅장함을 찬미해서 무엇하며
> 바다 네 광활함을 노래한들 무엇하랴
> 풍파 네 끝없는 위력(威力)도 높이 보진 않으리라
> 길가에 버려지면 말할 곳도 없는 고아과수(孤兒寡守)
> 눈속에도 간신히 피려는 적은 풀꽃들과
> 사막에선 돌아가길 생각해 타 죽은 어린 제비
> 그를! 우주(宇宙)의 온갖 이름못할 불행(不幸)을 어여삐해
> 나는 바치리 내 가슴 속 뜨거운 피를 바치련다

힘줄에 흐르는 피와 영대(靈臺)에 어린 광명(光明)을 바쳐
나의 시(詩)—노래 가락도 요량(暸喨)한 그 동안만이라도
하늘밖에 구름은 그를 위해 질거운 비단을 짜리
길-다란 무지개 다리가 일어나고
그 들로 끝끝내 소요(逍遙)할 수 있다면야
요량(暸喨)한 노래가락에 끝없는 괴롬을 살어지게하리.[36]

—「삼가 바치리」

느릅나무 그늘 아래 맑은 못이야
바루 하늘에서 나린 무지갤러라
부평초(浮萍草) 잎사이 고히 새나려와
채색도 영롱(玲瓏)한 꿈이 잠들었네

꿈을 찾으랴 높은 돛대나 메고
물풀 푸른곳 따라 올라서 가면
한배 가득히 어진 별들을 실어
별들과 함께 아롱진 노래 부르리

그래도 나는 노래좇아 못부르리
서러운 이별의 젓대소리 나면은
여름은 버레도 나에게 고요할뿐

---

36 「中國 現代詩의 一斷面」, 『李陸史全集』, 270－271쪽. "山, 我不贊美你的壯健, 海, 我不歌咏你的闊大, 風波, 我不頌揚你威力的無邊; 但那在雪地裏掙扎的小草花, 路旁冥盲中無告的孤寡, 燒死在沙漠裏想歸去的雛燕—給他們, 給宇宙間一切無名的不幸, 我拜獻, 拜獻我胸脇間的熱, 管中的血, 靈性裏的光明; 我的詩歌—在歌聲嘹亮的一俄顷, 天外的雲彩爲你們織造快樂, 起一座虹橋, 指點着永恒的逍遙, 在嘹亮的歌聲裏消纳了無窮的苦厄!"

내 가는 이밤은 '강교(康橋)'도 말없네

서럽듸 서럽게 나는 가고마리
서럽듸 서럽게 내가 온거나같이
나의 옷소맨 바람에 날여 날리며
한쪽 구름마저 짝없이 가리라[37]

―「케임브리지와 다시 이별하며」

「삼가 바치리」는 맑게 울려 퍼지는(瞭喨) 시인의 노랫소리로 약자들의 고통을 위로하고 그들의 영원한 자유(逍遙)를 바라는 시인의 마음을 표현한 작품이고, 「케임브리지와 다시 이별하며」는 시인이 유학한 바 있는 영국의 케임브리지대학을 다시 방문했을 때 느꼈던, 꿈과 사랑의 아련한 추억과 담담한 이별의 애수를 표현한 쉬즈모의 대표작이다. 육사의 번역은 우리말의 시적인 맛을 살리기 위해 과감한 의역을 시도하고 있다는 점이 두드러진다. 단적인 예를 하나 들면, 「케임브리지와 다시 이별하며」에 나오는 '챠오챠오(悄悄)'라는 말을 '서럽듸 서럽게'로 번역한 것이다. 현대 중국어(白話) '챠오챠오'는 '살며시, 몰래, 나지막이'라는 뜻인데, 육사는 그것을 과감하게 한자 '초(悄)'의 '근심스럽다'라는 뜻을 살려 '서럽다'로 풀이했다. 육사가 한자의 뜻에 익숙했기 때문이기도 하지만 이별의 정서를 강조하기 위해 그런 과감한 의역을 시도한 것이 아닌가 한다.

육사는 쉬즈모의 시적 성취를 시의 형식 면에 두어, "그가 중국의 현대

37 「中國 現代詩의 一斷面」, 『李陸史全集』, 271－272쪽. "……那榆蔭下的一潭, 不是清泉, 是天上虹; 揉碎在浮藻間, 沉淀着彩虹似的夢. 尋夢寻?撑一支長篙, 向青草更青处漫溯; 滿載一船星輝, 在星輝斑斕里放歌. 但我不能放歌, 悄悄是别離的笙簫; 夏蟲也爲我沉默, 沉默是今晚的康橋! 悄悄的我走了, 正如我悄悄的来; 我揮一揮衣袖, 不帶走一片雲彩."

시단에 남긴 것도 그 내용 방면보다는 또한 형식과 기교 방면에 있는 것이니, 용운(用韻)이나 배열(排列)에 있어 신규율을 창조한 헌(獻)만이라도 중국 시단 전체로 볼 때에는 실로 역사적 공헌이라고 아니할 수 없는 것이다"[38]라고 평가했다. 육사는 쉬즈모의 중국 시단에서의 공헌을 시의 형식과 기교 방면에 한정해 설명하는 한편 사상 방면에서의 한계도 지적했다. "사상 방면으로 보면 마침내 유한시인(幽閒詩人)을 면치 못했다는 것은 그의 생활환경과 사회적 지위가 그로 하여금 한 걸음도 실제 사회의 진실 면에 부닥치게 못하고 개인주의의 고성(孤城) 속에 유한(幽閒)시키고 만 것이였다."[39] 이러한 사상적인 한계에도 불구하고 쉬즈모가 형식과 기교적인 면에서 성공을 거두었기에 육사는 이를 중시해 그의 두 작품, 「삼가 바치리」와 「케임브리지와 다시 이별하며」를 번역, 소개했던 것이다. 육사가 시집 『훼멸(毁滅)』과 『종적(踪跡)』을 펴낸 주쯔칭(朱自淸)을 잊어서는 안 된다고 말하며 "이 시인을 위해서는 후일 구체적인 것을 써볼까 한다"라고 덧붙인 것도, 시의 형상적 이미지를 중시한 "주샹(朱湘), 볜즈린(卞之琳), 왕두칭(王獨淸) 등 유수한 시인들의 중국 현대 시단에 남겨준 공적과 작품"을 다음 기회에 소개하겠다고 약속한 것도[40] 시의 기교와 형상성을 대단히 중시하고 있었기 때문이다.

그렇지만 육사의 시는 쉬즈모의 시가 보여준 형식과 기교의 완결성 추구에만 머물지는 않았다. 육사의 시는 쉬즈모의 시가 지닌 소박한 감상성과 낭만적 경향에서 완전히 탈피해 사상성과 형상성 양면에서 월등하게 튼튼한 작품을 만들어내고 있는데,[41] 주지하는 바와 같이 「절정(絶頂)」

38 「中國 現代詩의 一斷面」, 『李陸史全集』, 270쪽.

39 「中國 現代詩의 一斷面」, 『李陸史全集』, 270쪽.

40 「中國 現代詩의 一斷面」, 『李陸史全集』, 269쪽, 273쪽.

41 심원섭 편주, 「이육사의 서지마(徐志摩) 시 수용 양상」, 『원본 李陸史 전집』(집문당, 1986), 405쪽 참조.

과 「광야(曠野)」는 그 절창(絶唱)에 해당하는 작품이다. 육사는 내용과 사상적인 면에서 "실사회의 진실 면에 부닥치지 못한" 쉬즈모 시의 한계를 뛰어넘어 예술성과 사상성의 통일을 가능케 했다.

육사가 시 창작을 통해 쉬즈모의 시의 한계를 극복해나간 것은 루쉰의 쉬즈모에 대한 비평과 맥락을 같이 한다. 루쉰은 시의 '음악성'을 강조한 쉬즈모의 시론(詩論)을 신랄하게 풍자한 적이 있다. 쉬즈모는 1924년 잡지 『어사(語絲)』 제3기에 보들레르의 시집 『악의 꽃(惡之華)』 중의 「시체(死屍)」라는 시를 번역해 실으면서 번역시 앞에 긴 해제를 달았다. 여기서 쉬즈모는 "시의 진정한 묘미는 그 글자 뜻(字義)에 있지 않고 그것의 짐작키 어려운 음절(音節)에 있다"[42]라고 말하고, "나는 우주의 바탕, 인생의 바탕, 일체의 유형의 사물과 무형의 사상의 바탕이 단지 음악, 절묘한 음악일 뿐임을 깊이 믿고 있다. 하늘의 별, 물속에서 헤엄치는 하얀 오리, 숲속에서 피어오르는 연기, 친구의 편지, 전쟁터의 대포, 무덤 속의 도깨비불, 마을 어귀의 돌사자, 나의 어젯밤 꿈……, 어느 하나 음악이 아닌 것이 없다. 그렇다, 모든 것이 음악이다"[43]라고 부연했다. 모든 사물의 '음악'적 속성을 강조한 쉬즈모는 장주(莊周)의 말을 빌려 그것을 '천뢰(天籟)·지뢰(地籟)·인뢰(人籟)'와 같은 것이라고 설명했다. 이는 쉬즈모가 시의 리듬적 요소를 대단히 중시하고 있었음을 의미한다. 하지만 루쉰이 보기에 쉬즈모의 태도는 신비주의적인 것이었으니 루쉰은 그것을 "자기기만적인 이야기에 지나지 않는다"[44]고 비평하며, 오히려 "한번 부르짖어 사람들이 두려워 떨게 하는 부엉이의 진정한 악성(惡聲)은 어디에 있는가!?"[45]

---

42 徐志摩, 「死屍」, 『語絲』 第三期(1924. 12. 1), 6쪽.

43 徐志摩, 「死屍」, 『語絲』 第三期(1924. 12. 1), 6쪽.

44 魯迅, 「"音樂"?」, 『語絲』 第五期(1924. 12. 15), 4쪽.

45 魯迅, 「"音樂"?」, 『語絲』 第五期(1924. 12. 15), 5쪽.

라고 반문했다. '부엉이의 진정한 악성'을 갈망하는 루쉰의 입장은 분명 '천뢰 · 지뢰 · 인뢰'를 감지하려는 쉬즈모의 입장과는 다르다. 따라서 쉬즈모의 입장은 육사의 시의 예술적 완결성 추구와 연결되며, 루쉰의 입장은 육사의 시의 사상성 구현과 연결된다.

육사는 1937년에 쓴 수필 「질투(嫉妬)의 반군성(叛軍城)」에서 '남이 긍정하는 바를 내가 긍정하는 것'이 아니라 '내가 부정할 바를 부정해나가는' 자신의 상황을 다음과 같이 태풍을 만난 경험에 비유한 바 있다. "태풍이 몹시 불든 날 밤 온 시가는 창세기의 첫날밤같이 암흑에 흔들리고 폭우는 화살같이 퍼붓는 들판을 걸어 바닷가로 뛰여나갔습니다. 가시넝쿨에 엎더지락 잡버지락 문학의 길도 그럴넌지는 모르지마는 손에 들인 전등도 내 양심과 같이 겨우 내 발끝밖에는 못 비치드군요."[46] 태풍을 만난 경험은 육사가 처한 고난의 현실을 비유적으로 드러내고 있지만, 그것은 문학에 대한 그의 태도를 보여주는 것이기도 하다. '가시넝쿨에 엎더지락 잡버지락'하는 것이 '문학의 길'이라면 문학은 고난의 현실로부터 벗어나 독립적으로 존재할 수 없다. '겨우 내 발끝밖에는 못 비치'는 전등처럼 문학의 한계가 분명하다고 하더라도 '부끄럽지 않은 시 한 편'을 쓰고자 다짐한 육사로서는 쉬즈모 시의 예술적 완결성에만 머무를 수는 없었던 것이다. 김학동은 일제 치하의 독립투쟁과 저항정신의 극점을 이룬 작품으로 육사의 「절정」을 예로 들면서 "민족적인 저항정신과 순수시의 바탕이 서로 융합되어 시의 순수성이 시대와 상황적 현실을 예술로써 승화 결정시킨"[47] 가장 뛰어난 시로 평가했다. 육사는 이처럼 순수시의 바탕에 저항정신을 융합시킨 시의 전범(典範)을 이룩한 것이다.

46 「嫉妬의 叛軍城」, 『李陸史全集』, 137쪽.

47 金澤東 편저, 「I. 陸史의 詩世界」, 『李陸史全集』, 223쪽

4. '자기의식'과 '조선적 전통' 또는 '동양적인 것'

루쉰 사후 루쉰선생기념위원회(魯迅先生紀念委員會)가 1937년 상하이에서 펴낸 『루쉰선생기념집(魯迅先生紀念集)』이라는 책의 부록에는 「일본 각 잡지와 신문에 게재된 애도문」이 실려 있는데, 여기에는 일본의 잡지 『문학안내(文學案內)』에 게재된 장혁주(張赫宙)의 글 「독특한 작풍(獨特的作風)」이 기록되어 있다.[48] 주목할 만한 것은, 여기에 등장하는 장혁주라는 인물이 바로 육사가 1932년 조선일보사 대구 지국 기자로 재직하고 있을 때 취재차 방문한 바 있는 한국의 작가라는 점이다. 장혁주는 1932년 3월에 일본 잡지 『개조(改造)』의 현상공모 소설 부문에 일어로 쓴 「아귀도(餓鬼道)」를 투고해 1등 없는 2등으로 입선하면서 일약 문단에서 촉망받는 작가가 되었고,[49] 이 때문에 육사는 기자로서 그를 방문하게 된 것이었다. 3월 29일자 『조선일보』에 실린 「신진작가 장혁주 군 방문기」를 보면, 장혁주를 방문한 육사가 "다음에는 또 어떤 작품을 쓰시렵니까?"라고 묻자 장혁주는 "역시 농민들의 생활을 그려 볼까 합니다. 일전에도 경남 방면에 자료를 수집키 위하야 갔다 왔습니다"[50]라고 대답했다. 이어 육사는 "작년 가을 모대지주의 농장에 일어났던 대쟁의(大爭議)사건의 역사적 광경이 눈앞에 벌어지는 듯하다"라고 서술한 뒤, 글의 말미에서 "그의 눈은 이지에 타는 듯이 빛났다", "우리 장(張) 군은 확실히 눈의 사람인 모

48 魯迅先生紀念委員會 編, 『附錄』, 『魯迅先生紀念集』(上海書店復印, 1979), 29쪽 참조.

49 장혁주는 이후 한국어 소설로는 『동아일보』에 연재한 장편 『무지개』, 『삼곡선(三曲線)』을 위시해 10여 편의 장·단편소설을 신문과 잡지에 발표했으며, 1936년 도일(渡日)해 많은 일본어 소설을 썼다. 태평양전쟁이 일어난 1942년 이후 일본의 식민정책에 적극 참여해서 일본문학보국회의 황도조선연구회(皇道朝鮮硏究會) 위원과 대륙개척문학위원회(大陸開拓文學委員會) 위원 등을 역임했다.

50 「新進作家 張赫宙君 訪問記: 改造社 入選 '餓鬼道' 作家」, 『李陸史全集』, 348쪽.

양이다"라고 묘사함으로써 장혁주에 대한 호의와 기대를 표현했다.[51]

이후 육사는 장혁주를 만나고 얼마 지나지 않아 조선일보사를 퇴사하고 그해 5월 하순경 중국으로 건너가 10월에 군사간부학교에 입교해 6개월간 교육을 받는다. 반면 장혁주는 입선 직후인 1932년 4월에 일본의 도쿄로 건너가 『개조』의 당선 작가 초대연에 참가하는 등 이후 일본을 자주 왕래하면서 일본 작가들과 교류하게 된다. 육사가 군사간부학교를 졸업한 뒤 잠시 상하이에서 머물면서 루쉰을 만난 1933년 6월 무렵 장혁주는 도쿄에 체류하면서 일본 작가들과의 교류를 확대하고 있었다. 흥미로운 것은, 1936년 10월 19일에 루쉰이 사망하자 육사와 장혁주가 각기 10월과 12월에 루쉰을 기리는 글을 발표했다는 점이다. 육사는 앞서 언급한 「루쉰 추도문」을 『조선일보』에 실었고, 장혁주는 「독특한 작풍(獨特の作風)」을 『문학안내』에 실었다. 1936년 여름부터 일본으로 건너가 활동하기 시작한 장혁주는 『문학안내』의 편집위원이 되어 에구치 칸(江口渙), 무라야마 도모요시(村山知義) 등과 함께 '조선현대작가특집(朝鮮現代作家特輯)'을 준비하고 있었고,[52] 이런 인연으로 인해 그해 12월호 『문학안내』에 루쉰을 추도하는 글을 실을 수 있었다.[53] 장혁주가 쓴 「독특한 작풍」은 다음과 같은 짧은 문장으로 되어 있다. "루쉰의 작품은 다른 어떤 작가의 영향을 받았다고 하더라도 루쉰 특유의 작풍이었으며, 일면 오리지날이었다는 점을 우리는 인정하고 싶습니다."[54]

여기서 주의할 것은 장혁주가 일본으로 건너가 활동하는 동안 점차 변

---

51 「新進作家 張赫宙君 訪問記: 改造社 入選 '餓鬼道' 作家」, 『李陸史全集』, 348쪽, 349쪽.

52 김학동, 『張赫宙의 일본어 작품과 민족』(국학자료원, 2008), 257－258쪽 참조; 시라카와 유타카(白川豊), 『張赫宙 연구』(동국대학교출판부, 2010), 255쪽, 258－259쪽 참조.

53 『문학안내』 12월호에는 에구치 칸(江口渙)의 「루쉰의 죽음(魯迅の死)」이라는 글도 함께 실려 있어 그런 추측이 가능하다.

54 張赫宙, 「獨特の作風」, 『文學案內』 2卷 12月號(1936. 12), 5쪽.

절해 일본의 식민정책에 영합하는 작품을 발표하게 된다는 점이다. 김학동은 1945년 해방 이전의 장혁주의 작품을 세 시기로 나누어 설명한 바 있다.[55] 첫째, 1930년부터 1933년 사이에 발표된 '초기의 민족적 집필기'의 작품으로서 프롤레타리아투쟁을 강조하면서 민족적 색채를 강하게 띠고 있다는 특징을 지닌다. 둘째, 1934년 무렵부터 1938년까지에 발표된 '과도기적 글쓰기 시기'의 작품으로서 민족적 저항을 다룬 작품의 집필에서 한 걸음 물러나 여러 인간 군상에 대한 탐구를 시도한다. 인간의 내면세계를 탐구한다는 명목 아래 조선의 유교적 질서에 대한 풍자와 비판을 담아내고 있는 경우가 많다. 셋째, 「조선의 지식인에게 호소함(朝鮮の知識人に訴ふ)」이라는 평론이 씌어진 1939년부터 일제의 패전까지의 시기에 발표된 '국책 영합적 집필기'의 작품으로서 일제의 만주 침략을 정당화하고 내선일체(內鮮一體)를 토대로 한 조선인의 황민화(皇民化)를 독려하는 작품이다. 김학동의 설명에서 드러나듯이 장혁주는 일본에 건너가 활동하면서 '과도기적 글쓰기 시기'에 루쉰을 추도하는 글을 발표했고, 이후 점차 일본의 식민정책에 협력하는 방향으로 선회한 것이다. 이와는 대조적으로 육사는 독립운동의 활동을 강화하는 한편 시 창작을 본격화해 일제에 항거하는 저항시를 쓰는 데 주력했다.[56] 이렇듯 중국을 유학하고 왕래한 육사와 일본을 왕래하고 체류한 장혁주 사이에 루쉰 추도

---

55 김학동, 『張赫宙의 일본어 작품과 민족』, 12－13쪽 참조.

56 육사의 「루쉰 추도문」에는 루쉰의 글 「상하이 문예의 일별(上海文藝之一瞥)」의 일부가 인용되어 있는데, 루쉰의 원문에는 "일본의 구리야가와 하쿠손(廚川白村, H. Kuriyagawa)은 이런 문제, 즉 '작가가 묘사하는 것은 반드시 자기가 경험한 것이라야만 될 것인가?'라는 문제를 제기하고, 스스로 답하길 '꼭 그럴 필요는 없다. 왜냐하면 작가는 관찰할 수 있기 때문이다'라고 했다"(魯迅, 「上海文藝之一瞥」, 『二心集』, 『魯迅全集(4)』, 300쪽)고 되어 있다. 그런데 육사는 "어떤 사람이 일즉 이런 문제를 제출한 적이 있었다……"라고 번역해 '구리야가와 하쿠손(廚川白村)'의 이름을 그냥 '어떤 사람'으로 표현했다. 이는 일본인의 이름을 생략하려는 의도가 있었던 듯하다.

문을 쓴 시점을 기점으로 작가적 정체성이 확연하게 달라지고 있다.

육사는 장혁주를 방문해 취재할 무렵만 해도 「아귀도」를 비롯한 그 시기 장혁주의 작품에 크게 공감하고 있었는데, 그때까지 그들 사이에는 루쉰 사후에 각기 루쉰 추도문을 쓸 수 있는 어떤 정신적 연대가 있었던 것으로 보인다. 하지만 루쉰 추도문을 쓴 이후 육사와 장혁주 사이에는 메울 수 없는 간극이 발생하는데, 이러한 간극은 민족적 운명에 대한 작가 개인의 자각의 차이에서 비롯되었겠지만 그 시기에 중국 유학과 왕래, 일본 왕래와 체류라는 활동 공간의 차이도 중요한 요인의 하나로 작용하고 있었다.

당시 일제의 탄압으로 인해 한국 지식인들의 활동은 극도로 위축되었는데, 이러한 상황에서 '자기의식'의 확립은 무엇보다 중요한 사안이었다. 육사는 "모두 추종이고 모방밖에 없다. 어데 거기서 인간으로서의 높은 기개를 볼 수가 있는가"[57]라고 반문하면서 "사람이 제 자신을 의식했을 때보다 더 강한 것은 없다"[58]라고 '자기의식'의 중요성을 역설했다. 육사에게 '자기의식'의 확립은 '금강심(金剛心)'의 정신적 태도와 같은바, 그것은 「교목(喬木)」에서 다음과 같이 의미심장한 시적 표현으로 형상화된다. "푸른 하늘에 닿을 듯이/ 세월에 불타도 우뚝 남아서서/ 차라리 봄도 꽃피진 말아라// 낡은 거미집 휘두르고/ 끝없는 꿈길에 혼자 설내이는/ 마음은 아예 뉘우침 아니라// 검은 그림자 쓸쓸하면/ 마침내 호수(湖水) 속 깊이 거꾸러져/ 참아 바람도 흔들진 못해라."[59] 이처럼 육사는 우뚝 선 교목의 뉘우치지 않는 굳은 신념을 품고 한 치의 흔들림도 없는 정신적 경지에 이른 것이다.

---

57 「侮蔑의 書: 朝鮮知識女性 頭腦와 生活」, 『李陸史全集』, 342쪽.

58 「侮蔑의 書: 朝鮮知識女性 頭腦와 生活」, 『李陸史全集』, 342쪽.

59 「喬木」, 『李陸史全集』, 34쪽.

육사의 '자기의식', 이른바 '금강심'의 정신적 태도는 어디서 유래한 것인가? 근대 교육을 받은 육사였지만 유년 시기에 받은 전통 교육은 평생 그의 의식 깊은 곳에 자리 잡고 있어 '자기의식'의 확립에 지대한 영향을 끼쳤던 것으로 보인다. 전통 교육을 받으며 '너무나 행복스러웠던 동년(童年)'[60]의 기억은 그러한 사실을 암시해준다. "열다섯 애기시절은 '수신제가치국평천하(修身齊家治國平天下)'의 도를 다 배웠다고 스스로 달떠서 남의 입으로부터 '교동(驕童)'이란 기농(譏弄)까지도 면치 못하였"고,[61] "여태까지 읽든 외집(外集)을 덮어치우고 등잔불 밑에서 또다시 경서(經書)를 읽기 시작하는 것이였고…… 장장추야(長長秋夜)에 책과 씨름을 하고, 밤이 한 시나 넘게 되야 영창을 열고 보면 하늘에는 무서리가 나리고 삼태성이 은하수를 막 건너선 때 먼 데 닭 우는 소리가 어즈러이 들리곤 했다."[62] 유년 시절 받았던 유가적 전통 교육은 육사에게 '조선적 전통' 또는 '동양적인 것'에 뿌리내리도록 이끌어 '자기의식'의 정신적 기반이 된다. '조선적 전통' 또는 '동양적인 것'은 육사에게 끊임없이 샘솟는 정신적 자부심이 되어 '금강심'이 자라나는 두터운 토양을 이루는 것이다. 육사가 1941년 요양차 경주로 내려갔을 때 그곳에 대한 자부심을 표현한 대목은 '자기의식'을 다져주는 '조선적 전통' 또는 '동양적인 것'의 의미를 명확하게 보여준다. "어데 일초일목(一草一木)과 일토일석(一土一石)을 버릴 배 없지마는 임해전 지초돌만 남은 옛 궁터에 서서 가을 석양에 머리칼을 날리며 동남으로 첨성대를 굽어보면 아테네의 원주보다도 로마의 원형극장(圓形劇場)보다도 동양적인 주란화각(朱欄畵閣)에 금대옥패(金帶玉佩)의 쟁쟁(琤琤)한 옛날소리가 들리지 않는가? 거기서 나의 정신에 끼쳐

60 「銀河水」, 『李陸史全集』, 174쪽

61 「季節의 五行」, 『李陸史全集』, 150쪽.

62 「銀河水」, 『李陸史全集』, 173쪽.

온 자랑이 시작되지 않었느냐?"[63] 육사의 정신적 자부심은 '조선적 전통' 또는 '동양적인 것'에서 유래한다. 그래서 육사는 1934년의 문단에 대한 희망을 묻는 앙케트 조사에서 외국의 문학유산의 검토도 필요한 것이겠지만 "과거의 우리나라의 문학에도 유산은 적지 아니합니다. 좀 찾아보십시오.—거저 없다고만 개탄하지 말고"[64]라고 주문했던 것이다.

육사가 조선 문화를 세계 문화의 '일륜(一輪)'이 되어야 한다고 주장하면서 조선 문화의 전통 속에 내재하는 지성(知性)을 옹호하고자 했던 것도 '자기의식'과 밀접하게 관련되어 있다. 육사는 구주(歐洲) 문화가 르네상스라는 대과도기를 경과한 데 비해 조선 문화는 그렇게 하지 못했지만, 그럼에도 불구하고 우리도 어떤 형식이었든지 문화를 가지고 왔으며, 그런 만큼 그것을 사랑해야 한다고 강조했다.

> 우리의 정신문화의 전통 속에 어떠한 형식이었던지 이런(지성을 가리킴—인용자 주) 것이 있었고 서구와 동양 사상을 애써 구별하려고 해보아도 지금의 우리 머리 속은 순수한 동양적이란 것은 있을 수 없다는 것은 여기에 별 말할 필요조차 없으므로, 지성 문제는 유구한 우리 정신문화의 전통 속에 그 기초가 있었고 우리가 흡수한 새 정신의 세련이 있는 만큼 당연히 문제되어야 할 것입니다. 다시 말하면 루넷상스를 경과한 구주(歐洲) 문화도 이제는 벌써 구주만의 문화는 아닌 것이며, 그들의 정신의 위기도 그들만의 위기라고는 생각해지지 않는 까닭입니다.[65]

육사는 여기서 '우리의 정신문화의 전통'으로부터 유용한 문화적 자원

63 「季節의 表情」, 『李陸史全集』, 197쪽.

64 「1934년 문단에 대한 희망: 앙케에트에 대한 응답」, 『李陸史全集』, 378쪽.

65 「朝鮮文化는 世界文化의 一輪: 知性擁護의 辯」, 『李陸史全集』, 344쪽.

을 발굴해야 한다는 관점을 명확히 제시하고 있다. 육사는 순혈적인 문화라는 것이 사실상 불가능하게 된 당대 현실의 문화적 상황을 정확하게 인식하고 있었으니, 동서문화(東西文化)에 대한 개방적 태도는 오히려 '조선적 전통' 또는 '동양적인 것'으로부터 문화적 자원을 발굴해야 할 필요성을 더욱 자각시켜주는 것이었다. 그래서 육사는 유럽 문화를 거부하지 않으면서도 '조선적 전통' 또는 '동양적인 것'으로부터 지성을 발견하려고 애를 썼다. 그것은 '우리의 정신문화의 전통'으로부터 '자기의식'의 정신적 근거를 마련하는 일이었다.

육사가 1937년 한국의 무용수 박외선(朴外仙)을 취재했을 때, 조선의 고전무용이라고 해도 그것의 의상과 형식에 제약될 필요는 없다고 언급한 그녀의 말을 의미 있게 전한 데서도 육사의 관점이 은연중에 배어난다. 박외선은 "내가 '이태리'의 옷을 입었다고 그것이 '이태리' 무용이 된다거나 '로시아'의 옷을 입었다고 대번에 '로시아' 무용이라고는 할 수 없지 않어요?"[66]라고 하면서 소박한 조선의 고전무용에 현대적인 감각을 담아서 신흥 무용을 완성한다는 것은 조선의 문화적 정신과 전통을 '이데올로기'(이념)적으로 구현하는 것이라고 했다. 박외선 방문기에서 그녀의 말을 통해 암시하고 있듯이, 육사는 '이데올로기'적으로 '조선적 전통' 또는 '동양적인 것'에 뿌리내려 '자기의식'의 정신적 자양분을 얻으려 했기에 그가 '시경'의 시에 애착하는 것은 이상할 것이 없어 보인다. 육사가 가을을 읊은 서양 시인들의 작품을 읽다가 다시 '아세아'로 돌아와 '시경'의 시를 번역한 것은 '시경'의 시가 그냥 타자로서의 외국의 시가 아니라 '자기의식'을 다져주는 정신적 자양분으로서 '조선적 전통' 또는 '동양적인 것'에 해당하기 때문이었다. 육사에게 '시경'의 시는 오늘날의 국가나

66 「舞姬의 봄을 찾어서: 朴外仙양 방문기」, 『李陸史全集』, 352쪽

민족 개념으로서 중국적인 것이 아니라 '자기의식'을 다져주는 문화전통으로서의 '동양적인 것'이었다.

요컨대, 육사는 '자기의식'의 정신적 근거로서 '조선적 전통' 또는 '동양적인 것'에 뿌리내리고 있었기에 '아세아'가 공유하는 문화전통의 공간적 표현인 '중국'에 친연성을 느끼고 있었다. 일본 유학을 9개월 만에 청산하고 귀국한 후 중국행을 선택한 것도 그러한 내면적 심리와 무관하지 않은 것이다. 당시 일본 유학이 서구 근대 문화에 대한 동경을 은연중에 내포하는 것이었다면 중국 유학은 '조선적 전통' 또는 '동양적인 것'에 대한 믿음을 전제하는 것이었다. 독립운동에 투신한 육사로서는 활동 공간의 확보라는 측면에서 중국 왕래가 필수적이었겠지만, 달리 보면 그의 중국 유학과 왕래는 동양적인 문화전통의 공간적 표현인 '중국'에 대한 친연성과 무관하지 않은 것이다.

제2부

김태준

: 중국 신문학을 매개로 근대 학문을 시작하다

제3장

김태준의 학문 연구와 동아시아 지평 속의 학문적 교섭

1. 경성제국대학의 새로운 학문 분야

1939년 10월 28일부터 11월 19일까지 『동아일보』는 외국문학 전문가들로부터 「외국문학 전공의 변(辯)」이라는 칼럼에 실을 글을 의뢰해 열한 차례 연재한 바 있다. 영문학자로는 김광섭(金珖燮), 이효석(李孝石), 임학수(林學洙), 양주동(梁柱東), 이양하(李敭河), 김환태(金煥泰), 중문학자로는 최창규(崔昌圭), 김태준(金台俊), 정래동(丁來東), 독문학자로는 김진섭(金晋燮), 불문학자로는 이원조(李源朝)가 글을 실었다. 이 중에서 김태준은 경성제국대학 중국어문학과를 졸업한 중국문학 전공자로서 한국문학 연구 방면에서도 탁월한 업적을 이룩해 『조선소설사』와 『조선한문학사』를 저술했다는 것이 주목된다. 주지하듯이 『조선소설사』는 한국 최초의 근대적 소설사 저작으로서 조선 문헌은 말할 것도 없고 『태평광기(太平廣記)』

명륜학원 강사 시절의 김태준

와 같은 중국 문헌도 참고하는 등 방대한 문헌을 섭렵한 바탕 위에 충실한 고증과 설명을 곁들인 노작(勞作)이다. 『조선한문학사』는 최초로 근대적 학문 방법에 의거해 한국의 전통 한문학을 통시적으로 서술한 한문학 연구의 선구적인 저작이다.

김태준은 1926년 경성제국대학 예과에 입학, 이어 1928년 본과의 중국어문학과(支那語學支那文學科)로 진입, 중국문학을 본격적으로 공부했다. 1930년 여름, 졸업을 앞둔 김태준은 졸업논문의 자료를 수집하기 위해 중국 베이징에 다녀오게 되는데, 이 베이징 답사는 김태준에게 매우 의미심장한 경험이었다. 그것은 중국에는 건설도상에 있는 신문학이 많다는 것, 중국문학 연구의 사명은 이 신문학의 수입과 소개 · 번역이 아니면 안 된다는 것, 정치와 문학을 일원(一元)적으로 파악해야 한다는 것 등을 깨닫게 해주었다. 베이징 답사를 통해 김태준은 중국 신문학 연구의 필요성을 절감했을 뿐 아니라 중국의 새로운 학술 성과를 목도함으로써 그 자극을 받아 조선의 전통문학도 체계적으로 정리해야 한다고 생각했다. 신문화 건설에 앞서 낡은 것을 정리하는 것이 수순일 때, 중국문학 연구자이지만 김태준에게는 우리 문학을 정리하는 일이 더 시급한 일이었다. 그러한 깨달음이 『조선소설사』와 『조선한문학사』의 저술로 결실을 맺은 것이다.

김태준은 예의 「외국문학 전공의 변(6)」에서 '신문학의 번역과 소개'라는 부제를 달고 '선생은 무슨 동기에서 지나문학(支那文學, 중국문학)을 전공하시게 되었는지?'라는 첫 번째 질문에 대해 우선 "고문학(古文學)의 정리와 신문학의 소개 섭취에 목표를 두었습니다"[1]라고 운을 띄었다. 부제와 답변은 김태준의 학문 방향을 뚜렷하게 밝혀주지만, 그것을 그만의 특징이라 단정할 수는 없다. 김태준(1928년 제3회 본과 입학)의 2년 선배인 최창규(崔昌圭, 1926년 제1회 본과 입학)도 예의 「외국문학 전공의 변(3)」에서 비슷한 답을 내놓았다. 최창규는 과거 한학자들이 경시해온 소설과 희곡에 대한 연구가 절실하다고 판단하고 "지나문학의 현대적 연구가 필요하다"고 했고, 또 "지나의 현대문예로 이 땅에 소개된 것이 극히 소수 있음에 감(鑑)하여 일편(一便) 이 방면에도 손을 대여보고자 하였다"[2]라고 했다. 최창규는 이렇다 할 학문적 업적을 이룩한 것은 아니지만 학문 방향만은 김태준과 다르지 않아 고문학을 현대적 방법으로 정리하면서 새로운 중국 신문학(현대문예)을 적극적으로 소개하려던 것이 그들의 공통된 목표였다. 이는 당시 경성제국대학 중국어문학과의 학술 분위기와도 무관하지 않을 것이다.

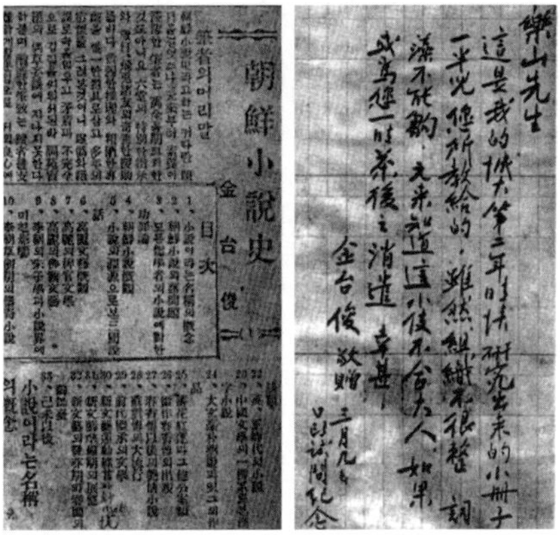

'조선소설사'와 요산 선생에게 주는 편지

경성제국대학 중국어문학과의 학술 분위기를 좀 더 실감나게 이해하기 위해 김태준이 요산(樂山) 선생에게 준 편지[3]를 보자. 이 편지는 김태

1 金台俊, 「外國文學專攻의 辯(6)」, 『東亞日報』, 1939. 11. 10.

2 崔昌圭, 「外國文學專攻의 辯(3)」, 『東亞日報』, 1939. 11. 1.

3 임형택, 「한국근대의 '국문학'과 문학사: 1930년대 趙潤濟와 金台俊의 조선문학연구」, 『민족문학사연구』, 민족문학사학회 민족문학사연구소, 2011, 202쪽 사진 참조.

준이 1930년 10월 31일부터 1931년 2월 25일까지 『동아일보』에 연재한 자신의 '조선소설사'를 스크랩해 작은 책자로 만든 뒤 그것을 대학 스승인 요산 선생에게 증정하면서 썼던 것이다. 편지는 중국어로 씌어졌으며 그 내용은 다음과 같다.

> 요산(樂山) 선생님
>
> 이것은 제가 성대(城大, 경성제국대학) 2학년에 다닐 때 연구한 소책자입니다. 절반은 당신의 가르침을 받은 것입니다. 비록 구성이 그다지 정돈되지 않고 표현도 미흡하여 원래 이런 하찮은 솜씨는 대인께 합당치 않은 줄 아오나 만약 당신이 차를 마신 후 한때의 소일거리로 삼으신다면 무척 다행이겠습니다.
>
> 김태준 삼가 드림, 3월 9일
>
> 구두시문(口頭試問)을 기념하여[4]

우선 요산 선생이 누구일까라는 의문이 든다. 그동안 잘 알려지지 않았지만, 그는 다름 아닌 당시 경성제국대학 중국어문학과 교수인 일본인 카라시마 타케시(辛島驍)로[5] 김태준의 졸업논문 지도교수였다. 김태준은 1931년 3월 9일 졸업논문 구두 답변 때 그에게 '조선소설사'를 증정하면서 위 편지도 함께 주었다. 그럼 김태준은 왜 졸업논문 구두 답변 때 지

4 원문은 다음과 같다. "樂山先生/ 這是我的城大第二年時讀研究出來的小册子. 一半兒您所教給的, 雖然組織不很整, 詞藻不能夠, 元來知道這小伎不合大人. 如果成爲您一時茶後之消遣, 幸甚./ 金台俊 敬贈. 三月九日./ 口頭試問紀念."

5 潘建國, 「馬廉的藏書及其小說研究」(『國學研究』 2006年 總第17卷), 『文學遺産』 網絡版, 2011年 第1期 주석[24] 참조. 「長澤規矩也 『蓬左文庫觀書記』對此有過眞實的描述: "……乃至於節山先生(潘按: 卽鹽谷溫), 請就德川邸, 及名古屋坂井氏審其存否. 越一二日, 先生信來云: '曩夕接樂山生(潘按: 卽辛島驍)之報, 又得 『警世通言』於大連矣.' 余且喜且憂.……"」

도교수에게 '조선소설사'를 증정했을까? 김태준은 졸업논문으로 「성명잡극연구(盛明雜劇硏究)」를 제출했는데, 1931년 2월 25일까지 68회에 걸쳐 '조선소설사'를 연재하고 있었으니 졸업논문 집필에 충분한 시간을 할애할 수 없었다. 이에 김태준은 졸업논문 이외에 자신의 학문적 능력을 검증해 보일 필요가 있었고 '조선소설사'의 증정은 바로 그런 맥락에서 이루어졌을 것으로 짐작된다. 실제로 김태준은 졸업논문 점수로 최저 점수인 '가(可)'를 받았다. 물론 다른 의미도 생각해볼 수 있다. 명륜전문학원(明倫專門學院)에서 김태준에게 배운 바 있는 한문학자 이가원(李家源)은 "언젠가 그(김태준-인용자 주)에게 '선생님께서 쓰신 『조선소설사』에 손봐야 할 부분이 많습니다'라고 말씀드렸더니 '내가 대학졸업반 때 일본인들이 우리의 소설사와 한문학사 등을 쓰려고 해 내가 먼저 내야겠다는 마음에서 서두르느라 그런 것'이라고 하셨다"고 증언한 바 있다.[6] 일본인들보다 먼저 우리 소설사와 한문학사를 써야겠다는 강한 책임감이 김태준의 내면을 지배하고 있었으니 일본인 교수에게 '조선소설사'를 증정한 것은 학문적 능력을 검증해 보이는 것 이상의 의미로서 민족적 자존심의 표현이었을 수도 있다.

위 편지 내용에 좀 더 천착해보자. 편지에 따르면 김태준은 본과 2학년 재학 때 '조선소설사'를 연구한 것으로 표현되어 있다. 김태준은 1928년 본과에 진입했으니 2학년이면 1929년에 해당한다. '조선소설사'는 1930년 10월 31일부터 이듬해 2월 25일까지 연재되는데, 그렇다면 '조선소설사'는 연재에 앞서 이미 원고가 상당히 진척된 상태였음을 짐작케 한다. 김태준은 '조선소설사'의 첫 회분 「머리말」에서 앞으로 연재할 내용의 전체 목차를 상세하게 제시했고 그 후 발표된 원고와 비교해 목차

6 「김태준(1905-1950): 국문학자 삶 떨치고 공산주의 활동」(발굴 한국현대사인물 80), 『한겨레』, 1991.9.13.

에 큰 변동이 없는 것으로 보아 이미 초고 형태의 완성된 원고가 있었을 것으로 추정된다. 또 '절반은 당신의 가르침을 받은 것'이라는 표현도 그냥 지나치기 어렵다. 그것은 지도교수에게 하는 의례적인 겸사(謙辭)일 수도 있겠지만 '조선소설사'와 관련된 표현이기에 좀 더 세밀하게 따져볼 필요가 있다. 카라시마 타케시는 김태준이 본과에 진입한 해인 1928년에 경성제국대학 중국어문학과 강사로 부임하고 이듬해인 1929년에 조교수로 승진한다. 김태준은 「외국문학 전공의 변(6)」에서 중국어문학과에 진학한 후 "그 강좌를 담임한 G박사라고 하는 칠십 노인을 스승으로 모시고 시경(詩經), 당송(唐宋) 시문(詩文) 등을 배워보았으나 별로 신기한 것도 없고 헤매는 때에 새로 마요(馬堯)라는 젊은 선생이 오고 선배 최창규(崔昌圭) 군이 원곡선(元曲選)을 독파하고 있는 것을 보고"[7]라고 술회한 바 있다. '마요(馬堯)', 즉 카라시마 타케시(辛島驍)는 김태준에게 일정한 영향을 끼쳤던 것으로 보인다.

그 영향은 구체적으로 무엇을 의미하는 것일까? 우선 김태준이 본과에 재학 중이던 시기에 수강한 교과목을 검토해보자. 학적부에 기록된 김태준의 수강 교과목은 다음과 같다.

> 제1학년(1928년): 동양사학개설(東洋史學概說), 영어 후기(英語 後期), 영어 전기(英語 前期), 중국어(支那語), 조선식한문강독(鮮式漢文講讀), 국문학강독(國文學講讀), 국문학특수강의(國文學特殊講義), 중국음학강독 및 연습(支那音學講讀及演習), 언어학개론(言語學概論), 중국문학강독 중국희곡(支那文學講讀 支那戲曲), 중국문학강독 중국소설(支那文學講讀 支那小說), 중국문학강독, 고지마(支那文學講讀, 兒島), 중국문학사(支那文學史), 중국

7 金台俊, 「外國文學專攻의 辯(6)」, 『東亞日報』, 1939. 11. 10.

문학연습(支那文學演習).

제2학년(1929년): 철학개론(哲學概論), 국문학특수강의, 아소(國文學特殊講義, 麻生), 중국문학개론(支那文學概論), 정치사(政治史), 중국어 상급(支那語 上級), 중국문학강독 원곡(支那文學講讀 元曲), 중국철학 및 강독연습(支那哲學及講讀演習), 중국문학특수강의 명곡개설(支那文學特殊講義 明曲概說).

제3학년(1930년): 졸업논문 「성명잡극연구(盛明雜劇硏究)」(1931년 3월 9일 통과).[8]

김태준은 본과 1 · 2학년 동안 일부 일본문학(국문학) 교과목을 제외하면 대부분 중국문학(支那文學) 관련 강좌를 들었는데, 그중에서 중국희곡과 중국소설 교과목이 주목된다. 이 중국희곡 및 중국소설 교과목은 바로 새로 부임한 카라시마 타케시가 맡은 것들로 김태준은 이러한 교과목을 통해 시문(詩文) 중심의 전통 중국문학과 다른 새로운 학문 영역에 관심을 갖게 된 것이다. 김태준이 2학년 때부터 '조선소설사'를 연구하고 졸업논문으로 「성명잡극연구」를 쓰게 된 것은 카라시마 타케시의 강의와 무관하지 않았을 것이니, '절반은 당신의 가르침을 받은 것'이라는 표현은 겸사라고 하더라도 '강의'와 관련된 카라시마 타케시의 포괄적인 가르침을 의미하는 것으로 볼 수 있다.

사실 카라시마 타케시는 당시 중국소설 연구에 탁월한 업적을 이룩한 도쿄제국대학(東京帝國大學) 중문과 교수 시오노야 아쯔시(鹽谷溫)의 제자였다. 시오노야 아쯔시는 1919년에 펴낸 『지나문학개론강화(支那文學概論

8 柳浚弼, 「形成期 國文學硏究 展開樣相과 特性: 趙潤濟, 金台俊, 李秉岐를 中心으로」(서울대학교 박사학위 논문, 1998), 59－64쪽 각주 [111] 참조.

講話)』(이하 『강화』로 줄임)의 저술로 유명한데,[9] 이 책은 근대적인 학문 방법에 의거한 중국의 소설 및 희곡의 사적(史的) 서술을 포함하고 있으며, 『중국소설사략』(이하 『사략』으로 줄임)의 저자인 루쉰도 참고한 바 있는 책이다. 카라시마 타케시는 시오노야 아쯔시의 지도를 받아 당시로서는 개척 분야인 중국의 소설과 희곡을 연구하기 시작했고, 경성제국대학에서 그와 관련된 과목을 개설한 것이다. 그는 1929년 9월에 청대(淸代)의 대표적인 중국소설 비평가인 김성탄(金聖歎)을 조명한 「김성탄(金聖歎)의 생애와 그의 문예비평」이라는 논문을 발표해[10] 학술 성과를 과시하기도 했다. 한편 카라시마 타케시는 도쿄제국대학 재학 시절인 1926년 여름 시오노야 아쯔시의 부탁으로 베이징으로 가서 루쉰을 내방한 적이 있다. 이때 그는 이 방문이 소설가로서의 루쉰이 아니라 『사략』을 쓴 학자로서 루쉰에게 경의를 표하기 위함이었다고 술회한 바 있다.[11] 또한 1929년 여름에는 상하이로 가서 두 번째로 루쉰을 내방하고 루쉰으로부터 『사략』

9 이 책은 쑨량공(孫俍工)에 의해 중국어로 번역되어 1929년(민국民國 18년) 상하이 카이밍서점(開明書店)에서 『중국문학개론강화(中國文學概論講話)』라는 제목으로 출판되었다. 이 번역본(1933년 5쇄본)은 상편과 하편으로 나뉘어 상편은 제1장 음운(音韻), 제2장 문체(文體), 제3장 시식(詩式), 제4장 악부(樂府) 및 전사(塡詞)로 되어 있고, 하편은 제5장 희곡(戲曲), 제6장 소설(小說)로 되어 있다. 하편은 희곡과 소설만을 다루고 있으며 각 장은 중국희곡사, 중국소설사라고 부를 수 있을 만큼 큰 편폭을 할애해 사적 서술을 꾀하고 있다. 구체적으로 제시하면 다음과 같다. 제5장 희곡(戲曲): 제1절 서설(序說), 제2절 당송(唐宋)의 고극(古劇), 제3절 금(金)의 잡극(雜劇) 추탄사(搊彈詞) 연상사(連廂詞), 제4절 원(元)의 북극(北劇), 제5절 명(明)의 남곡(南曲). 제6장 소설(小說): 제1절 신화전설(神話傳說), 제2절 양한(兩漢) 육조(六朝) 소설(小說), 제3절 당대소설(唐代小說), 제4절 원사소설(諢詞小說)이 그것이다.

10 辛島驍, 「金聖歎の生涯とその文藝批評」, 『朝鮮支那文化の研究』(京城帝國大學法文學會第二部論纂 第一輯)(東京: 刀江書院, 1929. 9.・昭和 4年 9月) 참조.

11 辛島驍, 「魯迅追憶」, 『桃源』 創刊號(東京: 1949年 6月), 10쪽 참조; 辛島驍, 「回憶魯迅」(任鈞 譯), 『魯迅回憶錄(散篇・下册)』, 北京魯迅博物館・魯迅研究室・魯迅研究月刊選 編(北京出版社, 1999), 1512쪽 참조.

의 일어 번역을 승낙받기도 했는데,[12] 카라시마 타케시는 루쉰의 『사략』을 숙지하고 있었으며 경성제국대학의 중국소설 강의에서도 그것을 활용해 소개했을 것으로 추정된다.

요컨대, 김태준은 경성제국대학에서 중국문학을 전공하면서 개척 분야인 중국소설과 중국희곡에 주목하고 조선소설사 연구로 관심을 확대해나갈 수 있었다. 그것은 일본인 학자의 조선학 연구에 맞서 우리 스스로 우리 것을 정리해야 한다는 책임감에서 비롯되었던 것이다. 즉 그는 조선소설사 서술의 필요성을 절감하면서 카라시마 타케시를 매개로 시오노야 아쯔시나 루쉰 등의 중국소설 연구로부터 자극을 받았던 것으로 보인다.

2. 중국 신문예의 소개

김태준은 1930년 『동아일보』에 '조선소설사'를 연재하는 한편 11월 12일부터 12월 8일까지 천태산인(天台山人)이라는 필명으로 「문학혁명 후의 중국문예관: 과거 14년간」(이하 「중국문예관」으로 줄임)이라는 글도 18회에 걸쳐 연재했다. 그는 「중국문예관」의 '머리말'에서 "문학혁명 후의 중국문예관－이것은 그 실(實)은 베이징 여행 중에 조금 듣고 본 것을 그대로 도청도설(道聽塗說)함에 지나지 않는다"[13]라고 했는데, 이 글은 김태준이

12 辛島驍, 「魯迅追憶」, 『桃源』 創刊號, 13쪽 참조; 辛島驍, 「回憶魯迅」, 『魯迅回憶錄(散篇 · 下冊)』, 1516－1517쪽 참조. 물론 카라시마 타케시는 여력이 없어 결국 동창인 마쓰다 와타루(增田涉)에게 『중국소설사략』의 번역권을 넘기지 않을 수 없었다고 설명했다.

13 天台山人(金台俊), 「文學革命後의 中國文藝觀: 過去十四年間(1)」, 『東亞日報』, 1930. 11. 12.

1930년 여름 졸업논문 자료 수집차 베이징을 방문했을 때 보고들은 것과 입수한 자료 등에 근거해 당시 중국의 문단 상황과 신문예의 특징을 개괄한 것이다.

그런데 「중국문예관」에 서술된 김태준의 중국 신문예에 대한 이해는 당시 일본 좌익문예계의 시각을 반영하고 있으며, 특히 일본 좌익계열의 중국 신문예 연구가인 세누마 사부로(瀨沼三郞)의 저서 『중국의 현대문예(支那の現代文藝)』(1930)에 의거한 것으로 보는 견해가 있다. 이를테면, 1930년 그때까지의 중국 현대문학사의 흐름을 청말의 여명기－문학혁명기－혁명문학기－프로문학기로 분기하는 저서의 전체 구도가 그렇거니와 "1920년대 후반기의 문학운동을 계급론적 관점에 입각한 프로문학에로의 발전과정으로 파악하는 기본 구도를 포함하여, 김태준의 전반적인 문학관 및 그 서술 내용은 세누마 사부로 글의 문맥에 거의 의거하고"[14] 있다는 것이다. 물론 이러한 견해가 일리가 없는 것은 아니지만 김태준의 「중국문예관」과 세누마 사부로의 글을 좀 더 세밀하게 비교 검토해보면 단순히 그렇게 말할 수만은 없다는 점을 확인할 수 있다. 왜냐하면 김태준은 「중국문예관」을 연재하면서 세누마 사부로의 글을 많이 참고했지

14 백영길, 「김태준(金台俊)과 동(東)아시아 문학(文學): 중국현대문학론(中國現代文學論) 및 연안행(延安行)을 중심(中心)으로」, 『한림일본학』 Vol. 2(한림대학교 일본학연구소, 1997), 183쪽. 물론 백영길은 동시대 동아시아문학의 전개 구도 속에서 이루어진 필연적인 결과로서 김태준의 "중국현대문학론이 세누마 사부로(瀨沼三郞)의 관점에 크게 의존하고 있었음은 사실이지만, 그런 가운데에서도 김태준이 피식민지 지식인으로서의 뚜렷한 민족적 자아의식과 민중적 입장에 바탕을 둔 중국현대문학론을 전개하고 있었다는 사실만은 충분히 주목되어 마땅한 사항일 것이다"(183쪽)라고 했다. 게다가 "그가 세누마 사부로(瀨沼三郞)의 문학론과 달리 여러 자료를 참조하면서 연극운동 부분의 서술에 관심을 기울이고 있는 것도, 결국은 '구극(舊劇)'에서 '신극(新劇)'에로의 전환이나 역사극(歷史劇)·사회극(社會劇)의 전개 과정에 나타나는 '시대적 반향(反響)'의 의미를 중시한 때문일 터이다. 또한 「중국의 신문예운동에 나타난 '조선'」의 절을 설정하고 있는 데서도 알 수 있는 바와 같이, 그의 중국 현대문학에 관한 소개 작업은 결코 우리 민족문학에 대한 발전적 전망과 동떨어진 과제가 아니었다"(189쪽)라고 강조했다.

만 동시에 중국의 자료를 더 많이 참고했고, 또 김태준이 베이징을 여행했던 시점이 중국좌익작가연맹이 결성된 직후였다는 점을 충분히 고려해야 하기 때문이다.

우선 후자의 상황을 먼저 검토해보자. 중국좌익작가연맹은 1930년 3월에 결성되었는데, 김태준의 베이징 여행은 그 직후로 중국 문단이 큰 변화의 와중에 있던 때이다. 그 시기 중국의 변화는 김태준에게 큰 충격으로 다가왔으니, 예의 '머리말'에서 "신흥(新興)의 중국!…… 모든 것을 개혁하여 보자는 분투중(奮鬪中)에 있나니 벌써 옛날의 중국이 아니다"라고 한 데서 알 수 있다. 이미 계급사관에 기울었던 김태준은 중국좌익작가연맹이 결성된 이후 중국의 변화상을 목도하면서 좌익문예가 주류로 떠오른 문단 상황을 완전히 새롭게 접하게 된 것이다. 김태준이 1928년 경성제국대학 본과로 진입했을 때 이미 법문학부 내에는 경제연구회가 조직되어 윤독회의 형식으로 유물사관과 마르크스사상을 공부하고 있었고,[15] 학과 선배 최창규가 앞서 경제연구회의 멤버로 활동하고 있었으니 김태준도 그 영향을 받지 않을 수 없었다. 그가 「외국문학 전공의 변(6)」에서 "경제학 서적도 읽어보고 역사과학 책도 읽어보고"[16]라고 표현한 것은 그러한 상황과 관련된 것이리라.

그렇다면 김태준의 베이징 체험은 좌익사상의 세계적 조류를 확인시켜주고 그에 대한 어떤 확신을 심어주는 계기가 되었을 것이다. 김태준

15 兪鎭午, 「片片夜話」, 『東亞日報』, 1974.3.26 참조. 경성제국대학의 본과가 열린 1926년부터 법과의 유진오(兪鎭午)를 중심으로 같은 과의 전승범(全承範), 문과의 김계숙(金桂淑, 철학), 이종수(李鍾洙, 영문학), 최창규(崔昌圭, 중국문학) 등이 경제연구회를 만들어 플레하노프의 「유물사관의 근본문제」, 부하린의 「유물사관」 등을 윤독하면서 좌익사상을 연구하기 시작했다. 경제연구회는 1926년에 조직되어 이듬해에 이강국(李康國), 최용달(崔容達), 박문규(朴文圭) 등이 본과로 올라오자 일제히 이 회(會)에 가입하면서 한층 좌익적 색채가 농후해지고 활동도 강화되었다.

16 金台俊, 「外國文學專攻의 辯(6)」, 『東亞日報』, 1939.11.10.

은 「중국문예관」의 '머리말'에서 베이징의 서성(西城)에 체류할 때 만난 인력거꾼 왕갑칠(王甲七)을 통해 '신흥의 중국'을 형상적으로 묘사해 "반항성(反抗性)을 비상(非常)히 격양(激揚)하면서 아Q의 시대는 분명히 지나갔다"라고 표현했다. 또 "군인과 노동자와 공농(工農)계급이 암암리에 견고한 결합을 이루어오는" 중국의 시국의 변화를 직시하게 되었으며, 그것은 "확실히 문예운동의 힘인 줄 깨달았다"고 말했다. 그리하여 김태준은 "황해를 건너 저희들의 부르짖음을 들으라. '예술은 반항의 산물이다'—'문학은 선전이다'라고! 문학 혹은 문예운동이라는 것이 인간 생활을 진실하게 묘사하여 대중에게 보여주는 이외에 다른 무슨 현대적 목적이 있다면 나의 이 제목도 결코 도연(徒然)한 일은 아닐 것이다"라고 끝을 맺었다.[17] 김태준은 인간 생활의 진실 묘사를 넘어서 반항과 선전을 담아내는 데까지 이르는 것을 문예의 '현대적 목적'으로 간주했다.[18] 요컨대, 김태준이 중국 신문예의 흐름을 문학혁명—혁명문학—프로문학의 단계로 발전해나간 것으로 이해한 것은 계급사관에 기울었던 그에게 있어서는 중국좌익작가연맹 결성 후의 중국 문단의 상황을 목도하면서 형성된 매우 자연스런 일이었다. 그것을 굳이 세누마 사부로의 저서에 의거

17 天台山人(金台俊), 「文學革命後의 中國文藝觀: 過去十四年間(1)」, 『東亞日報』, 1930. 11. 12.

18 김태준이 당시 좌익성향의 잡지 『신흥(新興)』(1929년 7월 15일 창간)에 참가한 것도 이상할 것이 없다. 전공 선배인 최창규(崔昌圭) 그리고 조선어문학회에서 활동하던 조윤제(趙潤濟), 이희승(李熙昇), 김재철(金在喆) 등도 모두 이 잡지에 글을 실었다. 최창규는 창간호(1929. 7. 15)에 단편소설 「김봉이(金鳳伊)의 아내도 났었다」를 실었고, 제2호(1929. 12. 7)에는 「원곡(元曲) 설자고(楔子考)」를, 제3호(1930. 7. 10)에는 「관한경작(關漢卿作) 두아원(竇娥冤) 일고찰(一考察)」을, 제7호(1932. 12. 13)에는 「역전중(易傳中)의 변증법적(辨證法的) 관념(觀念)의 전개(展開)」를 실었다. 김태준은 제5호(1931. 7. 5)부터 「조선의 한문학 원류(原流)」(金台俊), 「담담 중국영화(談談 中國映畵)」(天台山人)를 실었고, 제7호(1932. 12. 13)에는 「중국의 한자폐지운동」(天台山人)을 실었다. 김용직, 『김태준평전』(일지사, 2008), 63—67쪽 참조.

한 견해로 한정할 필요는 없다.

이는 김태준이 「중국문예관」을 쓸 때 참고한 자료를 보면 더욱 뚜렷해진다. 김태준은 「중국문예관」에서 참고한 자료를 일일이 밝혀놓았는데, 일본인 세누마 사부로의 『중국의 현대문예』와 아오키 마사루(青木正兒)의 『중국근세희곡사(支那近世戲曲史)』 및 한국인 정래동의 「중국신시개관(中國新詩概觀)」을 참조했을 뿐만 아니라, 중국 자료로서 왕궈웨이(王國維)의 『송원희곡사(宋元戲曲史)』, 후스(胡適)의 『후스문존(胡適文存)』과 『백화문학사(白話文學史)』, 탄정비(譚正璧)의 『중국문학진화사(中國文學進化史)』, 첸싱춘(錢杏邨)의 『중국현대문학작가(中國現代文學作家)』, 천위안(陳源)의 『시잉한화(西瀅閑話)』, 위다푸(郁達夫)의 『문학논집(文學論集)』, 샹페이량(向培良)의 『희곡개량개평(戲曲改良槪評)』, 리허린(李何林)의 『중국문예논전(中國文藝論戰)』, 궈모뤄(郭沫若)의 『탑(塔)』, 그리고 잡지 『신청년(新青年)』, 『현대희극(現代戲劇)』 등을 참조했다. 물론 김태준의 「중국문예관」은 세누마 사부로의 『중국의 현대문예』를 가장 많이 참고하고 있음은 사실이다. 「여명(黎明) 이전의 선구자들」은 세누마 사부로의 글 중 「여명기 전에 있어서 선구자(黎明期前に於る先驅者)」의 내용에 의거한 것이고, 「중국의 신문예운동에 나타난 '조선'」에 인용된 일부 작품 내용도 세누마 사부로의 글 중 「신흥문학과 그 작품(新興文學と其作品)」을 참조했다.

이를테면, 「중국의 신문예운동에 나타난 '조선'」에서는 궈모뤄의 단편소설 「목양애화(牧羊哀話)」와 장광츠(蔣光慈)의 단편소설 「압록강에서(鴨綠江上)」를 중점적으로 다루고 있는데, 김태준은 「외국문학 전공의 변(6)」에서 "주로 궈모뤄, 위다푸의 작품을 완독(完讀)해왔"[19]다고 했으니 「목양애화」는 본인이 읽은 작품에 의거했을 가능성이 높지만 「압록강에서」의 내

19 金台俊, 「外國文學專攻의 辯(6)」, 『東亞日報』, 1939. 11. 10.

용 소개는 전적으로 세누마 사부로의 글[20]에 의거하고 있다. 김태준도 스스로 "본장은 손에 원본이 한 책 없어서 망언뿐"이라고 분명하게 밝혀놓았다. 강한 자의식을 가진 김태준으로서는 누구보다도 학문적 주체의식이 뚜렷했지만 중국 신문예에 투영된 '조선'의 형상을 소개하는 것이 무엇보다 중요하다고 판단했기에 자료 부족을 감안해 재인용의 방식을 취하지 않을 수 없었다.[21] 세누마 사부로가 『중국의 현대문예』의 말미에서 "베이징의 친구들, 요코다(橫田實) 형 및 몇몇 친구로부터 자료를 제공받은 두터운 우정에 감사하며 이 붓을 놓는다"[22]라고 했는데, 이에 비하면 김태준은 절대적으로 자료가 부족한 상황이었음은 두말할 필요도 없다.

김태준은 10회분, 11회분의 「중국 프로문예의 진전 경로」를 쓸 때는 아예 "우(右) 양장(兩章)은 자기 연구의 부족을 느끼고 세가와(세누마瀨沼를 세가와瀨川로 오기함－인용자 주) 씨의 논문을 전습(專襲)하였다"라고 밝혀놓기도 했다. 또 18회분의 「중국문단의 현세(現勢)」도 세누마 사부로의 『중국의 현대문예』 제5장 「프롤레타리아 문학운동(プロレタリヤ文學運動)」의 제4절 '중국 프로문예의 발전 단계' 및 제5절 '중국 문단의 현상(現狀) 일별(一瞥)'의 내용을 그대로 요약 정리한 것이다.[23] 중국 프로문학을 본격적으로

---

20 瀨沼三郞, 『支那の現代文藝』, 『大支那大系(第十二卷) 文學 · 演劇篇(下卷)』(東京: 萬里閣書房, 1930 · 昭和 5年), 308－311쪽.

21 김태준은 「시경(詩經) 연구(硏究)」의 권두언에서 그 연구가 주로 중국인의 최신 연구를 종합한 것이라고 말하면서 "참고서로서는 장산궈(蔣善國) 씨의 『삼백편연론(三百篇演論)』, 쉬샤오톈(許嘯天) 씨의 『분류시경(分類詩經)』, 셰우량(謝無量) 씨의 『시경연구(詩經硏究)』, 셰진칭(謝晋靑) 씨의 『시경의 여성 연구(詩經之女性的硏究)』, 궈모뤄(郭沫若) 씨의 『중국고대사회연구(中國古代社會硏究)』 등을 참고하였다"(金台俊, 『金台俊全集(1)』, 보고사, 1998, 203쪽)고 했다. 이처럼 김태준은 인용이나 참고의 경우 항상 그 출처를 분명히 밝혀놓았는데, 그의 학자적 양심을 여실히 보여준다.

22 瀨沼三郞, 『支那の現代文藝』(『大支那大系(第十二卷) 文學 · 演劇篇(下卷)』), 327쪽.

23 瀨沼三郞, 『支那の現代文藝』(『大支那大系(第十二卷) 文學 · 演劇篇(下卷)』), 322－326쪽 참조.

연구한 적이 없는 학부생으로는 그 내용과 전망을 체계적으로 논하기는 어려웠을 것이다. 중국 신흥문학, 즉 혁명문학 제창 이후의 중국 프로문학을 적극적으로 소개하고 그 전망을 제시하는 과제가 급선무였던 그로서는 "자기 연구의 부족을 느끼고" 세누마 사부로의 글을 "전습(專襲)"한 것이다. 따라서 김태준이 세누마 사부로의 글을 참조한 것은 주로 원전의 부족에서 비롯되었으며, 그 내용은 중국의 프로문예를 소개하는 데 한정되었다. 김태준은 1934년 『조선가요집성』을 펴내면서 첫 편을 '신라향가(新羅鄕歌)'로 꾸미고 그 해제를 실었는데, 해제 말미에서 "여기는 우(右) 향가(鄕歌) 이십오 수를 문학박사 오구라 신페이(小倉進平) 선생의 역독(譯讀) 그대로 전재(轉載)하였다. 오구라(小倉) 선생에게 심사(深謝)하는 바이다"[24]라고 하여 일본인 학자의 해석을 그대로 '전재'했음을 밝혀놓았다. 그렇지만 김태준은 향가편을 정리하면서 오구라의 해석을 가져왔으나 의역 부분에서 민중성에 기반한 해석을 시도했으며 형식적인 측면에서 좀 더 매끄럽게 수정했다.[25] 김태준은 일본 학자들의 학문 성과를 필요에 따라 충분히 활용하면서도 자기화하는 노력을 결코 게을리하지 않은 것이다.

3. 루쉰 문학의 이해와 학문 성과의 공유

앞서 언급했듯이 김태준은 「중국문예관」의 연재를 시작하면서 "아Q의 시대는 분명히 지나갔다"라는 말로 중국 민중의 변화상을 소개했는데, 마비된 중국인의 국민성을 형상화한 아Q는 이제 반항성을 지닌 새로운 민중으로 거듭나고 있다고 증언한 것이다. 이는 「아Q정전」의 작가 루

24 김태준, 『조선가요집성』, 김명준 교주(도서출판 다운샘, 2007), 25쪽.
25 김명준, 「『조선가요집성』의 성격과 위치」, 『조선가요집성』, 317쪽 참조.

쉰에 대한 김태준의 인식을 반영한 것이리라. 김태준은 「문학혁명의 제창에서 성공에(2)」 연재에서 문학혁명 이후 최초 5, 6년간의 성공적인 신문학은 신시(新詩)와 단편소설에서 이루어졌다고 말하고 "루쉰이 지은 단편 「광인일기(狂人日記)」(「아Q정전」을 포함함)는 이 시대를 대표하는 것이며 또 동인(同人)이 지은 『외침(吶喊)』과 저우쭤런(周作人)이 지은 수필 『자기의 정원』도 당시의 문단에 많은 '센세이션'을 일으켰다"[26]라고 간단하게 소개했다. 또 그는 「창작계의 일별」에서 루쉰에 관해 좀 더 길게 서술해 새롭게 도래한 혁명문학 시기의 루쉰의 위상을 다음과 같이 설명했다.

> 1927년 첸싱춘(錢杏邨)의 「아Q시대는 지나갔다(死去了的阿Q時代)」라는 논문이 잡지 『태양(太陽)』에 발표되자 적막할 번한 문단은 아Q시대 논전을 발단으로 1928년 봄까지 혁명문학·프로문학파와 대(對) 반혁명(反革命)·반(反)프로파와의 논전으로 일시 소연(騷然)하였던 일은 아직도 기억이 새로운 일이다. 아Q란 무엇인가?—민국(民國) 7년 루쉰(魯迅, 저우수런 周樹人의 펜네임)이 지은 소설 「아Q정전」의 주인공 아Q란 말이다(양백화 씨의 한글번역 소개도 있었다). 아Q는 당시에 가장 애독되었고 세계의 각국어로 번역되고 로망 롤랑도 "동방에 이것이 있을 뿐이다"고 격찬하였다고 한다. 그러나 신해혁명 후의 10년 동안에 중국 민중의 사상은 놀랄 만큼 각성하여 호신계급(豪紳階級)에 무조건으로 굴복할 아Q도 아니요 운명에만 의뢰(依賴)하여 혁명군의 힘으로 자기의 사구(私仇)를 갚고자 하는 아Q도 아니요 아Q의 음험각독(陰險刻毒)한 성격은 신해혁명 당시의 민중적 사상을 반영한 것이라는 것이 첸싱춘의 평이다. 루쉰은 그 후 『외침(吶

26 天台山人(金台俊), 「文學革命後의 中國文藝觀(4): 文學革命의 提唱에서 成功에(2)」, 『東亞日報』, 1930.11.16.

喊)』·『들풀(野草)』·『방황(彷徨)』 등의 많은 작품을 발표하였었다. 프로문예의 전성기에 있어서 다시 구일(舊日) 득의(得意)의 안색도 없이 몰락기에 있는 '소(小)부르(쁘띠 부르주아—인용자 주)'의 최후 외침(吶喊)과, 할 수 없어서 야초의 기로에서 방황하는 데 지나지 못한다. 루쉰의 작품에 현대적 의의가 없다는 것은 사실이다. (리허린李何林 저 『중국문예논전』과 쳰싱춘錢杏邨 저 『중국현대작가』 권일 참조)[27]

김태준은 루쉰의 창작 작품을 설명하면서 리허린의 『중국문예논전』과 쳰싱춘의 『중국현대작가』(권일)를 참조했음을 밝혀놓았는데, 그렇다면 김태준의 루쉰 이해는 리허린과 쳰싱춘의 저작을 통해 이루어진 것임을 짐작할 수 있다. 루쉰을 두고 '프로문예의 전성기'에 이르러 '몰락기'에 접어들었다고 평가한 것은 쳰싱춘인데, 이러한 관점을 받아들여 김태준도 "루쉰의 작품에 현대적 의의가 없다"고 단언했다. 이는 루쉰의 작품을 세밀하게 읽고 난 후에 내린 결론이라기보다는 프로문학이 주류로 부상한 당시 중국의 문단 상황을 적극적으로 반영해 그것을 추수하는 입장에서 내린 결론이라 할 수 있다. 김태준은 주로 궈모뤄와 위다푸의 작품을 완독해왔다고 말했던 데 비해 루쉰의 작품을 완독하는 데는 그다지 관심을 두지 않은 듯하다. 말하자면, 김태준은 계급사관의 이념적 성향으로 말미암아 리허린과 쳰싱춘의 관점에 기울어 루쉰을 프로문학시대에 그 시효를 다한 것으로 평가했던 것이다.

사실 양백화(梁白華)도 1930년 4월 1일자 『동아일보』에 실은 「문학혁명에서 혁명문학」이라는 글에서 "창조사(創造社)의 창조월간(創造月刊)은 제

27 天台山人(金台俊), 「文學革命後의 中國文藝觀(14): 創作界의 一瞥, 主로 小說」, 『東亞日報』, 1930.12.4.

4계급의 문예를 제창하다가 출판부까지 봉쇄를 당하고, 문학연구회(文學研究會)가 주지(主持)하는 소설월보(小說月報)는 근래에 프로문예를 말하며 실은 창작은 거의 다 현금(現今)의 불안정시대를 표현한 것이다"[28]라고 하여 문학혁명에서 혁명문학으로 전환된 중국의 문단 상황을 국내에 소개했다. 양백화는 이보다 앞서 1928년 중국의 신문학 작품을 번역해 출판하면서 그 「역자의 말」에서 "혁명적 소설을 심구(尋求)하여 그것을 소개하는" 것이 자신의 초지였다고 했듯이[29] 당시 국내의 중국 문단 소개는 대체로 혁명문학(프로문학)에 초점이 맞춰져 있었다. 이렇게 1930년을 전후한 시기에 국내에서는 중국 문단의 상황과 그 추세를 좌익 문예비평가의 관점에 의거해 이해하고 있었으며, 그러는 가운데 루쉰 문학은 시효가 다한 것으로 받아들이고 있었다. 카라시마 타케시도 1930년 1·2·3월에 걸쳐 『조선과 만주(朝鮮及滿洲)』라는 잡지에 「중국의 새로운 문예에 대하여(支那の新しい文藝に就て)」라는 글을 연재하면서 "루쉰이여, 그대는 어디로 가는가? 이제 당신의 세계도 막다른 데 이른 게 아닌가? 공을기(孔乙己)와 아Q의 시대는 지나가고 있다"[30]라고 서술했다. 루쉰의 시대가 저물고 있음을 표명한 카라시마 타케시 역시 췐싱춘의 관점을 잇고 있는 것이다. 이처럼 1928년부터 1930년에 이르기까지 중국 신문예에 관심을 가진 사람이라면 대부분이 프로문학이 주류이며 루쉰 문학은 시효를 다한 것으로 인식하고 있었다. 그러므로 김태준이 좌익 문예비평가의 관점

---

28 梁白華, 「文學革命에서 革命文學」, 『東亞日報』, 1930. 4. 1.

29 朴在淵 편, 『梁白華文集 1(소설 · 번역)』(지양사, 1988), 166쪽. 물론 양백화는 "여기에도 그렇게 훌륭한 걸작은 없었다"라고 하여 당초에 마음먹었던 선택의 표준을 고치지 않을 수 없었음을 지적하고 "근일에 와서 계급적 문학 논전이 우리 문단에서 개시된 것은 무한히 기쁜 현상의 하나라고 한다. 허나 최후의 승전은 시시비비만을 말하고 공격하는 데 있지 않고 오직 시대시적(時代是的) 인간시적(人間是的)의 위대한 작품을 산출하는 데 있다"라는 말을 덧붙이기도 했다.

30 辛島驍, 「支那の新しい文藝に就て」, 『朝鮮及滿洲』, 1930. 1, 71쪽.

을 적극적으로 받아들여 루쉰 문학을 이해한 것은 그 시기 한중일의 공통적인 경향으로 보아야 할 것이다.

이런 상황에서 김태준에게 루쉰은 주목해야 할 대상이 아니라 시야에서 점차 멀어져가는 형상으로 다가온 것은 아닐까. 멀어져가는 그 거리만큼이나 김태준은 루쉰의 『사략(史略)』을 적극적으로 참조할 필요성을 느끼지 못했을지도 모른다. 자국의 근대적 소설사 서술이라는 측면에서 루쉰의 저작이 김태준에게 자극제가 되었겠지만, 어디까지나 직접적인 영향 관계를 따지기는 어렵다. 김태준의 『조선소설사』는 "중국의 소설이라도 배경을 서역으로 취한 예가 있고 더구나 일본소설의 배경이 명치(明治) 이전까지는 많이 중국에서 취재한 것이라든지……"[31]라고 하여 비교문학적 관점에 의거해 씌어졌으니 중국소설사 이해를 위해 루쉰의 『사략』도 참고도서로 활용되었을 수 있다. 하지만 『사략』의 내용이 직접적으로 반영된 흔적을 발견할 수는 없다.

소설 연구 사료와 관련해 좀 더 논의를 이어가 보자. 김태준은 「고전섭렵(古典涉獵) 수감(隨感)」이라는 글에서 학문할 때 부딪히는 자료 수집의 고충을 토로하면서 "비교적 이를 풍부하게 저장한 곳은 규장각의 14만 책이었는데 이는 경성대학(京城大學)에 이관되어 그 대학 관계자 이외에는 좀처럼 공개되지 아니하고"[32]라고 말한 바 있다. 당시 규장각은 일반인들이 접근하기 어려운 곳이었지만, 문맥으로 보건대 경성대학 출신인 김태준 본인은 정작 그 접근이 용이했던 것 같다. 김태준은 조선소설사를 대학 본과 2학년 때부터 연구했고 3학년 말부터 졸업 전까지 신문 연재를 마쳤으니 그 시기에 규장각의 도서를 활용할 수 있었을 것이

31 金台俊 저, 『(증보)조선소설사』, 朴熙秉 교주(한길사, 1990), 19쪽.

32 金台俊, 「古典涉獵 隨感」(『東亞日報』, 1935. 2. 9－2. 16); 金台俊, 『金台俊文學史論選集』, 丁海廉 편역(現代實學社, 1997), 254쪽.

다. 이는 『조선소설사』에서 '명대소설(明代小說)의 수입'을 서술할 때 규장각 도서를 바탕으로 중국소설의 언해본 등을 상세하게 서술하고 있는 데서 확인이 된다.

그런데 흥미로운 것은 1932년 2월 카라시마 타케시가 「중국소설과 규장각(상)(支那小說と奎章閣(上))」이라는 글을 발표했다는 사실이다. 이 글은 규장각에 소장된 명청시대 판본의 중국소설과 그 언해본을 간략하게 소개한 것인데, 카라시마 타케시는 우선 중국소설 연구에 규장각 소장 자료가 중요한 가치를 가진다고 전제한 뒤 구체적으로 성대조선문학연구실(城大朝鮮文學硏究室)의 도서목록카드로부터 중국소설의 번각(飜刻)이거나 언역(諺譯)으로 생각되는 것을 적출해 "…… 초한전(楚漢傳), 초패왕실기(楚霸王實記), 서한연의(西漢演義), 제마무전(諸馬武傳), 몽결초한전(夢決楚漢戰), 삼국대전(三國大戰), 언문삼국지(諺文三國誌), …… 서유기(西遊記), 손오공(孫悟空), 언문수호지(諺文水湖誌), 대명연의(大明演義), 금고기관(今古奇觀)" 등을 구체적으로 제시했다. 이어 그는 "연의(演義)의 작품은 그중에서도 삼국(三國)의 것이 가장 많다. 이는 관제묘(關帝廟)가 있는 조선을 생각하면 수긍이 간다. 그러므로 「오대사평화(五代史平話)」와 지흡간(至治刊)의 「전상평화삼국지(全相平話三國志)」의 첫머리에 실려 있고, 또 「유세명언(喩世明言)」에도 수록되었고, 「영초지(英草紙)」에는 번안(飜案)되고, 근래에 중국소설 연구자의 흥미를 끌었던 저 사마중상(司馬仲相)의 「결옥물어(決獄物語)」는, 조선에 있어서도 「제마무전(諸馬武傳)」, 「몽결초한연의(夢決楚漢演義)」의 형태로 전해져오고 있다. 한글(諺文)을 읽지 못하는 나는 그것을 「명언(明言)」과 비교할 수는 없지만, 장래의 조선문학 연구자와 협조하여 이 방면에도 주의하고자 한다"[33]라고 했다. 이미 언급했듯이 김태준

---

33 辛島驍, 「支那小說と奎章閣(上)」, 『朝鮮之圖書館』 1卷 3號(朝鮮圖書館硏究會, 1932. 2. 16), 6쪽.

은 신문에 연재한 '조선소설사'를 스크랩해 작은 책자로 만들어 카라시마 타케시에게 증정했는데, 카라시마 타케시는 한글을 읽을 수는 없었겠지만 국한문혼용체로 되어 있는 '조선소설사'의 원고를 대략적이나마 참고할 수 있었을 것이다. 김태준은 '조선소설사'의 21 · 22 · 23회에 '명대소설의 수입'을 서술하면서 「제마무전」과 관련된 상세한 설명을 덧붙여놓았다.

> 「전상평화삼국지」는 중국에서는 일서(逸書)가 된 지 이미 오래고 근년 일본서 발견되었는바 교통 불편한 원대(元代)의 소설이 일본에 들어가면서 조선을 경유치 않았을 리가 없으며 만일 조선에 전하였다고 하면 고려 시대일지니 이제 「몽결초한송(夢決楚漢訟)」 · 「제마무전(諸馬武傳)」 · 「마무전(馬武傳)」은 내용이 동일한 책이며 전상평화본과도 설화의 대통(大統)에는 대차(大差)가 없으니 고려에 들어온 「전상평화삼국지」의 '사마모전(司馬貌傳)'이 이조(李朝) 오백 년을 지나는 동안에 더욱 한글로 번역하며 전사(轉寫)하는 동안에 어음(語音)의 번화로써 사마모(司馬貌)가 제마무(諸馬武)로 되고 제마무가 다시 마무(馬武)로 변하며 혹은 「초한송(楚漢訟)」의 별칭도 생긴 듯하다…… 더욱이 조선에서 관왕묘(關王廟)를 세워서 관우(關羽)를 숭배하는 신앙이 생긴 후 「삼국연의」를 특별히 애호하여……[34]

카라시마 타케시는 '사마모전(司馬貌傳)'이 조선에서 어떤 이름으로 변화해 유행하게 되었는지 그 윤곽을 김태준의 '조선소설사'로부터 파악하게 되었을 것이다. 그가 "조선문학 연구자와 협조하여 이 방면에도 주의하고자 한다"라고 말한 것은 정황상 김태준을 염두에 둔 발언으로 보아도 될 것이다. 김태준도 「외국문학 전공의 변(6)」에서 중국 문학 작품

34 金台俊, 「조선소설사(21)」, 『東亞日報』, 1930. 12. 8; 金台俊, 『(증보)조선소설사』, 94쪽. 신문에 연재된 서술 내용과 출판된 단행본의 서술 내용이 동일하다.

의 번역과 관련해 "양백화(梁白華), 최창규(崔昌圭), 정래동(丁來東), 마요(馬堯, 즉 카라시마 타케시辛島驍) 제씨(諸氏)와 함께 손을 붙잡고 한 사람이 한 작가의 것을 하나씩 하나씩 담당해서 번역해보았으면 하는 생각은 있었습니다"[35]라고 말한 것으로 보아 카라시마 타케시와 대등한 학문적 교류를 의식하고 있었다. 그렇기에 카라시마 타케시가 김태준의 '조선소설사' 내용을 참조한 것은 자연스러워 보이며, 그들은 학문적 상호 교섭이라는 측면에서 고전소설 연구의 학문 성과를 공유하고 있었다.

4. 중국소설사에 대한 인식과 그 차이

김태준은 비교문학적 관점에 의거해 조선소설사를 서술하면서 중국소설사 자료도 많이 참고했을 것으로 추정되는데,[36] 하지만 구체적인 참고도서를 밝혀놓지는 않았다. 김태준은 항상 참고도서를 뚜렷하게 밝히는 태도를 취했는데, 그렇다면 김태준의 중국소설사 이해는 다양한 자료에 의해 매우 포괄적인 방식으로 이루어졌을 것이다. 『사략』의 탐독도 중국소설사 이해라는 포괄적인 범주에서 이루어졌을 가능성이 높다. 사실 『조선소설사』와 『사략』을 비교해보면, 체제와 구성 및 분류 용어 면에서 유사성을 발견하기는 어렵다. 물론 『한서 · 예문지(漢書 · 藝文志)』에 나오는 '도

35 金台俊, 「外國文學專攻의 辯(6)」, 『東亞日報』, 1939. 11. 10.

36 현재 서울대학교 중앙도서관(경성제국대학 도서관 소장 도서)에는 1929년에 출판된 미즈타니 후토(水谷不倒, 즉 弓彦)의 『(신찬)열전체소설사[(新撰)列傳體小說史]』와 1929년에 출판된 시오노야 아쯔시(쑨량공孫俍工 역)의 『중국문학개론강화(中國文學概論講話)』 및 1930년에 출판된 시오노야 아쯔시의 『지나소설사(支那小說史)』(권두논총卷頭論叢), 1925년(北大一院新潮社) 및 1926년(北新書局)에 출판된 루쉰의 『중국소설사략(中國小說史略)』, 1923년(亞東圖書館)에 출판된 『후스문존(胡適文存)』 등이 소장되어 있는데, 김태준은 경성제국대학 시절에 이러한 도서들을 참고할 수 있었을 것으로 추정된다.

청도설(道聽塗說)'이라는 말을 인용해 소설의 개념적 정의를 설명한 부분은 비슷하다. 하지만 '도청도설'은 『사략』 이전에 시오노야 아쯔시(鹽谷溫)의 『강화』에도 그대로 인용되고 있으니 당시 널리 알려진 일반적인 내용이었다. 『조선소설사』에서 주요하게 다루어진 '전기소설(傳奇小說)'이라는 명칭만 하더라도 『사략』에서 처음 중시한 것이 아니라 시오노야 아쯔시의 『강화』에서도 중요하게 다루었다. 이렇게 당시 널리 공유하고 있던 몇 가지 내용으로 인해 "루쉰의 소설사와 김태준의 그것 사이에 놓인 두 문학사의 상관관계를 움직일 수 없는 사실로 받아들"[37]일 필요는 없을 것이다.

김태준은 소설의 정의를 서술하는 대목에서 『한서 · 예문지』에 나오는 "소도(小道)도 볼 것이 있으나 깊이 들어가면 빠질까 저어되므로 군자는 하지 않는다"라는 말을 자하(子夏)의 말로 인용하고 있는데,[38] 이는 『강화』와 『사략』에서 『한서 · 예문지』의 내용대로 공자의 말로 인용하고 있는 것과 구별된다.[39] 사실 이 말은 『논어 · 자장(論語 · 子張)』에 나오며 공자의 말이 아니라 자하의 말이다. 김태준은 『한서 · 예문지』의 내용을 인용하더라도 『논어』에 근거해 자하가 한 말로 바꾸어놓았으니 정확하게 고증한 셈이다. 또 『강화』와 『사략』은 중국소설사 서술을 신화전설로부터 시작하고 있으나 『조선소설사』는 신화전설을 배제하고 곧바로 설화로부터 시작하고 있다. 김태준은 "중국에서도 한대(漢代)의 설화에서 당대(唐代)의 전기(傳奇), 송조(宋朝)의 원사(諢詞)가 되었다가 원명(元明) 이후에야 상당한 체재(體裁)와 내용을 가진 소설이 생긴 것과 같이"[40]

37 김용직, 『김태준평전』, 63－67쪽 참조.

38 金台俊, 『(증보)조선소설사』, 22쪽.

39 魯迅, 『中國小說史略』, 『魯迅全集(9)』(人民文學出版社, 1981), 6쪽; 鹽谷溫, 『中國文學概論講話』, 孫俍工 譯(上海 開明書店, 1929年 初版 · 1933年 5版), 323쪽 참조. "孔子曰, '雖小道, 必有可觀者焉, 致遠恐泥.'"

40 金台俊, 『(증보)조선소설사』, 18쪽.

라고 했거니와 중국소설도 '한대의 설화'로부터 시작하는 것으로 이해했다. 그가 『사략』이나 『강화』에서 소설사의 기점으로 중시한 신화전설을 배제한 것은 바로 그의 이념적 성향에서 비롯되었다. 김태준은 궈모뤄(郭沫若)를 높이 평가해 "나는 이 점에서 차라리 중국 궈모뤄 씨의 『중국 고대사회 연구』와 같은 연구 태도가 다소 씨의 격월(激越)된 혁명적 구조(口調)에 탈선이 있음을 적발하면서도 (그것을) 대단히 찬송하던 자이다"[41] 라고 하여 자신의 이념적 성향을 우회적으로 표현한 바 있다. 김태준은 "우선 각 시대의 경제의 분석에서 출발해 각 시대의 특징을 파악해야 한다. 그리하여 사회 진전의 계단을 공통된 인류 발전의 사적(史的) 법칙에서 구하되 조선적 환경에서 배태되어 성장된 문화적 특징을 구하자는 것이다"[42]라고 했듯이 사회경제사적 관점을 중시하고 역사유물론을 이념적 기반으로 삼았다. 더욱이 "현실을 초월한 연구 또는 '현실' 이전의 상아탑적 연구로는 이 독자들의 요망하는 양식(糧食)이 되지 못할 것이다. 항상 '현실'과의 관련하에서만 학구의 참다운 의미가 있는 것이다"[43]라고 강조했다. 그래서 김태준은 조선소설사 서술에서 민중의 생활상의 반영과 계급 관습의 타파를 작품 평가의 주요 척도로 삼았다. 예컨대, 그는 「춘향전」에 대해 "사실상 춘향은 정절보다 인격을 주장하였었다. 인간적으로 평등대우를 절규하는 것이 개성에 눈뜬 춘향, 아니 자유를 찾는 민중들의 구호였던 것이다"[44]라고 하여 사회상의 사실적 반영을 넘어 민중의식의 발로라는 입장에서 평가했다. 이는 시오노야 아쯔시와 루쉰의 소설

---

41 金台俊, 「朝鮮學의 國學的 연구와 社會學的 연구」(『朝鮮日報』, 1933.5.1—5.2); 金台俊, 『金台俊文學史論選集』, 353쪽.

42 金台俊, 「古典涉獵 隨感」(『東亞日報』, 1935.2.9—2.16); 金台俊, 『金台俊文學史論選集』, 262쪽.

43 金台俊, 「古典涉獵 隨感」, 『金台俊文學史論選集』, 263쪽.

44 金台俊, 『(증보)조선소설사』, 198쪽.

사 구성과 뚜렷하게 구별되는 점이다.

또한 『조선소설사』에는 『사략』에 나오는 중국소설의 분류 명칭이 거의 나오지 않는다. 『사략』에 나오는 귀신지괴(鬼神志怪), 강사(講史), 신마소설(神魔小說), 인정소설(人情小說), 풍자소설(諷刺小說), 화류소설(花柳小說), 협의소설(俠義小說), 견책소설(譴責小說) 등의 명칭은 『조선소설사』에 차용된 바 없다. 또 신화전설로부터 청대(淸代) 소설까지만 서술 범위로 삼은 『사략』과 달리 『조선소설사』는 설화부터 근대 신문에까지 아울러 다루고 있다. 작품을 소개할 때 『사략』에서는 주요 대목을 직접 인용하는 방식을 취하고 있으나 『조선소설사』에서는 작품의 줄거리를 개략적으로 소개하는 데 그치고 있다. 따라서 김태준의 『조선소설사』는 이념적 기반, 구성과 체제, 소설 분류 명칭 면에서 루쉰의 『사략』과 다르다. 어쩌면 김태준은 루쉰의 『사략』보다 시오노야 아쯔시의 『강화』를 통해 중국소설사에 더 익숙해 있었는지도 모른다. 김태준이 "송조(宋朝)의 원사(諢詞)가 되었다가 원·명 이후에야 상당한 체재와 내용을 가진 소설이 생긴 것과 같이"[45]라고 서술한 대목은 시오노야 아쯔시가 "진정한 국민문학적 의미를 가진 소설은 송대에 처음 시작되었다. 이것을 원사소설(諢詞小說)이라 한다"[46]라고 서술한 대목을 연상시킨다. 또 청대 김성탄(金聖歎), 이립옹(李笠翁)을 두고 중국의 대비평가로 인식한다든지,[47] 『삼국지연의』를 군담(軍談)이라는 명칭으로 설명한다든지,[48] 『홍루몽(紅樓夢)』의 속작을 소개한 후 중국에서는 이에 대한 연구를 홍학(紅學)이라 한다고 덧붙인다든지[49] 하는 점에서 김태준은 『강화』를 더 잘 알고 있었던 듯하다. 그러나 세 저

45 金台俊, 『(증보)조선소설사』, 18쪽.

46 鹽谷溫, 『中國文學概論講話』, 403쪽.

47 金台俊, 『(증보)조선소설사』, 22쪽, 89쪽; 鹽谷溫, 『中國文學概論講話』, 462쪽.

48 金台俊, 『(증보)조선소설사』, 109쪽; 鹽谷溫, 『中國文學概論講話』, 431쪽.

49 金台俊, 『(증보)조선소설사』, 122쪽; 鹽谷溫, 『中國文學概論講話』, 484쪽.

작이 모두 『홍루몽』의 가치를 높이 평가하고 그 속작 목록을 구체적으로 예시하고 있다는 점에서 유사하지만, 예시 목록이 각기 다르므로[50] 김태준은 시오노야 아쯔시와 루쉰의 저작 이외에 다양한 자료를 통해 중국소설사를 이해하고 있었던 것이다.

이 대목에서 김태준, 시오노야 아쯔시, 루쉰의 소설사 서술의 차이점을 좀 더 검토할 필요가 있다. 앞서 언급했듯이 김태준은 『조선소설사』에서 "중국에서도 한대의 설화에서 당대의 전기, 송조의 원사가 되었다가 원·명 이후에야 상당한 체재와 내용을 가진 소설이 생긴 것과 같이"[51]라고 했는데, 이는 시오노야 아쯔시의 『강화』에 나오는 "진정한 중국소설은 원(元) 이후에야 발생했다고 볼 수 있다. 당대에 소위 전기소설(傳奇小說)은 단지 일종의 조리가 있는 일사기담류(逸事奇談類)에 지나지 않는다"[52]라는 설명과 비교될 수 있다. 하지만 자세히 읽어보면 그 차이점도 보인다. 시오노야 아쯔시는 송대에 처음 시작된 원사소설을 진정한 국민문학적 의미를 가진 소설로 보았는데, 중국소설의 발달 과정에서 송대를 중대한 전환점으로 파악했다. 왜냐하면 한대에 시작된 중국소설이 "육조로부터 당을 거치면서 점차 발달했지만 사인문사(詞人文士)의 여업(餘業)에 지나지 않았고 그 문체도 농염기욕(穠艶綺縟)의 문언(文言)이었기"[53] 때문이다. 시오노야 아쯔시는 당대 전기소설의 창작자가 누구인지 분명하고 "일인일사(一人一事)"를 조리 있게 다루고 있다고 하여 크게 중시하면서도 '사인문사의 여업'에 지나지 않는다고 보는 유보적인 태도를 취했다. 이에 비해 루쉰은 오히려 전기소설이야말로 의식적인 창작이라는 점에

50 鹽谷溫, 『中國文學概論講話』, 484쪽; 魯迅 저, 『中國小說史略』, 丁範鎭 역(學硏社, 1992), 274쪽; 金台俊, 『(증보)조선소설사』, 122쪽 참조.

51 金台俊, 『(증보)조선소설사』, 18쪽.

52 鹽谷溫, 『中國文學概論講話』, 353쪽.

53 鹽谷溫, 『中國文學概論講話』, 403쪽.

서 높이 평가해 당대를 중국소설사의 전환점으로 파악하고자 했다. "소설도 시와 마찬가지로 당대에 이르러 일변했다. 비록 아직도 숨은 기이한 일을 찾아 적는 것을 벗어나지는 못하였다 하더라도 서술이 부드럽고 문사(文辭)가 아름다워 육조(六朝)의 거칠고도 줄거리뿐인 것에 비한다면 진보한 흔적이 매우 뚜렷하다. 그리고 특히 두드러진 사실은 이때에 비로소 의식적으로 소설을 썼다는 점이다."[54] 한편 김태준은 중국소설의 완전한 형식이 원명시대 이후에 형성된 것으로 보아 그것을 더욱 중시했는데, 중국소설의 전환점을 루쉰이나 시오노야 아쯔시보다 더 후대로 잡고 있다. 루쉰이 당대 중국소설사에서 차지하는 전기소설의 위상을 새롭게 조명했고 시오노야 아쯔시가 송대 원사소설의 가치를 높이 평가했다면, 김태준은 시오노야 아쯔시의 관점을 긍정하면서도 원명대의 백화체 소설에 더 큰 의미를 부여하고자 했다. 이는 김태준이 민중의식을 중시하는 관점에서 중국소설사를 이해하고자 했기 때문으로 짐작된다.

『금병매』에 대한 비평적 언술에서도 미묘한 차이를 확인할 수 있다. 김태준은 『수호전』과 『금병매』를 함께 비평해 "『수호』의 데카당과 『금병』의 타락이 만력문화(萬曆文化)의 전면상(全面相)이다. 『수호』는 초택(草澤)에 숨은 초목(樵牧)의 강기(綱紀) 없는 국가에 대한 반항이며 『금병』은 『측천외사(則天外史)』나 『비연외전(飛燕外傳)』과도 달라서 하류사회의 성욕생활을 여실히 묘사하여 환멸(幻滅)하여 가는 시대의 암영(暗影)을 보고 있음으로써이다"[55]라고 서술했다. 루쉰은 『금병매』의 문학적 가치를 높이 평가해 "세정(世情)"에 통달한 작자가 "변환(變幻)하는 정상(情狀)"을 극히 잘 묘사했다고 비평했다. "문사(文辭)와 의상(意象)으로부터 『금병매』를 살펴본다면 곧 다름 아닌 세정(世情)을 묘사해 그 정위(情僞)를 다했고, 또 쇠

54 魯迅, 『中國小說史略』, 『魯迅全集(9)』, 70쪽; 魯迅 저, 『中國小說史略』, 丁範鎭 역, 79쪽.

55 金台俊, 『(증보)조선소설사』, 96－97쪽.

세(衰世)로 인해 만사가 난맥을 이루고 있었으므로 이에 고언(苦言)을 발해 언제나 준급(峻急)을 다했지만 그러나 또 때로는 비사(秘事)에 섭급(涉及)해 외독(猥黷)한 곳도 많다…… 그러나 그 당시에 있어서는 실은 그것도 시풍(時風)이었다."[56] 이보다 앞서 시오노야 아쯔시도 『금병매』의 묘사의 핍진성과 사회상의 반영을 다음과 같이 높이 평가했다. "묘사가 지극히 음설비루(淫褻鄙陋)하며, 시정소인(市井小人)들의 상태를 대단히 핍진하게 그리고 있으며, 인정(人情)의 미세하고 교묘한 부분을 곡진하게 다 드러냈다. 그 의도가 세인들에게 설교해 호색(好色)과 탐재(貪財)를 경계하려는 데 있었으니 어쩔 수 없이 제재가 야하고 비루하게 되었는데, 결국 사군자지당(士君子之堂)에 오를 수 없었던 것이다. 그렇지만 서유기(西遊記)의 공상(空想)과 달리 그 사실적 소설로 말미암아 사회적 반면(半面)을 인식할 수 있어 실로 강력한 일종의 사료(史料)이다."[57] 이렇게 보면 시오노야 아쯔시, 루쉰, 김태준은 동일하게 『금병매』를 묘사의 핍진성과 사회상의 반영이라는 측면에서 높이 평가하고 있지만, 김태준은 『금병매』의 '환멸(幻滅)해가는 시대의 암영(暗影)'을 부각시키는 데 더 주력하고 있다. 따라서 김태준은 기존의 학문 성과를 충분히 참조하면서도 자신의 관점에 따라 중국소설사를 이해하고 있었으니, 그것은 『조선소설사』의 독자적인 체제와 내용의 일면을 이루게 된다.

5. 동아시아 지평 속의 학문적 교섭

김태준은 경성제국대학 재학 시절 새로 부임한 카라시마 타케시 교수

56 魯迅, 『中國小說史略』, 『魯迅全集(9)』, 182쪽; 魯迅 저, 『中國小說史略』, 丁範鎭 역, 208쪽.
57 鹽谷溫, 『中國文學概論講話』, 459쪽.

로부터 중국의 소설과 희곡에 대한 강의를 들으면서 시문(詩文) 중심의 전통 중국문학과 다른 소설·희곡 분야에 관심을 가지게 되었다. 더욱이 일본인의 조선학 연구에 맞서 우리 손으로 조선학을 일궈야 한다는 책임감을 가지고 대학 본과 2학년 때부터 조선소설사를 연구하기 시작했다. 또한 김태준은 중국문학 전공자로서 중국 신문예의 수입과 소개도 자신의 학문적 과업으로 여겼으니 『동아일보』에 연재한 「중국문예관」은 그것의 구체적인 실천이었다. 「중국문예관」은 보통 세누마 사부로의 『중국의 현대문예』라는 저서에 의거한 것으로 평가되어왔으나 김태준 본인이 참고문헌으로 밝혀놓았듯이 다양한 자료를 참고했음이 드러난다. 김태준은 일본인 세누마 사부로와 아오키 마사루의 저술 및 한국인 정래동의 논문을 참조했을 뿐만 아니라 후스, 탄정비의 문학사 저작, 첸싱춘, 천위안, 위다푸, 샹페이량, 리허린의 중국 신문예 비평, 궈모뤄의 작품집, 잡지 『신청년』 등 여러 가지 중국 측 자료를 참조했다. 물론 김태준은 세누마 사부로가 쓴 『중국의 현대문예』의 내용을 적극적으로 참조한 것은 사실이지만, 그렇다고 그가 중국 신문예의 흐름을 문학혁명–혁명문학–프로문학의 단계로 발전해나간 것으로 파악한 것을 두고 단순히 세누마 사부로의 글에 의거한 것으로 단정 지을 필요는 없다. 그것은 계급사관에 기울었던 김태준이 중국좌익작가연맹 결성 후의 중국 문단 상황을 목도하면서 형성된 매우 자연스러운 일이기 때문이다. 양백화의 언급에서도 드러나듯이 그것은 누구의 영향이라고 할 것도 없이 1930년을 전후한 시기에 중국 신문예를 이해하는 한중일의 공통된 인식이었다. 더욱이 김태준은 일본 학자와 중국 학자의 학문 성과를 충분히 활용하면서 '중국 신문예운동에 나타난 조선'을 다루는 등 민족적 정체성을 부각시키고자 했을 뿐 아니라 학문 연구를 자기화하는 노력을 결코 게을리 하지 않았다.

김태준은 당시 중국의 좌익 문예비평가의 관점을 받아들여 루쉰 문학을 시효가 다한 것으로 간주함으로써 조선소설사 서술에서 루쉰의 『중국소설사략』을 적극적으로 참조할 필요성을 느끼지 못했던 것 같다. 다만 직접적인 영향 관계를 따질 수는 없지만, 정황으로 보건대 중국소설사에 대한 이해의 폭과 깊이를 더하기 위해 『중국소설사략』을 탐독했을 것으로 추정된다. 또 김태준이 중국소설사의 이해를 위해 시오노야 아쯔시의 『중국문학개론강화』의 내용을 참고했다고 하더라도, 『조선소설사』에 서술된 중국소설사 관련 진술은 내용과 관점 면에서 시오노야 아쯔시와 크게 다르다. 김태준은 소설사 서술에서 신화와 전설을 배제하고 설화로부터 시작한다든지, 사회상의 사실적 반영을 넘어 민중의식의 발로를 중시한다든지, 중국소설의 전환점을 원명시대 이후로 잡고 있다든지 하는 점 등에서 루쉰과 시오노야 아쯔시와 구별된다. 요컨대, 김태준의 중국 신문예 소개와 조선소설사 서술은 한중일의 기존 학문 성과를 충분히 흡수한 것이며, 특히 『조선소설사』는 중국소설사와 일본소설사의 이해를 바탕으로 동아시아문학의 전체 구도 속에서 서술하려고 한 의도가 두드러진다. 김태준의 학문적 성취는 민족적 정체성 확립과 직결되어 독자적인 체제와 내용을 갖추고 있으면서도 기존 연구 성과를 충분히 흡수한 토대 위에서 이루어졌으니 동아시아의 학문 성과의 공유와 학문적 교섭의 측면에서 매우 중요한 의의를 갖는다.

제4장

김태준과 후스의 근대적 문학사 서술

1. 자국 문학사 서술

중국의 5·4신문화운동 시기에 문학혁명을 제창했던 후스(胡適, 1891-1962)는 『백화문학사(白話文學史)』를 저술했다. 『백화문학사』는 중국의 전통문학을 새로운 관점에 의거해 서술한 획기적인 문학사 저작이다. 후스는 이 책의 「자서」에서 책 제목을 '백화문학사'라고 했지만 사실은 '중국문학사'에 해당한다고 언급한 바 있다. '백화문학'이 중국문학사의 본류임을 입증하기 위해 이 책을 저술했으므로 당연히 중국문학사로 불러도 무방하다는 것이다.

후스의 『백화문학사』와 견줄 수 있는 한국의 문학사 저작으로는, 조선의 한문학을 최초로 사적(史的) 체계에 따라 서술한 김태준의 『조선한문학사』를 들 수 있다. 『조선한문학사』는 김태준이 순수한 학구적 열정으

1927년 후스의 모습

로 학문적 경험이 일천한 젊은 나이에 완성본으로 출판했다. 이 책은 김태준이 26세 되던 해인 1931년에 단행본으로 출판되었는데, 후스의 『백화문학사』가 1921년에 강의 원고로 처음 씌어지고 몇 단계의 수정과 증보를 거친 뒤 1928년에야 단행본으로 출판되었으나 상권(上卷)으로 그쳐 미완성인 것과 대조를 이룬다. 또한 김태준이 1930년 말경에 학부생의 신분으로 조선소설사를 『동아일보』에 연재한 사실까지 상기하면 그의 학문적 열정과 수준이 놀라울 따름이다.

『백화문학사』는 1928년에, 『조선한문학사』는 1931년에 출판되었으니 두 저작은 비슷한 시기에 세상에 나왔다. 따라서 근대적 학문 방법으로 문학사 서술을 처음 시도하던 초기에 한중(韓中) 양국은 전통문학을 어떻게 정리하고자 했는지 그 특징을 이 두 문학사 저술을 통해 검토할 수 있다. 후스의 『백화문학사』와 김태준의 『조선한문학사』는 각기 독립적으로 다룰 수도 있겠으나, 한중의 문학사 서술의 경과를 통합적으로 이해하기 위해 이들에 대한 비교 연구도 나름대로 의미 있는 일이다. 더욱이 후스의 『백화문학사』 서술 관점이 김태준의 『조선한문학사』 서술 관점에 일정한 영향을 끼치고 있다는 사실에 상도(想到)하면, 근대적 학문이 형성되던 시기에 한중의 학문적 상호 교섭의 현상을 파악하는 데도 도움이 될 것이다.

후스의 '백화문학사'는 처음에 두 종류로 출판되었다. 하나는 1927년 4월 베이징문화학사(北京文化學社)에서 출판된 『국어문학사(國語文學史)』이고, 다른 하나는 1928년 6월 신월서점(新月書店)에서 출판된 『백화문학사

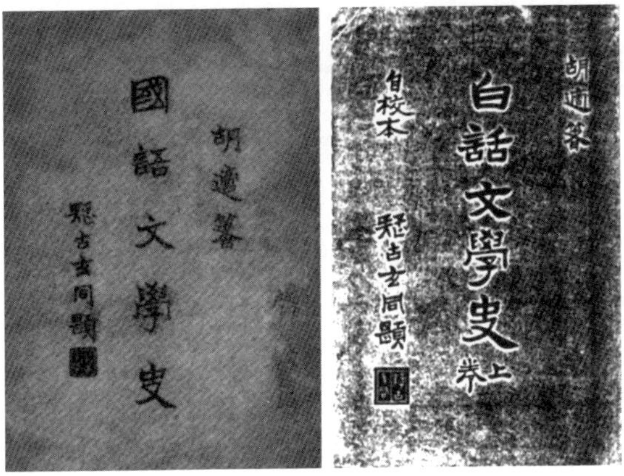

후스의 『백화문학사』와
『국어문학사』

(白話文學史)』 상권이다. 후스는 1921년 11월부터 12월까지 중국 교육부에서 마련한 제3회 '국어강습소(國語講習所)'에서 '국어문학사'를 강의하면서 강의 원고를 처음 만들었고, 1922년 3월 톈진(天津)에서 강연할 때 그 원고를 일부 수정해 사용했다. 또한 1922년 여름방학에 톈진의 난카이대학(南開大學)에서 강의하면서 3월의 수정본을 유인본(油印本)으로 만들어 사용했고, 이 유인본을 저본으로 하여 1927년에 『국어문학사』를 출판했다. 『백화문학사』 상권은 『국어문학사』를 기초로 하여 많은 부분을 수정 · 보완해 완성한 것으로 1928년에 출판되었으니 후스의 『백화문학사』가 탄생하기까지는 오랜 시일이 걸렸다. 문학사 서술의 기본 관점은 일찍부터 형성되었지만, 구체적인 내용은 『국어문학사』의 출판 이후 『백화문학사』를 내면서 대폭 수정 · 보완되었으므로 후스의 백화문학사 서술은 실제로 1927년이나 1928년에 완성되었다고 할 수 있다. 다만 『백화문학사』의 하권에 포함시키기로 했던 '양송(兩宋)의 백화문학'은 『국어문학사』의 제3편에 실려 있으므로 후스의 백화문학사를 이해하기 위해서는 『국어문학사』도 함께 검토하는 것이 좋다.

김태준의 『조선한문학사』는 1931년 12월 조선어문학회의 '조선어문학

김태준의 『조선한문학사』 1931년 초판본

총서(1)'로 간행되었다. 김재철은 그 서문에서 김태준이 "다년 연구를 거듭하여" '조선한문학사'를 내놓았다고 했고, 1932년 조윤제는 『조선한문학사』에 대한 서평에서 김태준이 "이미 학생 시절부터 여기에 뜻을 두어 지금까지 수년간, 불요불굴의 노력으로 전인미답의 경지를 개척하여 오늘날의 체계를 보게끔 하는 데 이르게 되었던 것이다"[1]라고 했다. 김재철과 조윤제의 말에 근거할 때 김태준의 『조선한문학사』는 1931년에 출판되었지만 상당한 기간 동안 준비와 연구 과정을 거쳤음을 알 수 있다.

좀 더 실증적인 고증을 해보자. 김태준이 조선 한문학과 관련된 자료를 읽고 연구한 기간은 꽤 오래되었다고 하더라도 구체적인 집필은 '조선소설사'가 마무리된 이후에 이루어진 것이 아닌가 한다. 1930년 10월 31일부터 1931년 2월 25일까지 '조선소설사'를 『동아일보』에 연재한 이후 김태준은 일정한 기간 동안 거의 글을 발표하지 않았다. 단지 1931년 7월 4일에 「담담중국영화(談談中國映畵)」(『신흥』 제5호)를 썼고, 1931년 7월 23일 『조선어문학회보』 제1호에 「문학사상(文學史上)에 발견되는 괴사편편(怪事片片)」을 발표했으며, 1931년 10월 31일 『조선어문학회보』 제2호에 「임제(林悌)의 연문학(軟文學)」을 발표했다. 「문학사상에 발견되는 괴사편

1 『青丘學總』 제7호(청구학회, 1932. 2), 142쪽.

편」을 읽어보면, 이 글은 김태준이 한문학사를 저술하는 과정에서 발견한 몇 가지 단상을 서술한 것 같은 인상을 준다. 한글 제정 이전까지 재래의 사상감정은 한자를 빌려 쓰거나 향찰, 이두, 구결로 표현했다는 설명, '생(生)에 대한 향상(向上)의 자취가 보이지 않는' 과거 조선에 대한 비평(에로문학 결핍), 사대사상의 결정(結晶)인 시집 『황화집(皇華集)』에 대한 비판, 삼당(三唐)·사가(四家)에 대한 언급, 평안북도 운산 출신의 이시항(李時恒)에 대한 언급, 한글 원작서(原作書)의 한역(漢譯)에 대한 비판 등을 볼 때,[2] 이 당시 김태준은 '조선한문학사'를 집필하고 있었던 것으로 생각된다. 그리고 「임제의 연문학」이 씌어진 1931년 10월 말에 이르면 조선한문학사가 마무리되고 있었던 듯한데, 「임제의 연문학」에서 "인제 나는 소설사를 보유(補遺)하는 의미에서 그 나머지 자료로써 일언(一言)을 비(費)코자 한다"[3]라고 한 데서 확인이 된다. 김태준은 '조선한문학사'가 마무리되는 시점에서 이미 써놓은 '조선소설사'를 '보유'하기 위해 다시 소설사 관련 자료를 연구하기 시작한 것이다. 그가 『조선어문학회보』 제3호(1932. 2. 7)와 제4호(1932. 4. 18)에 각각 「연암소설경개(燕巖小說梗槪)」와 「연암소설경개(2)」를 발표한 사실을 떠올리면 더욱 분명해진다.

그런데 나중에 씌어진 『조선한문학사』를 『조선소설사』보다 먼저 출판하게 된 이유는 무엇일까? 이는 두 가지 측면에서 추측해볼 수 있다. 하나는 '보유(補遺)' 작업으로서 조선소설사에 대한 연구를 좀 더 진행할 필요가 있었기 때문이고, 다른 하나는 조선어문학회의 총서 간행 기획과 관련된 것이었다. 1931년 12월에 간행된 『조선한문학사』의 마지막 페이지에는 '조선어문학총서 근간 예고'로서 이재욱(李在郁)의 『영남민요(嶺南

2 조선어문학회·허재영 편, 『朝鮮語文學會報』(亦樂, 2004), 5-6쪽 참조.

3 조선어문학회·허재영 편, 『朝鮮語文學會報』, 19쪽.

民謠)』, 김재철(金在喆)의 『조선연극사(朝鮮演劇史)』, 김태준의 『조선소설사』를 소개하고 있다. 또 1932년 2월에 발행된 『조선어문학회보』 제3호에 광고로 이미 출판된 김태준의 『조선한문학사』를 먼저 소개하고 곧이어 '총서 속간 예고'로서 '영남민요연구', '조선연극사', '조선소설사'를 소개하고 있다. 조선어문학회에서는 한문학사, 민요 연구, 연극사, 소설사의 순서로 출판 계획을 잡고 있었다. 이는 조선어문학회에서 한문학사를 먼저 출판하고 이어서 '조선문학' 범주에 속하는 저술을 차례로 펴낼 계획이었음을 뜻한다. 이러한 두 가지 이유 때문에 나중에 씌어진 『조선한문학사』가 『조선소설사』보다 먼저 출판된 것이다.

후스는 『백화문학사』의 「머리말(引子)」에서 그 저술 목적을, 백화문학의 역사적 진화의 추세를 정리하는 것이며 백화문학이 중국문학사에서 중심적 위치를 차지하고 있음을 증명하는 것이라고 요약했다. 사실 후자는 『백화문학사』 저술의 직접적 동기라고 할 수 있는데, 이러한 현실적 요구가 백화문학 발전의 역사적 추세를 객관적으로 서술하려는 순수 학술 연구에 적극 개입함으로써 전통적인 고문문학을 일괄 부정하는 사태를 빚었다. 그래서 일반적으로 후스의 『백화문학사』는 백화문운동이 진행되던 당시의 문화운동의 현실적 요구가 학술 연구를 제약하는 결과를 낳았다고 평가되고 있다. 후스는 문학사 서술의 근대적 학문 방법을 제공했고, 당시 중심적 지위를 차지하고 있던 백화문학이 문학사 전개의 필연적 추세임을 가정하고 사료를 찾아 그 가정을 증명하는 데는 크게 공헌했지만 고문문학의 일괄 부정이라는 단선적인 관점을 드러냈던 것이다.

"조선에 있어서 어느 부문(部門)이 하나도 정리(整理)된 것이 없"다[4]고 여겼던 김태준은 전통의 '정리'를 절실한 과제로 삼아 조선의 한문학을

4 金台俊, 「김태준 時評」, 『金台俊全集(3)』(보고사, 1998), 285쪽.

정리할 작정으로 『조선한문학사』를 저술했다. 그는 『조선한문학사』의 「서론」에서 "문학 진화의 과정을 알며, 그 성쇠 변천의 인과를 살펴, 금후에 대한 문학의 추세를 헤아리는 것이 문학사의 사명이다"라고 했으나, 곧이어 "이 조선한문학사의 사명만은 이와 좀 다르"[5]다고 하여 『조선한문학사』의 서술 목적을 문학사 서술의 본래적 의미와 다른 데 두었음을 밝혔다. 김태준은 조선인의 손으로 씌어진 한문학이 중국의 한문학의 모방에 지나지 않아 독립적 가치를 가진 위대한 작품이 생산될 수 없었다고 여겨 그것의 청산을 강조했고, 바로 그런 목적을 위해 『조선한문학사』를 저술한 것이다. 중국 한문학과 비교해 조선 한문학은 "언제나 계수(計數)가 퇴보되어 수백 년이 지난 뒤에야 조금씩 진보"했고,[6] "질과 양에 있어서도 동일한 경정(徑庭)"[7]을 보인다고 한 것은 바로 한문학 청산의 필요성을 우회적으로 표현한 것이다. 청산의 대상으로 간주한 조선 한문학의 사적(史的) 서술에서 비판적 정리가 제대로 이루어지기는 어렵다.[8] 한문학의 청산이라는 현실적 요구가 객관적인 학술 연구에 개입함으로써 『조선한문학사』는 김태준 본인의 말처럼 '결산보고서'에 그치는 결과를 초래했다.

따라서 후스의 『백화문학사』와 김태준의 『조선한문학사』는 근대적 국민문학, 즉 자국어 문학으로서의 백화문학 및 조선문학을 수립하기 위해 전통 한문학(시문 중심의 고문문학)을 청산의 대상으로 간주하고 있다는 점

5 金台俊, 『朝鮮漢文學史』, 崔英成 역주(시인사, 1997), 17쪽.

6 金台俊, 『朝鮮漢文學史』, 18쪽.

7 金台俊, 『朝鮮漢文學史』, 19쪽.

8 박희병, 「天台山人의 국문학연구(상)」, 『民族文學史硏究』 3호(민족문학사연구소, 1993), 259쪽 참조. "천태산인이 했어야 할 작업은 한문학사의 비판적 정리를 통해 한문학의 방대한 유산 중에서 취해야 할 부분과 버려야 할 부분, 긴요한 부분과 긴요하지 않은 부분을 연구자 당대의 시대적 요구에 따라 명확히 갈라주는 작업이었다."

에서 동일한 문학사 서술 관점을 보여주고 있다. 초기 근대적 학문 방법으로 전통문학을 정리할 당시 한중의 문학사 서술은 기본적으로 유사한 특징을 지니고 있었다. 이는 후스의 『백화문학사』와 김태준의 『조선한문학사』를 함께 논할 수 있는 근거가 된다.

후스와 김태준은 유년 시절 전통 교육을 받은 공통점이 있다. 후스는 처음에는 아버지가 만들어준 4언구(四言句)의 운문으로 된 『학위인시(學爲人詩)』와 철리(哲理)를 약술한 『원학(原學)』을 읽었고, 또 사숙(私塾)에서 『효경(孝經)』, 『소학(小學)』, 『논어(論語)』, 『맹자(孟子)』, 『대학(大學)』과 『중용(中庸)』, 『시경(詩經)』, 『서경(書經)』, 『역경(易經)』, 『예기(禮記)』를 차례로 읽었다.[9] 김태준은 어렸을 때 천자문을 익히고 『동몽선습(童蒙先習)』과 『효경(孝經)』 등을 읽었으며, 보통학교[운산(雲山)공립보통학교]를 졸업한 후 일 년 동안 아버지에게서 한문을 배우며 『사략(史略)』과 『맹자』를 읽었다.[10] 그래서 김태준은 "글방에서 한문을 읽다가 한문학의 독특한 매력에 미혹되어 언제든지 기회만 있으면 이 한문을 철저히 연구하여보자는 생각이 끊이지 않았고"[11]라고 했다. 이후 후스는 미국 유학(컬럼비아대학, 철학 전공)을 통해 서양의 근대학문을 접하게 되었고, 김태준은 일본이 세운 경성제국대학(제3회 입학, 중국문학 전공)에서 일본인을 통해 근대학문을 접하게 되었다. 전통적 학문 방법을 기본 소양으로 지니고 있었던 후스와 김태준은 본격적으로 근대학문을 시작하면서 다양한 형태의 글쓰기를 보여주었는데, 문학, 철학, 역사 제반 분야에 관심을 가지고 글을 썼다. 이는 당시 문화운동의 범주에서 학술 활동을 시작했던 그들의 특수한 상황 때문에 빚어진 것이기도 하지만, 좀 더 근원적으로 볼 때 전통적 학문 방법

9 胡適, 『胡適自傳』(黃山書社, 1986), 22-23쪽 참조.

10 김용직, 『김태준평전』(일지사, 2008), 26쪽 참조.

11 金台俊, 「外國文學專攻의 辯」, 『金台俊全集(3)』, 281쪽.

에 익숙한 상태에서 근대학문을 시작했던 그들의 개인적인 상황과도 무관하지 않다. 왜냐하면 문사철(文史哲)이 통합되어 있는 전통적 학문 방법에 익숙한 그들이 근대학문을 시작하더라도 통합적 학문 영역으로서 문사철을 자유롭게 넘나들 수 있었기 때문이다. 후스와 김태준이 전통과 근대가 갈라지는 과도적 지점에 위치하고 있다는 점도 그들을 함께 논의할 수 있는 근거가 된다. 더욱이 이러한 존재론적 위치가 그들의 문학사 서술의 특징을 규정짓게 된다는 점도 간과할 수 없다.

2. 중국 신문화운동의 자극

1920년 12월 『개벽(開闢)』은 후스에게 편지를 보내 신년호 제사(題辭)를 부탁했다. 후스는 이에 응해 "개벽의 발전을 기원합니다"라는 축사를 보냈다.[12] 양백화(梁白華)가 1920년 11월호와 12월호 『개벽』에 「후스(胡適) 씨를 중심으로 한 중국의 문학혁명」을 연재하고 있었으므로 『개벽』에서 후스를 크게 주목한 것도 당연한 일이다. 후스는 축사와 함께 간단한 편지도 동봉했는데, "귀사의 잡지를 펼쳐 읽어보니 귀사의 잡지가 동방 문학계의 스타라는 것을 알겠습니다"라고 하여 『개벽』에 대해 큰 관

12 『개벽(開闢)』 제7호(1921. 1. 1)의 목차 앞에 후스가 친필로 쓴(1920. 12. 19) "개벽의 발전을 축하합니다(祝開闢的發展)"라는 축사가 게재되었고, 또 "마침 귀사의 잡지를 펼쳐 읽어보니 귀사의 잡지가 동방 문학계의 스타라는 것을 알겠습니다. 이에 몇 글자를 올려 귀사 잡지의 축필(祝筆)로 삼으니 게재된다면 감사하겠습니다. 각별히 귀사가 날로 발전하기를 삼가 바랍니다. 저의 동료인 베이징대학 교수 가오이한 군의 축사(祝詞)도 함께 올리니 받아주시길 바랍니다(適批閱貴誌, 方知貴誌爲東方文學界之明星, 玆將數字奉呈, 以爲貴誌之祝筆, 代登爲感. 專此敬請貴社日益發展. 同呈敝同事北京大學敎授高一涵君祝詞, 幷乞收納.)"라는 후스의 편지도 함께 게재되었다. 그리고 가오이한(高一涵)이 쓴 축사 "개벽, 권위의 경쟁상대(開闢, 威權之敵)"도 함께 게재되었다.

심을 표명했다. 1922년 『개벽』 제30호에 북여동곡(北旅東谷)은 「신동양문화(新東洋文化)의 수립(樹立)에」를 발표해 중국의 문학혁명의 내용을 설명하면서 백화문운동의 성격, 후스의 「문학개량추의(文學改良芻議)」와 천두슈(陳獨秀)의 「문학혁명론(文學革命論)」 등을 상세하게 소개했다. 이 글에서 북여동곡은 "현하(現下) 양지(兩地)의 신문화운동이 일(日)로 격렬한 이때에 그에 대한 여하(如何)의 보도(報道)는 어느 점에서 확실히 우리의 문화운동에 다소의 자극과 참고를 주리라고 사(思)하나이다"[13]라고 하여 중국 신문화운동의 소개가 조선의 신문화운동에 도움이 될 것임을 지적했다. 1923년 이윤재(李允宰)는 『동명(東明)』에 후스의 「건설적 문학혁명론(建設的文學革命論)」을 번역해 게재했는데, 해제(解題)에서 후스의 문학혁명론이 세상에 나오자 전국에 일시 풍미해 2천여 년의 미몽을 깨뜨렸음을 지적하고, 진부하고 부패한 죽은 문학을 숭상하던 조선인들에게 깊은 자극이 될 것이라고 했다.[14] 이처럼 중국의 신문화운동과 그 운동의 전위에서 활동했던 후스의 문학혁명 제창은 1920년대에 국내에서 상당한 관심을 불러일으켰고, 그 영향 또한 만만치 않았다.

1920년대에 중국 유학생으로서 중국의 신문학을 소개하는 데 주력했던 정래동(丁來東)은 당시 자신의 작업을 이렇게 회고한 바 있다. "필자가 중국에 유학한 것은 우리나라 3 · 1운동 후요, 중국의 5 · 4운동 후이다. 따라서 우리나라에서는 어문일치(語文一致)의 운동이 상당한 성과를 거두고 있었으며, 중국에서는 5 · 4운동에서 문학혁명으로 방향을 돌려서 백화문운동(白話文運動)으로 발전하던 시기이었다. 따라서 우리나라 신문학의 발전과 중국의 백화문학의 진도는 비슷한 점이 많았다. 그런 만큼 피

13 北旅東谷, 「現中國의 舊思想 · 舊文化의 改革으로부터－新東洋文化의 樹立에－他山의 石으로 現中國의 新文學建設運動을 이야기함」, 『開闢』 제30호(1922.12), 23쪽.

14 「建設的 文學革命論」, 『東明』 제2권 제16호(1923.4.15) 참조.

차의 관심은 컸으며, 필자의 중국문학 소개문(紹介文) 같은 것도 우리나라 지(紙)·지(誌)에서는 우대하여 주었었다."[15] 유학생의 글이 국내 잡지에 쉽게 실릴 수 있었던 것도 따지고 보면 중국의 문학혁명에 대한 국내의 관심이 그만큼 컸기 때문일 것이다. 정래동은 후스의 『백화문학사』에도 주목했음을 이렇게 술회했다. "이 시기에 필자가 착안한 것은 후스의 『백화문학사』, 저우쭤런(周作人)의 『신문학의 원류(原流)』이 두 저서이었다."[16] 따라서 당시 중국의 신문화운동에 대한 국내의 관심은 후스가 주도했던 백화문운동에 상당히 치중되어 있었고, 또한 후스의 『백화문학사』도 사람들의 주목을 끌었다.

김태준은 『조선한문학사』를 출판하기 한 해 전인 1930년 후반에 '조선소설사'를 『동아일보』에 연재하기 시작했고, 또한 그해 졸업논문으로 「성명잡극연구(盛明雜劇硏究)」를 제출했다. 김태준은 중국문학을 전공하는 학부생으로서 졸업논문에 필요한 자료를 구하기 위해 1930년 6월 무렵[17] 중국 베이징을 다녀왔다. 그는 「외국문학 전공의 변(辯)」에서 이때의 상황을 다음과 같이 말한 바 있다. "우선은 원명청(元明淸) 시대의 연문학(軟文學)의 개론적 지식을 얻을 겸 '명청희곡소사(明淸戱曲小史)' 같은 것을 졸업논문으로 하려고 할 때에 동서명(同書名)의 아오키 씨(靑木氏) 저술이 나왔으므로 졸업논문 강목(綱目)을 찾으려고 학생모를 쓰고 베이징 류리창(琉璃廠) 부근을 방황해보았습니다. 그러는 동안에 아무 소득도 없이 학교는 마쳤으나 다만 얻은 것은 중국에는 건설도상에 있는 신문학이

15 丁來東, 『丁來東全集(I)』(學術論文篇)(금강출판사, 1971), 1쪽

16 丁來東, 『丁來東全集(I)』(學術論文篇), 2쪽. 이어 정래동은 이렇게 말했다. "후스는 문학의 용어로 사관(史觀)을 세웠으며, 저우쭤런은 문학의 내용 곧 사상을 주안(主眼)으로 해서, 명조(明朝)의 공안(公安) 경릉파(鏡陵派)의 주장(主張)이 민국(民國) 초의 신문학의 주장과 같다는 것을 입증(立證)하였다."

17 金台俊, 「談談中國映畵」, 『金台俊全集(3)』, 335쪽 참조.

많이 있다는 것과 중국문학 연구의 사명은 오로지 이 신문학의 수입, 소개 번역이 아니면 안 된다고 생각했습니다. 정치와 문학을 일원(一元)으로 보기 시작했던 것도 이때입니다."[18] 김태준은 1930년 6월 무렵 베이징의 류리창 부근을 다니며 처음으로 중국문학의 본거지를 직접 체험했다. 중국문학을 전공하던 김태준은 베이징을 다녀옴으로써 중국문학에 대한 인식을 완전히 새롭게 하는 계기를 마련했다고 할 수 있는데, 중국의 신문학에 눈을 뜨게 되었고 정치와 문학의 관계에 크게 주목하게 되었다.

김태준은 당시 느꼈던 가장 큰 충격은 "중국의 가장 우수한 중견작가 K씨가 쓴 중국고대사회연구(中國古代社會硏究)를 읽은 데 비롯합니다"라고 했고, 또 "후스 씨의 지나철학사대강(支那哲學史大綱)을 비판한 리지(李季) 씨의 비판논문과 신주국광사(神州國光社)에서 발행한 중국사회사논전(中國社會史論戰) 같은 것이 당시 가장 좋은 독물(讀物)이었습니다"라고 회고했는데,[19] 베이징을 다녀온 직후 1, 2년 사이에 『조선소설사』와 『조선한문학사』를 집중적으로 썼으므로 베이징 방문이 그의 문학사 서술에 많은 영향을 끼쳤을 것으로 생각된다. 당시 중국에서는 우리보다 한발 앞서 몇몇 문학사 관련 저술들이 이미 나와 있었으므로—예컨대 루쉰의 『중국소설사략』과 후스의 『백화문학사』 등—김태준은 아마 이런 책들을 눈으로 확인할 수 있었을 것이고 이로부터 어떤 자극을 받았을 것으로 추정해볼 수 있다. 말하자면 베이징에서 느꼈던 충격은 문학사를 서술하려는 김태준의 의지를 크게 강화시켜주었을 것으로 생각된다. 김태준은 이전부터 문학사 서술에 관심을 가지고 준비 작업을 해오고 있었지만, 베이징을 답사한 경험은 그에게 문학사 서술의 필요성에 대한 어떤 확신을 가져다주었고 문학사 서술의 방법 면에서도 어떤 자극을 주었을 것으로

18 金台俊, 「外國文學專攻의 辯」, 『金台俊全集(3)』, 281쪽.

19 金台俊, 「外國文學專攻의 辯」, 『金台俊全集(3)』, 282쪽.

추정해볼 수 있다.

김태준은 『조선한문학사』 서술을 두고 "고대 문화의 결산 · 정리에서만 의미가 있다"라고 하고 "조선 한문학의 결산보고서"라고 단정 지었는데,[20] 이러한 생각이 형성된 데에는 중국의 신문화운동의 흐름을 강하게 의식한 점도 배제할 수 없다. 1920년에 묘향산인(妙香山人)은 중국 신문화운동으로부터 자극을 받아서, 조선의 신문화 건설을 위해 중국 고유의 문학과 사상은 전혀 도움이 되지 않는다는 점을 분명히 지적했다. 그는 중국문학의 가치를 정리한 다음 그 결론으로서 김태준보다 10년 앞서 동일한 관점을 이미 피력했다. "중국 고유의 문학과 사상은 우리의 신문화를 건설하는 상(上)에 소호(少毫)의 자료를 공급할 것이 되지 못하도다. 작일(昨日)까지 그의 여류(餘流)를 급(汲)한 관계상 우(又)는 동양문화의 일대주맥(一大主脈)을 성(成)한 관계상 단(單)히 역사적의 의의(意義)를 유(有)할 뿐이로다. 따라서 우리는 그것에 일고(一考)의 노(勞)를 여(與)하였으면 족할 것이라 하노라."[21] '고대 문화의 결산 · 정리'로서 김태준의 한문학사 서술은 묘향산인의 주장을 구체적으로 실천한 것이라 할 수 있다. 김태준은 직접 『조선한문학사』의 「서론」에서 "중국민족의 정신적 유동(流動)을 볼 수 있는 문학은 오로지 중국 현대의 구어체인 백화(白話)에 있으므로 이제 고대의 문언체 시문(詩文)은 하나의 골동품을 구경하는 셈밖에 되지 않으며, 필자의 이 제목도 한낱 고전 연구에 그친다"[22]라고 진술했다. 김태준은 『조선한문학사』 저술이 중국 신문학운동과 맥락을 같이하고 있음을 은연중에 드러내고 있다.

한편 김태준은 『조선한문학사』의 「서론」에서 "불가사문(佛家沙門)의 한

20 金台俊, 『朝鮮漢文學史』, 20쪽.

21 妙香山人, 「中國文學의 價値를 論함」, 『開闢』 제4호(1920), 90쪽.

22 金台俊, 『朝鮮漢文學史』, 19－20쪽.

문학(漢文學)은 다른 기회에 발표키로 하고 합술(合術)치 아니하였다"[23]라고 했는데, 이것은 김태준이 후스의 『백화문학사』를 크게 의식하고 있었기 때문이 아닌가 한다. 후스의 『백화문학사』에는 제1편의 제9장과 제10장에 걸쳐 '불교의 번역문학(상)·(하)'라는 제목으로 불교의 한문학을 상당히 비중 있게 다루고 있어 김태준은 아마 이 점을 의식했을 가능성이 있기 때문이다. 또한 김태준은 「문학혁명 후의 중국문예관(3)」에서 중국문학의 역사를 개괄하여, '문(文)'과 '화(話)'의 분리 단계, 불경 번역 작업 등을 통해 부분적으로 말과 글이 접근하는 단계를 거쳐 문학혁명 이후 '구어문학(口語文學)'이 탄생한 신문학 단계로 발전했다고 설명했는데,[24] 이 역시 후스의 『백화문학사』를 참고한 흔적이 뚜렷하다.

요컨대, 중국문학의 새로운 언어 형식으로 확정된 백화문의 관점에서 볼 때 문언체로 된 시문(詩文) 중심의 고문문학은 더 이상 의미를 상실한 것이므로 그 모방인 조선 한문학 역시 그 생명력을 다한 것이다. 김태준이 조선한문학사의 서술을 두고 '결산보고서'라고 단언한 것은 중국 신문학운동을 강하게 의식하고 있었기 때문이라는 점도 충분히 염두에 둘 만하다.

3. 전통문학의 이원대립적 구조

후스와 김태준의 문학사 서술의 특징을 이해하기 위해서는 먼저 그들의 진화론적 문학관에 주목할 필요가 있다. 후스는 "문학이란 시대에 따라 변천하는 것이다. 한 시대에는 한 시대의 문학이 있다. 주진(周秦)에

---

23 金台俊, 『朝鮮漢文學史』, 20쪽.

24 金台俊, 「文學革命後의 中國文藝觀(3)」, 『金台俊全集(3)』, 315쪽.

는 주진의 문학이 있고, 한위(漢魏)에는 한위의 문학이 있고, 당송원명(唐宋元明)에는 당송원명의 문학이 있다. 이는 나 한 사람의 사적인 주장이 아니며 문명진화의 공리(公理)이다"[25]라고 했다. 후스는 시대에 따른 문학의 변천에 주목하고 각 시대는 각 시대 나름의 독특한 문학양식이 존재했다는 사실을 문명진화의 공리로 주장하면서 문학의 진화를 당연한 것으로 받아들였다. 이때 후스는 문학의 진화를 직선적으로 파악하지는 않았다. "어느 시대이건 모두 한편으로는 앞 시대의 직선을 답습하는 동시에 한편으로는 다른 곡선의 진화가 있었다. 그리하여 고악부(古樂府)에서 사(詞)로 변하고 곡(曲)으로 변하고 곡(曲)은 너무 짧아서 깊고 긴 감정을 발휘할 수 없어 마침내 투수(套數)를 낳았다."[26] 이렇게 문학은 곡선의 진화를 밟아왔으므로 모방에 치중해 직선의 길을 걸어온 고문문학은 2500년의 문학의 변천을 대표할 수 없다는 것이다. 오히려 진정한 문학은 곡선의 진화를 밟아온 민간에서 탄생한 새로운 문학양식이 대표한다고 보았다. 그래서 후스는 "역사는 다방면의 발전이며 결코 한 길로 나아가는 것이 아니다"라고 전제하고, "당조(唐朝)의 백화문학, 남북조(南北朝)의 사곡(詞曲) 및 당송원명 각 조대(朝代)의 소설이 진정한 문학이다"라고 단정지었다.[27] 곡선의 진화론적 관점에 설 때 중국문학사에서 각 시대마다 새롭게 등장한 독특한 문학양식이 중심이 될 수밖에 없다.

김태준 역시 후스와 동일한 관점을 가지고 있었다. "각 시대에는 각 시대의 문학이 있다. 야만시대에는 야만인의 문학이 있고, 문명시대에는 문명인의 문학이 있다. 조선의 땅덩어리가 아무리 작고 정신생활이 아무리 빈약하고 문자의 기록이 아무리 결핍하다 할지라도 그래도 사오천 년

25 胡適, 「文學改良芻議」(1917), 『胡適文存』 第一集(亞東圖書館, 1921), 9쪽.

26 胡適, 「『國語文學史』大要」, 『國語文學史』, 『胡適文集(8)』(北京大學出版社, 1998), 133쪽.

27 胡適, 「『國語文學史』大要」, 『國語文學史』, 『胡適文集(8)』, 133쪽 참조.

생활의 역사를 가진 만큼 그 발전 시기마다 각각 특색을 가진 문학이 없을 수 없다."[28] 김태준은 진화론적 관점에 따라 각 시대마다 나름의 독특한 문학양식이 존재했다는 사실을 인정했다. 그래서 과거의 문학이라 하더라도 진화의 길을 걸어온 각 시대의 특색을 지닌 문학은 부정될 수 없다고 보았다. "인류의 역사는 진화의 그것인 만큼 그 사회발전의 각 계단에는 반드시 각 시대의 문학이 있을 것이니 진화 부정은 인제는 완로부승(頑老腐僧)의 구두선(口頭禪)일 뿐이요 과거문학(過去文學) 부인(否認)은 또한 사실무관(事實無關)의 자기당착(自己撞着)이다."[29] 각 시대마다 새롭게 등장한 문학양식이야말로 역사 진화의 법칙에 따라 발전된 것이므로 긍정되어 마땅하다.

이렇게 후스와 김태준은 전통문학을 진화와 반진화(퇴화)의 관점에서 바라보았다. 각 시대에는 각 시대 나름의 문학양식이 발전된 형태로 존재했었다는 점, 과거의 문학을 전부 일괄 부정할 것이 아니라 진화의 길을 밟아 시대의 특색을 지닌 문학은 긍정되어야 한다는 점, 시대의 특색을 드러내지 못하고 모방을 일삼아 진화를 멈춘 문학은 부정되어야 한다는 점에서 그들은 유사한 입장을 취했다. 진화론적 관점이 전제됨으로써 후스와 김태준은 과거의 전통문학을 진화와 반진화의 측면에서 이원대립적 구조로 파악하게 된다.

후스는 『백화문학사』의 「머리말」에서 백화문학사를 쓰려는 이유를 두 가지로 표현했다. 첫째, "국어문학은 바로 1천 수백 년 동안의 역사 진화의 산물이라는 점을 사람마다 모두 알 수 있도록 하려는 것이다." 둘째, "백화문학사가 중국문학사의 중심 부분이라는 사실을 사람들이 알도

28 金台俊, 「歌謠와 朝鮮文學」(『朝鮮日報』, 1933. 10. 20－12. 24), 『조선가요개설』, 『金台俊全集(1)』, 1쪽.

29 金台俊, 「歌謠와 朝鮮文學」, 『조선가요개설』, 『金台俊全集(1)』, 1쪽.

록 하려는 것이다."[30] 첫 번째 이유는 진화론적 문학관에 입각해 당시 진행 중인 백화문운동(국어운동)의 정당성을 역사적 맥락에서 찾아내어 그 필연성을 검증하는 것이다. 두 번째 이유는 그동안 중국문학사의 주류로 인식되어온 고문문학의 절대적 가치를 부정하고 상대적으로 온당한 평가를 받지 못했던 백화문학의 가치를 새롭게 부각시키는 것이다. 후스는 중국문학사의 흐름을 고문문학과 백화문학(국어문학)의 흐름으로 양분하고 백화문학이 주류임을 역사적 실례를 통해 규명하는 것을 문학사 서술의 사명으로 삼았다. 그래서 후스는 문언과 구어의 차이를 전제로 고문문학과 백화문학을 구분하는 이원대립적 구조를 설정했다. "중국의 문학은 두 가지 길로 나누어졌다. 하나는 모방적이고, 인습적이고, 생기 없는 고문문학의 길이고, 하나는 자연적이고, 활기 넘치고, 인생을 표현한 백화문학의 길이다."[31] 후스는 모방을 일삼아온 고문문학을 진화가 정지된 죽은 문학으로 간주했고, 그와 대조적으로 역사적으로 끊임없이 변화·발전해온 백화문학의 창조성에 주목해 그것을 살아 있는 문학으로 간주했다. "'고문전통사'는 모방의 문학사이며 죽은 문학(死文學)의 역사이다. 우리가 말하고 있는 백화문학사가 바로 창조의 문학사이며 살아 있는 문학(活文學)의 역사이다."[32] '모방'의 문학으로서 고문문학은 죽은 문학이므로 그것은 부정되어 마땅하다. 그러나 창조성을 지닌 백화문학은 살아 있는 문학이므로 새롭게 평가되고 추구되어야 할 대상이다. 그렇기에 후스에게는 죽은 문학인 고문문학은 사적(史的) 체계와 논리를 갖추어 기술해야 할 대상이 못 된다. 말하자면 모방의 문학으로서 발전을 멈춘 고문문학은 사적 체계에 따라 발전 과정을 서술해야 할 현실적인 타당성이

30 胡適, 「引子」, 『白話文學史』(百花文藝出版社, 2002).

31 胡適, 『白話文學史』, 10쪽.

32 胡適, 「引子」, 『白話文學史』.

없다. 오히려 '살아 있는 문자'인 백화(구어)로 씌어진 '살아 있는 문학'의 발전 과정을 사적 체계에 따라 서술하는 일이 더욱 긴요하고 현실적으로 요청되는 사안이다.[33] 따라서 후스에게는 전통문학을 백화문학의 관점에서 서술하는 것만으로도 고문문학을 청산하는 의미를 지닐 수 있었다.

김태준 역시 조선의 전통문학을 한문학과 조선문학으로 이루어진 이원대립적 구조로 파악했다. 김태준은 한문학은 조선에서 한자로 쓴 문학인 시가문장(詩歌文章)을 가리키는 것으로 한정지었고, 조선문학은 원칙적으로 조선문자인 '한글'로 향토 고유의 사상·감정을 기록한 것으로서 오로지 조선어로 쓴 소설·희곡·가요 등이 이 범주에 속하는 것이라고 했다.[34] 김태준은 먼저 한문학을 조선사람의 손으로 이룩한 한문학, 중국인의 손으로 이룩한 한문학으로 구분하고, 중국인의 한문학인 중국문학을 포괄적으로 인식하여, 선진(先秦)과 양한(兩漢)의 문장, 위진육조(魏晋六朝)로부터 명대까지 발달된 소설(小說), 육조(六朝)의 사륙변려(四六騈麗)와 당의 시(詩), 송의 사(詞), 원의 곡(曲) 등을 포함시켰다. 반면 조선의 한문학은 외국인으로서 모방이 가능한 시가, 사륙, 문장에 국한해 그 범위를 제안했다. 즉 김태준이 이해한 조선의 한문학은 후스가 이해한 중국

33 후스는 『백화문학사』에서 '백화문학의 충동'(82쪽), '변우지문(騈偶之文)의 엄격한 기계화(機械化)'(90쪽), '문체가 당시 일상적인 백화에 가깝다'(109쪽), '백화화(白話化)의 경향(傾向)'(148쪽), '백화시(白話詩)적인 추세(趨勢)'(148쪽)라는 말을 사용했는데, 이는 백화화 추세를 검증하는 것이 자신의 문학사 서술의 소임임을 보여준다. 『한문학사강요(漢文學史綱要)』를 쓴 루쉰의 태도는 이와 다르다. 루쉰은 고대문학사를 기술할 때 문언이냐 백화냐를 기준으로 삼지 않고 문술(文術)의 범주에서 미문(美文)의식과 작가정신을 구현하고 있는가를 중시했다. 그리고 고문문학을 일괄 부정하지 않고 그것이 현재적 관점에서 재발견의 대상이 될 수 있는가를 고려했다. 루쉰은 백화문운동이 성공한 이후임에도 불구하고 그의 문학사 저술은 모두 문언으로 썼는데, 이를 상기하면 참고가 될 것이다.

34 金台俊, 『朝鮮漢文學史』, 17쪽. "필자가 이미 다른 기회에 조선문학은 그의 한 요소로써 필연적으로 조선문자—한글—로 씌운 것이라는 변명(辯明)을 하였음에 불구(不拘)하고"(金台俊, 「조선문학의 역사성(1)」, 『朝鮮日報』, 1934.10.27-11.2; 金台俊, 『金台俊全集(3)』, 169쪽)라고 말했던 것도 그런 의미이다.

의 고문문학과 동일한 함의를 가진다. 그래서 김태준은 중국철학과 중국문학을 포함하는 한학(漢學)에서 한문학(漢文學)을 독립시켜 '한문학의 사적(史的) 연구'를 진행하는 것을 목표로 하고, 조선한문학사 서술의 의의를 "조선에서 한자로 쓴 문학적 방면인 시가문장의 내용 혹은 형식의 변천을 사적 체재 아래서 보고자 함"에 두었다. 한학 영역에서 문학을 한문학이라 하고 그것을 조선 한문학이라 칭함으로써 한글로 씌어진 조선문학과 구별했다. 물론 한글이 창제되기 이전에는 조선의 문자가 없었으므로 한자를 빌려 쓴 이두문학 역시 조선문학의 범주에 드는 것으로 이해했다. "차라리 한문학과 이두문학을 거의 평행적으로 사용하여 가요 같은 것은 이두로 서술한 것이다."[35] 조선의 고대문학을 한문학과 이두문학의 평행적 흐름으로 이해한 것은 바로 그가 조선의 전통문학을 이원대립적 구조로 파악하고 있었음을 시사한다. 그렇지만 김태준은 "조선 한문학은 또 조선문학과의 관계에 있어서도 그만큼 델리킷하다"[36]라고 말함으로써 한문학과 조선문학 사이의 미묘한 관계를 무시하지는 않았다.

후스와 김태준은 공히 전통문학을 이원대립적 구조로 파악해 대립적 두 영역이 평행적 관계를 유지하며 이어져 온 것으로 이해했다. 전통문학의 사적(史的) 흐름에 대한 그들의 이해방식을 그림으로 그리면 다음과 같다.

중국의 전통문학

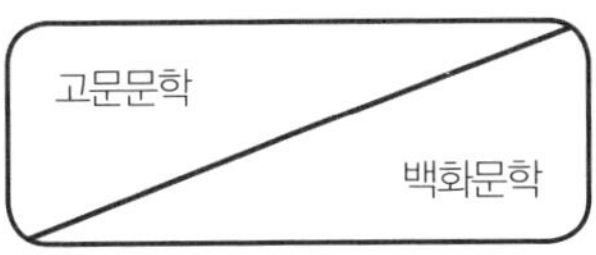

후스: 중국문학의 백화화(白話化)

조선의 전통문학

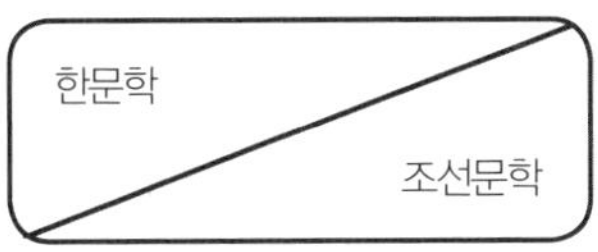

김태준: 한문학의 퇴화

35 金台俊, 「문학의 조선적 전통」(『朝鮮文學』, 1938. 6), 『金台俊全集(3)』, 162쪽.

36 金台俊, 『朝鮮漢文學史』, 17쪽.

그림에서 보듯 후스와 김태준은 전통문학을 이원대립적 구조의 평행적 관계로 이해했다는 점에서 문학사 서술의 기본 관점이 동일하다. 그렇지만 구체적인 서술 내용은 다르다. 후스는 중국문학의 백화화(白話化) 추세를 문학사 서술의 내용으로 삼아 '백화문학사'를 썼고, 김태준은 조선 한문학의 퇴화 과정을 문학사 서술의 내용으로 삼아 '조선한문학사'를 썼다는 점이 그것이다. 후스는 전통문학의 이원대립적 구조에서 고문전통사를 '몰락사(末路史)'로 간주하고 있었으므로 그것을 서술해야 할 현실적 필요성이 없었다. "1천여 년의 중국문학사는 고문문학의 몰락사이며 백화문학의 발달사이다."[37] 후스가 백화문학사 서술에 치중한 것은 중국에서 현실적으로 고문문학이 여전히 위세를 떨치고 있던 상황에서 그것에 맞서기 위해서는 대립적인 백화문학사를 적극적으로 서술하지 않을 수 없었기 때문이다. "1천여 년 동안의 백화문학은 근년(近年)의 문학혁명을 위한 씨앗을 심었으며, 근년의 문학혁명은 그동안의 오랜 역사에 대한 작은 마무리에 지나지 않는다."[38] 전통문학의 백화화 추세를 사적(史的)으로 온전하게 드러내면 운명을 다한 고문전통사는 자연스럽게 정리가 된다.

그에 비해 김태준의 문학사 서술은 우선 한문학사 서술을 통해 한문학의 '몰락사'를 드러내는 데 치중하고 있다. 『조선한문학사』의 마지막 절인 「근세(近世)의 한문학(漢文學): 후기(後期)」에서 "문운은 혼돈 다시 혼돈, 혼돈에서 쇠미, 쇠미에서 멸망의 상태에 이르렀다"[39]라고 표현한 것은 김태준의 한문학사 서술이 한문학의 '몰락사'를 드러내기 위한 것이었음을 시사한다. "앵무지언(鸚鵡之言)에 무슨 사적 발전(史的發展)이 있었을까 하

37 胡適, 「引子」, 『白話文學史』, 3쪽.

38 胡適, 「自序」, 『白話文學史』.

39 金台俊, 『朝鮮漢文學史』, 245쪽.

니 한문학사에 무슨 방법론이 필요할 것인가 하는 느낌을 품게 되었다"[40] 라는 김태준의 언급은 한문학의 '몰락사' 서술에 임하는 저자의 곤혹을 드러내는 동시에 문학적 사실의 확인에 치중해 '몰락사' 서술의 소임을 다할 요량이었음을 보여준다. 중국과 달리 조선에서는 한문학이 이미 현실적인 힘을 상실한 상태이므로 직접적인 개입의 필요성이 상대적으로 덜하다고도 할 수 있다. 그렇지만 일제 치하 조선에서는 일본 학자들이 몇몇 분야에서 조선에 관한 체계적인 연구 성과를 내놓고 있었기에 조선인에 의해 우리 것이 정리되어야 한다는[41] 어떤 의무감이 김태준에게 강박관념으로 작용하고 있었을 것이다. 더욱이 한문학을 다룰 수 있는 중국문학 전공자로서 그의 내면에는 조선문학과 델리킷한 관계에 놓여 있었던 한문학의 사적 정리를 스스로 해내고 싶은 어떤 학문적 욕구도 자리하고 있었을 것이다.

후스와 김태준은 동일한 의도와 유사한 관점을 가지고 문학사 서술에 임하고 있을 뿐 아니라 구체적인 서술 방법 면에서도 비슷한 특징을 보여준다. 후스는 스스로 "나의 이 문학사는 매번 일인(一人) 혹은 일파(一派)의 문학을 토론하고 반드시 그 일인 혹은 그 일파의 작품을 예로 들려고 했다. 그리하여 이 책은 문학사일 뿐만 아니라 중국문학에 있어 유명한 작품 선본(選本)이라고도 할 수 있다"[42]라고 했다. 후스는 실증적인 사실의 확인을 중시하고 그에 해당하는 구체적인 작품을 예거하는 데 치중했다. 김태준도 스스로 『조선한문학사』의 서술 방법을 설명하면서 "연대순으로 현저한 한문학자(漢文學者), 한시인(漢詩人)을 열거하고 그들의 사실(史實)을 첨부한 데 지나지 못하였으니 「사(史)」라는 명명(命名)뿐이요

40 金台俊, 「『朝鮮漢文學史』 方法論」(『학증』 6호, 1934. 5), 『金台俊全集(3)』, 3쪽.

41 박희병, 「天台山人의 국문학연구(상)」, 『民族文學史硏究』 3호, 258－259쪽 참조.

42 胡適, 「自序」, 『白話文學史』.

명실(名實)이 부조(不調)하는 허명(虛名)이다"[43]라고 했다. 후스와 김태준은 공히 작가와 작품을 중심으로 실증주의적 사실의 확인과 작품의 나열에 치중하는 서술 방법을 택했던 것이다.

4. 민간문학·속문학의 중시와 학술문화운동

1920년대에 중국에서는 민간문학·속문학에 대한 관심이 고조되어 민간문학 사료를 발굴하는 데 많은 성과를 거두었다. 소설, 희곡, 가요 등에 관한 새로운 자료들이 발굴되면서 전통문학사에 대한 새로운 이해가 가능하게 되었다. 후스는 『백화문학사』의 「자서」에서 이에 대해 소상히 밝히고 있는데 가요에 대해서는 이렇게 소개했다. "최근 10년 동안 베이징대학의 가요연구회(歌謠硏究會)가 발족해 가요를 수집한 이래 출판된 가요는 적어도 1만 수 이상이 된다. 이 방면에 있어 창후이(常惠), 저우치밍(周啓明), 종징원(鍾敬文), 구제강(顧頡剛), 동쭤빈(董作賓)…… 제 선생의 노력은 결코 마멸될 수 없는 것이다. 이러한 가요의 출현으로 우리들은 진정한 평민문학이 어떠한 모양을 지니고 있었는지를 알게 되었다."[44] 1930년을 전후해 조선에서도 속문학에 대한 관심이 고조되어 있었다. 김태준은 『조선가요집성(朝鮮歌謠集成) 고가편(古歌篇)』 제1집을 펴내면서 그 「서(叙)」에서 "가사(歌詞), 민요(民謠), 시조(時調), 고가(古歌) 제편(諸篇)이 금후(今後) 조선어문학회(朝鮮語文學會) 동인(同人)의 손에 많이 계속 편집되리라고 믿고 참월(僭越)하나마 나는 고가편으로써 선편(先鞭)을 부쳤다"[45]

43 金台俊, 「『朝鮮漢文學史』 方法論」, 『金台俊全集(3)』, 3쪽.

44 胡適, 「自序」, 『白話文學史』.

45 金台俊, 「叙」, 『朝鮮歌謠集成 古歌篇』 第一輯, 『金台俊全集(1)』.

라고 했다. 또 김태준은 조선의 전통문학에서 가요의 중요성을 이렇게 피력했다. 조선에 "문학이 있었다면 그것은 가장 유동문학시대(遊動文學時代)까지의 원형(原形)을 담아 가지고 오는 가요(歌謠) 일면(一面)이 가장 그 중추가 되지 않을까 의심한다."[46] 중국과 한국에서는 처음 문학사 서술이 이루어질 무렵 동일하게 민간문학 또는 속문학을 중시해 자료 발굴과 그에 대한 연구에 심혈을 기울이고 있었다.

중국에서 민간문학을 중시하는 풍조가 생긴 것은 후스의 영향이 크다. 신문화운동에 참여한 일부 지식인들은 평민문학을 중시해 민간문학연구회(民間文學研究會)를 조직하고 민간가요와 전설을 수집하는 데 힘썼다. 이때 후스는 사상적 · 이론적 측면에서 계몽적 역할을 담당했다.[47] 후스는 "일체의 새로운 문학은 모두 민간에서 유래되었다"[48]라고 단언하고, "2천 년의 문학사에서 약간의 생기라도 있을 수 있었고 약간의 인간미라도 있을 수 있었던 것은 오로지 저 무수한 어리석은 백성과 저 무수한 어리석은 백성이 대표하는 평민문학이 거기에 기초를 닦아주었기 때문이다"[49]라고 했다. 그래서 후스는 평민문학의 일종인 "민가(民歌)는 곧 문학의 깊은 샘물이다"[50]라고 하여 민가의 중요성을 환기시켰다. 그는 평민문학을 일궈낸 '무수한 어리석은 백성'은 '고문문학'과 무관하며 그들은 오직 자신들이 일상적으로 사용하는 백화와 자유로운 형식을 이용해 수시로 변하는 그들의 생활, 사상, 감정을 표현했으며, 이 때문에 문학상의 새로운 양식과 다양한 체재를 탄생시켰다고 보았다.

---

46 金台俊, 「歌謠와 朝鮮文學」, 『朝鮮歌謠概說』, 『金台俊全集(1)』, 1쪽.

47 曹伯言, 「胡適的新文學史觀述評」, 『胡適研究叢刊』 第一輯(北京大學出版社, 1995), 162쪽 참조.

48 胡適, 『白話文學史』, 11쪽.

49 胡適, 『白話文學史』, 266쪽.

50 胡適, 『白話文學史』, 12쪽.

후스가 민간문학에 주목하게 된 것은 우선 민간문학이 백화(白話)에 가까운 언어 형식[51]으로 되어 있고, 문학 진화의 법칙을 잘 구현하고 있기 때문이었다. 그에 비해 고문문학은 모방의 문학으로서 진화가 정지된 것이다. "'고문전통사'에서는 문장을 지을 때 한유(韓愈), 유종원(柳宗元), 구양수(歐陽修), 소식(蘇軾)을 모방할 뿐이며, 시를 지을 때도 이백(李白), 두보(杜甫), 소식(蘇軾), 황정견(黃庭堅)을 모방할 뿐이다. 한 시대가 한 시대를 모방하고 사람마다 '자식이 아비를 닮듯(肖子肖孫)' 하려고 생각할 뿐이니 시대의 변천을 대표할 수 없는 것도 당연하다."[52] 그래서 후스는 모방의 시문(詩文)과 달리 민간문학은 진정한 평민문학으로서 생명력을 지닌 살아 있는 문학으로 간주했다. 후스는 문언으로 씌어진 고문문학은 '압운지문(押韻之文)'으로서 문학적인 맛이 조금도 없는[53] '귀족문학' 또는 '묘당문학(廟堂文學)'의 기본 형식으로 이해했고, 구어로 씌어진 백화문학은 생명력을 지닌 민간문학의 기본 형식으로 이해했다. 후스가 민간문학의 관점에서 중국문학사의 주류를 설명하려 했다는 것은 기본적으로 언어의 측면에서 구어인 백화가 현실적으로 가장 절실히 요청되었기 때문이기도 하지만 소수자의 문학의 전유를 부정하고 다수자의 문학의 공유를 의식한 근대적 사고에 기초를 두고 있다.

김태준 역시 일반 민중으로부터 유래한 속문학이 진정한 문학적 생명력을 구현하고 있다고 여겨 그것을 매우 중시했다. "한문으로 기록된 모

51 후스는 백화문학의 범위를 폭넓게 잡아서 구문학(舊文學) 중에서 말에 가까운 것이 명백한 작품은 모두 포함시켰다. 그래서 '백화'를 세 가지 의미로 사용했다. 첫째는 연극무대에서 말하다(說白)의 '백(白)', 즉 말할 수 있고 들어서 이해할 수 있는 말이며, 둘째는 순수하고 깨끗하다(淸白)의 '백(白)', 즉 분식(粉飾)이 더해지지 않은 말이며, 셋째는 명백하다(明白)의 '백(白)', 즉 의미 전달이 명쾌한 말이다(胡適, 「自序」, 『白話文學史』). 후스는 이 세 가지 의미로 백화를 규정하고 있다.

52 胡適, 「引子」, 『白話文學史』.

53 胡適, 『白話文學史』, 258쪽.

든 문학이 왕자(王者)의 분묘 · 석굴암 등등과 같이 특권층의 위엄, 종교의 선전(宣傳) · 과장(誇張) · 아유(阿諛)를 시사한 것이라면 속문학-가요-에는 몇 마디 종교시(宗敎詩, 均如歌)와 축문시(呪文詩)를 제한 외에 순수미의 구체화로서, 세련된 운율적 쾌락의 원천으로서 음영(吟咏)된 정련(情戀)의 노래 같은 것이 많다."[54] 김태준은 특권층의 위엄이나 종교의 선전을 시사하는 한문학의 세계에서는 수천 년 평측이니 압운이니 해왔으며 암송하고 있던 옛사람의 문구들을 가장 잘 표절해서 맞추어놓는 사람이 제일가는 문장가라고 칭찬을 받아왔는데, 그것은 한문을 외워서 한문을 짓는 기계에 지나지 않으므로[55] 순수한 문학적 생명력을 지닌 속문학(가요)에서 조선문학의 특징을 발견할 수 있다고 생각했다. "한문학은 지배계급의 잠꼬대가 아니면 풍월타령(風月打令)이었기 때문에 일반민중(一般民衆)의 생활을 엿볼 만한 아무것도 없었다. 한문학사(漢文學史)를 초(草)하기처럼 공허를 느끼는 것은 아마도 많지 않으리라"[56]라고 하는 김태준의 언급은 속문학을 중시하는 입장에서 한문학을 바라볼 때 성립할 수 있는 말이다.

김태준이 조선의 고대문학을 한문학과 이두문학으로 구분하고 이두문학을 중시한 것도 속문학에 대한 그의 관심과 깊은 연관이 있다. "진정한 조선문학은 한글 창정(創定)된 후에 출발하겠지만 한글 발생 이전에도 이처럼 신라의 향가, 고려의 가사(歌詞) 같은 것이 이두문학의 유일한 존재로 몇 천 년 박대(薄待)하는 그 속에서도 요행(僥倖) 한 절(節)씩 그 유편(遺篇)을 전해오는 것만도 다행이라 하겠다."[57] 김태준은 한글 창제 이전의

54 金台俊, 「문학의 조선적 전통」(『朝鮮文學』, 1938.6), 『金台俊全集(3)』, 162쪽

55 金台俊, 「『朝鮮漢文學史』 方法論」, 『金台俊全集(3)』, 2쪽.

56 金台俊, 「『朝鮮漢文學史』 方法論」, 『金台俊全集(3)』, 3쪽.

57 金台俊, 「叙」, 『朝鮮歌謠集成 古歌篇』 第一輯, 『金台俊全集(1)』.

조선문학의 기본 형식을 신라의 향가와 고려의 가사와 같은 이두문학에서 찾았는데, 그것은 향가와 가사가 속문학(가요)의 범주에 속하기 때문이다. 더욱이 김태준은 소설도 한문학처럼 중국문학을 모방한 흔적이 뚜렷하지만 그것은 조선적인 정조를 지니고 있어 '한문시의 번역'과도 같은 한문학과는 구별된다고 보았다. "소설에 있어서는 더일층 현저해서 진당(晋唐) 전기(傳奇)의 번역이 아니면 명청(明清) 소설의 연장인 듯한 천편일률의 군담(軍談)이 많다. 그러나 이조 말의 시민층의 대두는 확실히 새로운 형식의 오락물을 요구했다. 소설은 가극으로까지 은연(殷衍)되고 거기에는 조선적인 정조를 다분히 가미했다. 심청 · 홍부전 · 토생원 · 장끼…… 심지어 춘향전까지라도 그러한 설화는 어느 나라에든지 있지만 주인공들의 대화, 배열되는 사물, 풍경 어느 것이 조선의 〈로컬 컬러〉가 아니랴. 비유 · 풍자 · 해학 어느 것이 당시의 시대색이 아니었으랴!"[58] 이와 같이 김태준은 조선소설이 중국소설을 모방한 흔적이 뚜렷하지만 조선적 지방색을 지니고 있다 하여 높이 평가했는데, 이는 조선소설의 특징을 객관적으로 묘사한 것이기도 하지만 동시에 그가 소설의 속문학적 가치를 선험적으로 인정하고 있었다는 의미도 된다. 그래서 김태준은 "우리 고대문학 저류를 흐르는 그 무엇(something)의 정당한 평가"를 위해 속문학 영역의 소설 · 연극 · 시조 · 고가 등의 가치를 높이 평가했던 것이다.[59]

후스와 김태준이 민간문학 또는 속문학을 중시한 것은 그들의 문학사 서술이 당시 진행되고 있던 문화운동과 밀접하게 관련되어 있었기 때문이라는 점도 고려해야 한다. 후스는 백화문운동의 정당성을 역사적으로 검증하기 위해 백화문학사를 서술하는 것이었으므로 당대(唐代)의 원진

58 金台俊,「문학의 조선적 전통」(『朝鮮文學』, 1938. 6),『金台俊全集(3)』, 163쪽.

59 金台俊,「문학의 조선적 전통」,『金台俊全集(3)』, 165쪽.

(元稹)과 백거이(白居易)가 활동하던 시기를 중국문학사에서 최초의 의식적이고 자각적인 문학혁신시대가 전개되었다고 강조해[60] 의식적이고 자각적인 문학혁신의 필요성을 우회적으로 표현했다. 8세기에 악부가사(樂府歌詞)가 출현한 것을 두고 "시체가 대해방되었고 자연스런 백화의 시가 나타나게 되었다"라고 주장한다든지,[61] 대담하게 민간의 언어를 사용하고 민가(民歌)의 풍격을 수용한 이백의 시를 시체의 대해방의 추세라는 관점에서 논평한다든지,[62] 두보의 고악부(古樂府) 중에서 민가에 해당하는 작품을 높이 평가한다든지,[63] 장적(張籍)의 부녀 문제와 사회 문제를 다룬 시를 강조한다든지,[64] 원진과 백거이의 문학혁신운동과 그들의 주장을 "인생을 위해 문학을 하려는 것"이라고 간주한다든지[65] 하는 것은 모두 당시 전개되고 있던 신문학운동(문학혁명)의 주장을 문학사 서술에 구체적으로 적용한 실례이다. 후스는 현실적인 문화운동의 정당성을 학술적으로 검증할 필요가 있었으며, 바로 그 목적을 위해 백화문학사를 서술해서 자신의 소임을 다했던 것이다.

조선에서도 3·1운동을 거치면서 신문학이 발전해 1920년대 말에 이르면 신문학 진영이 구축되었고, 그 과정에서 국민문학의 수립이 무엇보다 중요한 과제로 떠올랐다. 1920년 묘향산인은 "문학이라 하면 중국문학이 유(有)한 외(外)에 갱(更)히 타문학(他文學)이 유(有)함을 부지(不知)하"던 저간의 사정을 지적하고 "국면(局面)은 전환되고 세태는 돌변되며 개조창조(改造創造)의 성(聲)이 사처(四處)에 훤전(喧傳)함에 우리는 종래의 습

60 胡適, 『白話文學史』, 260쪽.
61 胡適, 『白話文學史』, 166쪽.
62 胡適, 『白話文學史』, 180쪽.
63 胡適, 『白話文學史』, 201쪽.
64 胡適, 『白話文學史』, 243쪽.
65 胡適, 『白話文學史』, 264쪽.

성을 일탈(一脫)하고 번연(翻然)히 기(起)하여 신사상을 말하고 신문학을 논하며 상진(尙進)하여 신문화의 수립을 책(策)하는 금일(今日)을 견(見)하기에 지(至)하였도다"[66]라고 하여 신문학 논의의 활성화를 강조했다. 1920년대에는 국문을 택한 신문학이 활발하게 창작되고 널리 호응을 받아 한문학으로의 복귀가 불가능하게 되었을 뿐만 아니라, 한문학이 당대 문학으로서의 의의를 상실하고 문학사에서 퇴장해야 할 운명에 처해 있었다.[67] 이러한 상황에서 김태준은 1930년대 초 당시 경성제국대학 문과 학생들이 조직한 조선어문학회에 참여하면서 전통문학을 정리하는 문화운동의 일환으로 조선한문학사를 서술한 것이다. 김태준은 민족문화운동의 차원에서 가요의 집성이 필요함을 이렇게 지적한 바 있다. "무릇 이와 같은 계획은 갑오개화(甲午開化) 이후 민족문화운동의 초기에 벌써 실행되었을 것이지만 왜 문화운동에 가장 중요한 이 일면이 아직 한각(閑却)되었던가 의심한다. 중국의 풍아송(風雅頌), 일본의 만엽집고금집(萬葉集古今集)과도 같은 존재, 조선에 다만 이것이 있다. 과거의 유일한 문학적 유산이었고 또 사회사(社會史)이었다."[68] 과거 조선의 유일한 문학적 유산이요 사회사에 해당하는 가요를 앞세울 때, 중국문학의 모방에 지나지 않는 조선 한문학은 국민문학의 수립을 위해 부정되어 마땅하다. 게다가 조선 한문학은 중국문학의 모방이되 문언체인 시문, 사륙, 문장에 그쳐 새로운 시대에 부상한 국어문학인 소설, 희곡, 가요 등 새로운 문학 장르의 측면에서도 이제 더 이상 생명력을 가질 수 없었다. 김태준은 당시 전개되고 있던 문화운동 속에서 조선한문학사를 서술했으므로 조선 한문

---

66 妙香山人, 「中國文學의 價値를 論함」, 『開闢』 제4호(1920), 83쪽.

67 조동일, 「한국 근대문학에서의 전통과 혁신」, 『韓國 近代文學의 爭點(Ⅰ)』, 조동일 · 曺南鉉 외(한국정신문화연구원, 1991), 8쪽 참조.

68 金台俊, 「敍」(1933. 12. 13), 『朝鮮歌謠集成 古歌篇』 第一輯, 『金台俊全集(1)』.

학을 부정하는 태도를 강조해 드러내지 않을 수 없었다. 조선 한문학으로부터 조선적 색깔을 찾으려는 노력을 기울일 수 없는 시대 상황 속에서 조선 한문학은 적극적인 탐구의 대상이 아니었던 것이다.

문화운동은 순수 학술적인 탐구보다 현실적인 요구와 미래의 방향을 염두에 둔다. 문화운동의 이러한 경향이 문학사 서술 관점에 투영됨으로써 후스는 백화문학의 주도적 지위를 정당화하고 그것의 역사적 필연성을 검증하기 위해 백화문학사를 서술했고, 김태준은 국민문학으로서 조선문학의 수립이라는 현실적 필요성을 강화하기 위해 조선 한문학을 전면 부정하는 조선한문학사를 서술하게 되었다. 후스와 김태준은 문화운동의 하위 범주로서 학술 활동을 진행했고, 그에 따라 현실적인 선험적 요구가 적극 개입함으로써 연구 대상에 대한 이해를 단순화하는 문제점을 노출했다고 할 수 있다. 후스는 전통 중국문학을 고문문학과 백화문학으로 양분해 대립적·평행적 관계를 절대화함으로써 고문문학의 전면 부정이라는 단선적 관점을 드러냈다. 김태준 역시 조선문학에 대립되는 한문학을 청산의 대상으로 간주해 전면 부정하는 관점을 드러냈다. 후스와 김태준이 동일하게 전통문학을 이원대립적 구조로 파악한 것은 바로 신(新)과 구(舊), 근대와 전통, 진보와 보수라는 이원대립이 첨예화되었던 당시 문화운동의 하위 범주에서 문학사 서술에 임했기 때문이다. 특히 김태준에게 있어서는 조선의 문화적 독립이 절박한 문제였기 때문에 한문학 청산의 과제가 무엇보다 중요했을 것이고, 그 결과 한문학을 청산하려는 욕망이 학술 연구에 적극 개입함으로써 단선적 관점이 더욱 분명하게 드러났다고 할 수 있다. 역설적이지만 김태준은 한문학의 청산을 선험적 이념으로 지니고 있음으로써 조선한문학사를 서둘러 집필한 것인지도 모른다.

5. 한문학의 정체성

김태준은 1930년 베이징을 다녀오는 과정에서 톈진에 들러 중국 영화를 관람하고 그때의 심경을 다음과 같이 일기에 담았다. "산 다르고 물 다른 중국에 와서 복색(服色)과 풍속이 전혀 다른 그네들의 활동을 화폭으로 볼 적에 이국적 풍조(風調)에 가슴이 쓸쓸하여진다."[69] 김태준은 일제 치하 조선과 다른 국민당 정부의 중국 상황을 목격하고 감회가 남달랐을 텐데, 문화적으로 상이한 중국의 특색을 직접 눈으로 확인함으로써 전통적으로 중국과의 관계에서 항상 희미했던 조선의 정체성 문제에 대해서도 착잡한 마음을 금할 길이 없었을 것이다. '이국적 풍조에 가슴이 쓸쓸하여진다'라는 표현에는 물론 일제 치하 조선의 지식인으로서 가지는 비애가 느껴지지만, 달리 보면 전통적으로 중국과의 관계에서 조선의 정체성을 명확히 드러내지 못한 데 대한 어떤 안타까움이 배여 있는 듯하다. '산 다르고 물 다른' 조선이 중국문학을 모방해 일궈낸 조선 한문학을 떠올린다면 더욱 그렇다.

김태준은 「외국문학 전공의 변」에서 '선생은 무슨 계기로 지나문학을 전공하시게 되었는지'라는 첫 번째 물음에 "고문학(古文學)의 정리와 신문학의 소개 해설에 목표를 두었습니다"라는 말로 대답을 시작하고 있다. 여기서 '고문학의 정리'란 중국문학(지나문학) 전공자인 김태준에게는 당연히 중국의 고문학의 정리를 의미하며, '신문학의 소개 해설'이란 문학혁명 이후 새롭게 형성된 중국의 신문학에 대한 소개와 해설을 의미한다. 그런데 김태준은 고문학 정리의 과업을 먼저 조선한문학사의 서술로 실천했다고 할 수 있다. 김태준이 중국의 고문학을 정리하기에 앞서

69 金台俊, 「談談中國映畵」(『신흥』 5호, 1931. 7. 5), 『金台俊全集(3)』, 336쪽.

조선의 고문학을 정리하는 조선한문학사를 서술한 것을 어떻게 볼 것인가? 조선 한문학을 중국 한문학의 모방으로 이해한 김태준에게 조선한문학사 서술은 '고문학의 정리'와 동일한 의미로 받아들여질 수 있다. "중학을 졸업한 후 농업에서 문과를 지원한 동기는 문학이란 한문학(漢文學) 특히 지나(支那, 중국)의 고문을 가리키는 것인 줄로 알았기 때문입니다"[70] 라는 언급을 보면 김태준의 무의식 속에 자리 잡고 있던 '고문학'의 의미를 짐작할 수 있다. 그가 고문학의 정리를 떠올릴 때 문학과 등치된 한문학, 나아가 한문학과 등치된 '지나의 고문'을 상정할 수 있을 것이다. 고문학의 정리가 한문학의 정리와 연관을 가질 때 '지나의 고문'으로 씌어진 조선 한문학은 고문학 정리의 대상이 될 수 있다. 김태준은 근대 민족주의적 관점에 눈을 떴다고 하지만 전통 교육을 받은 그로서는 전통적인 한학의 개념적 범주에서 자유로울 수는 없었다. 전통 한학의 영역에서 중국 한문학과 조선 한문학은 명확하게 구분되지 않는다. 물론 김태준은 근대적 학문 방법을 자각함으로써 철학과 문학이 통합된 한학(漢學)에서 문학을 독립시켜 '문학의 한학'을 범주화하고 그것에 대한 정리 작업을 시도하고 있지만, 그럼에도 불구하고 여전히 전통적인 의미의 한학 개념이 무의식적으로 작동하고 있었다. 이때 '고문학의 정리'로서 조선한문학사의 서술은 가능해진다.

경성제국대학 예과 동기인 김재철(제3회 입학)은 『조선한문학사』의 서문에서 "이제 한문학에 조예 깊은 친구 김태준(金友台俊) 군이 다년 연구를 거듭하여 그 결정(結晶)인 '조선한문학사'를 발표함에 대하여 나는 만곡(萬斛)의 찬사를 아끼지 아니한다"라고 했다. 경성제국대학 2년 선배(제1회 입학)인 조윤제 역시 『조선한문학사』에 대한 서평에서 "저자는 경성

70 金台俊, 「外國文學專攻의 辯」, 『金台俊全集(3)』, 281쪽.

대학 한문학과 출신의 신진 학도이다"[71]라고 했다. 김태준의 『조선한문학사』의 학문적 성과를 평가하는 자리에서 김재철과 조윤제는 동일하게 김태준의 전공으로 한문학이라는 말을 앞세우고 있다. 경성제국대학에는 예과에서 본과로 진입할 때 전공 중의 하나로 지나어문학과(중국어문학과)가 있었고, 김태준은 지나문학을 자신의 전공으로 택했다. 지나문학을 전공한 김태준을 두고 김재철은 '한문학에 조예 깊은'으로 표현했고, 조윤제는 '한문학과 출신'으로 표현했는데, 지나문학과 한문학은 동일한 의미로 이해되고 있었던 것이다. 제대로라면 김재철과 조윤제는 김태준의 전공을 지나문학 또는 중국문학이라고 해야 옳을 것이다. 그럼에도 불구하고 두 사람 모두 '한문학'이라 표현한 것은 왜일까?

경성제국대학은 일본에 의해 세워진 근대적 학교이며 지나문학은 당시 일본의 시각으로 정해진 전공의 명칭일 뿐이었다. 조선 학생들은 오히려 지나문학을 한문학으로 이해하고 있었다. 그리고 김재철과 조윤제의 표현 속에는 한문학 전공자가 조선한문학사를 서술하는 것은 매우 자연스런 일이라는 의식이 배어 있다. 그렇다면 한문학은 중국 한문학과 조선 한문학을 함께 포함하는 개념으로서 이때까지만 하더라도 중국 한문학과 조선 한문학의 구분이 명확하지 않았다고 할 수 있다. 근대적 학문 분과에 따라 '한문학(지나문학)'은 원칙적으로 중국 한문학을 가리키는 것이 되었지만, 당시 조선 학생들은 전통적인 의미의 한문학 개념에 젖어 있었다. 조선 한문학은 한문학의 한 영역으로서 지나문학 전공자가 당연히 다룰 수 있는 영역이었다.[72] 게다가 경성제국대학 문과 내에서의 전공 구분은 오늘날처럼 그렇게 엄격하지도 않아 자유롭게 넘나들 수 있

71 『靑丘學總』 제7호(1932. 2), 142쪽.

72 경성제국대학 12회 입학생인 이명선도 중국문학을 전공했지만 1948년에 『조선문학사』를 내놓았는데, 이것도 충분히 납득할 수 있다.

었으니, 언어 도구의 측면에서 문언체인 '고문'에 익숙한 중국문학 전공자는 조선의 전통문학을 연구하는 데 유리한 위치에 놓여 있었을 것이다.

김재철은 『조선한문학사』의 서문에서 "한문학은 결코 해만 끼쳤던 것은 아니다. 일변으로 우리의 과거 문화를 축성(築成)한 그 방면도 잊어서는 안 될 것이다. 한문학을 조선 국토에서 발달한 중국문학으로 보든 혹은 조선문학의 일부분으로 보든지, 하여간 한문학은 조선의 문학이라고 하는 큼직한 영역 내에서 절대로 제외할 수 없다"라고 했다. 이는 한문학을 어떻게 취급할 것인가 하는 데 대한 당시 조선 지식인들의 난감한 처지를 웅변해준다. 조선 한문학을 조선문학과 델리킷한 관계에 놓여 있는 것으로 인식한 김태준도 원칙적으로 김재철의 견해에 동의했다. 다만 김태준에게 한문학은 이제 재발견의 대상이거나 민족의 정체성을 구하는 장소가 아니라는 데 문제의 관건이 있다. 근대 민족주의적 관점에서 학문을 시작한 김태준은 그 당시 직면한, 조선 한문학에 대한 정체성의 혼란을 조선한문학사의 서술을 통해 일단락짓겠다는 의도를 강하게 가지고 있었던 것으로 보인다. 김태준이 조선 한문학과 조선문학을 델리킷한 관계로 이해한 것은 한문학으로부터 독립해야 할 조선문학의 정체성 확립의 필요성을 그만큼 절실하게 느끼고 있었음을 의미한다. '결산보고서'라는 표현은 바로 조선문학의 정체성을 확립하기 위한 절박한 선언으로 이해된다.

그런데 김태준의 조선한문학사 서술은 조선 한문학의 내적 발전의 논리에 초점을 맞추지 않고 지나치게 중국 한문학과의 관계를 중시하고 있다는 데 주의할 필요가 있다. 김태준은 "조선의 한문학을 개관코자 함에 있어, 먼저 한문학의 본부인 중국의 한문학을 대략 한번 훑어보기로 하자"[73]

73 金台俊, 『朝鮮漢文學史』, 20쪽.

라고 운을 띄운 뒤 조선의 한문학을 언급하기에 앞서 중국 한문학의 사적 흐름을 먼저 검토하고 있다. 그는 조선 한문학의 사적 흐름을 중국 한문학의 사적 흐름 속에서 고찰하는 방법을 취하고 있다. 이것은 '결산보고서'라는 선언에서 보듯 조선 한문학의 종속성을 강하게 드러냄으로써 청산의 의미를 더욱 부각시키려는 절박한 의도를 가지고 있었기 때문이라고 할 수도 있겠지만, 다른 측면에서 보면 그가 전통적인 '한문학'의 개념적 범주에서 크게 벗어나지 못했기 때문에 빚어진 문제이기도 하다. 물론 중국문학을 전공한 김태준이 중국문학사에 대한 이해를 기본 소양으로 가지고 있었으니 조선 한문학을 중국 한문학에 비춰보는 것은 가능하리라는 점도 충분히 고려할 수 있다. 하지만 전통적인 한문학 개념이 무의식적으로 작용한 결과로 보는 것이 더욱 타당할 것이다.

김태준은 조선 한문학은 중국 한문학에 비해 문학적 성숙도 면에서 차이가 있다는 점을 인정했다. "중국의 인재는 지취(志趣)가 녹록치 아니하여 유지자(有志者)는 실심(實心)으로 학문에 향하는 까닭에, 자기가 기호(嗜好)하는 바를 따라 학구(學究)가 동일하지 않은데, 동국(東國)은 그렇지 않아 도량이 좁고 구속되어 전혀 지기(志氣)가 적으며(장유張維의 『계곡만필(谿谷漫筆)』에 의함), 견문에 국한되어 뛰어난 인재가 있어도 다만 일시를 도습(蹈襲)하여 문자가 보잘것없다. 더구나 언어·풍속을 달리하는 사람으로서, 외국문학을 배워서 창작하기는 망연(茫然)한 적지(赤地) 위에 파종하는 것과 같이, 암만해도 본국인에 비하여 유행이 한 시대씩 뒤떨어지게 될 것은 당연한 일이다."[74] 김태준은 한 시대 뒤떨어진 중국문학의 모방으로 인해 신라 말엽은 중국의 당대(唐代)에 해당하지만 그 시기에는 육조(六朝)시대의 사륙(四六)이 성행했고, 고려 때는 중국의 송원(宋元)시대

74 金台俊, 『朝鮮漢文學史』, 18쪽.

에 해당하지만 성당(盛唐)의 시가 전성(全盛)했다고 지적했다. 일반적으로 중국문학사에서 시(詩)가 가장 발달한 시기를 당대, 특히 성당으로 잡고 있는데, 성당을 답습한 고려시대가 송을 답습한 조선시대보다 더 발전한 시기이고 그 이후로는 오히려 퇴보했다는 견해가 자연스럽게 형성된다. “여조의 기상은 혼후(渾厚)하고 서로 추양(推讓)하는 미풍이 있으며, 이조의 기상은 편협하고 서로 공박하기를 좋아하였다”[75]라고 평가하거나, 시가 쇠한 송대에 시화(詩話)가 발달한 중국의 경우를 닮아 “송대 이후 시화의 영향은 있다 할지라도 시로써 승(勝)한 여조(麗朝)보다 쇠하여 가는 이조(李朝)에 들어 시화가 나는 것도 당연한 일이다”[76]라고 설명한 것은 그 때문이다. 그래서 김태준은 『조선한문학사』에서 중국문학의 영향을 받아 탄생한 조선 한문학의 특징을 서술하는 것으로부터 시작하고, 조선 한문학의 작가를 평가하는 데 중국 문헌에 기대거나 중국인의 평가를 중시하고 있다.

김태준이 조선 한문학을 중국 한문학의 사적 흐름 속에서 고찰하고 그 답습을 크게 부각시킨 것은 역사적 사실을 지적한 객관적 서술이라 할 수도 있겠지만, 중국 문헌과 중국인의 평가를 중시한 점을 생각할 때 거기에는 김태준의 무의식 속에 잠재하고 있던, 조선 한문학을 비춰보는 거울로서 중국문학의 비교우위를 인정하는 선험적 관념이 반영되어 있다고 볼 수 있다.[77] “글방에서 한문을 읽다가 한문학의 독특한 매력에 미

75 金台俊, 『朝鮮漢文學史』, 65쪽.

76 金台俊, 『朝鮮漢文學史』, 165쪽.

77 박희병은 김태준의 『조선한문학사』에 대해 이렇게 지적했다. “역사적 현실의 요구에 따라 이룩된 한국한문학의 주체적 발전과 성과를 제대로 살필 수 없었고, 주로 전통적 관점에 의거해 한문학사를 서술할 수밖에 없었다. 따라서 한국한문학이 중국문학의 아류라는 인식을 불식하지 못했고, 오히려 그 점을 추인하는 결과만 초래했다.” 그리고 구체적인 실례로서 우리나라의 특정한 작가와 작품에 대한 중국인의 평가를 대단한 명예와 영광인 것처럼 서술하는 태도를 지적했다. 또한 그는 김태준이 조선 한문학을 내적

혹되어 언제든지 기회만 있으면 이 한문을 철저히 연구하여보자는 생각이 끊이지 않았고", "순전히 한문에 중독된 사대주의자가 가진 완고한 편견에 사로잡혀서", "그 여러 나라 문학 속에서는 그래도 한문학이 어딘가 제일 나은 것 같아서 지나문학과(支那文學科)를 선택하"였다는[78] 김태준 자신의 술회에 근거하더라도 그의 중국문학에 대한 지향은 내면에 깊숙이 자리하고 있는 원체험에 가까운 것이었다.

그렇다면 김태준의 『조선한문학사』 서술 속에는 중국문학과의 의식적인 단절과 그것에 대한 무의식적인 지향이 병존하고 있다고 할 수 있다. 어쩌면 중국문학의 풍부한 유산을 먼저 체험한 김태준이 빈약한 조선 한문학의 유산을 접하면서 느끼게 되었을 어떤 심리적 동요가 반영되어 있는지도 모른다. 의식적인 단절이 현실적 필요에 의한 『조선한문학사』 저술의 직접적인 동기로 작용한다면, 무의식적인 지향은 『조선한문학사』의 구체적인 서술 속에 은연중에 배어나는 중국문학과의 심리적 유착에서 비롯된다.[79] "일의대수(一衣帶水)로 중국과 인접한 조선이 어찌 잠깐이라도 중국을 잊을 수 있을까? 영구히 연락·부조(扶助)·제휴하지 않으면 안 된다"[80]라는 중국과의 심리적 유착은 중국문학에 대한 무의식적 지향을 낳게 되는 것이다. 김태준이 "중국의 새로운 문예작품을 소개하며, 혹

발전의 논리를 밝혀내지 못하고 오히려 퇴보라고 인식한 점을 이렇게 지적했다. "국문문학(혹은 구비문학)과의 교섭을 통한 한문학의 쇄신이나, 문학과 현실, 문학과 사회의 관계 등 한문학이 보여주는 또 다른 주요한 일면은 간과되고, 한문학은 음풍농월이며 현실과는 동떨어진 것이라는 사실만이 거듭 확인될 수밖에 없었다. 뿐만 아니라, 『조선한문학사』는 조선시대의 한시보다 고려시대의 한시가 더 낫다는 견해가 천명되어 있기도 한데, 이런 견해 역시 한문학의 합법칙적 발전에 대한 인식을 '포기'한 결과라고 생각된다."(박희병, 「天台山人의 국문학연구(상)」, 『民族文學史硏究』 3호, 260-261쪽)

78 金台俊, 「外國文學專攻의 辯」, 『金台俊全集(3)』, 281쪽.

79 김태준의 이러한 경향은 『조선소설사』에서도 나타나고 있는데, 중국의 영향이 조선소설사의 흐름에 거의 결정적인 작용을 했다는 시각이 곳곳에 드러나고 있다.

80 金台俊, 『朝鮮漢文學史』, 255쪽.

은 배우지 않으면 안되겠다"[81]라고 하여 문학혁명 이후 중국 신문학의 흐름을 자신이 나아가야 할 방향으로 모색하고 있는 것도 이와 깊은 연관이 있다.[82]

6. 시대적 한계와 문화운동의 특수성

후스는 전통문학사를 백화문학의 입장에서 서술함으로써 문언으로 된 고문문학을 부정하고 백화문학이 주류로 발전해왔음을 밝히고자 했다. 후스에게는 시문(詩文) 중심의 고문문학이 자국 문학이었으니 그 청산은 백화문학이 전통문학사 속에서 주류로 발전해왔음을 증명하는 것으로 충분했다. 후스는 문언과 백화의 대립 속에서 백화의 독립을 선언하는 것만으로도 근대적 국민문학을 수립할 수 있는 근거를 역사 속에서 확보할 수 있었다. 그러나 김태준은 조선 한문학은 중국 한문학의 모방에 지나지 않다고 생각했으므로 조선의 근대적 국민문학을 확립하기 위해서는 두 가지를 청산하지 않을 수 없었다. 중국문학의 영향으로부터의 독립과 문언으로부터의 독립이 그것이다. 그래서 중국문학의 모방이요 문언으로 표기된 시문 중심의 조선 한문학은 청산해야 할 두 가지 요소를

81 金台俊,『朝鮮漢文學史』, 255쪽.

82 김태준은 당시 국내에서 논의되고 있던 한자 폐지의 당위성을 제시하기 위해 중국의 한자폐지운동을 소개하기도 했다. 김태준은 「중국(中國)의 한자폐지운동(漢字廢止運動)」의 첫머리에서 이렇게 말했다. "몇 날 전(前)에 김형복(金亨復)의 역술(譯述)한 일본(日本) 이노우에 엔료(井上圓了) 씨의 원저(原著)『한자불가폐론(漢字不可廢論)』을 읽고 이따위 의론(議論)은 벌써 우리네의 신세기(新世紀)에서는 문제(問題)가 안 될 것인 줄 알면서도 이런 책이 조선에 번역된 것만도 유감(遺憾)으로 생각하고 완고(頑固)한 마골(馬骨) 같은 한자폐지 반대론자(漢字廢止反對論者)에게 사소(些少)한 일경(一警)이라도 될까 하고 중국(中國)에서 현재(現在) 신흥청년(新興青年)들 사이에 일어난 한자폐지운동을 간명(簡明)하게 소개(紹介)코저 한다."(金台俊,『金台俊全集(3)』, 301쪽)

고스란히 담고 있기에 철저하게 부정하지 않을 수 없었다. 김태준이 표현한 한문학의 '결산보고서'라는 말은 이러한 맥락에서 읽어야 할 것이다. 김태준이 『조선소설사』보다 나중에 쓴 『조선한문학사』를 먼저 출판한 것도 이와 관련이 있다고 볼 수 있다.

후스와 김태준은 전통문학을 이원대립적 구조로 파악해 시문 중심의 고문문학을 철저하게 청산하려 했고, 고문문학 · 한문학에 대립되는 백화문학 · 조선문학을 수립하기 위해서 민간문학 · 속문학의 가치를 크게 부각시켰다. 그들이 전통문학을 이원대립적 구조로 단순화해 파악한 것은 근대적 국민문학의 수립이 그만큼 절박했기 때문인데, 그 결과 시문 중심의 전통문학을 일괄 부정하는 단선적인 관점을 드러냈다. 다만 후스는 중국문학의 백화화 추세를 드러내는 것을 자신의 문학사 서술의 사명으로 삼았고, 김태준은 조선 한문학의 퇴화 과정을 정리하는 것을 자신의 문학사 서술의 사명으로 삼았다는 점에서 각기 구체적인 문학사 서술의 내용은 다르다.

후스와 김태준의 문학사 서술이 유사한 특징을 지닐 수 있었던 것은 당시 중국과 한국에서 전개되었던 신문화운동의 하위 범주에서 그들의 학술 활동이 이루어졌기 때문이다. 더욱이 한국의 신문화운동은 중국의 그것으로부터 일정한 자극을 받았고, 김태준 역시 후스의 문학사 서술 관점으로부터 일정한 영향을 받았다고 할 수 있다. 후스와 김태준의 문학사 서술이 당시 신문화운동의 하위 범주에서 진행된 것인 만큼 시문 중심의 전통문학을 일괄 부정하는 단선적인 관점을 드러낸 그들의 한계는 시대적 한계와 관련지어 이해해야 옳을 것이다. 다만 오늘날의 관점에서 그 공과(功過)에 대한 정당한 평가는 물론 유효하다.

그런데 후스와 김태준은 전통문학을 정리하는 문학사 서술에서 유사한 관점을 보여주었지만, 신문학의 형식을 구성하는 데 있어서는 상이한 태도를 보였다는 데 주목을 요한다. 후스는 신문학의 형식적 모범을 서양의 문학에서 구해야 한다고 보았다면, 김태준은 그것을 전통 국문문학에서 구해야 한다고 보았다. 김태준은 "서투른 외국문학의 직역에서 형식을 구하지 말고 자래(自來)로 전(傳)하는 우리의 문학에서 얻은 것으로 먼저 튼튼한 토대를 닦으라"[83]고 강조했다. 이는 "서양의 문학 명저들을 서둘러 번역해 우리의 규범으로 삼지 않을 수 없다"[84]라는 후스의 주장과는 상치된다. 이러한 차이는 1920년 전후의 문학 상황과 1930년대 초반의 문학 상황이 크게 달라졌기 때문에 생긴 일이기도 하고, 후스의 경우는 서양 유학 경험으로 인해 서양 문학에 정통해 있었고 김태준은 경성제국대학에서 근대학문을 시작해 서양 문학에 노출되지 않았기 때문에 생긴 일이기도 하다. 하지만 좀 더 근원적으로 볼 때, 후스의 관점은 중국의 전면 서구화를 주장하던 당시 신문화운동과 깊은 연관이 있으며, 김태준의 관점은 중국문학의 모방인 한문학으로부터의 독립과 '조선문학'의 정체성 확립이 시급히 요청되었던 당시 일제 치하 조선의 특수한 문화적 상황과 밀접하게 관련되어 있다. 중국과 한국의 문화운동의 특수성이 후스와 김태준을 갈라놓는 역할을 하고 있는 것이다.

83 金台俊,「叙」,『朝鮮歌謠集成 古歌篇』第一輯,『金台俊全集(1)』, 225쪽.

84 胡適,「建設的文學革命論」,『胡適文存』,『胡適文集(2)』, 57쪽.

제3부

루쉰(魯迅)

: 전통 관념에서 벗어나 한국을 이해하다

제5장

루쉰의 근대적 '조선' 인식

1. 홍커우공원에서 루쉰공원으로

1932년 4월 29일 오전 11시 40분경, 24세의 조선 청년 윤봉길은 일왕의 생일축하식장이 마련된 중국 상하이(上海) 홍커우공원(虹口公園)의 단상에 폭탄을 던졌다. 이 일로 인해 식장은 아수라장이 되었고, 일본 침략군 수뇌부는 큰 피해를 입었다. 중국인들은 거사 당일 오후 2-3시경 신문의 호외를 통해 이 소식을 접했다. 홍커우공원은 오늘날 루쉰공원(魯迅公園)으로 이름이 바뀌었다. 현재 이곳에는 루쉰(魯迅)의 무덤이 있고 상하이루쉰기념관(上海魯迅紀念館)이 자리하고 있다. 예전에는 윤봉길 의사의 의거를 알리는 간단한 표지조차 눈에 잘 띄지 않는 곳에 있었으나 얼마 전 공원 한 곳에 매헌(梅軒)이라는 이름의 2층짜리 윤봉길기념관이 세워졌다. 윤봉길 의사의 의거가 일어난 홍커우공원이 루쉰공원으로 이름

루쉰공원에 있는 윤봉길 의사 기념관 매헌

이 바뀌었고 그때 루쉰은 홍커우공원으로부터 그리 멀지 않은 곳에서 살고 있었다는 사실에 생각이 미치면 윤봉길 의사의 의거에 대한 루쉰의 반응을 살펴보는 것도 흥미로운 일이다.

윤봉길 의사의 의거가 일어난 1932년 4월 29일, 그날 저녁 루쉰은 1921년부터 10년 동안 이루어진 자신의 저작과 번역 작업을 정리하는 「루쉰 역저 서목(魯迅譯著書目)」을 작성하고 있었다. 이 글의 말미에서 루쉰은 간절한 마음으로 청년들에게 '입에 쓴 충고'의 말을 올리며, "그것은, 부단히(?) 노력을 해야 하며, 1년 혹은 반년 만에 몇 편의 글이나 몇 권의 간행물로써 이전에도 없었고 이후에도 없을 위대한 업적을 세웠다고 생각하지 말아야 한다는 점이다…… 1932년 4월 29일 후베이(滬北, 북

1　魯迅, 「魯迅譯著書目」, 『三閑集』, 『魯迅全集(4)』(人民文學出版社, 1981), 185쪽.

루쉰공원에 있는 루쉰의 무덤

쪽 상하이) 우루(寓樓)에서 루쉰이 적다"[1]라고 했다. 이 대목은 루쉰을 청년의 '장애물'이라고 비판적으로 묘사했던 가오창훙(高長虹)을 겨냥해 일반 청년들에게 주는 루쉰의 애정 어린 충고였다. 그런데 이 글에서 그날 일어난 윤봉길 의사의 의거를 의식한 흔적은 찾아보기 어렵다. 그날 이후 루쉰의 일기나 다른 글에서도 윤봉길 의사의 의거와 관련된 내용은 전혀 찾아볼 수 없다.[2] 루쉰은 윤봉길 의사의 의거 소식을 듣지 못했던

2 魯迅, 『日記』, 『魯迅全集(15)』, 13-14쪽 참조. 루쉰의 일기는 보통 자질구레한 일상을 기록하고 있어, 윤봉길 의사의 의거와 관련된 내용을 기록하지 않았을지도 모른다. 일기의 내용을 소개하면 다음과 같다. 1932년 4월 "29일, 비. 오후에 한자바오(漢嘉堡) 부인이 와서 액자 40개를 빌려갔다. 30일, 맑음. 오후에 셋째 동생과 윈루(蘊如)가 왔다. 징화(曹靖華)에게 편지 및 선지(宣紙) · 초갱지(抄梗紙) 등 6권 한 묶음을 보냈다. 우치야마(內山) 부인이 보내온 『고동다만(古東多卍)』 4월호 1권을 받았다. 5월 1일 일요일, 맑음. 오후에 흐림. 역저 서목의 기록을 끝냄. 징화(靖華)가 부쳐온 『국제적 멘셰비키주의의 면모(國際的門塞維克主義之面貌)』와 『판화 자습서(版畫自修書)』 각 1권씩 받았다.

라모스아파트의 현재 모습(2006년 촬영)

것일까? 아니면 소식을 접했지만 관심을 두지 않았던 것일까?

위 인용문에 나와 있는, 당시 루쉰이 살고 있던 '후베이 우루'는 훙커우 공원으로부터 그리 멀지 않은 곳에 있었다. 루쉰은 1930년 5월 12일 상하이 자베이(閘北) 헝빈로(橫濱路)의 징윈리(景雲里)에서 쓰촨북로(四川北路) 194호 A 라모스(拉摩斯)아파트 3동 4호로 이사를 했다. 그해 봄 루쉰은 국민당 정부의 지명수배 소식을 듣고 징윈리의 집을 떠나 1개월간 피신한 적이 있는데, 그 과정에서 우치야마서점(內山書店)을 운영하던 일본인

저녁에 안개가 짙게 낌. 2일, 맑음. 오후에 우치야마서점(內山書店)에 가서 『친구(友達)』 1권을 2원 50전에 샀다. 3일 오전에 평화양행(平和洋行)의 주인 부부가 와서 찻잔 2개를 선물하고 하이잉(海嬰)에게 장난감 자동차 하나를 주었다. 오후에 장징산(蔣徑三)이 왔다. 빙중(李秉中)의 편지를 받았는데, 4월 18일 베이징에서 보낸 것임. 어머니의 편지를 받았으며, 4월 24일에 보낸 것임. 셋째 동생에게 주는 편지도 한 통 보내왔는데, 전하라는 것임. 저녁에 비가 내림."

우치야마서점이 있던 곳(지금은 중국공상은행으로 사용하고 있음, 2012년 촬영)

친구 우치야마 간조(內山完造)의 도움으로 라모스아파트로 옮기게 되었다. 우치야마 간조는 자신의 친구 하나가 사업차 칭다오(青島)로 떠난 뒤 비어 있던 그 집을 자신의 명의로 빌려 루쉰에게 다시 빌려주었던 것이다.[3] 이곳에서 루쉰은 『중국소설사략』을 일본어로 번역하고 있던 마쓰다 와타루(增田涉)에게 그 책에 대해 개인적으로 강의를 해주고 서신으로 의문점에 답해주기도 했다. 루쉰은 라모스아파트에서 1933년 4월 11일 산인로(山陰路)의 대륙신촌(大陸新村) 9호로 이사하기까지 약 3년 정도 살았는데, 인용문에 나오는 '후베이 우루'는 바로 이 라모스아파트를 가리킨다. 라모스아파트가 있는 쓰촨북로(四川北路)는 훙커우공원의 정문을 향해 뻗어 있는 거리이며, 라모스아파트는 훙커우공원의 정문에서 바라다

3 周國偉 · 柳尙彭, 『尋訪魯迅在上海的足迹』(上海書店出版社, 2003), 9－10쪽 참조.

보일 정도로 가까운 곳에 위치해 있었다. 이렇듯 루쉰은 홍커우공원으로부터 그리 멀지 않은 곳에 살고 있었으므로 윤봉길 의사의 의거 소식을 전혀 듣지 못했다고 말하기는 어려울 것이다. 물론 당시 루쉰은 활동이 자유롭지 못한 상황이었으므로 소식을 즉각적으로 듣지 못했을 수는 있다. 1930년 '중국자유운동대동맹'과 '중국좌익작가연맹'에 참가하면서 국민당 정부로부터 지명수배를 받았으며, 바로 이 지명수배를 피해 징윈리에서 라모스아파트로 옮겨왔으므로 그 이후 활동에 제약이 따랐을 것이다. 하지만 시사(時事)에 민감하게 반응해온 루쉰이기에 지척의 거리에서 일어나 일본 침략군에게 큰 피해를 가져다준 윤봉길 의사의 의거를 전혀 몰랐을 리는 없을 것이다.

일본군이 만주(滿洲) 전역을 점령하고 괴뢰 '만주국'을 세우는 계기가 된 9·18만주사변이 1931년에 일어났고, 일본군이 중국 침략의 발판을 마련하기 위해 상하이를 점령하고자 상하이 조계(租界)로부터 자베이(閘北) 일대를 공격한 1·28상하이사변(上海事變)이 1932년에 일어났다. 당시 자베이에 살고 있던 루쉰은 이 1·28상하이사변 때 일본군의 공격으로 생명의 위협을 느끼며 50일 정도나 집을 떠나 피난 생활을 해야 했다. 루쉰은 친구 쉬서우창(許壽裳)에게 보낸 1932년 2월 22일자 편지에서 급박했던 그때의 상황을 매우 실감나게 표현했다. "이번의 사변은 아주 뜻밖의 일로서 전선(戰線)을 뚫고 들어와 피 묻은 칼날이 길을 메우고 날아가는 총알이 집 안에 들어 그야말로 목숨이 경각에 달려 있었네. 2월 6일 우치야마 간조(內山完造)의 도움을 받아 아내와 아이를 데리고 영국 조계로 갔으며, 책이나 물품을 하나도 들고 가지 못했지만 어른과 아이 모두 다행히 변고가 없으니 안심해도 되네."[4] 루쉰은 이 피난을 경험한 직

4 魯迅, 「致許壽裳」, 『書信』, 『魯迅全集(12)』, 67－68쪽.

후인 1932년 4월 20일에 린커둬(林克多)의 『소련 견문록(蘇聯聞見錄)』을 교열하고 그 서문을 썼는데, 이 글에서 "얼마 안 되는 세계의 자본주의 문명국이 반드시 소련을 진공하려는 원인을 이로부터 분명히 알 수 있었다. 노동자와 농민이 모두 인간과 같아져서 자본가와 지주는 극히 불리해졌으니, 그래서 반드시 먼저 이 노동자와 농민대중의 모범을 섬멸하려는 것이다"[5]라고 지적하고, "그들은 중국의 고혈을 짜내고 중국의 땅을 빼앗고 중국의 인민을 죽이고 있다"[6]라고 공격했다. 루쉰은 린커둬의 『소련 견문록』을 읽고 러시아 10월혁명 이후 소련 사회의 발전상을 확신하게 되었으며, 또 1932년 5월 6일 「우리는 더 이상 속지 않는다」라는 글에서도 "우리는 소련에 진공하는 것을 반대한다. 소련에 진공하려는 악귀들이 아무리 달콤한 말을 하고 아무리 공정한 얼굴을 꾸민다 해도 우리는 그들을 타도해야 한다. 이것만이 우리 자신의 살길이다"[7]라고 하며 제국주의의 소련 진공을 강도 높게 비난하고 제국주의 타도를 외쳤다.

바로 이 무렵 윤봉길 의사의 의거가 일어난 것이다. 이때 루쉰은 제국주의 침략을 공격하고 있었으나 일본의 중국 침략과 조선 침략을 겨냥해 일본제국주의를 직접 비난하는 표현은 사용하지 않았다. 루쉰은 윤봉길 의사의 의거에도 불구하고 일본제국주의라는 말을 전면에 내세우지 않고 오히려 제국주의라는 이름으로 포괄하면서 말을 아꼈다. 물론 그는 "자기편이 정복되면 극소수를 제외하고는 아주 고통스럽다. 실례로 동삼성(東三省)의 함락, 상하이의 폭격에서 무릇 살아남은 사람들 중에 터럭만치도 비분(悲憤)에 떨지 않은 사람은 아주 드물 것이다"[8]라고 하여 일본의

5 魯迅, 「林克多的『蘇聯聞見錄』序」, 『南腔北調集』, 『魯迅全集(4)』, 426쪽.

6 魯迅, 「林克多的『蘇聯聞見錄』序」, 『南腔北調集』, 『魯迅全集(4)』, 427쪽.

7 魯迅, 「我們不再受騙了」, 『南腔北調集』, 『魯迅全集(4)』, 431쪽.

8 魯迅, 「止哭文學」(1933. 3. 24), 『僞自由書』, 『魯迅全集(5)』, 66쪽.

중국 침략에 대해 누구나 비분을 느끼고 있음을 은연중에 드러냈다. 하지만 비판의 초점은 일본의 중국 침략에 대한 국민당 정부의 소극적 대응에 맞춰져 있었으며, 오히려 그것을 중일(中日)이 '연합한' 것으로 풍자하는 데 역점을 두었다. 여기서 우리는 당시 일본제국주의에 대한 루쉰의 태도와 일제 치하 조선에 대한 그의 인식을 좀 더 세밀하게 검토할 필요성을 느끼게 된다.

2. '신생의 희망'

루쉰의 글 중에서 조선이라는 명칭이 나오는 글도 많지 않으며,[9] 더욱이 일제 치하 조선을 언급한 글은 손에 꼽을 정도이다. 루쉰의 글 중에서 당시 일제 치하 조선에 관해 언급한 것으로는 「수감록(隨感錄)」[10]이 최초인 것으로 보인다. 「수감록」은 당시 잡지나 생전에 출판된 루쉰의 책에 실리지 않았으며, 나중에 친필 원고에 의거해 『루쉰전집(魯迅全集)』에 수록된 글이다. 친필 원고의 형태로 남아 있는 글이지만 일제 치하 조선에 대한 루쉰의 인식을 엿볼 수 있는 귀중한 자료이기에 전문을 인용한다.

9 예컨대, 1903년 10월 도쿄(東京)에서 출판된 월간 『저장의 물결(浙江潮)』 제8기에 발표된 「중국지질약론(中國地質略論)」, 1925년 4월 29일에 씌어진 「등하만필(燈下漫筆)」, 1927년 12월 24일에 씌어진 「이른바 '궁궐문서(大內檔案)'에 대하여」 등에 조선 또는 고려의 명칭이 나온다.

10 이 글은 『루쉰전집』 제8권 『집외집습유보편(集外集拾遺補編)』의 1918년 항목에 실려 있고, 1981년 상하이루쉰기념관(上海魯迅記念館)에서 펴낸 『루쉰저역계년목록(魯迅著譯系年目錄)』에는 1919년 항목에 실려 5월 이전에 지어진 것으로 설명되어 있다. 어쩌면 이 글은 3·1운동 직후에 씌어진 것이 아닐까 한다. 나중에 이 글은 1972년 『문물(文物): 혁명문물특간(革命文物特刊)』 제1기에 게재되었다고 한다(上海魯迅記念館 編, 『魯迅著譯系年目錄』, 上海文藝出版社, 1981, 38쪽 참조).

최근 모국(某國)의 지사(志士)가 지은, 이민족에게 학대를 당하고 있다고 말한 글을 몇 편 보았는데, 갑자기 과거 일이 기억났다.

그때의 처지와 시세 혹은 연령과 관계가 있거나 아니면 다른 원인 때문인지 모르겠지만, 세계 각국의 애국자의 목소리를 가장 듣고 싶었고 또 그 나라들의 상황을 연구하고 싶었다. 폴란드와 인도에 관한 책들이 비교적 많았다. 중국인들도 그 나라들에 대해 말하는 경우가 가장 많았다. 나도 가장 일찍 주목했으며, 오히려 그들에게서 희망을 품었다. 그때 중국은 마침 신군[新軍, 1895년 위안스카이(袁世凱)와 장즈동(張之洞)이 편성 훈련을 시작한 신식 육군—인용자 주]을 징집했는데, 길에서 몇몇 군인들을 만나면 그들은 걸으면서 항상 "인도와 폴란드는 소와 말 같은 노예라……"라고 노래 불렀다. 나는 얼굴과 귓바퀴에 열이 오르고 등에는 땀이 배어 나옴을 느꼈다.

그때는 또 편견이 하나 있었는데, 피부가 황색이기만 하면 특별히 관심을 가졌다. 현재의 모국(某國)은 당시에는 아직 망하지 않았다. 그래서 내가 가장 주의한 것은 핀란드, 필리핀, 월남 및 헝가리의 과거지사였다. 헝가리와 핀란드는 문인이 가장 많았고 목소리도 가장 컸다. 필리핀은 호세 리잘의 소설 한 편만을 얻었고, 월남은 문학 작품을 찾지 못하고 단지 그들 스스로 지은 망국사(亡國史)를 보았다.

이 몇 나라 사람들의 목소리를 들어보면 모두가 진지하고 장렬하고 비량(悲凉)한 것이었다. 하지만 일부 구별되는 것도 있었다. 하나는 밝은 장래를 희망하고 참신한 부활을 구가하고 있어 마치 단비가 새싹에 뿌리는 것과 같이 무한히 청신한 활기를 불러일으키는 것이었다. 하나는 과거의 영화(榮華)를, 즉 황제 · 백관이 얼마나 유복하고 존귀했는지, 백성들이 얼마나 아무것도 몰랐는지 수다스럽게 서술하고, 마지막에는 그 정복자들이 인정(仁政)을 시행하지 않음을 통렬히 비난하는 것이었다. 이를테면,

두 가지 병자가 있으니, 하나는 장래의 건강을 열망하는 경우이고, 하나는 이전의 향락을 몽상하는 경우이다. 이들 향락은 대체로 그들이 병에 이른 원인이기도 하다.

나는 이 때문에 세상에는 진실로 애국자가 많지만 또한 애망국자(愛亡國者)도 섞여 있다고 생각한다. 애국자는 옛날을 그리워하기도 하지만 오로지 현세와 장래에 치중한다. 애망국자는 그저 과거를 비탄해하고 게다가 망하게 된 병근(病根)을 찬미한다. 사실 정복당함의 고통이 어찌 정복자가 인정(仁政)을 시행하지 않은 데서 그리고 구제도가 보존될 수 없었던 데서만 기인하겠는가? 만일 이것이 큰 괴로움이라 여긴다면 진심으로 깨달았다고 할 수 없다. 고통을 진심으로 깨달을 수 없다면 신생(新生)의 희망도 생기기 어렵다.[11]

이 글의 문맥과 정황으로 보건대, 여기에 나오는 '모국'은 조선을 가리키는 것이 분명하다. 『루쉰전집』의 주석에 따르면, 이 글은 루쉰의 친필 원고에 의거해 『루쉰전집』에 편입되었고 1918년 4월부터 1919년 4월까지 사이에 씌어졌다고 한다. 루쉰은 1918년 5월 중국 최초의 근대 단편소설인 「광인일기(狂人日記)」를 잡지 『신청년(新青年)』에 발표함으로써 공식적으로 중국 문단에 등장하게 되는데, 같은 해 7월에 에세이의 일종인 잡문 「내 절열관(我之節烈觀)」을 발표하고 9월부터 『신청년』의 '수감록(隨感錄)'란에 잡문 형식의 글을 발표하기 시작했다. 인용문 「수감록」은 바로 이 '수감록'란에 실을 원고의 하나로 집필된 것으로 추정되는데, '모국의 지사'라는 말을 상기할 때 그것은 1919년 3·1운동 전후에 씌어진 것이 아닌가 한다.

11 魯迅, 「隨感錄」, 『集外集拾遺補編』, 『魯迅全集(8)』, 79-80쪽.

사실 루쉰은 청년 시절 문예운동에 투신하면서 "오랫동안 옛 선조의 영광에 의지하여 문화 수준이 낮은 주위 나라들 속에서 우쭐해하며 무기력해져도 스스로 알지 못하고 미련하게 자기만 옳다고 고집해 마치 죽은 바다처럼 가라앉은"[12] 중국의 자기 폐쇄성을 날카롭게 비판한 바 있다. 그는 "오늘날 중국은 자못 이전의 화려함만 내세우면서 특별히 소리를 내지 못하고, 왼쪽 이웃은 이미 노예가 되었고 오른쪽 이웃은 곧 망할 것이라고 하면서 망해가는 나라를 택해 자기와 비교하며 스스로 훌륭함을 드러내려 하고 있다"[13]라고 하여 멸망한 인도와 폴란드의 노예근성을 비난할 줄만 알고 진정 '국민의 소리(國民之聲)'를 낼 줄 모르는 중국의 병폐를 지적했다. 루쉰은 '자존자대(自存自大)'에 빠진 중국의 현실을 비판하는 동시에 피지배 식민지로 전락한 약소민족을 동정하고 그들의 애국적인 '국민의 소리'에 귀 기울이며 이를 예찬했다. 그 시기 동유럽 약소민족의 단편소설을 번역해 『역외소설집(域外小說集)』을 출판한 것도 그 때문이다. 그러므로 「수감록」에서 "세계 각국의 애국자의 목소리를 가장 듣고 싶었고 또 그 나라들의 상황을 연구하고 싶었다"라는 술회는 루쉰 자신의 과거 활동에 대한 사실적 진술이다. 루쉰은 이러한 과거의 경험이 있었기에 3·1운동을 전후해 일제 치하 조선의 '지사'의 글에 관심을 가지게 되었던 것이다.

이 글에서 의미심장한 것은 "고통을 진심으로 깨달을 수 없다면 신생의 희망도 생기기 어렵다"라는 마지막 대목이다. 이것은 '신생'을 실현하기 위한 피정복 민족의 정신적 태도가 어떠해야 하는지를 여실히 보여준다. '모국의 지사'가 말한 '이민족에게 학대를 당하고 있다'라는 불평은 '정복자가 인정(仁政)을 시행하지 않은 데' 대한 폭로로서 호소와 탄식에

12 魯迅, 「摩羅詩力說」, 『墳』, 『魯迅全集(1)』, 64쪽.

13 魯迅, 「摩羅詩力說」, 『墳』, 『魯迅全集(1)』, 64쪽.

지나지 않는다. '모국의 지사'가 진정 '신생'을 바란다면 피정복 민족으로 전락한 근본 원인을 현실의 모순 속에서 발견하면서 현재적 고통을 내면화하는 자기반성을 먼저 수행해야 한다. 루쉰의 이 글은 원래 '모국'을 타산지석으로 삼아 중국인을 계몽하기 위해 씌어진 것이지만, 루쉰이 일제 치하의 조선에 대해 어떻게 인식하고 있었는지를 엿볼 수 있다는 점에서 중요한 의미를 갖는다. 루쉰은 조선의 독립 문제를 직접 거론하기보다 그에 임하는 조선인의 정신적 태도 문제를 부각시키면서 그 절박성을 일깨우고 있다.

루쉰은 일본인 무샤노코지 사네아쓰(武者小路實篤)가 지은 극본『어느 청년의 꿈(一個青年的夢)』을 번역한 뒤 잡지에 게재하면서「역자 서문」을 썼는데, 이 글도 일본의 조선 병탄에 관한 내용을 포함하고 있어 주목할 만하다. 루쉰은 1919년 8월 초부터『어느 청년의 꿈』을 번역해『국민공보(國民公報)』에 게재하다가 이 신문의 발행이 금지되자『신청년』으로 옮겨 다시 게재하면서 작품 제1막의 번역문과 함께「역자 서문 2」를 써서 실었다. 이 글은 1919년 11월 24일에 씌어졌는데, 1920년 1월『신청년』에 실림으로써 공식적인 지면에 발표되었다. 이 글에서 루쉰은 반전사상(反戰思想)을 담고 있는『어느 청년의 꿈』이 호전적인 일본에서뿐만 아니라 중국에서도 꼭 읽혀야 하는 이유를 이렇게 설명했다.

> 중국인들은 스스로 전쟁을 잘하지 못하지만 그렇다고 전쟁을 저주하지도 않는다. 스스로 전쟁에 나서기를 진정 원하지 않지만 전쟁에 나서기를 원하지 않는 타인을 동정하지도 않는다. 비록 자기를 생각하지만 결코 타인에게도 자기가 있다는 것을 생각하지는 않는다. 예컨대 현재 일본이 조선을 병탄한 사건을 언급하면 사람들은 '조선은 본래 우리의 번속국이었다'라고 말하는데, 이런 말을 듣게 되면 정말 두려운 생각이 든다. 그래서

> 나는 이 극본 역시 여러 가지 중국의 구사상 면에서의 고질병을 치료할 수 있다고 여기며, 따라서 중국어로 옮기는 의의도 클 것이다.[14]

루쉰의 번역은 중국인들에게 반전사상을 심어주어 중국인의 고질병을 치유하기 위한 것이었는데, 그 고질병의 하나로 지목한 것이 바로 '조선은 본래 우리의 번속국이었다'라고 여기는 중국인들의 전통적 관념이다. 분명 시효를 다한 것이지만 여전히 현실적으로 영향을 미치고 있는 중국인들의 전통적 관념에 대해 루쉰은 깊은 우려를 표명하고 있다. '호전적인 나라' 일본의 조선 병탄을 공격하기에 앞서 중국 내부에서 발견되는 조선에 대한 중국인들의 전통적인 편견의 고질병을 바로잡는 것을 더 시급한 과제로 제기한 것이다. 중국 내부의 비판을 겨냥한 루쉰의 이러한 태도는 조선 '지사'에게 '신생'을 위해 '고통을 진심으로 깨닫는' 내부의 자기반성을 먼저 수행할 것을 요청한 것과 동일한 맥락에 놓여 있다.

이는 조선보다 먼저 일본의 지배를 받게 된 타이완(臺灣) 문제를 바라보는 루쉰의 시각을 통해서도 확인할 수 있다. 루쉰이 쓴 글 중에서 타이완 문제를 언급한 글 또한 극히 드문데, 일본인 아사리 준지로오(淺利順次郎)가 지은 『노동문제(勞動問題)』(원명은 『국제노동문제(國際勞動問題)』)의 중국어 번역본을 위해 쓴 서문은 그중의 하나이다. 이 서문은 타이완 출신의 역자 장슈저(張秀哲)의 부탁으로 루쉰이 광저우(廣州)의 중산대학(中山大學)에 재직하던 1927년 4월 11일에 쓴 것이다. 이 서문에서 루쉰은 타이완 출신 학생인 장워쥔(張我軍)으로부터 베이징에서 "중국인들은 모두 타이완을 잊어버린 듯합니다. 어느 누구도 그다지 문제를 제기하지 않고 있습니다"라는 질문을 받았을 때 "나는 당시 큰 충격을 받은 듯이 고

14 魯迅, 「譯者序二」, 『譯文序跋集』, 『魯迅全集(10)』, 195쪽.

통스러웠다"라고 말하고, 오히려 "아니네. 그런 지경까지는 아니네. 그저 본국이 너무나 문드러져서 내우외환이 넘쳐나 스스로를 돌볼 겨를이 없고, 그래서 타이완에 관한 일들은 잠시 놓아둘 수밖에 없는 거라네……"[15] 라고 대답했다고 했다. 루쉰은 중국이 타이완 문제를 방치하고 있는 것은 더 절박한 문제, 즉 내부 문제가 산적해 있기 때문이라고 지적했는데, 타이완 문제에 직접 대응하기보다 그 문제를 야기한 본질적인 내부 원인을 먼저 규명하고 바로잡는 것이 루쉰의 선결 과제였던 것이다.

이러한 루쉰에게 일본의 조선 병탄 문제는 직접적인 공격의 대상이 되거나 조선의 독립이 당장 낙관적으로 기대되기도 어려웠을 것이다. 루쉰의 이러한 태도는 3·1운동 직후 조선의 독립운동을 적극 지지하고 나섰던 청년 학생들의 태도와 분명히 구별된다. 그것은 베이징대학(北京大學) 학생들의 계몽잡지 『신조(新潮)』 제1권 제4호(1919. 4. 1)에 실린 푸쓰녠(傅斯年)의 「조선독립운동의 신교훈」과 천자오초우(陳兆疇)의 「조선독립운동에 대한 감언(感言)」이라는 글을 통해 확인할 수 있다. 푸쓰녠은 예의 글에서 "이번 조선의 독립은 단지 외적으로는 힘이 아주 미약한 것이었고 성공이 전혀 없는 것이었고 시간도 매우 짧은 것이었지만, 내적인 정신 면에서 볼 때 실로 '혁명계의 신기원을 열었다'고 할 수 있다"[16]라고 강조하면서 조선 독립운동의 특징을 세 가지로 요약했다. 첫째 비무기적(非武器的) 혁명, 둘째 불가함을 알면서 실행한 혁명, 셋째 단순한 학생 혁명이라는 것이다. 그는 감격에 차서 "조선의 독립은 아직 완성되지 않았으니 이 정신은 당연히 계속되어나갈 것이며, 세계의 혁명이 아직 끝나지 않았으니 이 정신은 당연히 계속되어나갈 것이다. 이 정신은 현재에서 볼 때, 마치 비할 데 없이 어리석은 것 같지만 이 세계의 조류를 따르면 반

15 魯迅, 「寫在『勞動問題』之前」, 『而已集』, 『魯迅全集(3)』, 425쪽.

16 傅斯年, 「朝鮮獨立運動之新教訓」, 『新潮』 第1卷 第4號(影印本, 1919. 4. 1), 687쪽.

드시 최후의 승리를 얻을 것이다. 우리는 마땅히 '조선 독립운동의 정신 만세!'를 소리 높여 외쳐야 한다"[17]라고 호소했다. 천자오초우도 예의 글에서 "조선의 이번 독립운동은 전에 없이 분발해 용맹을 떨쳤다. 중국의 신문은 그저께 마침내 '조선인은 독립운동으로 인해 4천5백여 명이 체포되었지만 운동은 시종 느슨해지지 않고 있다'라는 소식을 실었다. 나는 이러한 독립정신을 가진 민족은 반드시 영구히 남의 눈치만 살피지는 않을 것이라고 생각한다. 조선이 일본의 굴레로부터 벗어나는 것은 시간문제이니 우리는 눈을 닦으며 그 성취를 지켜볼 일이다"[18]라고 역설했다. 이처럼 당시 중국의 청년 학생들은 조선의 독립운동을 적극 지지해 그 의의를 높이 평가하고 조선의 독립이 반드시 도래할 것임을 예언했으며 중국도 그 정신을 따라 배워야 한다는 첨언도 잊지 않았다. 이에 비해 루쉰은 조선 문제를 매우 신중하게 다루고 있으며 조선의 독립에 대한 희망도 매우 제한적으로 표현하고 있을 뿐이다. 이는 자기반성과 내부 원인 규명에 치중하는 루쉰의 방법적 태도에서 기인한 것으로 이해된다.

3. '소리 없는' 조선

1927년에 이르면 루쉰은 일제 치하 조선을 '소리 없는' 이미지로 이해하게 된다. 그는 1927년 2월 16일 홍콩청년회에서 '소리 없는 중국(無聲的中國)'이라는 제목으로 강연을 가졌고, 여기서 '소리 없는 중국'의 현실

17 傅斯年, 「朝鮮獨立運動之新教訓」, 『新潮』 第1卷 第4號, 688쪽.

18 陳兆疇, 「朝鮮獨立運動感言」, 『新潮』 第1卷 第4號, 688쪽. 천자오초우(陳兆疇)는 글의 말미에서 "나는 조선 독립운동으로부터 또 중국의 오늘날 정세가 연상되었다. 나는 남북양 정부[베이징의 군벌 정부와 광저우(廣州)의 혁명군 정부를 가리킴-인용자 주]도 우리의 행복을 너무 많이 망쳐놓았다고 생각한다"(689쪽)라는 말도 덧붙였다.

을 비판하고 청년들에게 '진실한 소리'를 내어주길 당부하면서 이렇게 끝을 맺었다. "지금 소리 없는 민족이 얼마나 되는지 살펴봅시다. 우리는 이집트 사람의 소리를 들어보았습니까? 안남(安南), 조선(朝鮮)의 소리를 들어보았습니까? 인도에서는 타고르를 제외하고 다른 사람의 소리를 들어보았습니까?"[19] 이 무렵 루쉰은 베이징을 떠나 남방의 샤먼(厦門)을 거쳐 광저우로 내려와 있었는데, 그는 중국의 타산지석으로서 '소리 없는' 조선도 예로 들었다. 이 시기에 이르러 루쉰은 조선을 '신생의 희망'에서 한발 후퇴해 '소리 없는' 이미지로 인식하고 있었다.

1931년 10월 23일에 발표한 「'민족주의문학'의 임무와 운명("民族主義文學"的任務和運命)」이라는 글에 이르면 루쉰의 조선에 대한 이미지는 좀 더 부정적으로 그려진다. 1931년의 9·18만주사변이 일어나기 얼마 전에 일본의 책동으로 조선인이 서울과 평양 등지에서 화교를 공격한 사건이 발생했는데, 루쉰은 이 사건을 풍자적으로 묘사했다.

> 바투는 죽었다. 지금 아시아의 황색인종 가운데서 그때의 몽고와 비길 수 있는 것은 오직 일본밖에 없다. 일본의 용사들도 비록 소비에트러시아를 몹시 증오하지만 중화의 용사들을 애무(愛撫)하지도 않으며, '일중친선'을 크게 부르짖는 것이 비록 '우의(友誼)'를 주장하는 것처럼 보이지만 사실이 말과 부합하지 않는다. 중국 '민족주의 문학자'의 입장에서는 그것이 이미 비애로 느껴지고 있으며, 일본에 대해 풍유(諷諭)를 가하는 것은 원래 추세의 필연적인 결과로서 그리 놀라운 일은 아니다.
>
> 과연 시인의 슬픈 예감이 적중한 것 같을 뿐더러 상황이 훨씬 더 나빠진 것 같다. '불 채찍을 휘둘러' '아라사'를 '불 지르기' 시작할 때 바투 때의

19 魯迅,「無聲的中國」,『三閑集』,『魯迅全集(4)』, 15쪽.

결말과 마찬가지로 조선인이 중국인을 함부로 살해하고 일본인이 '식인의 피 묻은 입을 크게 벌리고' 동삼성(東三省)을 삼켜버렸다. 그것은 그들(조선인과 일본인 – 인용자 주)이 푸옌창(傅彦長) 선생의 훈도를 받지 않아서 '단결의 힘'의 중요성을 알지 못해 그만 중국의 '용사들'을 아프리카의 아라비아인으로 본 것이 아닌가?[20]

이 글은 루쉰이 당시 국민당 정부의 지원을 받은 어용 문인들이 내세웠던 '민족주의문학'에 대해 제국주의정책을 옹호하는 건달문학이라고 비판하기 위해 쓴 것이다. 위 인용문을 이해하기 위해서는 전후 맥락을 좀 더 설명해야 한다. 루쉰은 이 글에서 '민족주의문학'의 구체적인 작품을 예로 들어 신랄하게 비판했는데, 그중의 하나가 『전봉월간(前鋒月刊)』에 실린 황전샤(黃震遐)의 극시(劇詩) 「황인종의 피(黃人之血)」이다. 이 작품은 황색인종의 '서쪽정벌(西征)'을 다룬 것으로서 칭기즈칸의 손자 바투가 러시아를 정복한 일을 극시로 표현한 것이다. 루쉰의 설명에 따르면 이렇다. "정복하는 곳은 유럽인데, 사실은 전적으로 아라사(러시아)이다—이것은 작자의 목표이다. 연합군의 구성은 한(漢)족, 달단(韃靼), 여진(女眞), 거란(契丹)인이다—이것은 작자의 계획이다. 연합군은 계속 승리를 거두었으나 애석하게도 후에 네 종족이 '우의(友誼)'의 중요성과 '단결의 힘'을 몰라서 서로 참살하다가 그만 백인종의 무사들에게 지고 말았다. 이것은 작가의 풍유이며, 또한 작자의 비애이다."[21] 황전샤의 창작 의도가 소비에트러시아를 공격하고 또 그 성공을 위해 민족의 단결을 호소

---

20 魯迅, 「"民族主義文學"的任務和運命」, 『二心集』, 『魯迅全集(4)』, 315–316쪽. 이 글은 1931년 10월 23일 상하이 『문학보도(文學導報)』 제1권 제6 · 7기 합간(合刊)에 발표되었다.

21 魯迅, 「"民族主義文學"的任務和運命」, 『二心集』, 『魯迅全集(4)』, 314쪽.

하려 했다고 간파하고, 오히려 그러한 창작은 제국주의의 하수인 노릇에 지나지 않는다는 점을 지적한 것이다. 그래서 황전샤의 창작 의도와는 상반되게, 극시에서 묘사한 경우와 마찬가지로 소비에트러시아를 공격하기 위해 단결해야 할 같은 황색인종인 조선인이 화교를 공격하고 일본인이 중국 동삼성을 삼켜버렸다고 풍자했다.

여기서 '조선인이 중국인을 함부로 살해한' 사실은 루쉰에게 피지배 인민이 지배자의 충견으로 된 구체적인 예증이었다. 루쉰은 조선인을 침묵하는 민족으로 간주한 터에 1931년 7월 초 만주의 창춘(長春)에서 일어난 만보산사건(萬寶山事件)을 계기로 서울과 평양 등 조선의 전국 각지에서 폭발한 조선인의 화교 공격에 대해 조선인이 일본의 식민정책에 동원되고 있음의 표징으로 이해했다. 만보산사건은 일본의 술책으로 조선인 농민과 중국인 농민 사이에 벌어진 유혈사태인데, 이를 계기로 조선 내 신문들이 민족감정을 자극하여 조선인들이 중국인을 적대시하고 조선 내 화교를 공격해 많은 사상자를 냈다. 이 사건은 루쉰에게 당시 조선을 매우 부정적인 이미지로 이해하도록 이끌었던 것으로 보인다. 그 후 루쉰의 글에서 조선에 대한 언급은 찾아보기 어려운데, 만보산사건과 무관하지 않은 것으로 여겨진다. 이 시기에 이르러 루쉰이 여전히 조선에 대해 '신생의 희망'을 품고 있었다고 말하기는 어려울 것이다. 어쩌면 윤봉길 의사의 의거에 대해 루쉰이 직접적인 반응을 보이지 않은 것도 무의식에 자리 잡은 조선인의 화교 공격의 부정적 이미지와 관련이 있었을지도 모른다. 만보산사건이 1931년 7월에 발생했고 윤봉길 의사의 의거가 이듬해인 1932년 4월에 일어났기 때문에 앞서 일어난 만보산사건이 루쉰의 조선 인식에 부정적인 영향을 끼쳤을 것으로 추측된다.

이 무렵 일본제국주의에 대한 루쉰의 대응도 좀 더 살펴볼 필요가 있다. 1931년 9·18만주사변이 일어난 후 상하이 『문예신문(文藝新聞)』은 상하이 문화계의 일부 저명한 인사들에게 이 사건에 대한 의견을 물었고 루쉰도 9월 21일 짤막하게 답변했다. "이것은 한편으로는 일본제국주의가 그의 하수인(僕役)인 중국 군벌을 '응징(膺懲)'한 것이며, 또한 중국 민중을 '응징'—중국 민중은 또 군벌의 노예이기 때문에—한 것이다. 다른 한편으로는 소련 진공(進攻)의 시작이요 세계의 노동 군중으로 하여금 영원히 노예의 고초를 받게 할 방침의 첫걸음이다."[22] 일본은 9·18만주사변을 일으킨 후 중국에 대한 침략 행위를 정당화하기 위해 '응징'이라는 말을 사용했다. 루쉰은 이 말을 작은따옴표에 넣어 인용해 풍자적으로 사용했는데, 그것은 다름 아닌 무능한 중국 군벌에 대한 풍자적인 공격이요 '노예'와 같은 중국 민중에 대한 풍자적인 비판인 셈이다. 여기서 주목되는 것은, 루쉰이 일본제국주의의 중국 침략을 직접 겨냥하기보다 국민당 정부와 중국 민중에 대한 풍자에 역점을 두고 있다는 점이다. 더욱이 9·18만주사변을 두고 일본의 소련 침공의 시작으로 판단하고 있다는 점도 흥미롭다.

사실 루쉰의 글 중에서 일본제국주의를 직접 겨냥해 공격한 글은 드물다. 1931년 만주사변을 일으켜 동삼성을 점령한 일본에 대해 국민당 정부가 미온적으로 대처하자 학생들이 시위를 벌였고, 이에 국민당 정부가 저지하고 나서자 루쉰은 「'우방이 놀라다'는 주장("友邦驚詫"論)」이라는 글을 발표해 국민당 정부를 비난했다. 국민당 정부가 학생들의 청원을 저지하려는 논리로서 '우방 인사들이 지극히 놀라는 바이니 이대로 나간다면 나라가 나라답지 못하게 될 것이다'라고 주장하자 루쉰은 '우방 인사들'을 풍자적으로 논했다. 일본제국주의의 군대가 랴오닝성(遼寧省)과 지린성(吉林省)을 강점하고 기관을 포격해도 그들은 놀라지 않았으며, 철

---

22 魯迅, 「答文藝新聞社問: 日本占領東三省」, 『二心集』, 『魯迅全集(4)』, 310쪽.

도를 차단하고 객차를 포격하고 관리를 체포, 감금하고 인민을 총살해도 그들은 놀라지 않았다. 또 국민당 통치하에 중국에서 해마다 내전이 벌어지고, 미증유의 수재를 당하고, 자식을 팔아 연명해나가고, 목을 베어 효시하고, 비밀리에 살육하고, 전기고문으로 자백을 강요하는 일이 있어도 그들은 놀라지 않았다. 그런데 학생들의 청원으로 인해 질서가 좀 문란해지자 그들은 오히려 크게 놀라고 있다는 것이다.[23] 그래서 루쉰은 국민당 정부를 겨냥해 "이로부터 알 수 있는 바와 같이 학생들은 국민당 정부의 통전(通電)에서 말한 것처럼 '사회질서를 여지없이 파괴'하지 않았는데도 국민당 정부는 의연히 진압할 수 있었을 뿐만 아니라 의연히 무함하고 살육할 수 있었으니 '우방 인사들'은 '지극히 놀랄' 필요도 없이 안심하고 와서 영토를 분할하기만 하면 그만이다"[24]라고 풍자했다. 루쉰은 여기서 일본제국주의 침략성을 고발하면서도 오히려 서방의 제국주의를 풍자하고 국민당 정부의 학생 탄압을 비판하는 데 역점을 두었던 것이다.

앞서 언급했듯이 1932년 5월에 발표된 「우리는 더 이상 속지 않는다」라는 글에서도 루쉰은 소련을 진공할 의도를 가진 제국주의를 비난하는 한편 "중국의 인민은 내전 속에서, 외국의 수모 속에서, 수재 속에서, 착취의 그물 속에서 길게 줄을 서서 죽음을 향해 나아가고 있다"[25]라고 중국의 현실 문제를 폭로했다. 이 글은 윤봉길 의사의 의거가 일어난 지 며칠 지나지 않은 시점에서 씌어졌지만, 제국주의의 침략성을 고발하면서도 일본제국주의를 직접 언급하지는 않았다. 루쉰은 또 「모래(沙)」라는 글에서도 일본의 만주 점령을 비유적으로 표현해 "그들은 '무인지경에 들어가듯이' 사막으로 걸어들어왔다. 이것은 사막에서의 대 사변이

23 魯迅, 「"友邦驚詫"論」(1931. 12. 25), 『二心集』, 『魯迅全集(4)』, 360쪽 참조.

24 魯迅, 「"友邦驚詫"論」, 『二心集』, 『魯迅全集(4)』, 361-362쪽.

25 魯迅, 「我們不再受騙了」, 『南腔北調集』, 『魯迅全集(4)』, 430쪽.

다"[26]라고 간단히 언급한 뒤, 중국을 '모래'에 비유하면서 "땅 위에 남은 것은 땅강아지와 개미, 진흙과 모래와 다름없는 백성들인데 그들을 짓밟을 수도 있고 죽일 수도 있다"[27]라고 하여 내부 문제의 심각성을 부각시켰다. 1933년 4월에 씌어진 「중국인의 생명권(中國人的生命圈)」에서도 일본의 중국 침략이 폭로되고 있으나 그 초점은 국민당 정부의 공산당 토벌의 부당성에 맞춰져 있다. " '변강(邊疆)'에는 비행기가 폭탄을 떨어뜨린다. 일본 신문에서는 '병비(兵匪)'를 소탕하고 있다고 하며 중국 신문에서는 인민을 도살하고 마을과 거리를 잿더미로 만든다고 한다. '복지(腹地, 오지나 내지를 가리킴-인용자 주)'에도 비행기가 폭탄을 떨어뜨린다. 상하이 신문에 의하면 '공비(共匪)'를 소탕하고 있다는데 폭격에 의해 그들은 쑥밭이 되고 있다고 한다. '공비'의 신문에서는 어떻게 말하고 있는지 우리는 알 수 없다. 그러나 종합컨대, 변강에서도 폭격에 폭격이 거듭되고 복지에서도 폭격에 폭격이 거듭된다. 비록 한쪽에서는 남이 폭격하고 한쪽에서는 스스로가 폭격하니 폭격하는 사람은 다르지만 폭격을 당하는 것은 같다."[28] 루쉰은 이 글에서 일본의 변강 폭격을 폭로하고 있기는 하지만, 문맥으로 보건대 공산당의 근거지인 '복지'를 폭격해 중국인의 최소한의 '생명권(生命圈)'조차 보장해주지 못하는 국민당 정부를 비난하는 데 주력하고 있다.

이처럼 루쉰은 중국의 내부 문제에 치중해 중국인의 국민성을 비판하거나 국민당 정부의 실정을 폭로하는 데 주력함으로써 일본제국주의의 침략성을 직접적으로 고발하거나 공격하는 태도를 드러내지는 않았다. 그러니 당시 조선의 독립 문제를 심각하게 의식하거나 조선의 독립을 적극적으로 기대하기는 어려웠을 것이다.

26 魯迅, 「沙」, 『南腔北調集』, 『魯迅全集(4)』, 549-550쪽.

27 魯迅, 「沙」, 『南腔北調集』, 『魯迅全集(4)』, 550쪽.

28 魯迅, 「中國人的生命圈」, 『僞自由書』, 『魯迅全集(5)』, 98-99쪽.

4. 신언준과 카라시마 타케시의 루쉰 방문

루쉰의 일기에는 그가 만났던 조선인의 이름이 가끔 등장하는데, 루쉰은 조선인을 만났을 때 조선의 정황을 적극적으로 알아보고자 했던 것으로 보인다. 리지에(李霽野)의 회고에 따르면, 루쉰은 상하이에 살고 있던 1929년 5월 어머니를 만나기 위해 베이징을 방문했을 때 미명사(未名社)에서 한국인 김구경(金九經)을 만났고 그때 밤늦도록 대화를 나누며 조선의 정황을 알아보고자 했다고 한다.[29] 당시의 루쉰 일기에도 김구경의 이름이 여러 차례 나오는데,[30] 다만 그와 어떤 이야기를 나누었는지 구체적인 기록을 남겨놓지는 않았다. 김구경을 만나 밤늦도록 대화를 나누었던 1929년 5월 25일의 루쉰 일기에는 "미명사로 가서 밤늦도록 이야기를 나누었다"[31]라고 간단하게 기록해놓았을 뿐이다.

1933년 5월 22일 루쉰을 만나 인터뷰를 가졌던 한국의 동아일보 기자 신언준(申彦俊)의 글도 주목할 만하다. 신언준은 인터뷰의 내용을 이듬해인 1934년 4월호 『신동아(新東亞)』에 「중국의 대문호 루쉰 방문기」라는 글로 발표한 바 있다. 인터뷰에서 루쉰은 신언준에게 조선의 정황을 물었고 헤어질 때 "조선 문단의 어느 분이든지 자기가 지금 준비 중인 중국문단이라는 간행물에 조선 문예의 '역사적 기술 및 현세(歷史的記述及現勢)'를 소개하여 달라고 특별 부탁을 하"[32]기도 했다. 루쉰은 당시 중국 문단을 이끌고 있던 지도자로서 조선의 정황뿐만 아니라 조선 문단에도 관심을 가지고 있었다. 다만 신언준을 만났던 1933년 5월 22일 루쉰의

---

29 李霽野, 『魯迅先生與未名社』(湖南人民出版社, 1980), 222쪽 참조.

30 魯迅, 「日記」, 『魯迅全集(14)』, 764－767쪽 참조.

31 魯迅, 「日記」, 『魯迅全集(14)』, 164쪽. "往未名社談至晚."

32 申彦俊, 「中國의 大文豪 魯迅 訪問記」, 『新東亞』, 1934. 4, 152쪽.

일기에는 "22일 맑음. 아무 일 없었음"[33]이라고 기록되어 있을 뿐이다.

루쉰과 신언준의 만남을 좀 더 세밀하게 검토해보자. 루쉰의 1933년 5월 일기를 보면, 동아일보사와 편지를 주고받은 사실이 여러 차례 기록되어 있다. 5월 16일에는 "오후 동아일보사의 편지를 받다"라고 했고, 5월 17일에는 "오전에 동아일보사의 편지에 답하다"라고 했다. 5월 18일에도 "동아일보사의 편지를 받다"라고 했고, 5월 19일에는 "오후에 동아일보사에 편지를 부치다"라고 했다.[34] 당시 동아일보사의 상하이 · 난징 특파원 기자로 활동하던 신언준이 루쉰에게 보낸 편지가 바로 이 동아일보사의 편지이다. 현재 신언준이 루쉰에게 보낸 편지가 남아 있는지는 알 수 없으나 루쉰이 신언준에게 보낸 편지는 남아 있다. 1933년 5월 17일에 루쉰이 신언준에게 보낸 편지 내용은 이렇다. "비록 저는 숨어 지내지만 언제든지 횡화(橫禍)를 당할 위험이 있으니, 만약 선생이 할 말이나 요구할 것이 있으면 서면으로 제시해주시기 바라오."[35] 그리고 5월 19일에 보낸 편지 내용은 다음과 같다.

> 언준 선생, 보내신 편지 잘 받았소. 월요일(22일) 오후 2시에 우치야마서점(內山書店)에서 기다릴 테니 혜림해주시기 바라오. 글을 부탁하셨는데, 저는 본래 조선 문단의 정황을 잘 모르고, 한편으로는 또 망설이는 바가 많아 붓을 들 수 없을 것 같군요. 다만 이 일에 대해서는 후일에 만나서 이야기를 나눌 수 있을 것 같소. 이에 특별히 회답을 드리오. 루쉰 드림.[36]

---

33 魯迅,『日記』,『魯迅全集(15)』, 80쪽. "二十二日 晴. 無事."

34 魯迅,『日記』,『魯迅全集(15)』, 80쪽.

35 劉運峰 編,『魯迅佚文全集(下)』(群言出版社, 2001), 711쪽. "盡管我在隱蔽度日, 却隨時都有遭到橫禍的危險, 如果先生有何要求, 請用書面提出來."

36 劉運峰 編,『魯迅佚文全集(下)』, 661쪽. "彦俊先生: 來信奉到. 僕于星期一(二十二日)午後二時, 當在內山書店相候, 乞惠臨. 至于文章, 則因素未悉朝鮮文壇情形, 一面又多所顧忌,

여기서 주목할 것은 신언준이 루쉰에게 조선 문단에 관한 글을 부탁했으나 루쉰이 조선 문단의 정황을 잘 모르고 또 '망설이는 바가 많다'는 이유로 글을 쓸 수 없다고 대답한 대목이다. 루쉰은 왜 조선 문단에 관한 글을 쓰는 데 망설이는 바가 많았을까? 또 루쉰을 만난 신언준이 그에게 '약소민족의 해방은?' 하고 물으매 루쉰은 '세계××(혁명-인용자 주)이 완성될 때라야 비로소 약소민족도 해방될 줄 압니다'라고 대답했다고 한다.[37] 신언준이 '약소민족의 해방은?' 하고 물은 것은 조선 독립에 대한 루쉰의 견해를 듣고 싶었기 때문일 것이다. 그런데 루쉰은 조선 독립의 문제를 직접 거론하지 않고 오히려 '세계××이 완성될 때라야 비로소 약소민족도 해방될 줄 압니다'라고 하며 포괄적으로 대답했다. 루쉰은 조선 독립에 관한 자신의 입장을 구체적으로 밝히지 않았는데, 이는 '망설이는 바가 많다'고 언급한 그의 심리적 태도와 관련이 있을지도 모른다.

또한 신언준으로부터 조선의 정황을 듣고 루쉰이 어떻게 대응했는지 다음의 글에서 알 수 있다. "조선의 글로 된 서적이 적어지고 조선의 문예 내지 전반문화(全般文化)가 ××화(즉 일본화-인용자 주)한다는 말을 듣고 그는 그것이 결코 비관할 것이 아니다. 일본(日本) 글이건 러시아(露國) 글이건 아무 관계없다. 나는 차라리 중국에서는 중국 글(中國文)이 없어지고 영어든지 불어든지 중국 글보다 나은 글이 보급되기를 바란다고 국수주의(國粹主義)를 일축(一蹴)한다."[38] 이 대목은 루쉰이 일본의 조선어말살정책을 지적한 신언준에게 용기를 주기 위한 발언으로 이해되는데, 당시 마르크스주의를 내면화하고 세계어(에스페란토)에 관심이 많았던 그로서 '국수주의'의 일축은 충분히 납득이 간다. 이를테면, 1925년에 루쉰이

恐未能著筆, 但此事可于後日面談耳. 專此布復 敬頌 時綏 魯迅 啓上(五月十九日)."

37 申彦俊, 「中國의 大文豪 魯迅訪問記」, 『新東亞』, 1934.4, 152쪽.

38 申彦俊, 「中國의 大文豪 魯迅訪問記」, 『新東亞』, 1934.4, 152쪽.

'청년필독서'를 제출해 외국책을 더 많이 읽으라고 권장하자, 슝이첸(熊以謙)이라는 청년이 "일본이 조선을 멸하려고 먼저 조선인에게 일문(日文)을 읽게 했다……"[39]라고 하며 이의를 제기했을 때, 이에 대한 루쉰의 다음 답변도 동일한 맥락에서 나온 것이다. "한인(漢人)은 언제나 한인이니, 독립되어 있을 때는 국민이고, 멸망된 뒤에는 '망국노(亡國奴)'이다. 어떤 종류의 말을 하든지 상관없다. 왜냐하면 나라의 존망은 정권에 달려 있지 언어문자에 달려 있는 것이 아니기 때문이다. 미국이 영어를 사용하고 있지만 결코 영국에 예속되어 있는 것은 아니다."[40] 루쉰은 국가의 독립은 언어문자라는 형식 문제에 달려 있지 않고 오로지 국민정신에 달려 있다고 여겼으니 '국수주의'의 일축은 국민정신이 더 절실한 문제임을 지적하기 위한 것이었다.

또 다른 측면에서 루쉰의 조선에 대한 인식을 일본인 카라시마 타케시(辛島驍)의 루쉰 방문과 교류를 통해 확인할 수 있다. 카라시마 타케시는 도쿄대학(東京大學) 재학 시절 스승인 시오노야 아쯔시(鹽谷溫, 즉 세츠잔節山) 교수의 소개로 1926년 8월 루쉰을 방문했는데, 나중에 경성제국대학 중국어문학과(支那語學支那文學科) 교수로 부임하게 되는 인물이다.

루쉰은 1926년 8월 17일 일기에서 "카라시마 타케시 군이 와서 시오노야 세츠잔(鹽谷節山)이 보낸 『전상평화삼국지(全相平話三國志)』 1부를 전해주었고, 강예(岡野)도 함께 왔다"[41]라고 했다. 또 이틀 뒤인 19일에는 "오전에 카라시마 군이 왔고, 그와 함께 점심을 먹고 배인본(排印本) 『서양기(西洋記)』와 『성세인연(醒世姻緣)』 각 1부를 선물로 주었다"[42]라고 했다. 이

---

39 魯迅, 「[備考] 奇哉! 所謂魯迅先生的話」, 『集外集拾遺』, 『魯迅全集(7)』, 259쪽.

40 魯迅, 「報 「奇哉所謂……」」, 『集外集拾遺』, 『魯迅全集(7)』, 253쪽.

41 魯迅, 『日記』, 『魯迅全集(14)』, 612쪽. "辛島驍君來幷送鹽谷節山所贈 『全相平話三國志』 一部, 岡野同來."

42 魯迅, 『日記』, 『魯迅全集(14)』, 613쪽. "上午辛島君來, 留其午餐, 贈以排印本 『西洋記』, 『醒

당시 루쉰은 중국소설사 자료와 관련해 시오노야 아쯔시와 교류하고 있었으므로 그의 제자인 카라시마 타케시의 방문을 매우 환대했다. 그 후 1929년 9월까지 루쉰과 카라시마 타케시 사이에 여러 차례 서신 왕래가 있었으며 1929년 9월 8일에는 카라시마 타케시의 두 번째 방문이 있었다.[43] 이 무렵 카라시마 타케시는 경성제국대학 강사로 부임한 상태였다. 1933년 1월 23일 카라시마 타케시는 루쉰을 세 번째로 방문했다. 루쉰은 그날 저녁 카라시마 타케시를 식사에 초대했으며 그에게 번각본(翻刻本)의 불경을 선물로 주기도 했다.[44] 카라시마 타케시는 이 시기에 이미 경성제국대학의 조교수로 승진한 상태였는데, 그는 서울에 돌아오자마자 곧바로 루쉰의 아들 하이잉(海嬰)에게 주는 선물 등을 루쉰에게 보냈다. 1933년 2월 14일의 루쉰 일기에는 "카라시마 타케시 군이 조선으로부터 보내온 장난감 2상자 6가지를 받았고, 또 어란(魚卵) 1상자 3포를 받아 카마다(鎌田) 군과 우치야마(內山) 군에게 각각 1포씩 나누어주었다"[45]라고 했다. 여기서 주의할 것은, 루쉰이 그에게 답신을 보내지 않았으며 이것이 루쉰의 일기에 나오는 카라시마 타케시에 대한 마지막 기록이라는 점이다.[46] 그렇다면 루쉰과 카라시마 타케시의 교류는 세 번째 방문 이후 사실

世姻緣』各一部."

43 陳夢熊, 『魯迅全集中的人和事: 魯迅佚文佚事考釋』(上海社會科學院出版社, 2004), 290－297쪽 참조. 루쉰은 그날 일기에서 "카라시마 타케시가 왔다"라고 했고, 11일에는 우치야마서점에 가서 "카라시마와 다푸(達夫)를 만나서 늦게까지 이야기를 나누었다"라고 썼으며, 24일에는 "우치야마서점에서 견직물 1장을 보내왔는데, 카라시마 타케시가 준 선물이었다"라고 했다.

44 魯迅, 『日記』, 『魯迅全集(15)』, 60쪽. 루쉰은 그날 일기에 "밤에 요리 여섯 가지를 마련해 카라시마와 우치야마를 집으로 초청해서 저녁 식사를 했다"라고 썼고, 또 24일 오후에는 "번각본 뇌봉탑전(雷峰塔磚) 중의 불경 한 장을 카라시마 군에게 선물로 주었다"라고 썼다.

45 魯迅, 『日記』, 『魯迅全集(15)』, 64－65쪽. "得辛島驍君從朝鮮寄贈之玩具二合六枚, 魚子一合三包, 分給鎌田及內山君各一包."

46 魯迅, 「人物 · 書刊注釋說明」, 『日記』, 『魯迅全集(15)』, 436쪽. 카라시마 타케시(辛島驍)

상 끊어진 셈인데, 두 사람 사이의 교류가 끊어진 이유는 무엇이었을까?

1926년 여름에 루쉰을 방문한 카라시마 타케시는 「내각문고서목(內閣文庫書目)」과 「박재서목(舶載書目)」을 루쉰에게 전해주었고, 루쉰은 1927년 여름 이 목록을 잡지 『어사(語絲)』에 게재하면서 그 앞에 짤막한 머리말로 카라시마 타케시로부터 도움을 받은 사실을 언급했다.[47] 또 루쉰은 샤먼대학(廈門大學)에서 한 학기 재직한 후 광저우의 중산대학(中山大學)으로 옮길 무렵인 1926년 12월 31일에 카라시마 타케시에게 보낸 편지에서 자신의 신변의 일을 상세하게 언급할 정도로 그와 친밀한 관계였음을 보여주고 있다. "이곳의 학교는 전혀 마음에 들지 않으며, 심지어 무료함마저 느껴져요. 결국 어제 사직을 했으며, 1주일 내에 광저우로 갈 생각입니다. 내가 보기에 샤먼은 마치 죽은 섬과 같으며, 은사(隱士)들에게나 적합한 곳이지요. 광저우에 도착하면 우선 중산대학에서 강의할 것 같아요. 그렇지만 오래 머무르게 될지 그렇지 않을지 아직 모르겠어요. 학교 주소는 '원밍루(文明路)'입니다."[48] 이렇게 카라시마 타케시와 관계를 유지하고 있던 루쉰은 1933년 1월 그가 세 번째 방문했을 때 식사 대접과 더불어 뇌봉탑전(雷峰塔磚) 중의 불경 한 장을 선물로 주기도 했던 것이다.

카라시마 타케시가 1949년에 쓴 「루쉰을 추억하며(魯迅追憶)」에 따르면, 세 번째 방문한 날 저녁 루쉰은 '비밀스러운' 자기 집에서 카라시마 타케시에게 늦게까지 중국의 현실에 관해 이야기를 들려주면서 국민당

에 관한 설명 참조. 陳夢熊,「魯迅與日本漢學家辛島驍」,『魯迅全集中的人和事: 魯迅佚文佚事考釋』, 280쪽 참조.

47 魯迅,「關于小說目錄兩件」,『語絲』第一百四十六期(影印本, 1927. 8. 27), 13쪽 참조. "지난 여름 일본 카라시마 타케시(辛島驍) 군이 도쿄에서 와서 베이징의 내 우재(寓齋)를 방문해 중국소설과 관련된 목록 2종을 보여주었다. 하나는 『내각문고서목(內閣文庫書目)』으로서 내각(內閣)에 현재 보관되어 있는 책의 목록이고, 하나는 『박재서목(舶載書目)』의 몇 조목(數則)으로서 그 나라의 수입 서장(書賬)이다."

48 魯迅,「致辛島驍」(1926. 12. 31),『書信』,『魯迅全集(13)』, 455－456쪽 참조.

정부가 제창한 민족주의문예운동을 비판하고 좌련(左聯, 중국좌익작가연맹)의 기관 간행물과 전단 등을 꺼내 일일이 설명해주었으며 그 자료를 그에게 주었다는 것이다.[49] 또 루쉰은 그날 저녁 이야기를 나누는 가운데 1·28상하이사변 1주년을 기념하기 위해 상하이화극단체(上海話劇團體)가 연합해 연출한, 동북(東北)의 난민 구제를 위한 자선공연을 관람하도록 카라시마 타케시를 초청했다고 한다. 당시 카라시마 타케시는 일본인으로서 중국인들이 모인 자리에 가는 것이 망설여졌지만, "루쉰은 오히려 웃으면서 나에게 권하며 괜찮으니 꼭 가서 보시게, 라고 했다"[50]는 것이다. 이튿날 카라시마 타케시는 정보치(鄭伯奇)의 안내로 공연을 보았으며, 더욱이 무대 뒤로 초대되어 환영을 받고 텐한(田漢)으로부터 여러 가지 화극(話劇) 관련 자료도 얻었다고 한다. 이처럼 루쉰은 카라시마 타케시와의 교류에서 중국의 문단 상황과 진보적인 문예운동을 소개하는 일도 잊지 않았다. 말하자면 루쉰은 카라시마 타케시를 정성껏 응대했던 것이다.

그런데 카라시마 타케시가 조선으로부터 선물을 보내온 뒤 루쉰의 일기에는 카라시마 타케시의 이름이 갑자기 사라진다. 루쉰 일기에 카라시마 타케시의 이름이 갑자기 사라진 것은 두 사람 사이의 교류가 사실상 끊어졌음을 의미하는데, 이는 필시 카라시마 타케시의 경성제국대학 재직과 이후 그의 행보와 관련이 있을지도 모른다. 카라시마 타케시의 경

49 받은 자료에 대해 카라시마 타케시는 이렇게 말했다. "어떻게 이들을 안전하게 조선으로 가지고 들어갈까 하는 이 일에 대해 나는 적지 않은 고심을 했다. 그러나 어쨌든 간신히 가지고 돌아갔다. 그날 저녁의 대화와 가지고 온 자료가 나중에 내가 1928년 이후의 중국문예운동사를 쓸 때 얼마나 쓸모가 있었는지 모른다." 辛島驍, 「魯迅追憶」, 『桃源』 創刊號(東京: 1949年 6月), 13−14쪽; 辛島驍, 「回憶魯迅」, 『魯迅全集中的人和事: 魯迅佚文佚事考釋』, 295쪽.

50 辛島驍, 「魯迅追憶」, 『桃源』, 14쪽; 辛島驍, 「回憶魯迅」, 『魯迅全集中的人和事: 魯迅佚文佚事考釋』, 296쪽.

성제국대학 재직은 일본제국주의의 식민정책에 대한 동조로 이해될 수 있는바, 루쉰은 그 점을 의식해 점차 의도적으로 카라시마 타케시와 거리를 두었던 것은 아닐까? 실제로 카라시마 타케시는 그 후 일본의 식민정책에 적극 가담하는 행보를 보이기 때문이다(이에 대한 자세한 내용은 다음 장에서 다룰 것이다).

카라시마 타케시가 루쉰을 세 번째 방문했을 때 우치야마 간조(內山完造)로부터 상하이의 쓰마로(四馬路, 현재 푸저우로福州路)의 어느 식당에 함께 초대를 받았는데, 카라시마 타케시는 앞서 가는 루쉰의 뒷모습을 보고 스승으로 부르고 싶은 충동을 느꼈다고 술회하면서 이렇게 말했다. "루쉰은 전 중국의 피압박 대중을, 아니 전 세계 인류의 고뇌를 모두 그 자그마한 목과 앙상하게 마른 어깨에 떠맡고 있는 듯했다. 이것은 그때 그토록 강렬하게 나를 흡인하지 않았던가?"[51] 이렇게 루쉰으로부터 강렬한 인상을 받았기에 카라시마 타케시는 1934년 12월 「국민당 정부의 문화정책과 중국 문단의 동향(國民黨政府的文化政策與中國文壇的動向)」이라는 글을 써서 국민당 정부의 민족주의문예운동과 신생활운동 등을 반(反)공산주의의 문예 책략으로 규정하고 중국좌익작가연맹의 문예운동을 긍정하는 태도를 드러낼 수 있었다. "민족주의 앞에서 반제항일(反帝抗日)의 문학을 아마도 허용하지 않는 데까지 이르지는 않을 것이다. 그러나 그 또한 정부의 대외 방침을 해치지 않는 정도에서 머무르게 될 것이다. 요컨대, 일체가 모두 강제되어 '5·4시대'보다 후퇴하고 있다."[52] 문맥으로 보건대, 카라시마 타케시는 다소 애매하지만 반제항일운동을 지지하

---

51 辛島驍, 「魯迅追憶」, 『桃源』, 15쪽; 辛島驍, 「回憶魯迅」, 『魯迅全集中的人和事: 魯迅佚文佚事考釋』, 296쪽.

52 辛島驍, 「國民黨政府的文化政策與中國文壇的動向」, 『魯迅全集中的人和事: 魯迅佚文佚事考釋』, 302쪽 참조.

는 입장에 서 있는 듯한 자세를 취하고 있다. 하지만 문제는 그가 경성제국대학 교수로 부임한 이후 점차 일본제국주의의 식민정책에 동조해 그것에 적극 가담하게 되었다는 점이다. 그는 1937년 10월 일본의 전시문단체제(戰時文壇體制)를 위해 쓰다 쓰요시(津田剛)와 함께 어용문학단체인 '조선문인협회(朝鮮文人協會)'의 결성에 관여해 '내선일체' 등 일본제국주의의 정책을 선전하는 데 앞장섰다. '조선문인협회'는 국민문학 건설과 총력전(總力戰) 수행을 위해 봉사하다가 1943년 4월 17일에는 '조선문인보국회(朝鮮文人保國會)'로 재출발해 '황도문학(皇道文學)'의 수립을 주도했는데, 카라시마 타케시는 이 단체의 이사장을 맡았다.[53] 그러니 카라시마 타케시의 글이 루쉰의 영향을 받아 좌익문예운동을 동정하는 입장에서 국민당 정부의 문화정책을 폭로, 비판하고 있다고 하여 "이 글의 발표는 일본과 조선에 대해 선전의 측면에서 긍정적 역할을 했을 것임은 의심의 여지가 없으며 중일(中日) 양국의 진보문학의 교류와 인민 사이의 친밀한 우의를 체현하고 있다"[54]라는 평가는 카라시마 타케시의 조선에서의 활동을 세밀하게 검토하지 않은 데서 비롯된 것이다.

카라시마 타케시가 「루쉰을 추억하며」의 결미에서 식은땀을 흘리며 살을 에는 듯한 쓰라린 느낌으로 반성하는 태도를 보인 것은 단순한 수사적 표현이 아니라 내면에서 우러나온 진실일지도 모른다. 그에게는 식은땀을 흘리며 반성하지 않을 수 없는 충분한 이유가 있었기 때문이다. "루쉰은 민족의 고뇌를 자신의 고뇌로 삼아 일생을 살았다. 나는 한 번에 그치지 않고 그와 만났고 가르침을 받았는데, 지금 무엇을 하고 있는가 하고 반성하니 식은땀이 흘렀다…… 저 지하에서 깊이 잠든 고요하고 안온한 얼굴을 생각하고 또 그 얼굴이 강렬하게 호소하는 듯이 나를 응

53 신희교, 『日帝末期小說硏究』(국학자료원, 1996), 30－31쪽 참조.

54 陳夢熊, 「魯迅與日本漢學家辛島驍」, 『魯迅全集中的人和事: 魯迅佚文佚事考釋』, 281쪽.

시하고 있음을 생각할 때 살을 에는 듯한 쓰라린 느낌이 들었다."[55] 카라시마 타케시의 고통스런 반성 속에는 루쉰으로부터 받은 가르침을 실천하지 못한 데 대한 회한이 배어 있다. 어쩌면 겉으로 잘 드러나 있지 않지만 '내선일체'의 선전에 앞장서서 피압박 민족 조선인에게 고통을 안겨주었던 자신의 과오를 참회하는 것까지 포함하고 있는지도 모른다. 일본이 이미 패전했고 마오쩌둥(毛澤東)의 혁명노선의 성공이 가시화되던 1949년 6월에 이르러 그는 '강렬하게 호소하는 듯이 응시하는' 루쉰을 상상하며 '살을 에는 듯한 쓰라린' 고통을 느끼지 않을 수 없었을 것이다. 이렇게 볼 때, 루쉰이 의도적으로 카라시마 타케시와 거리를 두었다면, 그것은 카라시마 타케시의 경성제국대학 재직과 그 후의 활동과 관련이 있을 것으로 추정된다.

루쉰이 시오노야 아쯔시(鹽谷溫)를 우회적으로 비판한 사실도 앞의 추정에 신빙성을 더해준다. 루쉰은 1932년 5월 9일자로 마쓰다 와타루(增田涉)에게 보낸 편지에서 '만주국(滿洲國)'은 공맹지도(孔孟之道)로써 입국(立國)했다고 말한 시오노야 아쯔시, 즉 세츠잔의 주장에 대해 이렇게 비평했다. "세츠잔 선생은 정말 본색에서 벗어나지 않는군요. 일본인은 중국에 한번 빠지면 반드시 이렇게 된다고 생각해요. 하지만 '만주국'은 결코 공맹지도(孔孟之道)가 없으며 푸이(溥儀)도 왕자(王者)의 인정(仁政)을 시행하고 있는 것은 아니지요."[56] 일본은 1931년 9·18만주사변을 일으킨 뒤 오족협화(五族協和)와 왕도낙토(王道樂土)를 표방하며 '만주국'을 세웠는데, '만주국'의 정당성을 옹호하는 시오노야 아쯔시의 주장에 맞서 루쉰은 그 부당성을 우회적으로 비판한 것이다. 이러한 사정을 감안할 때, 우리는

---

55 辛島驍, 「魯迅追憶」, 『桃源』, 15쪽; 辛島驍, 「回憶魯迅」, 『魯迅全集中的人和事: 魯迅佚文佚事考釋』, 297쪽.

56 魯迅, 「致增田涉」(1932. 5. 9), 『書信』, 『魯迅全集(13)』, 481쪽.

일제 치하 조선 문제와 관련해 겉으로 잘 드러나지 않은 루쉰의 일본제국주의에 대한 비판의식을 충분히 간파할 수 있다.

5. '망국노'의 철학과 근대적 '조선' 인식

주지하듯이 루쉰은 전통 교육을 받았을 뿐만 아니라 신학문도 배운 근대 지식인으로서 전통과 근대 사이에 위치하고 있었다. 그의 문학은 전통을 부정하고 새로운 근대를 수립하는 과정에서 탄생했다. 그래서 그는 중국과 조선의 관계에 대한 중국인의 전통적 관념을 부정하면서 근대적 민족국가 관념에 따라 당시의 조선을 인식할 수 있었다. 다만 루쉰은 조선 문제와 관련해 일본제국주의를 직접 고발하거나 공격하는 데서 한발 비켜서 있었는데, 이는 청년 학생인 푸쓰녠(傅斯年), 천자오초우(陳兆疇)가 조선의 독립을 적극적으로 지지하고 조선 독립의 가능성을 예언했던 것과는 다르다. 루쉰은 절박한 중국의 내부 문제에 치중함으로써 타이완 문제와 더불어 조선 문제를 절실하게 다루거나 공론화할 여유를 가지지 못했다.

루쉰의 문학적 · 사상적 업적은 그가 중국의 내부 문제와 첨예하게 대결하는 가운데 철저한 자기반성과 비판을 통해 이룩되었다. 루쉰이 의학에서 문학으로 전향하는 데 극적인 계기가 된 '환등사건'만 하더라도 그것은 일본제국주의의 침략성을 각인시켜주기보다 중국인의 마비된 국민성을 자각하도록 이끌었다. '환등사건'은 이른바 '고통을 진심으로 깨닫는' 순간이었다. 루쉰은 그것을 가해자 일본제국주의의 부당성을 공격하는 계기로 포착한 것이 아니라 피해자 중국인의 마비된 국민성을 비판하는 자기반성의 계기로 포착했다. 루쉰은 눈을 안으로 돌려 중국의 내부 문제를 해부하고 비판하는 데 집중함으로써 밖을 향해 일본제국주의에 대한 직접적인 공격에 나서지는 않았던 것이다.

그렇기에 루쉰이 타이완 문제와 조선 문제를 좀 더 심각하게 다루거나 공론화하지 않은 것은 이해될 수 있다. 루쉰의 문학 활동의 주요 목표가 '소리 없는 중국'인의 각성을 촉구하는 것이었던 만큼 그에게 '소리 없는 민족'으로 비춰진 조선 역시 각성의 대상이 될 수밖에 없다. 루쉰이 조선의 '지사'에게 '고통을 진심으로 깨닫는' 자기반성을 먼저 수행할 것을 요청한 것은 루쉰의 문맥에서는 타당성을 갖는다. 피해자의 자기반성과 각성을 촉구할 때 가해자 일본에 대한 직접적인 공격은 부차적일 수밖에 없다. 이는 노예의 불행을 동정하지만 그들이 싸우지 않는 것에 분노하지 않을 수 없다고 말한 루쉰의 이른바 '노예관'과 겹쳐진다. "노예가 눈앞에 서 있으면 반드시 마음으로 슬퍼하고 또 질시(疾視)했다. 마음으로 슬퍼한 것은 그들의 불행을 안타까워했기 때문이며, 질시한 것은 그들이 싸우지 않는 것에 분노했기 때문이다."[57] 불행에 대한 동정과 싸우지 않는 데 대한 분노가 동시에 표출되고 있지만, 실은 싸우지 않는 데 대한 분노가 더욱 강렬하다. '고통을 진심으로 깨닫는' 자기반성이 먼저 요청되는 것도 바로 이 때문이다.

이 '노예관'으로 말미암아 루쉰의 조선 인식은 같은 세대인 천두슈(陳獨秀), 리다자오(李大釗)와 다른 일면을 보여주게 되는 것이다. 천두슈, 리다자오가 좀 더 공식적이고 직접적인 방식으로 일본제국주의의 침략성을 고발했다면, 루쉰은 매우 절제된 방식으로 그것을 다루면서 우회적인 비판의 방법을 택했다. 천두슈는 1919년 「아일랜드와 조선(愛爾蘭與朝鮮)」이라는 글에서 조선 문제와 관련해 "유럽의 섬 제국(帝國)은 아일랜드 문제

57 魯迅, 「摩羅詩力說」, 『墳』, 『魯迅全集(1)』, 80쪽.

를 가지고 있고, 아시아의 섬 제국 역시 조선 문제를 가지고 있다. 이 두 민족의 자결운동의 정신은 이미 충분히 표현되었다. 동서 대비에서 짝을 이루고 있다고 할 수 있다. 그런데 미국 중의원(衆議院)에서는 이미 여러 번 아일랜드의 독립을 원조하기로 결의했으니 이 문제는 대체로 해결될 것이다. 조선은 어떻게 될 것인지 다시 지켜보자"[58]라고 언급했다. 천두슈는 조선 문제를 공식화하고 조선의 독립을 적극적으로 옹호하고 있었다. 리다자오는 「일본인이 들어야 할 것(日本人聽者)」이라는 글에서 조선을 직접 언급하지는 않았지만 천두슈와 동일한 입장을 피력했다. 프랑스 문학박사 리샬(李霞兒)이 도쿄에서 열린 '제3회 인류차별철폐기성대회'의 연설에서 "아시아 내에서 노예국이 있는 동안 기타 아시아 제국(諸國) 역시 결코 자유국이 아닙니다…… 훗날 모든 아시아 국가들이 자유를 얻도록 하기 위해서 제군들은 먼저 최초의 해방자가 되지 않으면 안 됩니다"라고 했는데, 리다자오는 이를 인용해 "약과 침이 되는 말로서 일본인이 들어야 할 것이다!"라고 강조했다.[59] 리다자오는 모든 아시아 국가들의 자유를 위해 해방자가 되어야 한다고 강조한 리샬의 주장에 동의하면서 일본인에게 경종을 울리며 조선의 독립을 지지하고 나선 것이다. 천두슈와 리다자오가 가해자의 부당성을 직접 고발하는 방식으로 일본제국주의에 대응했다고 한다면, 루쉰은 피해자 주체의 자기반성과 각성을 촉구하는 방식으로 그것에 대응했다고 할 수 있다.

루쉰이 비탄과 호소만을 일삼는 자들을 겨냥해 '망국노(亡國奴)'의 철학이라 비판한 것은 결코 우연이 아니다. 1931년 일본이 만주를 침략하자 중국에서 일본에 대한 연구 논문과 소책자 및 망국사의 책이 유행하게

---

58 陳獨秀, 「愛爾蘭與朝鮮」(1919. 3. 16, 『每周評論』 第十三號), 『陳獨秀著作選』 第一卷, 任建樹 · 張統模 · 吳信忠 編(上海人民出版社, 1993), 501－502쪽.

59 李大釗, 「日本人聽者」(1919. 7. 20), 『李大釗全集』 第三卷(河北教育出版社, 1999), 301쪽.

되었는데, 루쉰은 우선 이들의 일본 연구가 중국인의 독자적인 일본 연구가 아니라 일본인의 일본 연구를 베낀 것임을 신랄하게 비판했다. 더욱이 망국사의 유행에 대해서는 "우리는 더 이상 망국사를 볼 필요가 없다. 왜냐하면 이러한 책은 기껏해야 우리에게 어떻게 망국노가 되는가를 가르쳐줄 뿐이다…… 우리는 마땅히 현대의 홍국사(興國史)를, 현대의 새 국가의 역사를 보아야 한다. 이 속에 제시하고 있는 것은 전규(戰叫)요 활로(活路)이며, 망국노의 비탄과 호소는 아니다"[60]라고 지적했다. 그리고 비탄과 호소는 '망국노'의 철학이요 '전규'와 '활로'는 홍국(興國)을 위한 독립자의 철학인바, 진정 제국주의 침략으로부터 벗어날 수 있는 길은 '전규'와 '활로'에서 찾아야 하며 비탄과 호소는 독립을 보장해주지 못한다고 했다. 루쉰이 "배일(排日)의 목소리가 한창인데 나는 감히 단호하게 중국 청년들에게 한 가지 충고를 올린다. 그것은 다름 아닌 '일본인에게는 우리들이 본받아야 할 점이 매우 많다'는 것이다"[61]라고 말할 수 있었던 것도 '홍국'을 위한 독립자의 철학이 더 절실하다고 판단했기 때문이다. 루쉰이 1932년 11월, 그해에 일어난 1·28상하이사변을 회고하는 자리에서 일본을 비난하기에 앞서 일본인으로부터 '본받아야 할 점'을 먼저 제시하면서 "일본인은 대단히 진지하지만 중국인은 오히려 대단히 진지하지 않습니다. 중국은 왕왕 간판을 내걸기만 하면 성공한 것으로 여깁니다. 일본은 그렇지 않습니다"[62]라고 말한 것도 그러한 맥락에서 이해될 수 있다. 루쉰은 일본제국주의의 침략에 대한 직접적인 공격에 앞서 중국의 내부 비판을 위해 비춰보는 거울로서 '본받아야 할' 일본인의 국민성을 먼저 강조한 것이다. 일본제국주의에 대한 직접적인 공격이 자칫

60 魯迅,「"日本研究"之外」,『集外集拾遺補編』,『魯迅全集(8)』, 321쪽.
61 魯迅,「"日本研究"之外」,『集外集拾遺補編』,『魯迅全集(8)』, 320쪽.
62 魯迅,「今春的兩種感想」,『集外集拾遺』,『魯迅全集(7)』, 386쪽.

애국주의라는 미명하에 대중들의 감정 조작을 통해 무모한 배타적 민족주의를 촉발할지도 모른다는 우려도 있었을 수 있다. 이렇게 중국의 내부 문제에 치중했던 루쉰에게 조선 문제 역시 조선의 내부 문제로 귀착되기에 그는 일본의 조선 침략을 적극 공론화하거나 공격하지 않았으며, 1930년대에 이르러 오히려 내부 비판의 연장으로서 이른바 '노예관' 또는 '망국노'의 철학이라는 관점에서 조선의 이미지를 떠올렸던 것으로 보인다.

요컨대, 루쉰은 근대적 민족국가 관념에 따라 일제 치하의 조선임에도 불구하고 그 정체성을 적극적으로 인정하고 조선에 대한 '신생의 희망'도 품었다. 원래 정체성은 타자와 차이를 드러내어 구분을 짓는 데서 확립되지만, 그 구분은 배타적 구분이나 차등적 구분이 아니다. 그렇기에 루쉰은 배타적이고 차등적인 구분의 현실적 양태의 하나인 민족적 위계나 제국주의의 식민 지배에 대한 비판도 게을리 하지 않았다. 다만 루쉰은 자신의 문학적 과업과 그 전략적 방법으로 인해 더 절실한 중국의 내부 문제에 치중함으로써 일본제국주의에 대한 비판과 공격을 우회적으로 드러냈을 뿐이다. 끊임없는 자기반성과 비판을 촉구하면서 부당한 권위나 민족적 위계와 맞서 싸워온 루쉰의 저항정신은 분명 동아시아의 '근대'를 반성하는 데 소중한 정신적 자원이 될 것이다.

제6장

루쉰과 그 제자들의 심화된 '조선' 이해

1. 루쉰과 그 제자들

루쉰(魯迅)의 제자이자 루쉰의 정신을 잘 계승한 비평가로 평가되는 후펑(胡風)은 1936년 4월 조선(한국) 및 타이완 작가들의 단편소설을 번역해 책으로 낸 바 있다. 조선 작가 장혁주(張赫宙)의 작품 '산신령(山靈)'을 제목으로 한 이 단편소설집은 루쉰이 발의해 펴내고 있던 '역문총서(譯文叢書)'의 하나로, 바진(巴金)이 운영하던 상하이의 문화생활출판사(文化生活出版社)에서 출간되었다. 이 책에는 조선의 작가 장혁주, 이북명(李北鳴), 정우상(鄭遇尙)의 작품 외에 타이완의 작가 양쿠이(楊逵), 뤼허뤄(呂赫若)의 작품이 실려 있는데,[1] 후펑은 이 소설들을 번역하게 된 경위를 책의 서문

1 이 소설집에는 장혁주(張赫宙)의 「산신령(山靈)」·「무덤으로 간 남자(上墳去的男子)」, 이북명(李北鳴)의 「초진(初陣)」, 정우상(鄭遇尙)의 「소리(聲)」, 그리고 타이완 작가 양쿠

에 이렇게 밝혀놓았다. "작년 『세계지식(世界知識)』 잡지가 몇 호에 걸쳐 약소민족의 소설을 번역 게재했는데, 동방의 조선과 타이완에 생각이 미쳤고, 그곳의 문학 작품이 현재 중국 독자들에게 반드시 소개되어야 한다고 생각했다…… 나는 작품 속의 인물들에게 점점 빠져들어 그들이 감내하고 있는 거대한 악마의 손아귀에 짓눌리며 그들과 함께 고통스러워하고 몸부림쳤다."[2] 후펑은 당시 일제 치하에서 신음하고 있던 조선과 타이완 민중의 불행을 동정하면서 그 실상을 중국 독자들에게 알리고자 이들 작품을 번역했다. 루쉰은 1936년 5월 18일자 일기에 "오후에 후펑이 왔고 『산신령(山靈)』 한 권을 주었다"[3]라고 기록했는데, 루쉰은 아마 이들 작품을 통해 일제 치하 조선의 실상을 좀 더 이해할 수 있었는지도 모른다.

루쉰의 제자이자 부인인 쉬광핑(許廣平)이 루쉰 사후 상하이의 일본군 감옥에 감금되었을 때 만난 한 조선 여인에 관한 흥미로운 일화도 있다. 1941년 12월 8일 태평양전쟁을 일으킨 일본군은 개전 후 이틀 만에 중국 상하이의 조계를 점령했는데, 12월 15일 새벽, 일본 헌병들이 루쉰의 미망인 쉬광핑의 집에 들이닥쳐 그녀를 체포해간 것이다. 이때 쉬광핑은 76일간이나 감옥에 갇혀 있었는데, 일본이 패망한 후 1945년 12월 15일부터 이듬해 3월 23일까지 잡지 『민주(民主)』에 연재한 「조난 전후(遭難前後)」라는 글에서 그때의 일을 상세하게 서술했다. 이 글에서는 상하이에서 물건을 판 돈을 품에 지니고 귀국하다 배에서 일본 헌병에게 체포되어 쉬광핑과 같은 감옥에 갇히게 된 한 조선 여인에 관한 이야기가 나온다. 「조선 아가씨(朝鮮姑娘)」라는 소제목의 이 이야기에 따르면, '조선 아

이(楊逵)의 「우편배달부(送報伕)」, 뤼허뤄(呂赫若)의 「우차(牛車)」 등 도합 6편이 실려 있다.

2 張赫宙 等著, 「序」(1936. 3. 31), 『山靈』, 胡風 譯(文化生活出版社, 1936年 4月 初版 · 1953年 5月 八版).

3 魯迅, 『日記』, 『魯迅全集(16)』(人民文學出版社, 2005), 607쪽.

가씨'는 붙들려온 이틀째 새벽에 또다시 통곡하면서 목이 쉬고 탈진해 눈물이 마르고 피로 바뀌어 마치 부모가 돌아간 듯이 슬퍼했다는 것이다. 그녀는 점점 손이 차가워지고 뻣뻣해지더니 혼수상태에 빠졌다. 쉬광핑은 여인이 죽어간다고 소리치며 헌병을 불렀고 몇 사람이 힘을 합쳐 그녀를 감옥 바깥으로 옮겨놓았다. 그리고 쉬광핑이 직접 그녀를 업어 복도에 있던 의자에 앉히고 불을 쬐이고 몸을 주물러주었으며, 그제야 굳은 손가락이 차차 부드러워지면서 그 여인이 깨어났다. 그때 일본 헌병이 쉬광핑의 착한 마음씨를 칭찬했으나 쉬광핑은 오히려 그렇게 한 진의가 다른 데 있었음을 이렇게 술회했다. "내가 그랬던 것은 그녀가 조선인이기 때문이었음을 그들은 어찌 알겠는가. 조선인은 그들에게 오랜 세월 동안 멸망당한 노예이며 그들이 보통 때는 말끝마다 '동양 아가씨(東洋娘娘)'라고 불렀지만 일단 그녀가 못마땅하면 개처럼 컹컹 짖어대는 모습을 내 눈으로 보았기에 무한한 동정을 품었고 나는 피압박 민족을 동정하고 차별 없는 심정으로 그녀를 대했던 것이다. 이것이 나의 진의였다."[4] 쉬광핑의 조선 여인에 대한 동정과 보살핌은 바로 피압박 민족의 고통에 대한 공감과 일제에 대한 저항의식에서 비롯되었다고 할 수 있다. 쉬광핑의 이러한 태도와 행동은 루쉰의 제자이자 미망인으로서 루쉰으로부터 받은 정신적 영향과 무관하지 않다. 이에 루쉰과 친밀한 관계를 유지해온 그의 제자들의 '조선' 체험과 '조선' 인식을 좀 더 적극적으로 검토해볼 필요가 있다.

루쉰은 1927년 10월부터 상하이에 거주하면서 1929년 5월과 1932년 11월 두 차례에 걸쳐 베이징을 방문했다. 루쉰은 두 번째 베이징 방문 때 쉬광핑에게 보낸 11월 20일자 편지에서 "이곳에 도착한 후 쯔페이(紫

4 許廣平, 「遭難前後」, 『許廣平文集』 第一卷(江蘇文藝出版社, 1998), 76-77쪽.

佩), 징농(靜農), 지예(霽野), 젠공(建功), 젠스(兼士), 요위(幼漁) 등이 나를 몹시 잘 대해주고 있소. 이곳 옛 친구들의 태도는 상하이에서의 이익을 좇는 사람들에게서는 찾아볼 수 없는 모습이오"[5]라고 하며 베이징에 있던 제자들과 친구들로부터 크게 환대를 받았음을 언급했다. 또 그는 11월 25일 쉬광핑에게 보낸 편지에서도 동일한 심정을 표현했다. "옛 친구들은 나에게 무척 잘해주는데, 상하이에서의 오로지 이해관계를 목적으로 하는 것과는 전혀 다른 것 같구려. 그래서 우리가 이곳에 이주해서 산다면 상하이보다는 훨씬 재미있을 것 같소."[6] 루쉰은 이해관계를 떠나 허물없이 지낼 수 있는 친구와 제자가 많이 남아 있는 베이징에 대한 애착이 남달랐던 것으로 보인다. 루쉰은 베이징을 방문한 그 시기 일기에 그가 만난 사람들을 일일이 기록해놓았고 또 쉬광핑에게 보낸 편지에서 구체적인 일정 등을 보고하듯 알렸는데, 여기에는 조선과 관련된 인물들이 집중적으로 등장한다는 점에서 흥미롭다. 우선 주목되는 인물로는 베이징대학 교수 장펑쥐(張鳳擧)와 선젠스(沈兼士), 루쉰의 제자 웨이젠공(魏建功), 타이징농(臺靜農), 리지예(李霽野) 및 한국인 김구경(金九經) 등을 들 수 있다.

루쉰의 첫 번째 베이징 방문 기간은 1929년 5월 15일부터 6월 3일까지 20일간인데, 루쉰의 당시 일기에서 장펑쥐, 선젠스, 웨이젠공, 타이징농, 리지예 등과 관련된 기록을 간추려보면 다음과 같다.

---

5 魯迅,「致許廣平」,『書信』,『魯迅全集(12)』, 343쪽.

6 魯迅,「致許廣平」,『書信』,『魯迅全集(12)』, 346쪽. 곧이어 루쉰은 "그러나 요 며칠간의 상황으로 보건대, 내가 베이징에 오면 학생들이 반드시 나더러 가르쳐달라고 할 것이고 그러면 결국 사람들에게 시기를 불러일으킬 것이므로 결과적으로 이전처럼 베이징을 떠나지 않으면 안 될 거요"라고 말했다. 루쉰이 두 차례 베이징을 방문했을 때 여러 대학에서 루쉰에게 베이징으로 옮겨와서 대학 강의를 맡아줄 것을 부탁했지만 그는 대학 강단에 설 경우 이전처럼 또 다른 갈등이 생길 것을 우려했다.

5월 17일: 오후에 미명사(未名社)로 가서 지예(霽野), 징농(靜農), 웨이쥔(維鈞)을 만남.

5월 22일: 오후에 펑쥐(鳳擧)가 옴. 저녁에 옌징대학(燕京大學)에 가서 강연함.

5월 24일: 저녁에 장무한(張目寒), 타이징농(臺靜農)이 옴.

5월 25일: 오후에 펑쥐를 방문했으나 만나지 못함. 미명사로 가서 늦게까지 이야기를 나눔.

5월 27일: 장펑쥐(張鳳擧)의 편지를 받음. 베이징대학(北大) 국문학회(國文學會)로부터 편지를 받고 강연을 약속함. 펑쥐, 쉬성(旭生)이 장미헌(長美軒)으로 식사 초대를 했고, 인모(尹默), 야오천(耀辰), 위칭(隅卿), 천웨이모(陳煒謨), 양후이슈(楊慧修), 류동예(劉棟業) 등 약 10인이 동석함.

5월 29일: 오후에 미명사에 갔고 저녁에 동안시장(東安市場) 썬룽(森隆)에 초대되어 저녁 식사를 했는데 지예, 총우(叢蕪), 징농, 무한(目寒)이 동석함. 7시에 베이징대학 제2원(第2院)에 가서 1시간 강연함. 저녁에 다시 썬룽에 가서 야찬을 먹었는데, 인모, 위칭, 펑쥐, 야오천이 초청했고 그 자리에 웨이젠공(魏建功)도 있었음.

5월 30일: 저녁에 징농 및 톈싱(天行, 즉 웨이젠공)이 왔고 그들을 만류해 저녁 식사를 함께함.

5월 31일: 오후에 김구경(金九經)이 쯔가모도 젠고(塚本善隆), 미즈노 세이치(水野淸一), 구라이시 다케시로(倉石武四郎)를 데리고 와서 조상탁본(造象拓本)을 보여줌.

6월 1일: 지예(霽野)가 옴.

6월 2일: 오후에 선젠스(沈兼士)가 옴. 저녁에 김구경, 미즈노 세이치가 옴.

6월 3일: 짐을 들고 진푸(津浦) 기차역에 가서 차에 오름. 김구경, 웨이젠공, 장무한(張目寒), 창웨이쥔(常維鈞), 리지예, 타이징농이 모두 와서 배웅함. 구경은『개조(改造)』한 권을 선물로 주었고, 웨이쥔은『송명통속소설유전표(宋明通俗小說流傳表)』한 권을 선물로 주었음. 2시에 베이핑(北平)을 출발함.[7]

루쉰은 1932년 베이징을 두 번째 방문했을 때 11월 13일부터 15일간 그곳에 머무르면서 역시 선젠스, 웨이젠공, 타이징농, 리지예 등을 만나게 되는데, 그의 일기의 기록을 간추려보면 다음과 같다.

11월 15일: 징농(靜農)을 방문하려 했으나 주소를 알지 못해 베이징대학에 가서 젠공(建功)에게 쪽지를 남겨 전해달라고 부탁함.

11월 17일: 징농과 지예(霽野)가 옴. 오후에 젠공이 옴.

11월 18일: 지예, 징농이 왔고, 저녁에 웨이쥔(維鈞)이 와서 함께 통허쥐(同和居)로 가서 저녁 식사를 했는데, 젠스(兼士)와 중윈(仲澐)이 먼저 와 있었음.

11월 19일: 오후에 요위(幼漁)를 방문해 만난 뒤 남아서 저녁 식사를 했는데, 젠스, 징농, 젠공, 중윈, 요위 및 그의 어린 아들 등 도합 7명이 동석함.

11월 20일: 오후에 징농이 옴.

11월 26일: 징농이 방문,『고고학논총(考古學論叢)』한 권,『푸런학지(輔仁學志)』(제1권 제2기－제3권 제2기) 다섯 권을 들고 왔는데, 모두 젠스가 보낸 것임.

11월 27일: 오후에 징농이 옴.

11월 28일: 오후에 징농이 와서 동(東)기차역까지 배웅해줌.[8]

7 魯迅,『日記』,『魯迅全集(16)』, 134－137쪽 참조.

8 魯迅,『日記』,『魯迅全集(16)』, 334－336쪽 참조.

이상의 일기 내용에서 확인되듯이, 루쉰은 베이징을 방문했을 때 베이징대학 교수 등을 위시해 타이징농, 웨이젠공, 리지예 등 제자들과 자주 만나 허심탄회하게 이야기를 나누었던 것으로 보인다. 특히 이들 제자는 모두 일제 치하 조선의 현실을 적극적으로 이해하고자 했던 청년 지식인이었다는 점에서 우리의 관심을 끈다. 예컨대, 웨이젠공은 1927년 4월부터 1928년 8월까지 세 학기 동안 서울의 경성제국대학(京城帝國大學) 중국어 '강사'를 역임했고, 타이징농은 베이징에서 비밀리에 독립운동을 전개하던 어느 '조선인'을 형상화한 「나의 이웃(我的隣居)」이라는 단편소설을 창작했으며, 리지예는 『루쉰 선생과 미명사(魯迅先生與未名社)』라는 책에서 한국인 김구경 및 루쉰을 방문한 어느 일본인에 관한 이야기를 소개하고 있다. 이 장에서는 바로 이와 관련된 실증적 자료를 세밀하게 분석하면서 그들의 조선 체험과 조선 인식을 고찰하고자 한다. 그들의 조선 체험과 조선 인식에 대한 고찰은 근대 시기 한중(韓中) 교류와 상호 이해의 역사적 경험을 확인하는 작업이 될 것이다. 특히 그것을 루쉰과의 관계 속에서 진행함으로써 루쉰의 조선에 대한 인식을 간접적으로나마 조명할 수 있다는 점에서 중요한 의의를 갖는다.

2. 웨이젠공의 조선 체험

1928년 서울에서 발행된 『경성제국대학일람(京城帝國大學一覽)』(1927－1928)을 보면, 법문학부(法文學部) '강사(講師)'로 "중국어 웨이젠공(중국)[支那語 魏建功(中)]"[9]을 소개하고 있다. 중국인 웨이젠공(魏建功, 1901－1980)은

9 京城帝國大學 編, 『京城帝國大學一覽(自昭和 2年 至昭和 3年)』, 昭和 3年(1928) 4月 10日 發行, 35쪽 참조. 1929년 발행된 『경성제국대학일람(京城帝國大學一覽)』(소화 4년)을 보

1927년 4월부터 1928년 8월까지 세 학기 동안 한국에 체류하면서 경성제국대학에서 중국어를 가르쳤다. 그는 한국에서 근대적 대학제도가 성립된 후 최초로 초빙된 중국인 교수였다. 앞서 인용한 루쉰의 일기에서 보듯이 웨이젠공(필명 톈싱天行)은 루쉰의 제자로서 루쉰과 매우 친밀한 관계를 유지하고 있었다. 그는 1929년 5월 루쉰이 베이징대학 교수 선인모(沈尹默), 마위칭(馬隅卿), 장펑쥐(張鳳擧), 쉬쭈정(徐祖正, 耀辰) 등과 함께하는 식사 자리에 동석하거나, 타이징농(臺靜農)과 함께 루쉰을 방문해 저녁 식사를 하면서 늦게까지 이야기를 나누기도 했다. 그는 루쉰이 베이징을 떠날 때 김구경(金九經), 장무한(張目寒), 창웨이쥔(常維鈞), 리지예, 타이징농 등과 함께 기차역에 나가 루쉰을 직접 배웅하기도 했다. 또 1932년 11월에는 루쉰이 타이징농의 주소를 알기 위해 그를 찾아가서 쪽지를 남길 정도로 가까운 사이였다.

웨이젠공은 1919년 베이징대학 문과(文科) 예과(豫科)에 입학했으며 1921년 예과 졸업과 동시에 본과(本科) 중문과에 진입했는데, 본과 진입 이후 2학년이 되던 1922년 가을부터 루쉰의 '중국소설사' 과목을 수강했다. 그는 베이징대학 재학 시절 루쉰의 제자로서 루쉰과 저우쭤런(周作人)이 주관하던 주간지 『어사(語絲)』에 톈싱(天行)이라는 필명으로 에세이를 기고하기도 했다. 1926년 7월 루쉰은 웨이젠공에게 『태평광기(太平廣記)』에 나오는 몇 작품을 베이징대학 도서관 소장의 '명각대자본(明刻大字本)'과 대조해 교감해줄 것을 부탁하기도 했다. 루쉰은 "교감해준 『태평광기』는 잘 받았네. 이렇게 더운 날 이런 번거로운 일을 해주어서 대단히 고맙네.

면, '중국어문학(支那語學支那文學)' 담당 강사로 카라시마 타케시(辛島驍), 중국어(支那語) 강사로 동창즈(董長志, 中華)를 소개하고 있다(128－129쪽 참조). 이에 따를 때, 웨이젠공(魏建功)의 후임으로 동창즈가 중국어 담당 강사를 맡게 되었으며, '중국어문학' 담당 강사로 카라시마 타케시가 새로 부임한 것이다.

루쉰이 중국소설사를 강의하던 베이징대학 홍루(紅樓)의 강의실(2012년 촬영)

샤먼(厦門)으로 떠나는 일은 아무래도 8월 중순까지 시간을 늦춰야 할 것으로 생각하네. 사실 마무리 지어야 할 자질구레한 일들이 좀 있어서 그때까지 늦추지 않으면 안 될 것 같군. 그렇지만 그쪽에서 재촉하고 있으니 빨리 가지 않으면 안 될 것 같은데, 아무래도 일찍 떠나는 게 좋을 듯하네"[10]라고 하며 감사의 뜻과 함께 샤먼으로의 이사에 관한 사적인 일까지 말하고 있어 웨이젠공과 상당히 가깝게 지내고 있었음을 알 수 있다.

루쉰의 제자로서 루쉰과 친밀한 관계를 유지하고 있던 웨이젠공이 서울에 도착해 경성제국대학의 중국어 '강사'로 부임한 경위는 다음과 같다. 1924년에 경성제국대학 관제가 공포된 후 예과가 먼저 개설되고 1926년 법문학부와 의학부가 설립되면서 초대 총장으로 핫토리 우노키

10 魯迅,「致魏建功」(1926.7.19),『書信』,『魯迅全集(11)』, 535쪽.

치(服部宇之吉)가 취임한다. 경성제국대학은 법문학부를 설립하면서 중국어문학(支那語學支那文學) 전공을 두어 일본의 한학자 고지마 켄키치로(兒島獻吉郎)를 교수로 초빙했고, 베이징대학의 전신인 청말의 경사대학당(京師大學堂)의 교습(敎習)을 지낸 바 있는 핫토리 우노키치 총장은 그 인연으로 1927년 베이징대학에 중국어 담당 교수 추천을 의뢰하게 된다. 당시 베이징대학 중문과 교수들, 이를테면 저우쭤런(周作人), 마위짜오(馬裕藻), 선인모(沈尹默), 첸쉬엔통(錢玄同), 주시쭈(朱希祖), 장펑쥐(張鳳擧) 등은 모두 일본 유학파 출신이었으므로 일본의 문화계 인사들과 교류가 있었다. 핫토리 우노키치는 우선 이마무라 간도(今村完道)를 통해 장펑쥐에게 중국어 담당 교수 추천을 의뢰했고, 장펑쥐는 선인모 등과 상의한 후 웨이젠공을 적임자로 결정했던 것이다.[11]

웨이젠공은 당시 일제 치하 조선에서의 체험과 사색을 담은 에세이 성격의 '교한쇄담(僑韓瑣談)'이라는 글을 잡지 『어사(語絲)』에 연재하게 되는데, 이 글은 한중의 역사적 · 문화적 관계, 일제 치하 조선의 상황, 조선 독립의 필요성 등을 상당히 균형 잡힌 시각에서 서술하고 있어 귀중한 자료로 평가된다. 이 중에서 세 번째 글인 「청운동 무당춤(淸雲巫舞)」과 네 번째 글인 「아악(雅樂)」은 그가 서울에 도착한 직후 며칠간의 경험을 서술하고 있어 당시의 상황을 이해하는 데 크게 도움이 된다.

> 나는 4월 5일 서울에 도착했다. 이튿날 아침 고지마(兒島) 박사를 방문했고, 그 자리에서 펑쥐(鳳擧) 선생이 이미 도착해 다카하시(高橋) 박사와 함께 있다는 것을 알았으며 이어 화월식당(花月食堂)에서 상봉했다. 또 젠스(兼士, 즉 선젠스沈兼士), 수핑(叔平, 즉 마헝馬衡) 선생 일행이 그날 저녁

11 馬嘶, 『一代宗師 魏建功』(文化藝術出版社, 2007), 71쪽 참조.

1927년 경성제국대학 재직 당시의 웨이젠공(오른쪽에서 두 번째, 가운데는 갓 결혼한 부인 왕비수王碧書)

에 도착한다는 것도 알았으며, 저녁 7시 평쥐 선생과 함께 기차역에 나가 그들을 맞이했다. 7일, 함께 조선총독부 박물관을 둘러보고 4시경에 다카하시의 집을 방문했다. 다카하시의 소개로 청운동(淸雲洞)에 가서 한국의 무당춤(巫舞)을 관람했다…… 7시경이 되어서야 함께 산을 내려왔고, 조선호텔로 돌아왔다. 어느 '사라시나(更科)' 소바 식당에 가서 각자 '덴죠(天井)', '츠키미(月見)'를 시켜먹고 배가 불렀다. 함께 간 사람은 젠스, 평쥐, 잉중(膺中, 뤄용羅庸), 고바야시(小林), 타카다(高田), 다카하시, 모리(森) 선생 및 수핑 선생과 그 조카였다. 22일 뒤에 기억하여 기록하다, 광화문 우루(寓樓)에서.[12]

'예법을 잃게 되면 제야에서 구한다(禮失而求諸野)', 이 말은 우리가 조선 이왕직(李王職)[13]의 아악을 듣고 난 후 서로 나누었던 화두이다…… 4월 8

12 天行(魏建功), 「淸雲巫舞」(僑韓瑣談之三), 『語絲』 第一百三十四期, 4쪽, 9쪽.

13 1910년 일제는 대한제국을 강제 합병하고, 조선을 지배하기 위한 기구로 이왕직(李王職)과 조선총독부를 설치했다. 이왕직은 기존의 대한제국 황실 업무를 전담하던 궁내부를 계승한 것으로서, 이 기구는 조선총독부가 아닌 일본의 궁내성에 소속되었다. 물론 조선총독부는 일반 국정 업무를 전담하던 의정부(후의 내각)의 모든 기능과 업무를 접

일 오후였다. 우리는 다카하시(高橋) 선생의 소개로 이왕직의 아악부(雅樂部)에 가서 참관했다…… 그들은 특별히 우리를 위해 여섯 곡(曲)을 미리 준비해 연주했고, 나중에 임시로 한 곡을 더 연주했다…… 제4부터 제7 곡(曲)까지 고려 음악의 특색을 볼 수가 있었다. 이러한 특색은 바로 그들 민족성의 표징이며 대체로 비장하고 침중한 쪽에 속하는 것이었다. 비록 연악(宴樂)으로 쓰이는 곡이라 하더라도 감정이 조금도 즐거울 수가 없었으며 그야말로 침울하지 않을 수 없게 만드는 것이었다. 곡이 끝날 때면 박판을 사용해 세 번, 다섯 번, 혹은 네 번을 치고 마쳤다.

젠스(兼士) 선생이 방문록에 '중화민국 16년 4월 8일'이라고 한 줄을 썼고, 그런 후 우리는 차례대로 서명을 마치고 아악부를 물러났다. 이때가 이미 5시경이었다. 7시가 되어 그들은 서울(京城)을 떠나 서북쪽으로 우리가 현재 마땅히 '조국'이라고 불러야 하는 베이징으로 돌아갔다.

떠나기 전에 잉중(膺中, 뤄용羅庸)이 우편엽서 몇 장을 베이징으로 부쳤는데, 그는 '좌중에 어느 누가 가장 서럽게 울었느뇨? 강주사마(江州司馬)의 푸른 소맷자락이 제일 흠뻑 젖었어라!(座中泣下誰最多? 江州司馬青衫濕!)'[14]라는 두 구절의 시를 써서 이번 '아악을 들은 데(聞雅)' 대한 보고로 삼았다. 6월 8일 기록하다, 이미 2개월이 지난 시점에서.[15]

이를 정리하면, 웨이젠공은 1927년 4월 5일 서울에 도착한 이튿날 고지마 켄키치로(兒島獻吉郎) 박사를 만났고 그로부터 이미 서울에 도착한 베이징대학의 장펑쥐 교수가 경성제국대학 조선어조선문학 담당 교수인 다카하시 도오루(高橋亨) 박사와 함께 있다는 것을 알았으며, 화월식당에

수해 식민지 기간 내내 조선을 지배하던 최고 기구였다.

14 이 시는 당나라 백거이(白居易)의 「비파행(琵琶行)」에 나오는 구절이다.

15 天行(魏建功), 「僑韓瑣談: 四雅樂」, 『語絲』 第一百三十七期, 10쪽, 13－14쪽.

서 상봉하게 된다. 또 장평쥐로부터 베이징대학 교수 선젠스와 마헝 선생 일행이 그날 저녁 서울에 온다는 소식도 들었고, 장평쥐와 저녁 7시에 기차역으로 나가 그들을 마중했다. 그리고 4월 7일 웨이젠공은 서울에 도착한 선젠스, 마헝, 뤄용, 장평쥐 등과 함께 조선총독부 박물관을 관람하고 오후 4시에는 다카하시 박사 댁을 방문했으며, 다카하시의 안내로 청운동의 '동영사(同榮社) 치성당(致誠堂)'에서[16] 조선의 무당춤(巫舞)를 관람했다. 또 4월 8일에는 다카하시의 소개로 이왕직의 아악부를 참관하고 아악 연주를 들었으며, 그날 저녁 7시 베이징대학 교수 일행은 서울을 떠나 베이징으로 돌아간 것이다.

웨이젠공이 서울에 도착한 시점에 베이징대학 교수들은 왜 서울을 방문했을까? 서울을 방문한 베이징대학 교수들, 예컨대 장평쥐, 선젠스는 루쉰이 1929년 5월 베이징을 방문했을 당시 자주 만날 정도로 서로 친밀한 사이였고, 뤄용 역시 루쉰이 교육부에 재직할 때 동료 직원이었다는 점이 주목을 끈다. 선젠스(沈兼士, 1887-1947)는 1922년 베이징대학이 연구소(硏究所, 대학원에 해당함) 국학문(國學門)을 설립하면서 그 주임을 맡았으며 1925년에 베이징여자사범대학 사건이 발생했을 때에는 루쉰과 함께 학생들 편에 서서 「베이징여자사범대학 소요사태에 대한 선언(對於北京女子師范大學風潮宣言)」을 발표하기도 했다. 그는 1926년에 잠시 루쉰과 함께 샤먼대학(厦門大學) 국문과로 옮겨 교수를 역임한 바 있으며, 얼마

16 웨이젠공(魏建功)은 「청운동 무당춤(淸雲巫舞)」에서 "총독부 앞의 광화문(光化門)을 나와 서북쪽으로 향했다. 통의동(通義洞), 효자동(孝子洞)을 지나 궁정동(宮井洞)에 이르렀는데 모두 널찍한 큰길이었다. 다카하시(高橋)의 집은 궁정동에 있었고 점차 산길로 접어들고 있었다. 다카하시의 집에서 좀 더 서북쪽으로 향하여 산기슭으로 올라가니 길 동쪽으로 뜰이 하나 나타났다. 산허리에 위치한 토담으로 둘러쳐진 기와지붕 집으로서 신사(神社)가 있는 곳이었다. 문 앞에 '동영사(同榮社) 치성당(致誠堂)'이라는 나무 간판이 걸려 있었다"(『語絲』 第一百三十四期, 4쪽)라고 했다.

후 다시 베이징으로 돌아와 고궁박물원(故宮博物院) 문헌관(文獻館) 관장을 맡았다. 따라서 선젠스가 서울을 방문한 것은 그가 베이징대학 교수 겸 고궁박물원 문헌관 관장을 맡고 있어 경성제국대학 및 조선총독부 박물관 측에서 그를 초청한 것이 아닌가 짐작된다. 루쉰과 친밀한 관계를 유지하고 있던 선젠스는 서울을 방문함으로써 조선의 민속을 직접 체험한 것이다.

장펑쥐(張鳳擧, 1895－1986)는 1910년대에 일본의 교토제국대학(京都帝國大學)에서 유학했고, 1921년 귀국한 후 1922년 5월 베이징대학 중문과 교수로 초빙되었다. 이 무렵 그는 『창조(創造)』, 『어사(語絲)』, 『현대평론(現代評論)』 등의 잡지에 글을 기고하는 비평가로 활동하기도 했다. 1925년에 그가 발표한 「루쉰 선생(魯迅先生)」이라는 글은 루쉰의 문학 창작을 평가한 초기의 평론에 해당하는데, 여기서 그는 문언소설인 재자가인(才子佳人)소설에 대해, "이들을 읽고 난 후 다시 「광인일기」를 읽으면 우리는 마치 희미한 고묘(古廟)의 등불 아래에서 갑자기 여름 대낮의 이글거리는 햇볕 속으로 뛰어든 것처럼 중세기에서 현대로 들어선다"[17]라고 비평하면서 루쉰의 소설을 높이 평가한 바 있다. 루쉰은 1929년 5월 22일 쉬광핑에게 보낸 편지에서 "오늘 장펑쥐와 두 시간 동안 이야기를 나누었고, 저녁에 옌징대학(燕京大學)에 가서 한 시간 강연했는데, 청중이 매우 많더구려"[18]라고 했고 "저녁 무렵 쉬쉬성(徐旭生), 장펑쥐 등이 중앙공원(中央公園)으로 나를 식사 초대했고 10시가 되어서야 집으로 돌아왔소"[19]라고 했는데, 장펑쥐와 가까운 사이인 것이 드러난다. 바로 이 장펑쥐도 선젠스,

17 張定璜, 「魯迅先生」(上)(1925年 1月 24日 『現代評論』 第一卷 第七期), 『魯迅研究學術論著資料匯編』 第一卷, 中國社會科學院文學研究所魯迅研究室 編(中國文聯出版公司, 1985), 36쪽.

18 魯迅, 「致許廣平」(1929. 5. 22), 『書信』, 『魯迅全集(12)』, 169쪽.

19 魯迅, 「致許廣平」(1929. 5. 27), 『書信』, 『魯迅全集(12)』, 178쪽.

웨이젠공과 함께 서울에서 조선의 민속을 체험한 것이다.

뤄융(羅庸, 1900－1950)은 1917년 베이징대학 문과 국문문(國文門, 즉 중문과)에 입학해 1920년에 졸업한 뒤 1922년 베이징대학 연구소 국학문(國學門)의 연구생이 되었다. 1924년에 졸업한 후 교육부 직원이 되어 루쉰의 직장 동료로 일했으며 동시에 베이징대학 강사, 베이징여자사범대학 및 베이징사범대학 교수를 겸임했다. 1927년에는 일본 도쿄제국대학으로부터 초청을 받아 잠시 도쿄에 체류하기도 했는데, 마침 그해 가을 루쉰으로부터 요청을 받아 광저우의 중산대학(中山大學) 중문과 주임교수를 맡게 된다. 이러한 이력에서 보듯 서울을 방문해 조선의 민속을 체험한 바 있는 뤄융 역시 루쉰과 매우 친밀한 사이였음을 알 수 있다.

웨이젠공은 1928년 봄학기를 끝으로 그해 8월 아내를 데리고 베이징으로 돌아가게 되는데, 귀국한 후 중파대학(中法大學) 푸얼더학원(服爾德學院) 교수를 맡고 베이핑대학(北平大學, 당시 베이징대학을 중심으로 베이징의 여러 대학을 통합한 것) 여자문리학원(女子文理學院) 강사를 겸임했으며, 1929년 9월에는 모교인 베이징대학 중문과 조교(助敎)를 맡고 푸런대학(輔仁大學) 국문과 강사를 겸임하게 된다. 루쉰은 1929년 6월 1일 베이징에서 쉬광핑에게 보낸 편지에 “저녁에 두 사람이 왔는데, 한 사람은 쑨샹제(孫祥偈)를 위해 전보를 번역해준 타이징농이고 한 사람은 내가 『당송전기집(唐宋傳奇集)』을 교감할 때 도와준 웨이젠공이오. 우리는 저녁 식사를 함께하면서 아주 통쾌하게 이야기를 나누었소”[20]라고 썼다. 루쉰은 타이징농과 웨이젠공 두 사람과 저녁 식사를 하면서 통쾌하게 이야기를 나누었다고 했는데, 웨이젠공은 이때 서울로부터 귀국한 지 9개월 남짓 지난 시점이었으니 ‘조선’ 이야기도 빠뜨리지 않고 화제에 올렸을 것이다.

---

20 魯迅, 「致許廣平」(1929. 6. 1), 『書信』, 『魯迅全集(12)』, 183쪽.

루쉰은 『어사』에 연재되고 있던 웨이젠공의 '교한쇄담'을 읽어오던 터에 그를 직접 만났으니 조선의 정황에 대해 좀 더 구체적인 이야기를 들을 수 있었을 것이다.

'교한쇄담'의 일곱 번째 글인 「두 명의 주자(兩朱子)」라는 글은 웨이젠공이 조선을 어떻게 인식하고 있었는지 여실히 보여주는바, 루쉰과 웨이젠공, 타이징농 사이의 스스럼없는 대화에서 오고 갔을 조선 이야기를 상상할 수 있다. 웨이젠공은 이 글에서 조선의 사상과 생활에 절대적인 영향을 끼친 성리학의 창시자 주희(朱熹)와 명나라 태조 주원장(朱元璋)을 논하면서 글의 말미에서 이렇게 말했다.

> 이러한 두 가지 중요한 관계하에 조선사상사에서의 대반동으로서 그들은 적극적으로 중국으로부터 벗어나 자주독립을 추구했는데, 그것은 그야말로 대단한 필요와 가치가 있는 것이었다. 그래서 두 명의 주자(朱子)가 조선에 끼친 영향을 잘 안다면 조선이 20여 년 전 자주독립한 사실이 당연하고도 필연적인 결과라는 것을 자연히 이해할 수 있을 것이다. 우리는 오늘날 조선의 유래를 더욱 분명하게 알 수 있으니, 어찌 우연이겠는가!
>
> 근래 듣자하니 중국 화교들을 모욕하는 조선인이 많고, 또한 그들은 중국인을 멸시하는 '짱코우(Chiangkou)'라는 일본말로 조롱하고, 심지어는 많은 조선인이 길거리에서 중국인을 만나면 때리기도 한다고 한다. 나는 감정(意氣)에 의거해 비판하고 싶지는 않다. 동시에 나는 우리나라 국내에 망명해 정착한 많은 조선인들이 마찬가지로 중국인, 예컨대 경찰과 같은 무리들로부터 억압(欺壓)을 받고 있다는 생각에 미쳤다. 6월 30일 한밤중, 개구리 소리가 진동하는 때.[21]

21 天行(魏建功), 「僑韓瑣談: 七兩朱子」(1927. 7. 23), 『語絲』 第一百四十一期, 15쪽.

이 글은 주희와 주원장이 조선사상사에 끼친 영향, 조선이 독립을 추구할 수밖에 없는 필연성, 조선의 중국인 화교에 대한 공격과 중국 내 경찰의 조선인 억압, 그리고 문맥 속에 드러나는 한중 상호 이해의 필요성에 대한 사색 등을 담고 있는데, 이러한 웨이젠공의 균형 잡힌 시각과 태도는 중요한 의미를 갖는다. 루쉰은 웨이젠공과의 대화를 통해 조선의 실상을 좀 더 적극적으로 이해하게 되었을 것으로 보이는데, 『어사』에 발표된 '교한쇄담'을 읽고 조선에 대한 웨이젠공의 시각과 태도에 공감하는 바 컸을 것이다. 다른 측면에서, 웨이젠공이 조선인을 억압하는 중국 내 '경찰' 운운한 것은 어쩌면 타이징농의 단편소설 「나의 이웃(我的隣居)」과 어떤 연관이 있을지도 모른다. 「나의 이웃」에는 베이징에서 비밀리에 독립운동을 전개하고 있던 '조선인'을 체포해간 중국 '경찰' 이야기가 나오기 때문이다.

3. 타이징농의 소설에 나타난 조선인 형상

웨이젠공과 함께 루쉰을 방문해 저녁 식사를 하며 통쾌하게 이야기를 나누었던 타이징농(臺靜農, 1903-1990) 또한 루쉰이 아끼던 제자 중의 한 사람이다. 타이징농은 1922년 베이징대학 국문계(중문과) 청강생으로 입학한 뒤 1924년에는 베이징대학 연구소 국학문에 들어가 학문 연구에 매진했다. 그는 베이징대학 재학 시절 루쉰의 강의를 들었으며 친구 장무한(張目寒)의 소개로 1925년 4월 27일 루쉰을 방문한 이후 루쉰과 빈번히 교류하면서 허물없는 사이가 되었다. 타이징농은 1926년까지 발표된 루쉰 창작에 대한 평론 12편을 뽑아 『루쉰과 그의 저작에 관하여(關於魯迅及其著作)』라는 책을 펴낸 것으로도 유명한데, 이 책은 중국 신문학 사상

「나의 이웃」 창작 무렵의 타이징농(오른쪽 첫 번째, 1928)

루쉰 문학에 관한 최초의 평론집에 해당한다. 타이징농은 1925년 루쉰의 지원에 힘입어 차오징화(曹靖華), 웨이쑤위안(韋素園), 리지예(李霽野) 등과 함께 문학단체 미명사(未名社)를 설립했는데 이때부터 루쉰으로부터 많은 영향을 받게 된다. 그는 루쉰의 평가처럼 "향촌에서의 삶과 죽음, 흙의 숨결"[22]을 묘사한 향토소설 작가로서 대표작 『땅의 아들(地之子)』(1928)과 『탑을 세우는 사람(建塔者)』(1930)을 출판했다. 『중국현대소설사(中國現代小說史)』를 쓴 양이(楊義)는 그 책에서 "만일 1930년대 일군의 우수한 잡문가(雜文家)들이 잡문상의 '루쉰풍(魯迅風)'을 발전시켰다고 말한다면, 타이징농은 1920년대에 소설상의 '루쉰풍'을 계승했다. 그는 주로 루쉰 소설의 풍격 중에서 고골리 식의 '눈물을 머금은 웃음'을 계승한 것이 아니라 안드레예프 식의 '음냉함'을 계승했다"라고 평가한 바 있다.

타이징농의 작품 중에서 우리가 주목할 것은 단편소설집 『땅의 아들』에 실린 「나의 이웃」이라는 작품이다. 이 소설은 '내' 옆방에 세든 '조선인'의 기이한 생활을 묘사하고 있다. '나'는 아침에 배달된 신문에서 일

---

22 魯迅, 「導言」, 『中國新文學大系 小說二集』(上海良友圖書公司, 1935), 16쪽.

본 관련 기사를 읽다가 조선인이 일본의 황궁을 폭파하려다 경찰에 체포되어 어느 날 처형되었다는 내용을 보고 작년에 옆방에 살던 한 젊은이를 떠올리며 그때의 일을 기록한 것이다. 해가 들지 않는 음침한 분위기의 옆방에 살고 있는 수수께끼 같은 인물은 '나'와의 대화에서 조선인임이 밝혀지고, 그의 기이한 생활은 조선의 독립운동과 관련된 것으로 묘사된다. 성냥불을 켜는 소리만 들린다든지, 방 안에서 따박따박 구두 소리를 내며 왔다 갔다 한다든지, 편지를 받으면 몇 분 후 곧장 태워버린다든지 하는 기이한 행동을 보이던 옆방의 조선인은 결국 '야수들'(경찰을 암시)에게 체포되어 잡혀간다. 멀리서 들리는 '당신네 조선사람들……'이라는, 나의 이국 이웃을 모욕하는 그 야수들의 목소리에 나는 분노하며 그들에게 증오를 보낸다. 1년이 지난 뒤 우연히 신문에서 본 기사의 주인공은 바로 옆방에 살다가 잡혀간 그 조선인이었다.

「나의 이웃」은 조선의 독립 문제를 다루고 있기에 작품 내용을 좀 더 꼼꼼하게 살펴보자. 된서리가 대지를 뒤덮은 몹시 추운 어느 날 아침, '나'는 침상에서 겨우 일어났으나 엄동의 추위가 엄습해 방을 나서고 싶지 않아 수업을 받으러 가지 않는다. 등나무 의자에 비스듬히 기대어 앉아 햇볕을 쬐며 불안과 슬픔을 느끼며 몽상에 잠긴다. 그때 신문배달원이 들어와 밀린 돈을 채근하며 신문을 전해준다. 나는 신문을 펼치고 제2면에서 일본에 관한 기사를 읽다가 '폭도인 모모는 조선인이며 황궁을 폭파하려다 경찰에 체포되어 이미 모일에 사형 집행을 당했는데, 스무 살 남짓한 그 범인은 체격이 왜소하고 얼굴이 다소 얽었으며……'라는 내용의 기사를 발견한다. 나는 불안한 마음으로 신문을 내려놓고 허공을 응시하면서 과거를 회상한다.[23]

23 臺靜農, 「我的隣居」, 『地之子 建塔者』(人民文學出版社, 1984), 4쪽.

작년 6월 어느 날, 내가 사는 하숙집에 체격이 왜소하지만 민첩하게 생긴 한 젊은이가 해가 들지 않는 옆방으로 이사를 왔다. 옆방은 귀신소굴처럼 무섭게 느껴지던 곳인데, 이 이웃은 음산한 방에서 종일토록 칩거하며 찾아오는 친구도 없이 늘 방문을 닫고 지냈다. 가끔 '사환'을 부르는 소리는 묵직하고 날카로워 마치 군인이 전쟁에서 명령을 내리는 듯 위엄이 있었다. 그 발음은 광둥(廣東) 사람이 처음 베이징에 와서 북방 발음을 배운 것과 같아서 나는 그를 광둥 사람으로 단정했다. 이 젊은이는 표정이 차갑고 기이하며 얼굴이 다소 얽었고, 건장한 체격은 아니지만 대단히 민첩하고 마치 굶주린 매와 같은 모습이었다. 이 광둥 촌뜨기의 행동에 점점 의혹을 품고 그를 강도와 같은 위험한 인물로 간주했다. 나는 의혹을 풀기 위해 정탐꾼이 되어 뜰을 배회하던 그 젊은이에게 말을 건넸다. 몇 마디 대화에서 그가 조선인이며 작년 일본 지진 이후에 중국에 들어왔다는 사실을 알고 스스로 부끄러움을 느꼈다. 그래서 나는 그에게 '도쿄 지진 때 당신네 한인(韓人)들이 많이 죽었지요?'라고 물었고 그는 그저 '네, 맞아요'라고 대답할 뿐이었다.[24] 대학을 다니느냐, 왜 음습한 방에서 사느냐 하는 나의 질문에 그는 대학은 다니지 않으며 그 방이 조용한 곳이라서 살고 있다고 대답한 뒤 차갑고 고독한 미소를 지으며 진지하게 나를 한 번 쳐다보고는 자기 방으로 돌아갔다.

나는 멍하니 뜰을 배회하면서 분홍 꽃의 따스한 향기가 풍겨오는 가운데 이 불행한 이웃의 비통한 신세에 공감을 느꼈다. 그는 나쁜 놈의 잔혹한 수단을 어떻게 견뎠을까, 그는 나쁜 놈의 포위망을 어떻게 벗어났을까, 그는 눈물을 머금고 조국과 이별하고 자애로운 어머니와 이별하고 사랑하는 이와 이별했을 것이다. 나는 이런 생각을 하면서 참회의 심

---

24 臺靜農, 「我的隣居」, 『地之子 建塔者』, 9－10쪽 참조.

정으로 이 이국의 이웃에게 가졌던 그릇된 의심을 씻어내려 했다. "그는 한 마리 큰 새가 되어 잠시나마 사냥꾼의 핍박을 벗어나 이 끝없는 하늘에서 자유롭게 날며 분노하고 비통해하며, 그래서 그의 반짝이는 두 눈은 마치 번개처럼 사방을 쏘아보며 훗날의 복수를 꾀하려는 것이리라."[25] 이러한 나의 독백은 조선의 독립운동가를 강도로 오인한 데 대한 참회를 담고 있으며 그의 비밀스러운 생활과 행동에 깊은 공감을 표시하는 대목이다.

중추(中秋)가 지난 어느 날 저녁 하숙집 주인의 안내로 한 무리의 사람들이 옆방에 들이닥치더니 다짜고짜 그 젊은이를 체포해갔다. "멀리서 들리는 '당신네 조선사람들……'이라는, 나의 이국 이웃을 모욕하는 그 '야수들'의 목소리"[26]에 나는 몹시 분노했다. 하지만 어쩔 수 없이 두 눈을 부릅뜨고 나의 이 이국 이웃이 달빛에 드리운 그림자 속으로 잡혀가는 것을 바라볼 뿐이었다. 그래서 마음속에서 뜨거운 불길이 치솟아 중천의 달이 질 때까지 잠을 이루지 못했다. 며칠 뒤 사환이 옆방을 청소할 때 나는 그곳을 살짝 들여다보았다. 담배 연기가 뒤섞인 음습한 공기가 확 몰려왔는데, 침상에는 요가 깔려 있고 요와 책상 위에는 일본 신문이 흩어져 있었으며 책상 위에는 또 녹슨 낡은 만년필과 잉크병이 있었다. 바닥에 흩어진 타버린 성냥과 침상 아래에 놓인 담뱃갑을 보고 나는 나의 불행한 이국 친구를 잡아간 한 무리 야수들에게 증오를 보낸다. 그리고 1년이 지난 오늘 나의 이웃은 무심코 본 신문의 한 기사의 주인공이 되어 나타난 것이다. "이건 그대가 아닌가? 그대의 마음 깊이 쌓인 복수를 위해 이런 위대한 희생을 했던 것이리라. 나의 불행한 친구여!"[27]라

25 臺靜農, 「我的隣居」, 『地之子 建塔者』, 11쪽.

26 臺靜農, 「我的隣居」, 『地之子 建塔者』, 13쪽.

27 臺靜農, 「我的隣居」, 『地之子 建塔者』, 13쪽.

는 나의 독백으로 소설은 끝을 맺는다.

이 작품은 1923년 9월 일본의 관동대지진 이후 일본인의 조선인 학살사건이 발생하자 일왕 히로히토(裕仁) 암살을 실행하려다가 체포되어 1926년 3월 사형선고를 받은 박열(朴烈)사건에서 제재를 취한 것으로 보인다. 작가는 외롭고 고독한 이국땅에서 독립운동을 위해 칩거에 가까운 비밀스러운 생활을 할 수밖에 없었던 조선인의 형상을 빌려 조선인에게 독립이 얼마나 간절한가를 표현하고 있다. 그것은 '내'가 나의 이웃인 '조선인'을 핍박한 '나쁜 놈의 잔혹한 수단'을 폭로하고 그를 잡아간 '야수들'을 저주하면서 그에 대한 연민과 동정을 아끼지 않는 데서 잘 드러난다. 타이징농은 작품 속에서 '조선인'은 일본 지진(관동대지진) 이후 '작년'에 중국에 들어온 것이라 했는데, 관동대지진이 1923년 9월에 일어났으니 이 작품의 주요 시간적 배경은 1924년일 것이고 창작 시점은 박열에게 사형선고가 내려진 1926년 3월 이후인 것으로 추정된다. 「두 명의 주자(朱子)」에서 웨이젠공이 조선인을 압박하는 중국 내 경찰 운운한 것은 「나의 이웃」에 나오는 조선인을 체포해간 그 '야수들'을 염두에 둔 것은 아니었을까. 그렇다면 「나의 이웃」은 웨이젠공의 「두 명의 주자」가 씌어지기 이전, 그러니까 1927년 6월 30일 이전에 이미 창작되어 있었던 것으로 보인다.

그렇다면 「나의 이웃」은 루쉰과 어떤 관계가 있을까? 먼저 『땅의 아들』의 출판 경위를 살펴보자. 타이징농은 1926년부터 1928년까지 창작한 단편소설을 묶어 『털매미(蟪蛄)』라는 제목을 달아 1928년 2월 15일 당시 상하이에 있던 루쉰에게 보내 검토를 부탁했다. 루쉰은 타이징농의 소설집을 검토한 후 답신을 보내 "자네의 소설을 이미 읽고 어제 우편으로 부쳤다네. 모두 괜찮은 작품이더군. 다만 '털매미(蟪蛄)'라는 제목은 좋지 않네. 나도 마땅한 제목이 떠오르지 않는데, 지예(霽野)와 함께 생각해보게나"[28]라고 했다. 타이징농은 루쉰의 의견을 받아들여 나중에 소설집 제목을 『땅의 아들』로 고치고 미명사의 총서인 '미명신집(未名新集)' 제1권으로 1928년 11월에 출판하게 된 것이다. 사실 루쉰은 1927년 9월 22일 타이징농에게 보낸 편지에서 "징농 군의 9월 8일 편지를 그저께 받았네. 소설을 내겠다고 했는데, 괜찮겠네. 상하이 북신서국(北新書局)의 리샤오펑(李小峰)에게 부치면 내가 받을 수 있을 거네"[29]라고 말한 것으로 보아 타이징농은 이미 1927년에 소설집을 펴낼 준비를 하고 있었던 것으로 짐작된다. 이 편지에서 밝히고 있듯이 루쉰은 1927년 9월 말 광저우(廣州)를 떠나 상하이로 오게 되는데, 원고를 광저우로 보내지 말고 우선 상하이에 있는 리샤오펑에게 보내라는 것이었다. 또 루쉰은 1930년에 쓴 「비평가가 필요하다(我們要批評家)」라는 짧은 글에서 "최근 2년 동안 특출한 창작은 없었지만 내가 보기에 책으로 인쇄된 것 중에서 리서우장(李守章)의 『고된 여정의 우리들(跋涉的人們)』, 타이징농의 『땅의 아들』…… 등이 그래도 우수한 작품이라 할 수 있다"[30]라고 평가했다. 이렇게 루쉰은 타이징농의 『땅의 아들』의 출판에 적극 개입했을 뿐만 아니라 '우수한 작품'으로 여겼으니 그 책의 첫 번째 작품인 「나의 이웃」에도 공감하는 바가 컸을 것이다.

한편 타이징농과 웨이젠공이 매우 막역한 친구 사이였음은 주지의 사실이다. 타이징농은 1922년 베이징대학에 청강생으로 입학한 후 당시 베이징대학 국문계(중문과) 학생이었던 웨이젠공을 알게 되었다. 또 타이징농이 1924년 베이징대학 연구소 국학문에 들어갔을 때 웨이젠공 역시 이 국학문의 임시 서기를 맡고 있어서 접촉할 기회가 많았다. 더욱이 타이

28 魯迅, 「致臺靜農」(1928. 2. 24), 『書信』, 『魯迅全集(12)』, 103쪽.

29 魯迅, 「致臺靜農 · 李霽野」(1927. 9. 22), 『書信』, 『魯迅全集(12)』, 72쪽.

30 魯迅, 「我們要批評家」, 『二心集』, 『魯迅全集(4)』, 246쪽.

청년 제자들과 대화를 나누는 루쉰(상하이 루쉰기념관, 2011년 촬영)

징농과 웨이젠공이 국학문에 설립된 '풍속연구실'의 가요 수집에 함께 참여하면서 두 사람은 더욱 가까운 사이가 되었다.[31] 이들은 서예 전각에도 심취해 1928년에는 '원대인사(圓台印社)'를 결성해서 함께 활동하기도 했다. 타이징농과 웨이젠공의 이러한 개인적 친분 관계를 고려할 때 1927년 봄부터 서울에 체류하던 웨이젠공이 중국에 돌아올 때면 타이징농을 만났을 것이고, 그들은 자연스럽게 '조선'에 관해 이야기를 나누었을 것이다. 이렇게 '조선'에 관해 이야기하는 사이에 타이징농은 조선을 좀 더 깊이 있게 이해하게 되었을 것이고, 그것이 「나의 이웃」의 내용에 무의식적

31 선젠스(沈兼士)가 기획 책임을 맡고 있던 베이징대학 연구소 국학문은 고고(考古), 방언(方言), 가요(歌謠), 풍속(風俗) 등 4개의 연구실을 설치하고 각 연구실에는 책임자를 두었는데, 좡상옌(莊尙嚴)은 고고연구실, 동쭤빈(董作賓)은 방언연구실, 창후이(常惠, 즉 웨이쥔維鈞)는 가요연구실, 타이징농(臺靜農)은 풍속연구실의 책임자로 임명되었다.

영향을 끼치지 않았을까. 역으로 타이징농의 「나의 이웃」에 묘사된 조선인에 대한 연민과 조선 독립에 대한 기대는 웨이젠공에게 문학적 감화를 일으켜 조선에 대한 균형 잡힌 시각과 태도를 갖도록 이끌었을 것이다. 1929년 5월 루쉰이 베이징을 방문했을 때 미명사에서 한국인 김구경(金九經)을 만나 밤늦도록 조선에 관해 이야기를 나눌 수 있었던 것도 타이징농의 「나의 이웃」과 『어사』에 발표된 웨이젠공의 '교한쇄담'과 무관하지 않을 것이다. 이렇듯 타이징농과 웨이젠공이 조선과 관련된 글을 쓸 무렵 두 사람은 루쉰과 교감하며 친밀히 지내면서 조선에 대한 인식을 공유하고 있었던 것으로 짐작된다.

4. 리지예가 소개한 일화: 김구경과 어느 일본인

루쉰의 베이징 방문 일기에 자주 등장하는 리지예(李霽野, 1904-1997)도 루쉰의 제자로서 그가 쓴 『루쉰 선생과 미명사(魯迅先生與未名社)』에는 '조선'과 관련된 일화가 소개되어 있다. 리지예는 이 책에서 우선 루쉰이 1929년 5월 '미명사에 가서 밤늦도록 이야기를 나눈' 사실을 구체적으로 부연하며 이렇게 말했다.

> 루쉰 선생은 1929년 5월 어머니를 뵙기 위해 베이징을 방문했는데, 그의 일기에 따르면 세 차례 미명사를 들렀고, 25일에는 '미명사에 가서 밤늦도록 이야기를 나누었다'고 했다. 당시 조선인이 한 사람 있었는데, 일본인의 조치에 불만을 품고 일본인이 운영하던 대학을 떠나 베이징으로 왔지만 잠시 어쩔 수 없어 미명사에서 묵고 있었다. 루쉰 선생은 그와 많은 대화를 나누었는데 주로 조선의 정황을 이해하려는 것이었다. 이 사람은 일찍부터

선생의 이름을 경모하여 선생의 필적을 몹시 갖고 싶어 했고, 곧 정갈한 부채종이를 내밀고 선생에게 글을 써줄 것을 부탁했다.[32]

리지예가 언급한 '조선인'은 바로 한국인 김구경(金九經)이다. 루쉰의 일기에도 나와 있거니와 루쉰이 베이징을 방문했을 때 김구경은 여러 차례 루쉰을 만났다. 더욱이 루쉰이 베이징에서 상하이로 돌아온 후 리지예에게 보낸 편지에서 베이징에서 만났던 제자들에게 고마움을 전하면서 김구경의 이름도 빠뜨리지 않았다.[33]

그럼 김구경은 어떤 인연으로 미명사에 묵게 되었을까? 먼저 김구경과 웨이젠공의 관계를 살펴보아야 한다. 웨이젠공은 1927년 4월 서울에 도착한 후 한국 생활을 시작하면서 한국어와 일본어를 몰랐기 때문에 당시 경성제국대학 도서관 직원으로 근무하고 있던 김구경으로부터—중국어도 할 수 있었으므로—일본어와 한국어를 배웠다고 한다. 김구경은 1927년 오타니대학(大谷大學)에서 당시 일본의 유명한 선종학자 스즈키다이세쓰(鈴木大拙)에게 수학하고 졸업 후 경성제국대학 도서관 직원으로 근무하고 있었다. 웨이젠공은 서울에 체류하는 동안 중국경사대학교(中

32 李霽野, 『魯迅先生與未名社』(湖南人民文學出版社, 1980), 222쪽; 李霽野, 『魯迅先生與未名社』(人民文學出版社, 1984), 199쪽. 리지예(李霽野)는 이어 이렇게 서술했다. "루쉰 선생은 겸손하게 말하면서 자신은 글을 잘 쓰지 못하며 여태껏 노력한 적이 없어 부채종이를 망칠까 걱정이라고 했다. 우리는 루쉰 선생이 여태껏 잘난 체하지 않으며 그가 물자를 대단히 아낀다는 것을 알고 있었다. 앉아 있던 두 명의 친구가 먼저 각자 몇 줄씩 글을 썼고 나도 입센의 명구 '완전하지 않으면 차라리 없는 게 낫다(非完全則寧無)'라는 글을 썼다. 선생은 보시고는 웃으면서 곧 부채종이에 시 한 수를 쓰셨다. 지금은 그 시가 선생의 본인 작품이 아니라는 것만 기억하고 있으며, 도대체 누구의 시 작품인지는 기억나지 않는다. 몇십 년의 세월이 흘렀는데, 이 묵적이 아직 세상에 남아 있을까 모를 일이다."

33 "웨이쥔(維鈞), 젠공(建功), 구경(九經), 징농(靜農), 무한(目寒), 총우(叢蕪), 쑤위안(素園) 제형(諸兄)들을 만나면 고맙다는 말을 전해주기 바라오." 魯迅, 「致李霽野」(1929.6.11), 『書信』, 『魯迅全集(12)』, 185쪽.

國京師大學校) 국학연구관(國學硏究館)—베이징대학 연구소 국학문이 이렇게 바뀜—의 특약 통신원의 신분이기도 했고, 또 국립베이징도서관 관장인 위안통리(袁同禮)의 요청으로 이 도서관에 소장할 한국의 한문 서적을 구입할 책임도 맡고 있었다.[34] 웨이젠공이 서울에 체류하는 동안 구입한 책은 『열하일기(熱河日記)』, 『향차일록(香槎日錄)』, 『별록(別錄)』, 『황명유민전(皇明遺民傳)』, 『경교사료(景敎史料)』 등 200부 이상이었는데, 이들을 구입하는 데도 도서관 직원이었던 김구경의 도움이 필요했을 것이다. 이러한 인연으로 인해 1928년 말 김구경이 베이징에 갔을 때 이미 귀국해 있던 웨이젠공이 미명사의 창립 맴버이자 절친한 친구인 타이징농에게 부탁해 김구경의 임시 거처를 미명사에 마련해준 것이다.

루쉰은 짧은 만남이었지만 김구경을 상당히 신뢰한 것으로 보인다. 특히 김구경의 불교에 대한 조예는 루쉰에게 강한 인상을 주었을 것으로 생각되는데, 루쉰 일기에 "오후에 김구경이 쯔가모도 젠고(塚本善隆), 미즈노 세이치(水野淸一), 구라이시 다케시로(倉石武四郞)를 데리고 와서 조상탁본(造象拓本)을 보여주었다"라고 했듯이 김구경은 베이징에 체류하던 일본인 학자들을 데려와서 루쉰이 소장하고 있던 불교 탁본을 함께 구경했다. 김구경은 불교에 대한 조예를 바탕으로 일본인 학자들을 데리고 루쉰을 방문했으니 학문적 교류의 의미도 갖는 것이었다.

리지예의 『루쉰 선생과 미명사』에는 '조선'과 관련된 또 다른 흥미로운 이야기가 실려 있다. 이 이야기는 리지예가 1950년 10월 18일에 행한 한 강연에서 소개한 것인데, 그는 루쉰이 들려준 일화를 이렇게 전했다.

> 조선에서 여러 해 살았던 일본인이 그를 방문했는데, 루쉰 선생은 일제

34 馬嘶, 『一代宗師 魏建功』, 79쪽 참조.

에게 노예살이를 하고 있는 조선사람들의 정황에 관심이 많았고, 그래서 민중의 삶 전반에 대해 물어보았으나 정곡을 찌르는 대답을 얻을 수 없었다. 그 일본인은 안타까워하는 듯한 어투로 조선사람들은 그다지 큰 희망이 없다고 말했다. 상당히 만연된 기풍으로서 조선인들은 투지가 없으며 매우 나태하기 때문이라는 것이었다. 많은 사람들이 새 기르기를 좋아하여 새장을 들고 바깥에 한번 앉으면 한나절 심지어 하루 종일 시간을 보낸다는 것이었다. 루쉰 선생은 이 일본인이 눈을 감고 아니면 기껏해야 한 눈으로만 사물을 보는 것이라고 여기고 그에게 아무런 대꾸도 하지 않았다…… 그는 일본인의 집은 매일 물로 닦아서 정갈한데, 이에 비해 중국의 집은 깨끗하지 않다고 말했다. 만일 그 말이 일본인의 입에서 나온 것이 아니라면 누구라도 승인할 수 있을 것이다. 그러나 그가 조선사람들을 비판할 때 보여준 거만함과 민족 우월감으로 인해 이러한 평범한 말이 오히려 혐오스러운 색깔로 물든 것이다. 루쉰 선생은 그에게 우리는 새장을 아주 깨끗이 닦고 집은 환하고 높고 크면 그만이기에 집 한구석에 거미줄 같은 것이 좀 있더라도 눈에 거슬리지 않는다고 대꾸했다. 새장의 비유는 한편으로는 일본인이 자신들의 집을 자랑한 데 대해 조롱한 것이고 한편으로는 조선사람들에 대한 그의 태도를 슬그머니 풍자하는 것이었다.[35]

루쉰은 일제 치하 조선의 정황에 대해 항상 관심이 많았으며 무엇보다 민중의 구체적인 삶의 현실을 이해하고자 했다. 웨이젠공, 타이징농, 김구경 등을 통해 조선에 대해 보다 더 잘 이해하게 된 루쉰은 일본인의 시각을 통한 좀 더 정확한 조선의 정황도 알고 싶었던 것이다. 하지만 그

35 李霽野,「魯迅先生的故事」,『魯迅先生與未名社』(人民文學出版社, 1984), 198쪽.

'일본인'이 조선인들의 삶의 현실을 외면한 채 민족 우월감에 사로잡혀 왜곡된 시각으로 조선인을 나태한 민족으로 묘사하자 오히려 '새장'을 역이용해 일본인의 집을 작은 '새장'처럼 느끼게 풍자적으로 대응한 것이다. 루쉰의 풍자적 대응은 일제 치하 조선에 대한 그의 좀 더 심화된 이해를 보여준다.

그런데 예의 그 일본인은 과연 누구일까? '조선에서 여러 해 살았던 일본인'이라는 표현에 주목하면 먼저 카라시마 타케시(辛島驍)를 떠올리지 않을 수 없다. 루쉰이 만난 일본인 중에서 한국에 여러 해 동안 체류한 사람은 카라시마 타케시뿐이기 때문이다. 1929년 6월 10일 서울에서 발행된 『경성제국대학일람』의 법문학부 직원 명단을 보면, 카라시마 타케시는 '중국어문학(支那語學支那文學)' 담당 '강사'로 처음 소개되어 있고,[36] 이듬해인 1930년에 발행된 『경성제국대학일람』에서는 중국어문학 담당 '조교수'로 소개되어 있다.[37] 주지하듯이 카라시마 타케시는 1926년 8월, 1929년 9월, 1933년 1월 등 세 차례에 걸쳐 루쉰을 방문해 만난 바 있다. 두 번째 방문은 1929년 9월이었으므로 그가 경성제국대학 강사로 부임한 직후이며,[38] 세 번째 방문은 1933년 1월이었으므로 그가 서울에 체류한 지 이미 3년 반이 지난 시점이다. 루쉰이 리지예에게 들려준 일화의 주인공이 카라시마 타케시라면, 그 이야기는 카라시마 타케시가 루쉰을 세 번째 방문한 때의 일일 것이다.

---

36 京城帝國大學 編, 『京城帝國大學一覽(昭和 4年)』, 昭和 4年(1929) 6月 10日 發行, 129쪽 참조.

37 京城帝國大學 編, 『京城帝國大學一覽(昭和 5年)』, 昭和 5年(1930) 8月 8日 發行, 134쪽 참조.

38 카라시마 타케시는 "당시 나는 이미 대학을 나와 경성에 부임해 와 있었고, 여름방학 말에 여가를 내서 상하이로 건너가 선생을 방문했다"라고 말한 바 있다. 辛島昇, 「解說」, 『中國現代文學硏究』(汲古書院, 昭和 五十八年), 457쪽.

카라시마 타케시는 루쉰이 죽은 후 얼마 지나지 않은 1936년 11월에 쓴 「루쉰 선생(魯迅先生)」이라는 글에서 루쉰을 세 번째 방문했을 때 늦게까지 함께 이야기를 나눈 사실을 이렇게 회고한 바 있다. "그날 밤 중국의 장래에 대해서, 중국의 문학을 이끌어나갈 수 있는 방향에 대해서, 그리고 노동 · 농민 대중에 대한 문화운동의 진위 판별에 대해서, 기타 여러 가지에 대해 흉금을 터놓고 이야기해주었다."[39] 이러한 정황으로 보건대, 리지예가 일본인의 이름을 구체적으로 밝히지는 않았지만 루쉰이 들려준 일화의 주인공은 카라시마 타케시라고 보아도 무방할 것이다. 루쉰이 카라시마 타케시와 밤늦도록 흉금을 터놓고 이야기를 나누던 중 조선에 관한 이야기도 자연스럽게 나왔을 것이다. 하지만 예의 그 일본인, 즉 카라시마 타케시의 왜곡된 시각과 거만한 태도는 루쉰으로 하여금 우회적이지만 조롱과 풍자로 대응하지 않을 수 없게 했다. 당시 일본인들의 그러한 시각과 태도는, 민족주의적이고 프롤레타리아적 경향이 짙은 작품[40]을 창작하던 시기의 장혁주(張赫宙)가 쓴 「나의 문학(僕の文學)」(1933)이라는 글에서도 확인이 된다. 장혁주는 일본인들이, "길게 담배를 물고 유유자적하게 움직이는 조선의 백성을 보면 나태한 민족이라고 말한다"든지, 일본 신문에서 조선인이 "일하기 싫어서 나무 밑에서 낮잠이나 즐기고 있는 것처럼 보이게 하기" 위해 "땅에 지게를 내려놓고 거기에 기대어 낮잠을 자고 있는 일용노동자"의 사진을 싣는다든지[41] 하는 데 대해 강한 불만을 토로했다. 그래서 그는 "일하고 싶어도 일이 없는" 일제 치하 조선사회의 구조적 모순을 지적한 뒤 "나는 이들 민중의 비참한 생활

---

39 辛島昇, 「解說」, 『中國現代文學硏究』, 458쪽. 「루쉰 선생(魯迅先生)」은 『경성제국대학학우회보(京城帝國大學學友會報)』(昭和 十一年十一月十日號)에 실렸다.

40 김학동, 『張赫宙의 일본어 작품과 민족』(국학자료원, 2008), 42쪽 참조.

41 張赫宙, 「僕の文學」(『文藝首都』, 1933. 1), 『張赫宙日本語作品選』, 南富鎭 · 白川豊 編(東京: 勉誠出版, 2003), 288쪽.

을 널리 세계에 알리고 싶다. 호소하련다. 나의 문학은 이로써 존재하고, 그 진가가 발휘되기를 원한다"[42]라고 작가로서의 각오를 밝히기도 했다. 장혁주가 조선인에 대한 일본인들의 왜곡된 시선을 고발하던 바로 그 무렵, 루쉰 역시 피식민 민중들의 고충에 대해 눈을 감은 채 식민 통치자로서의 우월감에 사로잡힌 카라시마 타케시의 왜곡된 시선을 조롱하고 풍자한 것이다. 카라시마 타케시는 1937년부터 일제의 식민정책에 적극 가담해 조선 민중을 동원하는 데 앞장섰으니, 루쉰은 카라시마 타케시의 그러한 경향성을 미리부터 감지하고 있었는지도 모른다. 카라시마 타케시의 세 번째 루쉰 방문을 끝으로 루쉰과 카라시마 타케시의 교류가 사실상 끊어지는데, 그것은 루쉰이 카라시마 타케시의 감춰진 본질을 꿰뚫어보았기 때문이 아니었을까.

카라시마 타케시가 루쉰으로부터 신뢰를 잃고 있었음은 『중국소설사략』의 일본어 번역 과정을 통해서도 확인이 된다. 카라시마 타케시는 1929년 초 도쿄제국대학을 졸업한 후 경성제국대학 강사로 부임하고 그 해 9월 상하이를 방문해 루쉰을 두 번째 만났는데, 이 자리에서 그는 『중국소설사략』을 번역할 뜻을 밝히고 루쉰으로부터 승낙을 받았다. 그런데 나중에 루쉰을 직접 사사한 마쓰타 와타루(增田涉)가 『중국소설사략』의 번역에 착수하면서 카라시마 타케시에게 편지를 띄어 양보해줄 것을 요청하는 일이 생긴 것이다. 이노우에 타이장(井上泰山)의 「마쓰타 와타루와 카라시마 타케시(增田涉と辛島驍)」라는 글에 인용된 카라시마 노보루(辛島昇, 즉 카라시마 타케시의 아들)의 말을 보자. "경성대학(京城大學)에서 아버지의 부임 직후에 수업을 받았던 후치카미 유조(淵上雄道) 씨의 말에 따르면, 당시 아버지는 루쉰의 『중국소설사략』의 번역을 진행해 완성을 앞두

42 張赫宙, 「僕の文學」(『文藝首都』, 1933. 1), 『張赫宙日本語作品選』, 290쪽.

고 있었던 것 같은데, 그 일은 동창인 마쓰다 와타루 씨의 요청으로 양보했고, 일본어 번역본은 소화(昭和) 10년 마쓰다 씨에 의해 간행되었다."[43] 학생 신분으로 스승의 번역 상황을 정확하게 파악하기는 쉽지 않을 것이므로 후치카미 유조의 증언을 액면 그대로 받아들이기는 어렵겠지만, 카라시마 타케시가 『중국소설사략』의 번역을 진행하고 있었던 것만은 인정할 수 있을 것이다. 카라시마 타케시도 「루쉰을 추억하며(魯迅追憶)」에서 동창인 마쓰다 와타루가 『중국소설사략』의 번역권을 자신에게 넘겨달라고 요청하는 편지를 보내왔을 때 양보할 수밖에 없었으며 "아마 루쉰은 마쓰다 군의 번역을 기뻐했을 것으로 생각한다"라고 말했다.[44]

이 대목에서 루쉰이 '마쓰다 군의 번역을 기뻐했을' 이유에 대해 좀 더 따져볼 필요가 있다. 루쉰이 1932년 11월 7일 일본어로 쓴, 마쓰다 와타루에게 보낸 편지를 보자. "이노우에 코바이(井上紅梅)에 의해 내 저작이 번역된 일은 의외라는 느낌이 들더군. 그와 나는 길이 다르네. 그러나 그가 번역한다고 해도 어쩔 수 없는 일이지 않은가. 근래에 그의 『술, 아편, 마작(酒, 阿片, 麻雀)』이라는 책을 보았는데, 더욱더 개탄스러웠네. 그렇지만 이미 번역되었으니까 어쩔 수 없는 일이네…… 나는 『소설사략』도 위험하다고 생각하네."[45] 루쉰이 이 편지에서 '『소설사략』도 위험하다'고 말한 의미는 무엇이었을까? 이노우에 타이장은 「마쓰타 와타루와 카라시마 타케시」에서 "여기에서 '위험하다'라는 말의 의미는 마쓰다 와타루 자신이 이미 설명하고 있는데, 그것은 '누군가가 먼저 번역하고 간행할지도 모른다는 뜻'이라는 것이다. 이에 대해서는 좀 더 설명이 필요하지만 결

43 井上泰山, 「増田渉と辛島驍: 『中國小說史略』の飜譯をめぐって」, 『関西大学東西学術研究所紀要(45)』, 2012. 4, 35쪽 재인용.

44 辛島驍, 「魯迅追憶」, 『桃源』 創刊號(東京: 1949年 6月), 13쪽 참조.

45 魯迅, 『書信』, 『魯迅全集(14)』, 222−223쪽.

론부터 말하면, 당시 루쉰의 뇌리에는 어느 정도 면식도 있고 『중국소설사략』의 번역을 제안했던 카라시마 타케시의 존재가 떠올랐던 것이 아닌가 생각된다"[46]라고 했다. 루쉰이 '위험하다'고 한 것은 마쓰다 와타루 본인의 설명대로 누군가가 먼저 번역할지도 모른다는 우려로 해석할 수 있는바, 그 '누군가'는 이노우에 타이장이 지적한 것처럼 카라시마 타케시일 가능성이 가장 크다. 그런데 루쉰이 그 '누군가'로 카라시마 타케시를 지목했을 때, 그것은 단순히 다른 사람에 의해 번역될 수 있다는 우려에 그치지 않고 이노우에 코바이와 같은 '길이 다른' 사람에 의해 번역될 수 있다는 우려도 포함하는 것이 아니었을까. 어쨌든 루쉰은 『중국소설사략』이 카라시마 타케시에 의해 번역되는 것을 원치 않았던 것이다.

5. 루쉰으로부터 받은 정신적 영향

지금까지 실증적 자료를 토대로 루쉰의 제자인 웨이젠공, 타이징농, 리지예 등을 중심으로 그들이 조선을 어떻게 체험하고 인식했는지를 루쉰과의 관계 속에서 고찰했다. 웨이젠공은 경성제국대학의 중국어 '강사' 신분으로 1년 4개월간 서울에 체류하면서 당시 일제 치하 조선에서의 경험과 사색을 담은 에세이 성격의 '교한쇄담(僑韓瑣談)'을 『어사(語絲)』에 연재했다. 그는 이 글에서 한중(韓中)의 역사적 · 문화적 관계, 일제 치하 조선의 상황, 조선 독립의 당위성, 한중 상호 이해의 필요성 등을 상당히 균형 잡힌 시각에서 서술했다.

타이징농의 단편소설 「나의 이웃」은 어느 날 신문기사에 난 일본 황

46 井上泰山, 「增田涉と辛島驍: 『中國小說史略』の飜譯をめぐって」, 『関西大学東西学術研究所紀要(45)』, 34쪽.

궁 폭파사건의 주인공이 바로 1년 전 옆방에 살면서 비밀리에 독립운동을 하다가 '야수들'에 붙잡혀간 그 '조선인' 젊은이임을 떠올리면서 그의 생활 모습을 묘사한 작품이다. 타이징농은 이 작품을 통해 외롭고 고독한 이국땅에서 독립운동을 위해 칩거에 가까운 비밀스러운 생활을 할 수밖에 없었던 조선인의 형상을 빌려 조선인에게 독립이 얼마나 간절한가를 표현하고 있다. 그것은 '내'가 이웃인 조선인을 핍박한 '나쁜 놈의 잔혹한 수단'을 폭로하고 그를 잡아간 '야수들'을 저주하면서 그에 대한 연민과 동정을 아끼지 않는 데서 잘 드러난다.

리지예는 루쉰이 1929년 5월 베이징을 방문했을 때 미명사(未名社)에서 한국인 김구경을 만나 밤늦도록 조선에 관해 이야기를 나누었던 사실을 술회했고, 또 루쉰으로부터 들었던, 조선인은 투지가 없고 나태해 희망이 없다고 비하한 어느 '일본인' 이야기를 소개하면서 '거만함과 민족 우월감'으로 가득 찬 그 일본인의 왜곡된 시각을 들춰냈다. 그 일화의 주인공은 바로 카라시마 타케시(辛島驍)일 것으로 추정되는데, 루쉰은 카라시마 타케시가 예로 든 '새장'을 역이용해 조선인을 비하한 그를 우회적으로 조롱하고 풍자했다.

루쉰은 이들 제자와의 교류를 통해 조선의 현실을 좀 더 적극적으로 이해할 수 있었던 것으로 보인다. 루쉰은 1929년 5월 김구경으로부터 조선에 관한 이야기를 들었을 뿐만 아니라 웨이젠공과의 대화를 통해 조선의 정황을 실감나게 파악할 수 있었을 것이다. 조선 독립의 당위성과 한중 상호 이해의 필요성을 언급하고 있는 웨이젠공의 '교한쇄담' 역시 루쉰이 조선을 좀 더 깊이 있게 이해하는 데 도움을 주었을 것이다. 루쉰은 타이징농이 검토를 요청하며 보내온 단편소설집 『땅의 아들』을 높이 평가하기도 했으니 그 첫 번째 작품인 「나의 이웃」을 통해 조선 독립의 절박성에도 공감했을 것이다. 이렇게 루쉰은 제자들과의 교류를 통해 일제 치하 조선의 정황을 이해하면서 조선 민중의 삶에 더욱 관심을 가졌던 것으로 보인다. 1933년 5월 『동아일보』 특파원 기자 신언준(申彦俊)이 그를 방문했을 때 조선의 정황을 묻고, 또 조선의 글로 된 서적이 적어지고 조선의 문예 내지 전반 문화(全般文化)가 일본화(化)한다는 말을 듣고 그것이 결코 비관할 것이 아니라고[47] 말하며 용기를 주었던 것도 이러한 배경에서 가능했을 것이다.

루쉰은 베이징에 있던 제자들과 교류하면서 조선을 이해하는 데 있어 그들로부터 일정한 영향을 받았지만, 그 제자들이 조선을 적극적으로 이해하고 동정적으로 묘사한 데에는 루쉰으로부터 받은 정신적 영향도 간과할 수 없을 것이다. 웨이젠공은 1928년 『어사』 제4권 제33기에 「진자점에서 한가한 시간을 보내다(榛子店養閑的)」라는 글을 발표해 박지원의 『열하일기』에 나오는 진자점(榛子店)의 기루(妓樓)에 관한 이야기를 소개한 바 있다. 웨이젠공은 먼저 박지원을 조선의 유명한 학자로 소개하면서 "145년 전 중국 북방의 풍속 및 조선의 배청사상(排清思想)의 사료로서 자못 가치가 있다"[48]라고 『열하일기』를 높이 평가했다. 그리고 그는 글의 말미에서 진자점에서 아름다운 목청의 노랫가락을 직접 들을 수 있어 바라던 바를 이루었지만 듣지 않았을 때의 상상 속의 여운은 이제 사라지게 되었다는 우려를 표현한 박지원의 감상을 인용하며 이렇게 말했다. "왕년에 황제를 폐해 베이징의 옛 궁궐에서 내쫓은 뒤 그곳을 정기적으로 개방해 누구나 관람할 수 있게 했는데, 루쉰 선생만이 가고 싶어 하지 않으셨다. 직접 눈으로 보고 나면 그 쇠락함이 마치 폐허처럼 보여 도리어 상상 속의 아름다움이 모두 함께 사라져버릴 것이니 몹시 불쾌하

47 申彦俊, 「魯迅訪問記」, 『新東亞』, 1934. 4, 152쪽.

48 天行(魏建功), 「榛子店養閑的」(僑韓耳食錄之一), 『語絲』 第三十三期, 23쪽; 魏建功, 『魏建功文集(伍)』(江蘇教育出版社, 2001), 207쪽.

지 않겠는가 하셨다. 오늘 박 씨의 말은 이런 연상을 불러일으켰다."[49] 웨이젠공은 루쉰의 말을 인용해 박지원의 감상을 이해하고자 했는데, 이는 웨이젠공이 루쉰으로부터 직접 정신적 영향을 받고 있었음을 시사한다. 웨이젠공의 조선 인식은 서울에서의 실제 체험에서 우러난 것이었지만 그 시각과 태도는 루쉰의 정신적 영향과 무관하지 않을 것이다. 누구보다 루쉰과 친밀한 관계를 유지해온 타이징농 역시 루쉰으로부터 정신적 영향을 많이 받았으니, 그의 '조선인' 형상화도 그러한 맥락에서 이해할 수 있을 것이다.

---

49 天行(魏建功), 「榛子店養閑的」, 『語絲』 第三十三期, 29쪽; 魏建功, 『魏建功文集(伍)』, 210쪽. 같은 호 『어사(語絲)』의 「수감록(隨感錄)」란에 위다푸(郁達夫)의 「혁명광고(革命廣告)」가 실려 있고 곧이어 루쉰이 쓴 「루쉰 부기(魯迅附記)」가 실려 있다.

제4부

장아이링(張愛玲)

: 한국과의 인연으로 문학적 주제를 심화하다

제7장

장아이링과 최승희, 그리고 한국전쟁 서사

1. 장아이링과 한국

장아이링(張愛玲, 1920－1995)은 중국인들이 가장 애독하는 소설의 작가이다. 미국에서 활동한 중국 현대문학 연구자 샤즈칭(夏志清)은 1961년에 펴낸 『중국현대소설사(A History of Modern Chinese Fiction)』(예일대학출판부)에서 장아이링을 '오늘날 중국에서 가장 우수하고 가장 중요한 작가'[1]라고 평가하면서 루쉰(魯迅), 마오둔(茅盾), 라오서(老舍), 바진(巴金), 선총원(沈從文) 등과 같은 반열에 놓고 다룬 바 있다. 국내에서는 리안(李安) 감독의 영화 「색, 계(色, 戒)」의 원작자로 알려지면서 더욱 유명해졌다.

장아이링은 1943년 5월 통속문학 잡지 『자라란(紫羅蘭)』에 첫 소설 「침

1 夏志清, 『中國現代小說史』(復旦大學出版社, 2005), 254쪽.

1954년 홍콩 체류 당시의 장아이링

향설: 첫 번째 향로(沉香屑: 第一爐香)」를 발표하면서 작가로 데뷔한 후 짧은 기간 동안 왕성한 창작 활동을 펼쳤다. 1943년 한 해에 「재스민 차(茉莉香片)」, 「경성지련(傾城之戀)」, 「황금 족쇄(金鎖記)」를 『잡지(雜誌)』에 발표했고, 「심경(心經)」, 「유리기와(琉璃瓦)」를 잡지 『만상(萬象)』에, 「봉쇄(封鎖)」를 잡지 『천지(天地)』에 발표했다. 1944년에는 「붉은 장미 흰 장미(紅玫瑰與白玫瑰)」를 『잡지』에 연재했고, 중단편소설집 『전기(傳奇)』와 산문집 『유언(流言)』을 출판했다. 사회주의 중국이 성립한 후인 1950년에는 량징(梁京)이라는 필명으로 장편소설 『십팔춘(十八春)』을 상하이에서 발간되던 『역보(亦報)』에 연재했고, 대륙 중국을 떠나 홍콩에 머물던 1953년에는 영어로 장편소설 『앙가(秧歌)』를 썼으며 1954년에는 『적지지련(赤地之戀)』을 완성했다. 그 후 미국에 체류하면서 1966년에는 홍콩의 『성도일보(星島日報)』에 「황금 족쇄」를 개편해 장편소설 『원녀(怨女)』를 연재했고, 1968년에는 『십팔춘』을 수정한 『반생연(半生緣)』을 타이베이(臺北)에서 출판했다. 또 1978년에는 단편소설 「색, 계(色, 戒)」를 『중국시보(中國時報)』의 부간(副刊) 『인간(人間)』에 발표하기도 했다.

이 중에서 그녀의 대표 작품집 『전기(傳奇)』는 작가 스스로가 상하이 사람들을 위해 창작했다고 말했던 것처럼[2] 상하이 독자들에게는 특별한 의미로 다가온다. 전통과 현대가 공존하는 고금의 전환기요 동서문명

2 張愛玲, 「到底是上海人」, 『流言』(張愛玲全集)(北京出版社出版集團 · 北京十月文藝出版社, 2009), 5쪽 참조.

『전기(傳奇)』를 창작한 아이딩둔아파트(2009년 촬영)

이 뒤섞인 1930 · 1940년대 대도시 상하이의 시공간적 특수성이 장아이링의 문학세계를 빚어냈다고 할 때, 그것은 낡은 것과 새로운 것의 혼재 속에서 탄생했다. 장아이링의 소설이 중국 전통소설의 서사 방법을 차용하면서도 서양의 모더니즘적 특징을 은연중에 수용하고 있는 것은 바로 이 때문이다. 장아이링이 유년기와 청소년기를 보낸 양옥 저택, 홍콩에서 돌아와 글을 쓰며 고모와 함께 지낸 최신식 아파트 등은 모두 새로운 것이었다. 그러나 그 주변의 환경과 일상적인 생활 경험은 여전히 낡은 것에 속해 있었다. 이를테면, 장아이링이 『전기』를 창작할 때 살았던 아이딩둔(愛丁頓)아파트는 엘리베이터가 있었고 지금 보아도 대단히 세련된 디자인의 현대식 건물인데, 당시 그 주변에는 재래의 전통 건물이 상존하고 있었다. 그런데 현재 이 아파트는 옛 모습 그대로 잘 보존되어 있지만 그 뒤로 거대한 '스위스호텔'이 들어서 있고 양옆으로는 우람한 현대식 빌딩이 세워져 있어 큰 대조를 이룬다. 장아이링이 살던 옛 아파트가 세련된 풍모를 자랑한다고 하더라도 뒤쪽과 양옆으로 지어진 신식 건물들과 비교할 때 이제는 낡은 것에 속한다. 새로운 것과 낡은 것의 혼재가 재구성되고 있는 것이다. 어쩌면 이러한 혼재가 있기에 오늘날 중국인들, 특히 상하이 독자들은 장아이링의 소설을 더욱 애독하고 있는지도 모른다.

도시에서 나고 자란 장아이링은 향촌에서 나고 자란 루쉰(魯迅)과 비교가 된다. 장아이링은 타이완의 황관출판사(皇冠出版社)로부터 창립 40주년 기념을 위해 '축복(祝福)'할 만한 간단한 이야기를 해달라는 부탁을 받았을 때, 이전에 루쉰의 단편소설 「축복(祝福)」(복을 비는 제사)을 읽고 나서 제목 '축복'의 의미를 잘 이해할 수 없었던 사실을 다음과 같이 술회한 바 있다. "나는 이전에 루쉰의 소설 「축복」을 읽고서 왜 '축복'이라고 했는지 잘 이해할 수 없었다. 조상 제사에 과부 샹린댁(祥林嫂)이 참여하지 못하도록 했는데, 재수가 없다는 이유에서였다. 이것은 부정적인 영향에 지나지 않는다. 제사는 조상들이 보우해주기를 기원하는 것인데, 조상은 단지 몰래 보우해줄 수 있을 뿐 축복의 의식(儀式)은 없다."[3] '축복'은 '복을 빌다'라는 뜻이지만 섣달 그믐날 천지에 제를 지내며 새해의 복을 빌던 제사를 가리키는 말이기도 하다. 섣달 그믐날 지내는 제사를 '축복'이라 했으니, 대도시에서만 생활한 장아이링으로서는 향촌에서 행해지던 그런 풍습을 경험적으로 알 길이 없었다. 장아이링은 루쉰이 제목으로 사용한 '축복'을 '복을 빌다'라는 뜻으로만 이해하고 섣달 그믐날에 지내는 '복을 비는 제사'라는 것을 떠올리지 못했기 때문에 소설의 내용과 제목이 잘 어울리지 않는다고 생각했다. 이는 대도시에서 나고 자

3 張愛玲, 「四十而不惑」, 『重訪邊城』(張愛玲全集)(北京出版社出版集團 · 北京十月文藝出版社, 2009), 247쪽.

란 장아이링과 향촌에서 나고 자란 루쉰 사이에 뚜렷한 경험적 차이가 존재함을 뜻한다.

그런데 장아이링은 도시에서 나고 자랐지만 신문학 못지않게 중국의 전통 구소설에도 심취했었다. 1944년 3월 한 좌담회에서 장아이링은 『홍루몽(紅樓夢)』을 숙독했으며 동시에 『라오찬 유기(老殘游記)』, 『성세인연(醒世姻緣)』, 『금병매(金甁梅)』, 『해상화열전(海上花列傳)』, 『헐포조(歇浦潮)』, 『이마(二馬)』, 『이혼(離婚)』, 『일출(日出)』 등 다양한 작품을 숙독했다고 말한 바 있다.[4] 장아이링이 홍콩대학 재학 시절, 전시에 포탄이 떨어지는 것도 아랑곳하지 않고 도서관에서 청대의 장회소설 『성세인연』을 읽었던 일화는 전통소설에 대한 그녀의 탐닉을 보여준다. "지붕 위에는 고사포가 설치되어 있어서 폭격의 목표가 되었는데, 포탄이 하나하나 굉음을 내며 떨어졌고 점점 더 가까워졌다. 그저 나는 적어도 책을 다 읽을 때까지 괜찮겠지, 라고 생각했을 뿐이다."[5] 남편 후란청(胡蘭成)이 장아이링에게 『홍루몽』과 『서유기』가 톨스토이의 『전쟁과 평화』나 괴테의 『파우스트』보다 낫다고 말하자 장아이링은 아무렇지도 않은 듯이 "당연히 『홍루몽』과 『서유기』가 좋아요"[6]라고 대답했던 것도 같은 맥락이다. 사실 장아이링은 어린 시절에 『모던 홍루몽(摩登紅樓夢)』이라는 소설의 창작을 시도한 바 있거니와 평생 『홍루몽』 등 전통소설을 손에서 놓지 않았다. 그녀는 1955년 11월 이후 홍콩을 떠나 미국에서 생활하면서 창작 면에서 큰 영감을 얻지 못하자 두 가지 일에 매달렸는데, 하나는 『홍루몽』 연구였고 다른 하나는 『해상화열전』의 번역이었다. "10년을 하루같이 고증에 빠져

---

4 陳子善 編, 「女作家聚談會」, 『張愛玲的風氣: 1949年前張愛玲評說』(山東畵報出版社, 2004), 158쪽 참조.

5 張愛玲, 「憶胡適之」, 『重訪邊城』(張愛玲全集), 18쪽.

6 胡蘭成, 「民國女子」, 『張愛玲評說六十年』, 子通 · 亦淸 主編(中國華僑出版社, 2001), 28쪽 참조.

최승희의 상하이 공연 무대인 메이치대희원(美琪大戲院, 2014년 촬영)

'홍루몽염(紅樓夢魘)'이라는 이름을 얻었다"[7]라고 했듯이 『홍루몽』은 자전소설이 아니라 창작소설이라는 것을 학술적으로 고증하고자 10년을 공들여 1977년 마침내 『홍루몽염』이라는 책을 완성했다. 또 쑤저우(蘇州) 지역 방언인 오어(吳語)로 씌어진 『해상화열전』을 영문 및 베이징 표준어로 옮기면서 상세한 주석까지 달았다. 이처럼 장아이링은 당시 가장 발달한 대도시에서 서구화된 생활을 누리면서도 중국의 전통소설에 탐닉하는 등 '동방적인 것'에 깊이 이끌렸다.

그렇기에 1930 · 1940년대에 조선 춤 또는 동양 춤의 현대화로 세계적 명성을 얻고 있던 한국의 무용수 최승희(崔承喜)가 상하이에서 공연을 했을 때, 당시 상하이 문단의 베스트셀러 작가로 떠오른 장아이링을 만나게 된 것도 우연이 아니다. 최승희가 공연차 상하이를 방문했을 때인 1945년 4월 9일 『신중국보(新中國報)』 신문사는 상하이 화마오호텔(華懋飯店)에서 '최승희와 상하이 여작가 좌담회'를 개최했다. 이 좌담회에 장아이링도 초대되었고, 그녀는 좌담회에 참가하기에 앞서 남편 후란청과 함께 최승희의 무용을 직접 관람하기도 했다. 이때 장아이링은 최승희의 춤에 대해 칭찬을 아끼지 않았는데, 최승희의 춤으로부터 어떤 동양적인 특징을 발

7 張愛玲, 「自序」, 『紅樓夢魘』(張愛玲全集)(北京出版社出版集團 · 北京十月文藝出版社, 2009), 5쪽.

견하고 그에 공명했기 때문이다. 최승희의 춤이 풍기는 동양적인 것이란 '호의적인 풍자', '웃음을 자아내는 비극'의 특징으로 요약된다.

한편 장아이링은 장편소설 『앙가』와 『적지지련』에서 한국전쟁을 소재로 다루기도 했다. 『앙가』에는 한국전쟁 참전 지원병에게 지급될 군화를 만드는 데 농촌의 한 마을이 총동원되는 이야기가 서술되어 있고, 『적지지련』에서는 주인공 류취안(劉荃)이 한국전쟁 지원병으로 참전한 이야기가 작품의 결미인 제11장 전체를 구성하고 있다. 또한 장아이링은 죽기 한 해 전인 1994년, 타이완에서 출판한 자전적 사진첩 『대조기(對照記)』의 「발문」에 북한의 김일성 사망 소식이 헤드라인 기사로 나온 중국어 신문을 들고 찍은 자신의 사진을 마지막 '몽타주' 사진으로 함께 실어놓았다.

이렇게 장아이링은 최승희의 춤을 높이 평가하고 그녀와 대화를 나누었을 뿐만 아니라 한국전쟁을 소설의 소재로 삼고 김일성 사망 소식에 민감하게 반응했다. 오늘날 그녀의 중국에서의 문학적 위상을 고려할 때, 이러한 사실은 장아이링과 한국과의 관련성을 좀 더 세밀하게 탐구할 의욕을 불러일으킨다. 그에 대한 실증적 탐구는 장아이링의 문학세계에 대한 이해의 폭과 깊이를 더해줄 것이며, 근현대 시기 한중 교류의 실상을 포착하고 그 역사적 경험을 반추하는 계기가 될 것이다.

2. 상하이 여작가와의 좌담회: 최승희와 장아이링의 만남

한국이 일제 치하에 있던 1943년 10월에 최승희는 중국 상하이에서 1차 공연을 가졌고, 1945년 3월에는 2차 상하이 공연을 가졌다.[8] 주지하듯

8 최승희의 상하이 1차 공연: 최승희예술무용공연(崔承喜藝術舞踊公演), 1943년 10월 19일－28일, SAI SHOKI DANCE RECITALS, 메이치대희원(美琪大戲院, MAJESTIC

〈승무〉를 공연하는 최승희

이 최승희는 1926년 열여섯의 나이에 서울에서 열린 이시이 바쿠(石井漠)의 무용 공연을 보고 충격을 받아 그의 연구생이 되어 일본으로 건너갔고 그곳에서 현대무용을 배웠다. 1929년 한국으로 돌아온 최승희는 서울에서 최승희무용연구소를 설립하고 현대무용 기법을 바탕으로 조선의 민속을 소재로 한 작품을 발표하기 시작했다. 이후 그녀는 조선 춤의 현대화와 동양 무용의 창조로 예술 방향을 전환하고 한국, 중국, 일본 등 각국의 민속적인 소재로부터 자신만의 독특한 예술세계를 구축함으로써 '살인적인 인기'를 누리게 된다. "얇은사(紗) 하이얀 고깔은 고이접어서 나빌레라…… 두볼에 흐르는 빛이 정작으로 고와서 서러워라" 고 노래했던 시인 조지훈의 「승무(僧舞)」도 최승희의 〈승무〉(1936)라는 춤이 동기가 되었다고 한다.[9]

THEATRE)에서. 상하이 2차 공연: 1945년 3월, 상하이 다화대희원(上海大華大戲院, 靜安寺路 742號)에서. 상하이 3차 공연: 최승희무용창작공연회(崔承喜舞蹈創作公演會), 연출자 중앙희극학원(中央戲劇學院) 최승희무도연구반(崔承喜舞蹈研究班), 1952년 6월 9일–22일, 메이치대희원(美琪大戲院)에서.

9 "내가 승무를 시화해 보겠다는 생각을 가지기는 열아홉 때의 일이다. 나는 이 승무로써 나의 시 세계의 처녀지를 개척하려고 무척 고심하였으나 마침내 이보다 늦게 구상한 「고풍의상(古風衣裳)」에게 자리를 양보하지 않을 수 없었다. 이 난산(難産)의 시를 회잉(懷孕)하기까지 나는 세 가지의 승무를 사랑하였다. 첫 번째는 한성준의 춤, 두 번째는 최승희의 춤, 세 번째는 어떤 이름 모를 승려의 춤이 그것이다. 앞의 두 분 춤은…… 승무를 시화케 한 최초의 모멘트가 된 것은 사실이다"(조지훈, 『詩의 원리』).

최승희의 상하이 공연과 관련해 주목되는 것은 당시 상하이의 문예지 『잡지(雜誌)』 1945년 4월호에 「최승희의 두 번째 상하이 방문기(崔承喜二次來滬記)」라는 글이 실려 있다는 사실이다. 이 글은 최승희와 중국의 유명한 경극배우 메이란팡(梅蘭芳)과의 대담 및 상하이 여작가와의 좌담회에 관한 내용을 담고 있는데, 최승희의 동양 무용 창조의 이론적 견해를 엿볼 수 있고 좌담회에 참가한 장아이링과 최승희의 대화도 확인할 수 있어 흥미롭다. 『신중국보(新中國報)』 신문사가 주최한 이 좌담회는 '화마오호텔 8층 3호실'에서 열렸는데, 최승희, 장아이링, 관루(關露), 왕위안(王淵), 판류다이(潘柳黛) 및 사회자 루펑(魯風)이 참가했다. 화마오호텔은 지금은 허핑호텔(和平飯店)이라는 이름으로 바뀌었는데, 상하이에서 가장 번화한 와이탄(外灘)의 중심에 위치한 특급 호텔이다.[10] 이 좌담회에서 최승희는 "재작년 상하이를 방문했을 때 루펑 선생의 도움을 받았고 또 이곳에서 한 차례 좌담회를 열었습니다. 이번에 또다시 여러 선생님 및 여작가들과 만나게 되어서 정말 즐겁습니다"[11]라고 운을 띄었는데, 이를 통해 1943년 1차 상하이 공연 때도 좌담회가 열렸음을 알 수 있다. 다만 첫 번째 좌담회에 대한 기록이 없어 자세한 상황을 알 수 없기에 1945년의 이 두 번째 좌담회가 특별한 의미를 갖는다.

이 좌담회에서 최승희는, 전통문화와 민족 특색을 새로운 무용예술에 융화시킨 세계적인 발레리나 러시아의 안나 파블로바와 동급의 천재로 일컬어지며 다음과 같이 소개되고 있다. "그녀(최승희)는 동방정신문명을 무용예술 속에 재현하기 위해 경쾌한 육체, 아름다운 용모, 우아한 표정

---

10 2012년 필자의 답사에 의하면, '8층 3호실'은 오랫동안 리딩룸(reading room)으로 사용되다가 지금은 상하이각(上海閣)이라는 이름으로 회의나 식사를 할 수 있는 공간으로 꾸며져 있다.

11 洛川, 「崔承喜二次來滬記」, 『雜誌』 1945年 4月號, 87쪽.

을 사용해 동방 민족의 여러 가지 향토적인 무용을 종합하고 형상화하고 창조해 그것을 일약 가장 우수한 무용예술 경지로 끌어올렸다."[12] 사실 최승희는 1943년 1차 상하이 공연을 포함하는 중국 순회공연에서 돌아온 이후 새로운 동양 무용을 창조하는 데 더욱 매진한다. 최승희가 1944년 1월 27일부터 2월 15일까지 도쿄의 제국극장에서 20일 동안 23회에 걸쳐 가진 장기 공연의 레퍼토리를 보면 그 윤곽을 파악할 수 있다. 재연한 것으로는 조선 춤인 〈검무〉, 〈신조〉, 〈천하대장군〉, 〈즉흥무〉, 〈세 가지 전통적 리듬〉 등을 비롯해, 중국 춤인 〈명비곡〉, 〈옥적〉 등이 있고, 나머지는 최승희가 동양 무용의 창건을 위해 중국의 경극에서 가져온 〈연보〉, 〈정아의 이야기〉, 〈제갈공명〉, 〈누비별왕〉, 그리고 〈옥불〉 같은 춤이었다.[13] 2차 상하이 공연 역시 최승희의 새로운 동양 무용 창조라는 기조 속에서 이루어진바, 그녀는 이 공연을 계기로 당시 상하이에서 인기를 얻고 있던 장아이링을 만난 것이다. 당시 최승희에게 장아이링은 상하이 여류작가 중의 한 사람에 지나지 않았겠지만, 장아이링에게 최승희는 각별한 의미로 다가왔을 것이다. 장아이링은 좌담회 참가에 앞서 상하이 다화대희원(上海大華大戲院)에서 공연되고 있던 최승희의 무용을 직접 관람했는데, 관람 후 최승희의 춤을 호평한 것은 매우 의미심장하다.

최승희의 춤에 대한 장아이링의 평가는 최승희 춤이 가지고 있는 매력의 소재를 밝혀주고 또 그것이 장아이링의 문학세계와도 연결된다는 점에서 좀 더 구체적으로 살펴볼 필요가 있다. 장아이링은 최승희의 공연 중에서 한 소녀가 열등감에 사로잡힌 곱사등이를 희롱하는 이야기의 춤을 좋아했다고 한다. 한 소녀가 곱사등이와 춤을 추며 그에게 호감을 보이지만 곧 달아나버리고 그에게 실망감을 안겨준다는 내용인데, 장아이링

12 洛川, 「崔承喜二次來滬記」, 『雜誌』 1945年 4月號, 84쪽.

13 정병호, 『춤추는 최승희』(뿌리깊은나무, 1995), 237쪽 참조.

은 그 소녀가 곱사등이를 희롱했지만 그것은 단순하고 천진한 한 소녀의 희롱으로서 그다지 심각하지 않으며 곱사등이가 애처롭지만 소녀를 양해할 수 있다는 것이다. 그래서 장아이링은 "풍자도 이렇게 호의적이며, 비극도 사람을 웃기게 할 수 있군요. 지금까지 일반적인 익살풍자가 이렇게 동정심을 가진 적이 없었어요. 채플린의 영화는 대단하다고 할 수 있지만, 그것은 중국의 명사파(名士派)에 가까운, 일종의 떠돌이(流浪人)의 부자연스러움(做作)이 느껴져 나는 싫어요. 그것은 최승희의 춤에 미치지 못해요. 어쨌든 우리 동양적인 것이 가장 기본적이에요"[14]라고 했던 것이다.

여기서 장아이링이 호평한 소녀와 곱사등이의 춤은 과연 어떤 작품이었을까? 최승희의 조선풍의 춤 작품 중에서 1935년에 초연된 〈조선풍의 듀엣〉을 떠올릴 수 있다. 〈조선풍의 듀엣〉은 "조선의 민속춤꾼법을 받아들여 창작한 듀엣, 풍자로써 그려진 정겨운 분위기로 충만한 시골 처녀와 총각의 사랑을 표현"[15]한 것인데, 장아이링이 칭찬한 최승희의 춤은 바로 이것이었을 것으로 추정된다. 장아이링은 최승희의 춤으로부터 동양적인 특색을 발견하는 데 주저하지 않았으니, 그것은 '호의적인 풍자', '웃음을 자아내는 비극'이었다. 그렇다면 장아이링이 최승희의 춤에 공명할 수 있었던 것은 바로 최승희 춤의 동양적 특색이 인생의 비극적 측면을 풍자적이고 담담하게 묘사하는 장아이링의 문학세계와 상통했기 때문이다. 더욱이 중국의 현대 시인 아이칭(艾青)이 1951년 베이징에서 최승희의 춤을 관람한 후 최승희와 그의 딸 안성희를 위해 「어머니와 딸」이라는 시를 지어 노래하면서 "그대의 슬픈 춤사위에/ 조선의 고난이 비

---

14 王一心, 『張愛玲 蘇青 胡蘭成 他們仨』(東方出版中心, 2009), 110쪽 재인용. 후란청(胡蘭成)은 『금생금세(今生今世)』에서도 장아이링과 함께 최승희의 춤을 관람했음을 간단하게 언급했다. "두 사람은 최승희의 춤을 보았고 돌아올 때 비가 내리기 시작했다." 胡蘭成, 『今生今世』(團結出版社, 2006), 213쪽.

15 김채원(金采媛), 『최승희 춤: 계승과 변용』(민속원, 2009), 105쪽.

친다"[16]라고 읊었듯이 장아이링이 관람한 최승희의 춤에도 시인 아이칭이 느꼈던 그런 슬픔이 서려 있었을 것이다. 소설을 통해 "창량한(蒼凉) 인생의 의미를 표현하고자 했던"[17] 장아이링에게 최승희의 춤은 예술적 공명을 불러일으키기에 충분했던 것이다.

최승희는 이 좌담회에서 "동방에서, 중국은 중국 형식의 춤이 있고, 일본은 일본의 토속적인 춤이 있고, 조선은 조선의 춤이 있으므로 나는 이들을 대표할 만한 무용을 연구해낼 수 있기를 희망합니다"라고 말하면서 '새로운 동방 무용을 창조할' 것을 강조했다. 그녀는 '동방 예술의 자각'이라는 화두로 다음과 같은 입장을 표명했다.

> "새로운 동방 무용을 창조하려면 반드시 서방 유럽 무용의 기본 훈련을 연구해야만 해요. 왜냐하면 그것들은 과학적이고 이론적인데, 중국은 이론이 없이 대부분 스승으로부터 전수받아 전하기 때문입니다." …… "메이란팡(梅蘭芳) 선생과 전통 문제에 대해 이야기를 나누었는데, 일본의 '노가쿠'(能樂, 일본 고유의 가면음악극)도 좋고, 중국의 경희(京戲)도 좋고 곤곡(昆曲)도 좋아요. 이들은 모두 이전부터 전해 내려온 것으로서 천재가 창조한 것입니다. 하지만 이들은 이미 과거가 되었습니다. 시대는 진보하는데, 우리들은 우리들의 문화 환경, 배경, 사상, 분위기를 가지고 있으며, 그래서 우리들은 반드시 우리 당대의 문화를 창조해야 합니다. 만약 고대의 것 또는 서양의 것만을 모방한다면 좋지 않아요. 반드시 둘의 장점을 취해서 우리들 자신의 것을 창조해내야 합니다. 문학에서도 그렇고 예술에서도 그렇습니다."[18]

16 艾青, 「母親和女兒」, 『艾青詩全編』(人民文學出版社, 2003), 783쪽.

17 張愛玲, 「關于傾城之戀的老實話」, 『流言』(張愛玲全集), 193쪽.

18 洛川, 「崔承喜二次來滬記」, 『雜誌』 1945年 4月號, 87쪽.

최승희는 시대의 진보를 믿고 과학적이고 이론적인 서양 유럽 무용을 먼저 연구할 것을 강조하면서도 새로운 고유 문화를 창조해야 할 책무를 제기하며 고유의 것과 외래의 것의 장점을 살려 융합할 것을 제안하고 있다. 이는 그녀 자신의 구체적인 무용 실천을 이론적으로 개괄한 것이기도 하다. 최승희는 동양 무용 창조의 논리를 문학과 예술 영역에도 적용할 수 있다고 말했는데, 이는 좌담회에 참여한 작가들, 예컨대 장아이링을 염두에 둔 발언일 것이다. 당시 사회자 루펑은 최승희의 견해에 대해 "장아이링 씨는 어떤 고견이 있나요?"라고 물었고, 그러자 장아이링은 "저는 문학에서는 반드시 서양을 먼저 연구해서 그 정화(精華)를 끌어내야만 창조적으로 나아갈 수 있다고 생각해요. 무용과 음악도 마찬가지겠지요"[19]라고 간단히 대답했다. 장아이링은 서양 문학의 정화를 먼저 연구할 것을 주문하면서 그러한 논리를 무용과 음악에도 적용할 수 있다고 했는데, 그 본질은 최승희의 입장과 다르지 않다. 실제로 장아이링은 중국 전통소설의 꽃이라 평가되는 『홍루몽』의 표현 기법을 즐겨 사용하고 전통적인 중국적 정서를 잘 구현한 것으로 정평이 나 있다. "옥색 양장에 프랑스식 두건을 쓴" 최승희와 달리 장아이링은 오히려 "고전미의 색채감이 충만한" 중국 전통의 치파오를 입고 좌담회에 나타났다. "장아이링 씨는 복숭아색 비단 치파오를 입고 겉에는 청동색의 조끼를 걸쳤으며 비단수로 된 꽃무늬 신발을 신고 긴 머리칼이 어깨까지 내려와 있었는데, 눈동자는 마치 제3자처럼 미동도 없이 고요했다. 그녀는 줄곧 최승희를 주목하고 있었는데, 때로는 사람들이 하는 말에 귀를 기울이지 않는 듯했다. 마치 최승희의 얼굴에서 예술적 품위를 찾아내려는 것 같았다."[20] 장아이링의 "고전미의 색채감이 충만한" 치파오는 그녀의 문학세

19 洛川, 「崔承喜二次來滬記」, 『雜誌』 1945年 4月號, 88쪽.

20 洛川, 「崔承喜二次來滬記」, 『雜誌』 1945年 4月號, 88쪽.

계를 은유적으로 표현하고 있는 듯하며, 어쩌면 앞서 관람한 최승희 춤의 동양적인 특색에 대한 예술적 공감을 드러내는 것인지도 모른다. 좌담회의 주인공은 단연 최승희이었지만 그와 더불어 장아이링도 크게 클로즈업되고 있는데, 장아이링의 외모, 의상, 표정, 발언 등이 상당히 세부적이고 생동적으로 묘사되고 있어 최승희와 장아이링의 만남을 애써 부각시키고 있는 듯하다.

그렇다면 최승희와 장아이링의 만남을 애써 부각시킨 이유는 무엇이었을까? 짐작컨대, 두 사람 모두 유명해진 문예인이라는 사실 이외에 최승희의 춤과 장아이링의 문학이 가진 어떤 예술적 공통점 때문이 아니었을까. 장아이링은 미국인이 세운 초·중·고등학교를 졸업하고 영어로 강의하는 홍콩대학에서 수학하는 등 철저하게 서양식 교육을 받았다. 하지만 그녀의 작품세계는 세련된 현대적 기법을 구사하면서도 인생 태도와 창작 방법 면에서는 중국의 전통문화에 깊이 뿌리를 내려 중국적 특색을 고스란히 담고 있었다. 『홍루몽』과 『수호전』을 톨스토이의 『전쟁과 평화』와 괴테의 『파우스트』보다도 더 훌륭하다고 평가하기도 한[21] 장아이링은 『홍루몽』과 『금병매』가 자신의 창작의 원천이라고 말하기도 했다. 그런 점에서 최승희와 장아이링은 각기 무용과 문학에서 동일하게 전통문화에 뿌리를 내려 조선적인(동양적인) 양식과 정서, 중국적인 양식과 정서를 현대화시키는 데 크게 공헌한 것이다. 그들은 서양적인 것으로부터 많은 것을 배웠지만, 마침내 동양적인 것에 뿌리를 내림으로써 자신만의 창조적이고 독특한 무용세계와 문학세계를 완성할 수 있었다.

21 胡蘭成, 「民國女子」, 『張愛玲評說六十年』, 28쪽 참조.

3. 『적지지련』의 한국전쟁 서사: 이념 대립의 극복과 초월

1948년 공산당의 승리가 가시화되자 극작가 샤옌(夏衍)은 상하이에 도착, 중국공산당을 대표해 상하이 문예계의 상황 파악에 나섰다. 공즈팡(龔之方)의 회고에 따르면, 이때 상하이의 문학비평가 커링(柯靈)은 샤옌에게 장아이링의 소설을 소개했고, 샤옌은 장아이링의 작품을 읽고 그녀의 뛰어난 재능을 가늠할 수 있었다고 한다. 1950년 여름(7월 24일－29일) 제1차 상하이 문학종사자대표대회(文學工作者代表大會)가 열렸을 때 장아이링도 이 대회에 참가할 수 있었는데, 이는 샤옌의 배려가 있었기 때문이다. 장아이링은 당연히 입을 것으로 예상했던 '인민복(人民服)'을 입지 않고 치파오를 입고 대회장에 나타나 끝자리에 앉아 사람들의 시선을 피했다고 한다. 또 샤옌의 부탁으로 장아이링을 방문한 공즈팡은 그녀에게 앞으로의 거취를 물었는데, 그녀는 웃으면서 정식 답변을 하지 않았으나 "그녀도 이 문제에 대해 고민하고 있는 것 같았다"[22]라고 술회했다. 장아이링은 사회주의 체제의 새로운 중국을 관망의 자세로 지켜보면서 향후 어떻게 할 것인가, 자신의 거취에 대해 고민하고 있었던 것으로 짐작된다.

1945년 일본이 패망한 후 장아이링은 남편 후란청의 친일 행각으로 인해 점차 잡지와 신문지상으로부터 '문화한간(文化漢奸)'이라는 비판을 받게 되어 심리적으로 크게 위축되었다. 더욱이 1949년 중국에 사회주의 체제가 정식으로 들어서면서 심리적 불안은 가중되지 않을 수 없었다. 그 심리적 불안은 그녀가 홍콩으로 떠나기 직전 항저우(杭州)를 여행했을 때의 경험을 서술한 대목에서 확인할 수 있다. 장아이링은 계획 중이던 한 소설에서 서호(西湖)를 묘사할 생각이었으므로 답사를 위해 모 여행사

22 龔之方, 「離滬之前」, 『永遠的張愛玲』, 季季 · 關鴻 編(學林出版社, 1996), 186－187쪽.

가 기획한 여행단에 참가했는데, 그때 서호의 뤄와이뤄(樓外樓) 식당에서 꽃게탕면을 먹었을 때의 심경을 이렇게 술회한 바 있다.

> 당시 이 오래된 식당에서는 아직 상하이의 식당처럼 그렇게 '대중을 향하여'라는 명목으로 음식값을 내리며 좋지 않은 재료를 사용, 품질을 떨어뜨리지는 않았다. 이 식당의 꽃게탕면은 확실히 맛이 훌륭했다. 그런데 나는 고명을 다 먹고 또 국물까지 깨끗이 비운 다음 젓가락을 내려놓으면서 대륙의 상황에서 이렇게 몽땅 다 먹어치우면 과소비의 죄를 짓는 것이 아닌가 하고 생각했다. 탁자에 앉은 사람 중에 누군가가 나를 힐끗 쳐다보았는데, 머리끝이 오싹했다. 다행히 임시 여행단이니, 만일 일이 잘 안 풀려 앞으로 청산을 당하게 될 때 묵은 죄를 들추더라도 두려워할 게 없지 않을까 하고 속으로 생각했다.[23]

감시의 눈, 청산, 묵은 죄 들추기 등에서 작가의 불안한 심리가 은연중에 드러나는데, 장아이링은 가까운 장래에 전개될 거대한 사회적 소용돌이를 예감하고 있었던 것이다. 이러한 불안한 예감 때문에 그녀는 결국 대륙을 떠나기로 결심하는데, 오랫동안 함께 지내온 고모에게조차 이후 연락하지 말 것을 당부하고 홍콩대학에서 남은 학업을 마친다는 구실로 1952년 상하이를 떠나 홍콩에 도착하게 된다.

장아이링은 홍콩에 체류하면서 두 편의 장편소설을 창작했다. 이제 막 성립한 사회주의 중국에서 농촌의 사회적 변화를 묘사한 『앙가(秧歌)』와, 토지개혁과 더불어 한국전쟁 서사를 담고 있는 『적지지련(赤地之戀)』이 바로 그것이다. 이들 두 작품에는 모두 한국전쟁과 관련된 이야기가 나

23 張愛玲, 「談吃與畵餅充飢」, 『張愛玲典藏全集: 1952年以後作品』(散文卷四)(哈爾濱出版社, 2003), 31쪽.

온다는 점에서 흥미롭다. 우선 『앙가』에서는 진요우댁(金有嫂)을 통해 이런 대화들이 오간다. "우리의 투사들은 이 신을 신고 수천 리 땅을 걸어 조선에 있는 양키놈(美國鬼子)들을 몰아내러 가야 하니까. 우리 지원병이 조선에서 그 놈들을 막아내지 않았다면, 미 제국주의 놈들이 벌써 우리가 있는 이곳으로 쳐들어왔을 거야!"[24] "군화를 바치고 나니 또 '전선 지원 헌금'으로 이어졌다. 제일 지독했던 것은 '전투기 · 대포 헌금'의 일이었는데, 저우춘(周村)을 몰아세우며 이 마을에 '도전(挑戰)'해왔다."[25] 장아이링은 진요우댁의 말을 통해 당시 한국전쟁을 계기로 중국 인민들의 고혈을 짜내는 중국공산당의 정치적 동원정책을 부정적으로 그려냈다. 『적지지련』은 작품의 결미인 제11장 전체를 할애해 주인공 류취안(劉荃)의 한국전쟁 참전 및 제주도 포로수용소 생활 등을 묘사하고 있는데, 제11장은 마차와 짐꾼들이 무기와 군용품을 나르는 장면으로 시작한다. "사람들 속에는 흰옷을 입은 한국인들도 많았는데 모두 이상하게 생긴 A자 모양의 나무 시렁을 메고 있었다. 사람이 안으로 팔을 꿰어 그것을 양 어깨에 졌는데 그 위로 식량 자루, 군복 묶음, 군용 담요 등 각종 군용품들이 잔뜩 실려 있었다. 이 A자 모양의 나무 시렁은 조선의 중요한 운반 도구로 '조선의 지프차'라고 불렀다."[26] 물론 A자 모양의 '조선의 지프차'는 지게를 가리키는 것이다.

『적지지련』은 『앙가』에서보다는 한국전쟁을 집중적으로 묘사하고 있을 뿐만 아니라 중국 사회주의사회에 대한 장아이링의 인식과 입장을 명확하게 보여주기에 좀 더 세밀한 검토가 필요하다. 작가는 『적지지련』의

---

24 張愛玲 저, 『秧歌』, 河正玉 역(志學社, 1987), 62−63쪽; 張愛玲, 『秧歌』(今日世界社, 1954年 7月 初版), 53쪽.

25 張愛玲 저, 『秧歌』, 河正玉 역, 63쪽; 張愛玲, 『秧歌』, 53−54쪽.

26 장아이링 저, 『적지지련』, 임우경 역(시공사, 2012), 282쪽; 張愛玲, 『赤地之戀』(張愛玲全集)(人民文學出版社, 2000), 181쪽.

「자서」에서 "나는 누구에게나 진실한 경험은 영원히 의미심장하고, 영원히 새로우며, 영원히 식상하지 않을 수 있다고 믿는다. 이 책에서 다룬 내용도 실제 인물들이 실제로 겪었던 일들이다"라고 말했다. 또 "되도록 당시의 분위기를 최대한 전달하는 데 목표를 두었다. 그 안에 요약 정리된 보도는 없다. 독자들이 이 책을 보면서 다소나마 진실한 삶의 체취를 맡을 수 있기를 바랄 뿐이다"라고 강조했다.[27] 작가는 『적지지련』이 실제 인물들이 겪었던 실제 경험을 바탕으로 씌어진 것임을 애써 강조함으로써 작품의 진정성을 독자들에게 호소하고 있는 것이다. 장아이링이 『앙가』의 「발문(跋)」에서 "나는 독자들이 『앙가』 속의 인물들이 모두 허구일지라도 사건은 오히려 근거가 있는 것이라는 사실을 알기 바란다"[28]라고 말했던 것과 일맥상통한다. 살아 있는 사람들의 진실한 삶의 체취를, 국가 언설이나 언론매체를 통해서는 알 수 없었던 개인들의 다양한 속마음을 생생하게 포착하고 있다[29]고 할 수 있다. 다만 장아이링이 자신의 소설이 실제 사건과 경험에 뿌리를 두고 있음을 애써 강조한 것은 그녀가 중국 대륙을 떠나기 직전 몇 년간 사회주의사회를 직접 체험했기 때문이기도 하지만, 달리 보면 그 소설이 중국 사회주의 체제의 정치적 동원과 한국전쟁 참전을 회의적인 시선으로 묘사한 데 대해 독자들의 신뢰를 구하고 싶었기 때문일 것으로도 생각된다.

하지만 장아이링 스스로도 『적지지련』의 창작을 상당히 불만스러워했던 것이 사실이다. 장아이링은 대륙을 떠나 머물던 홍콩에서 다시 미국으로 가게 되는데, 미국으로 가기 직전인 1955년 2월 20일 후스(胡適)에게 보낸 편지에서 그 불만을 이렇게 토로했다. "『적지지련』이라는 책이

27 張愛玲, 「自序」, 『赤地之戀』(張愛玲全集), 1쪽.

28 張愛玲, 「跋」, 『秧歌』.

29 임우경, 「장아이링의 『적지지련』 읽기」, 『적지지련』, 338쪽 참조.

있는데, 『앙가』 이후에 쓴 것입니다. 동남아의 일반 독자들의 흥미를 고려했기 때문에 스스로도 매우 불만입니다. 판로는 『앙가』처럼 그렇게 비참하지는 않지만 결코 훌륭하다고 할 수 없습니다. 마지못해 하는 일은 종종 이렇다는 것을 알게 되었습니다."[30] 장아이링은 『적지지련』의 창작이 '마지못해 한' 것으로서 자유의지에 반하는 것이었음을 밝혔는데, 이러한 불만을 1971년 비평가 쉐이징(水晶)이 방문했을 때도 토로한다. 쉐이징에 따르면, 『적지지련』의 창작은 '위임받은(commissioned)' 것으로서 "이야기의 줄거리가 이미 고정되어 있어 작자가 이야기를 펼칠 여지가 없었다는 것이다."[31] 쑹치(宋淇)도 장아이링이 홍콩에 체류하던 시기를 회고하면서 "이 시기에 그녀는 『적지지련』을 쓰고 있었는데, 줄거리의 초안이 다른 사람에 의해 잡혀 있어서 자유롭게 표현할 수 없었다. 이 때문에 글쓰기가 순조롭게 진행되지는 않았다"[32]라고 말한 바 있다. 이러한 정황으로 보건대, 장아이링은 누군가로부터 고정된 줄거리를 위임받아 『적지지련』을 창작했으며, 그렇기에 그에 대해 오랫동안 불만스러워했음을 알 수 있다.

그렇다면 위임받은 '고정된 줄거리'란 무엇을 가리키는 것일까? 그것은 『적지지련』의 대미를 장식하는 한국전쟁 서사와 좀 더 직접적으로 관련된 것이 아닐까. 무엇보다 한국전쟁 서사는 작가의 실제 경험에 의거한 것이 아니므로 '실제 인물들이 실제로 겪었던 일들'을 묘사해 '당시의 분위기를 최대한 전달하고자' 했던 작가 자신의 말과 크게 배치되기 때문이다. 물론 장아이링은 「재난에서 살아남은 이야기(燼餘錄)」에서 보듯이

30 張愛玲, 「憶胡適之」, 『張愛玲典藏全集: 1952年以後作品』(散文卷四), 49쪽; 張愛玲, 「致胡適信」, 『張愛玲文集補遺』, 子通·亦清 編(中國華僑出版社, 2002), 282쪽.

31 水晶, 「夜訪張愛玲」, 『永遠的張愛玲』, 317쪽.

32 宋琪, 「在香港」, 『永遠的張愛玲』, 208-209쪽.

일본군의 홍콩 침략 때 전쟁을 직접 체험한 바 있었으니 전쟁 서사가 실제 경험과 전혀 무관하다고는 할 수 없을 것이다. 하지만 한국전쟁은 그녀에게 어디까지나 절실한 생활 경험은 아니었다. 장아이링은 『전기(傳奇)』를 왕성하게 창작하던 무렵에 쓴 「무엇을 쓸 것인가(寫什麽)」라는 글에서 절실한 생활 경험이 소설 창작에 얼마나 중요한가를 피력한 바 있다. "현재 나는 두 편의 소설 재료를 얻었는데, 이야기와 인물의 윤곽이 있을 뿐 아니라 대화도 다 준비되어 있다. 하지만 배경이 대륙의 내지라서 잠시 동안 쓸 수가 없다. 그곳에 한 번 가본들 소용없다. 그렇게 바쁘게 잠깐 보는 것은 신문기자의 탐방이나 마찬가지이다…… 주마간산 식은 물론 소용이 없거니와 두세 달 살면서 눈을 크게 뜨고 지방색을 수집한다고 해도 소용이 없다. 왜냐하면 생활 공기의 침투 감염은 늘 부지불식간에 이루어지는 것이며 미리부터 어떤 의도가 있을 수 없기 때문이다. 문인은 다만 성실하게 생활해야 한다. 그런 다음 만약 그가 문인이라면 당연히 자신이 생각하는 모든 것을 써낼 수 있을 것이다. 그는 충분히 써낼 수 있는 것을 쓰는 것이며 의무와는 상관없는 것이다."[33] 부지불식간에 이루어지는 '생활 공기의 침투 감염'이라는 측면에서 보자면 『적지지련』의 한국전쟁 서사는 분명 작가가 '충분히 써낼 수 있는 것'이 아니며, '의도'가 있거나 '의무'와 상관된 것임을 인정하지 않을 수 없다.

'적지지련(赤地之戀)'이라는 제목만 하더라도 그렇다. '적지지련'의 '적지(赤地)'란 풀 한 포기 자라지 않는 황폐한 땅을 의미하지만 또한 '붉은 땅'이라고 풀이할 수도 있으므로 그것은 공산화된 중국을 가리키게 된다. '적지지련'이란 척박하고 황폐한 땅에서의 사랑 이야기이기도 하고 공산화된 중국에서의 사랑 이야기이기도 하다. '적지'라는 말에 공산화된 중

33 張愛玲, 「寫什麽」, 『流言』(張愛玲全集), 124쪽.

국을 황폐한 땅의 이미지로 그려내려는 작가의 의도가 담겨 있다면, 그것은 '반공 선전'의 성격도 아울러 띠게 된다. 장아이링이 '적지지련'을 영어로 번역하면서 'Naked Earth'라는 제목을 사용한 것도 공산화된 중국을 '척박하고 황폐한 땅'의 이미지로 그려내고 싶었기 때문일 것이다. 누구보다 초기 장아이링의 문학세계를 잘 이해하고 비평했던 커링(柯靈)이 1986년 중국 대륙에서 출판한 장아이링 작품집의 「대서(代序)」를 쓰면서 "『앙가』와 『적지지련』의 치명상은 거짓된 데 있으니 묘사한 인물(人), 사건(事), 감정(情), 배경(境) 전부가 겉모습은 그럴듯하지만 실제로는 그렇지 않은 것 같으며 문장 역시 작가 본연의 아름다움을 잃었다"[34]라고 비평한 것도 전혀 일리가 없는 것은 아니다. 물론 커링의 비평은 1980년대 당시 중국의 경직된 사회적 분위기가 반영된 것이어서 액면 그대로 받아들일 필요는 없다. 하지만 그의 비평은 특히 한국전쟁 서사와 관련해 참고할 여지는 있을 것이다.

장아이링이 가졌던 불만의 소재에 대해 좀 더 천착해보자. 장아이링은 선과 악의 대립과 같은 뚜렷한 이분법적 구분을 거부했는데, 「재난에서 살아남은 이야기」에서처럼 홍콩에서의 전쟁 경험을 서술할 때도 아와 적을 구분해 누가 옳고 누가 그른지를 확연하게 표출하지는 않았다. 오히려 '전쟁'과 '역사'의 정당성을 부정하는 태도를 취했다. 장아이링은 그 글에서 전쟁에 대한 인상을 서술하는 데 있어 평범하고 일상적인 일, 즉 '상관없는 일(不相干的事)'로 제한해서 말하겠다면서 이렇게 시작한다. "현실이란 것은 체계가 없어서 마치 일곱, 여덟 대의 축음기에서 동시에 들려오는 노래와 같아 각각의 다른 노래가 하나로 뒤섞여 혼돈을 이룬다. 그 알아듣기 힘든 시끄러운 소리 가운데 이따금 맑고 뚜렷한 소리가

34 柯靈, 「代序」, 『傾城之戀』, 張愛玲(中國文聯出版社, 1986), 11쪽.

들려와 그 음악 멜로디에 마음이 쓰리고 눈앞이 밝아지는 찰나가 있다. 하지만 금방 짙은 어둠이 몰려와 그 약간의 이해마저 삼켜버린다. 화가, 문인, 작곡가라면 산발적이고 우연히 발견한 조화를 연결시켜서 예술적 완성을 이룩한다. 역사가 만일 예술적 완성에 치중한다면 그것은 곧 소설이 된다."[35] 현실은 체계가 없기에 현실을 사실적으로 기술한다는 '역사'가 '혼돈'의 실제 현실에 질서를 부여하는 순간, 그것은 곧 찰라의 조화를 영원한 가치로 승화시키는 예술과 같아져서 오히려 소설에 지나지 않는다는 것이다. 장아이링은 '역사'의 허구성을, 자신을 가르쳤던 역사학과 교수인 브랑스(佛朗士)가 "아군의 총에 맞아 죽은" 일화를 통해 우회적으로 표현했다. "우리는 그로부터 역사의 친밀감과 핵심을 찌르는 세계관을 터득했으며, 그로부터 배울 게 너무나 많았다. 그러나 그는 죽었다. 가장 명분 없는 죽음이었다…… 훌륭한 선생님, 훌륭한 사람, 인류의 낭비……."[36] 역사의식과 세계관을 일깨워주었던 '훌륭한' 브랑스 교수는 오히려 아군의 총에 맞아 가장 명분 없는 죽음을 맞이했으니 그의 작업은 '인류의 낭비'로서 무의미하다. 이처럼 장아이링은 '아'와 '적'을 확연하게 구분하거나 그 어느 한쪽에 정당성을 부여하는 그런 '역사'를 회의적인 시선으로 바라보았는데, '아'와 '적'을 뚜렷하게 구분하고 나아가 '적'을 미화하려는 '의도'를 분명히 드러내고 있는 『적지지련』의 한국전쟁 서사는 장아이링이 가진 본래의 작가의식에 크게 위배되는 것이었다.

『적지지련』에서 주인공 류취안(刘荃)은 『해방일보』 신문사 내부의 횡령 사건에 연루되어 누명을 쓰고 공안국에 체포되는데 연인이었던 황쥐안(黃娟)의 자기희생적 도움으로 풀려나지만 결국 현실에 환멸을 느끼고 자

35 張愛玲, 「燼餘錄」, 『流言』(張愛玲全集), 48쪽.

36 張愛玲, 「燼餘錄」, 『流言』(張愛玲全集), 52쪽.

원해 한국전쟁에 지원병으로 참전하게 된다. 한국전쟁은 토지개혁과 삼반(三反)운동으로 이어지는 당시 사회주의 중국의 사회적 변혁에 환멸을 느낀 사람들이 선택하는 최후의 도피처였다. 한국전쟁에 참전한 류취안은 결국 연합군의 포로로 붙잡히게 되는데, 그때의 심경이 이렇게 서술된다. "그의 과거는 슬프고 요원했고 그의 현재는 아무것도 없이 텅 비었으며 그의 미래도 그처럼 불확실하고 믿을 수 없었다. 그는 이런 날들 속에 그에게 보석처럼 소중한 몇 안 되는 사건들을 늘 떠올리곤 했다. 그는 수시로 예징쿠이(葉景奎)가 그에게 보여주었던 우정과 두 명의 한국 병사가 자신을 높이 치켜들고 얼음이 둥둥 떠 있는 강물을 건넜던 일을 생각했다."[37] 포로로 붙잡혔을 때의 류취안의 심경을 나타낸 부분은 장아이링의 처녀작 「침향설: 첫 번째 향로」에서 주인공 거웨이룽(葛薇龍)의 결혼 후 심경을 묘사한 대목과 겹친다. "끝없는 황량함, 끝없는 공포. 그녀의 미래 역시 이와 같다. 생각할 수 없다. 생각하면 끝없는 공포만 있을 뿐이나. 그녀는 영원히 변치 않을 계획을 갖고 있지 않다. 단지 눈앞에 있는 보잘것없는 자잘한 물건들 속에서 위축되고 불안한 마음을 잠시 쉬게 할 수 있을 뿐이다."[38] 다만 주목되는 것은 류취안이 보석처럼 소중한 사건으로 떠올린, 예징쿠이의 우정과 자신을 구해준 한국 병사에 대한 이야기는 누가 보아도 '반공(反共)'의 입장이 뚜렷하다는 점이다. 장아이링은 "좋은 작품은 인생의 안온(安穩)을 밑바탕(底子)으로 하여 인생의 비양(飛揚)을 묘사하는 데 달려 있다. 이러한 밑바탕이 없으면 비양은 단지 거품(浮沫)에 지나지 않는다. 강력한 힘을 가진 많은 작품은 단지 사람들에게 흥분을 주지만 사람들에게 계시(啓示)를 줄 수 없다. 실패는 이 밑

37 장아이링, 『적지지련』, 302쪽; 張愛玲, 『赤地之戀』(張愛玲全集), 193쪽.

38 張愛玲, 「第一爐香」, 『傾城之戀』(張愛玲全集)(北京出版社出版集團 · 北京十月文藝出版社, 2009), 51쪽; 장아이링 저, 『첫 번째 향로』, 김순진 역(문학과지성사, 2005), 127쪽.

바탕을 파악할 줄 모르는 데 있다"[39]라고 했거니와 문학을 통해 비양보다는 안온을 묘사하고 홍분이나 자극보다는 계시를 줄 수 있기를 기대했던 그녀에게 '반공'은 '비양'과 '자극'의 범주에 속한다. 더욱이 "차츰 철의 장막 바깥의 세계가 어떤지 알게 되었고 그전에 얼마나 많이 속았는지도 알게 되었다"[40]라는 예징쿠이의 생각은 '반공 선전'의 의도를 더욱 뚜렷하게 보여준다. 남녀 애정 서사에 특장을 보여온 장아이링에게 전쟁 서사는 '생활 공기의 침투 감염'과 거리가 먼 영역으로서 '밑바탕'이 박약했다.[41] 말하자면 위임받은 '고정된 줄거리'에 의해 창작된『적지지련』은 '밑바탕'이 박약한 한국전쟁을 묘사해 '반공 선전'의 의도를 분명히 드러내고 있기에 작가 스스로도 불만을 품지 않을 수 없었던 것이다.

그렇지만 우리는『적지지련』에서 또 다른 일면을 발견하는 데 주저하지 말아야 한다. 앞서 언급한 후스에게 보낸 편지에서 장아이링은 소설집『전기(傳奇)』와『적지지련』, 산문집『유언(流言)』을 함께 보낸다고 하면서 "다른 작품은 본래 보내지 않으려고 했어요. 왜냐하면 좋은 작품이 아니기 때문입니다. 절대 겸손한 말이 아니라 정말이지 좋은 작품이 아닙니다"[42]라고 말하고는『적지지련』에 대한 불만을 표시한 것이다. 그렇다면 장아이링의『적지지련』에 대한 불만 표시는 겸사(謙辭)로서의 의미도 띠고 있다. 이 대목에서『적지지련』의 한국전쟁 서사를 다른 방향에

39 張愛玲,「自己的文章」,『流言』(張愛玲全集), 185－186쪽.

40 장아이링,『적지지련』, 317쪽; 張愛玲,『赤地之戀』(張愛玲全集), 203쪽.

41 임우경 역시 "『적지지련』의 작품성이 종종 문제로 거론되는 것도 서사의 중심인 남주인공의 내면 서사가 충분히 독자들의 동일시를 끌어내는 데 성공하지 못했기 때문"이라고 지적하면서 "그와 같은 문제가 가장 적나라하게 드러난 것이 바로 한국전쟁을 다루고 있는 부분이다"라고 설명했다. 임우경,「장아이링의『적지지련』읽기」,『적지지련』, 339쪽 참조.

42 張愛玲,「憶胡適之」,『張愛玲典藏全集: 1952年以後作品』, 49쪽; 張愛玲,「致胡適信」,『張愛玲文集補遺』, 282쪽.

서 검토할 필요성을 느끼게 된다. 『적지지련』에서 장아이링이 겉으로 그려내고자 한 '반공 선전'의 의도와 다른, 작가 내면의 무의식적 지향에 주목하는 것이다. 그것은 연합군의 중공군 포로가 된 주인공 류취안이, '반공 포로'로 분류되어 제3국인 인도에 도착한 후 반공의지를 끝까지 견지한 예징쿠이와 달리 결국 중국 대륙행을 결심한다는 대목에서 두드러지게 표현된다. 인도에 도착한 류취안에게 중국공산당 해설요원이 "당신은 젊으니까 시선을 멀리 두고 자신의 미래를 생각해야 하오. 당신의 미래는 중국에 있소. 당신은 반드시 돌아와 조국을 위해 복무해야 하오"라고 설득하고, 류취안은 최종적으로 "돌아가겠습니다"[43]라고 대답한다.

> 그가 대륙으로 돌아가는 것은 이곳의 포로들을 떠나 또 다른 포로들 속으로 가려는 것이었다. 한 사람이라도 자기 같은 사람이 그들 속에 있으면 공산당은 영원히 안심할 수 없을 것이었다.
>
> 그는 황취안을 다시 볼 수 있을 것이라고는 생각하지 않았다. 하지만 그의 생명은 그녀의 행복과 맞바꾼 것이었으므로 그는 늘 그녀에 대한 책임감을 가지고 자기 생명을 잘 써야 한다고 생각했다. 그리고 그는 이보다 더 좋은 사용법을 생각해내지 못했다.
>
> 그는 반공 포로가 돌아가면 분명 비참한 보복을 당할 것임을 알고 있었다. 하지만 이제 그는 그동안 잘 배운 덕에, 자신이 이 모든 것을 성공적으로 통과하고 군중에게로 돌아갈 수 있을 것이라 믿었다. 한 사람의 힘은 한계가 있지만 그는 결코 혼자가 아니었다. 1만 4천여 명 포로의 의지와 용기가 그에게 그지없는 신심을 북돋아 주었다.
>
> 물론 그런 공작은 매우 위험하고 살해되는 것도 시간문제였다. 죽음이

43 장아이링, 『적지지련』, 324쪽; 張愛玲, 『赤地之戀』(張愛玲全集), 207쪽.

그림자처럼 그를 따라다닐 것이다. 그래도 그는 무슨 일이든 점점 익숙해질 것이라 믿었다. 한 사람이 죽음과 함께 사는 법을 배우고, 그러다 보면 죽음의 얼굴을 보고도 두려움을 느끼지 않게 될 것이다……

"안녕, 예징쿠이!" 그는 속으로 말했다. "자넨 나를 경멸할지도 모르지만 난 우리가 영원히 좋은 동지이기를 바라네. 순풍에 돛 단 듯 순조롭기를, 몸조심하게."[44]

'반공'을 끝까지 고수하며 제3국행을 선택한 예징쿠이를 향해 류취안이 '영원히 좋은 동지'이기를 바라는 이 마지막 독백은 어쩌면 작가의 내면적 지향을 은연중에 드러낸 것이 아닌가. 류취안의 대륙행은 황쥐안에 대한 사랑과 그녀의 희생에 대한 보은의 마음에서 비롯되었다고 할 수 있지만, 동시에 류취안이 스스로 짊어지고 감당해야 할 어떤 책무를 깨달았기 때문이기도 하다. 그 책무란 공산당이 안심할 수 없는 어떤 '공작'과 관련된 것이지만, '군중에게로 돌아가서' 이념 대립을 극복하고 화해로 이끌어야 할 그 무엇이다. 그렇다면 『적지지련』은 기획된 반공소설이라 하더라도 작가 내면의 무의식적 지향이 은연중에 개입되어 이념 대립을 극복하려는 화해의 서사로 마무리되고 있는 것이다. 말하자면 이분법적 대립을 거부해온 작가의식이 부지불식간에 스며들어 '반공'이냐 아니냐의 시비를 초월하는 일면을 포함하게 된 것이다.

장아이링이 국민당 정부나 공산당 정부 모두에 대해 유보적인 태도를 취한 것은 그녀의 일관된 탈정치적 입장과 선악의 이분법적 대립을 부정하는 그녀의 문학적 주제에서 비롯되었다고 볼 수 있다. 장아이링이 1976년 4월 4일 송이랑(宋以朗)에게 보낸 편지에서 다음과 같이 언급

44 장아이링, 『적지지련』, 325－326쪽; 張愛玲, 『赤地之戀』(張愛玲全集), 208－209쪽.

한 것은 참고할 만하다. “저의 『소단원(小團圓)』 집필은 결코 분풀이하기 위한 것이 아닙니다. 저는 줄곧 가장 훌륭한 재료는 자기가 가장 잘 알고 있는 재료라고 생각해왔어요. 그러나 국가주의의 제재(制裁) 때문에 줄곧 쓸 수가 없어요…… 제가 천뤄시(陳若曦)와 타이베이에서 한 담화는 국민 정부에 대한 나의 생각이 줄곧 유녀 시절과 청년 시절의 영향을 받아서 그런 것이지, 결코 친공(親共)은 아닙니다. 근래에는 단일민족주의(monolithic nationalism)가 좀 느슨해지고 있다고 느껴져서, 예컨대 영화에서 주인공인 영미 스파이가 애국하지 않는 것처럼, 그래서 마음에 품고 있던 한 가닥을 표현했던 것인데, 내 잘못이라는 생각이 듭니다.”[45] 국민당 정부를 비판하는 입장이 곧바로 친공이 되는 것이 아니듯이 반공의 이미지를 그려낸다고 해서 곧바로 국민당 정부를 승인하는 것도 아니다. 장아이링에게 글쓰기의 곤혹은 현실 속에서 작용하고 있는 국가주의라는 정치적 이념에서 유래한다. 국가주의와 같은 정치적 이념에 대한 거부가 원초적 본능처럼 작가의 내면에 깊이 뿌리내리고 있었기에 이념 대립의 극복이나 그 초월이 『적지지련』에서 어둠 속의 반딧불처럼 반짝이는 것이다.

4. 『대조기』의 마지막 ‘몽타주’ 사진: 김일성 사망 소식

장아이링은 죽기 1년 전 타이베이의 황관출판사(皇冠出版社)에서 『대조기: 옛 앨범을 보다(對照記: 看老照相簿)』라는 책을 펴냈다. 『대조기』의 초고는 이미 1992년 가을에 완성되었고 황관출판사의 교정을 거친 후 1993

45 宋以朗, 「前言」, 『小團圓』, 張愛玲(張愛玲全集)(北京出版社出版集團 · 北京十月文藝出版社, 2009), 5쪽.

년 11월호부터 『황관(皇冠)』에 게재되다가 1994년 6월에 단행본으로 출판되었다. 이 책은 작가가 보관하고 있던 옛 사진들을 골라 편집하고 거기에 설명을 덧붙인 자전적 성격의 사진집이다. 천팡밍(陳芳明)의 호평처럼, 죽을 날이 머지않은 나이에도 불구하고 작가는 창조적인 활력을 유지해, 그것은 "얇은 소책자이지만 작가의 강인함, 고집, 긍지를 반영하고 있다."[46] 초판본 『대조기』의 말미는 그 특징을 잘 보여주고 있는바, 작가의 일생을 압축해 표현해주고 있는 듯하다.

> 이상의 사진을 여기에 수록한 유일한 취사선택의 기준은 분실이 염려되는가의 여부인데, 물론 두서없이 잡다한 것들이다. 덧붙인 설명도 너저분하고 산만하지만, 아마 그 무질서 속에서 어렴풋하게 나의 자화상을 볼 수 있을 것이다.
>
> 영원히 살 것 같은 길고도 긴 어린 시절은 상당히 유쾌하게 하루를 일년처럼 보냈는데, 많은 사람들이 다 동감하리라고 생각한다.
>
> 그런 후 굴곡 많은 성장기 역시 아득히 머나먼 길에 끝이 보이지 않았다. 온통 황량함만이 가득했으며, 단지 할아버지, 할머니의 부부인연만이 색채가 선명하여 내게 큰 만족을 주었고, 그래서 여기에 비례가 맞지 않은 편폭을 차지하게 되었다.
>
> 그런 후 시간은 속도를 더해 빨라지고 빨라져서 번현급관(繁弦急管)이 급관애현(急管哀弦)으로 바뀌었고 급경조년(急景凋年)이 벌써 멀찍이 내다보인다. 한 줄로 연이어진 몽타주는 아래로 이어지면서 점차 엷어지고 있다.[47]

46 陳芳明, 「張愛玲與臺灣」(『中國時報·人間』, 1995.9.10), 『傳奇未完 張愛玲 1920－1995』, 劉川鄂(北京出版社出版集團·北京十月文藝出版社, 2008), 309쪽 참조.

47 張愛玲, 『對照記』(張愛玲集)(北京出版社出版集團·北京十月文藝出版社, 2007), 81쪽.

김일성 사망 소식을 알리는 신문을 들고 있는 장아이링

장아이링은 자신의 유년기, 성장기, 중년과 말년 시기를 압축적으로 서술하면서 독자들에게 자기의 자화상을 발견할 수 있기를 기대한다고 했다. 장아이링은 시간의 흐름에 민감하게 반응해 그 자화상을 시간의 흐름과 더불어 점차 엷어지는 '몽타주'로 비유했는데, 결국 '급경조년(急景凋年)', 즉 '기울어져 가는 조락의 말년'에 이르고 '몽타주'의 끝자락에는 죽음의 그림자가 어른거리는 듯하다.

그런데 1994년 말 『대조기』를 재판하면서 장아이링은 거기에 「발문(跋)」을 덧붙이고 마지막 사진을 새로 실었다. 흥미롭게도 이 마지막 사진이 바로 북한의 김일성 사망 소식이 헤드라인 기사로 실린 신문을 들고 찍은 작가 자신의 사진이다. 이 사진은 원래 타이완의 『중국시보(中國時報)』로부터 문학 '특별성취상'을 받을 때 신문사에 보냈던 작가의 근영(近影)이었다. 작가는 '주석 김일성이 어제 갑자기 사망하다(主席金日成昨猝逝)'라는 뉴스를 표제어로 인쇄한 중국어 신문을 말아 왼손에 들고 사진을 찍었는데, 그것은 매우 의미심장하게 다가온다.

사진 속의 작가는 검은색 바탕에 흰색 꽃무늬가 있는 양모 스웨터를 입고 그 안에 망사로 된 흰색 조끼를 입은 모습이다. 스웨터는 목이 V자로 크게 패이고 목둘레와 소맷자락에 흰색 테두리가 둘러져 있으며 그녀의 희끗희끗한 곱슬머리는 풍성하게 부풀어 있다. 그리고 그날 발행된 예의 중국어 신문을 말아 왼손에 들고 오른쪽 어깨 위에 비스듬히 기대어놓은 자세를 취하고 있다. 이 사진은 광고를 찍듯이 작가가 스스로 연출한 것이 분명한데, 검은색과 흰색이 배합된 옷차림, 죽음을 알리는 신문을 말아 들고 있는 모습 등을 고려할 때 스스로 저승사자로 분장한 것이 아닌가 생각된다. 작가는 눈앞에 다가온 자신의 죽음을 예감한 것일까? 작가의 「발문」을 보자.

> 이 책을 쓰며 오랫동안 옛 앨범에 몰두하다 빠져나와 한숨을 돌리는데, 여러분과 함께 동일한 헤드라인 뉴스를 보니 '하늘가에서 이 시각을 공유하는(天涯共此時)' 즉각감(卽刻感)이 든다. 신문을 손에 들고 있으니 마치 유괴범이 유괴당한 이의 가족에게 보내는 사진처럼 그날 아직 살아 있다는 것을 증명하는 것 같다. 사실 이것은 억지스런 비유가 아니라 증명할 수 있는 시가 있다. 시를 보자.

> 사람은 늙으면 누구나
> 시간의 포로가 되어,
> 그 굴레를 벗어나지 못한다.
> 시간은 나를 아직 잘 대하지만—
> 언제든지 인질을 죽일 수 있다.
> 일소(一笑)할 뿐이다.[48]

장아이링은 이 사진을 통해 독자들과 동일한 시간을 공유하고 있다는 것을 증명하고, 동시에 '1994년 7월 8일'에 김일성이 사망했다는 역사적 사실로부터 그 사진을 찍은 날짜가 그 이튿날임을 확정해주고 있다. 더욱이 갑자기 전해진 김일성 사망 소식에 시간의 포로인 인간의 비극적 운

48 張愛玲, 『對照記』(張愛玲集), 82쪽. 김일성은 1994년 7월 8일에 사망했고, 장아이링은 1995년 9월 8일에 사망했다.

명을 깨달았을 때, 그녀 자신에게도 죽음이 성큼 다가와 있음을 직감하게 된 것이다. 인생의 화려함도, 창량함(蒼凉)도 경험한 바 있는 그녀로서는 칠순이 넘은 이 시점에 욕망도 미련도 없이 벌써 다가온 죽음을 담담하게 마주한 것이다. 장아이링에게 인생의 가장 아름다운 때는 너무나 일상적이고 평범한, 그러면서도 언뜻 지나가 버리는 순간에 지나지 않았다. "쌀쌀한 가을 저녁 해질 무렵, 바닥에 온통 생선 비린내와 회백색의 갈대 껍질과 찌꺼기로 가득한 시장 안으로 한 아이가 자전거를 타고 실력을 뽐내며 손잡이에서 손을 떼는 묘기를 부리면서 가볍게 스쳐 지나간다. 그 순간, 그 광경을 지켜보던 많은 사람들이 말 못할 경이로움에 사로잡힌다. 인생에서 가장 아름다운 때는 어쩌면 그처럼 손을 놓을 때가 아닐까?"[49] 그렇기 때문에 김일성의 죽음 역시 '일소(一笑)'에 부칠 수 있으며, 따라서 이 사진은 작가가 독자들과 동일한 시간을 공유하며 현재 살아 있음을 확인시켜주고, 동시에 시간의 포로인 인간의 운명과 그에 대한 달관을 표현하고, 한편으로는 작가 자신의 죽음에 대한 예감을 드러내고 있는 것이다.

그렇다고 하더라도 작가 스스로가 저승사자로 분장한 것이라면 이에 대해 좀 더 생각해볼 여지가 있다. 작가는 왜 굳이 김일성의 죽음을 알리는 저승사자로 분장한 것일까? 1952년에 사회주의 중국의 대륙을 떠날 수밖에 없었던 장아이링에게는 북한 체제를 이끌어온 김일성의 죽음이 예사롭지는 않았을 것이다. 한국전쟁을 소재로 삼아 『적지지련』을 창작한 바 있는 그녀로서는 더욱 그랬을 것이다. 한국전쟁이 냉전 체제하의 극한적 이념 대립에서 비롯되었다고 할 때, 그 당사자의 한 사람인 김일성의 죽음은 그녀에게 그냥 지나칠 일은 아니었다. 뿌리는 중국 대륙

49 張愛玲, 「更衣記」, 『流言』(張愛玲全集), 22쪽.

이지만 그곳을 떠나왔고 타이완을 왕래해왔지만 거기에도 안착할 수 없었던 장아이링에게 미국 이민자의 실향민적 정서가 더해지면서 북한 체제를 이끌어온 김일성의 사망 소식은 이념 대립에 대한 깊은 사색을 다시금 불러왔을 것이다. 그래서 이념 추구의 허망함을 드러내고 극한적 이념 대립의 종식을 기대하면서 스스로 저승사자로 분장해 김일성의 죽음을 알리는 전갈을 들고 나타난 것은 아닐까. '일소(一笑)'는 표면적으로는 시간의 포로인 인간의 비극적 운명에 대한 달관의 태도를 드러내지만, 동시에 이념 추구의 허망함을 일깨우고 이념 대립을 극복하려는 작가의 내면적 기대를 표현한 것이다. 장아이링은 "그들은 비록 연약한 범인(凡人)에 지나지 않아 힘을 가진 영웅에 미치지 못하지만, 바로 이런 범인이 영웅보다 이 시대의 전체를 대표할 수 있다고 나는 믿는다"[50]라고 했거니와, 역사와 영웅의 서사를 거부하고 일상과 범인의 서사를 추구했던 그녀의 문학적 주제에 비춰볼 때 김일성의 죽음은 자신의 문학적 주제를 방증하는 구체적인 실례이기도 했다. 김일성이 아무리 북한 체제 내에서 영웅처럼 떠받들어져 왔다고 하더라도 시간의 포로로서 결국 죽음에 이르고 말았으니 그는 범인과 다르지 않다. 그렇다면 장아이링의 이 마지막 '몽타주' 사진은 인간의 비극적 운명과 작가 자신의 죽음에 대한 예감, 더 나아가 영웅 서사의 거부와 이념 대립의 극복에 대한 기대 등이 어우러진 복합적인 은유로 해석해야 할 것이다.

한편 장아이링이 기대하는 이념 대립의 극복은 어떻게 형상적으로 묘사될 수 있을까? 그 형상적 표현을 「낙엽의 사랑(落葉的愛)」이라는 시에서 찾아보자.

50 張愛玲, 「自己的文章」, 『流言』(張愛玲全集), 187쪽.

큼직한 노란 낙엽이 떨어지네.
천천히, 바람을 스치고,
맑은 푸른 하늘을 스치고,
날카로운 햇살을 스치고,
회색빛 양옥집의 속된 꿈을 스치네.
떨어지다 중도에야,
알아차렸으니 낙엽은,
자기 그림자에게 입맞춤하려는 것을.
땅 위의 그림자는,
맞으러 튀고 또 튀어 오르고,
너울거리며 춤을 추듯이.
낙엽은 최대한 속도를 늦추어,
중년의 초연함을 가장하는데,
하지만, 바닥에 닿는 순간,
금빛으로 물든 손바닥이,
조심스레 검은 그림자를 감싸네,
마치 귀뚜라미를 잡는 것처럼-
'아, 여기에 있었구나!'
가을 햇살 속
시멘트 바닥 위에,
조용히 함께 잠드네,
낙엽과 그의 사랑이.[51]

---

51 張愛玲, 「中國的日夜」, 『流言』(張愛玲全集), 257－258쪽.

장아이링은 이 시를 짓고 나서 매우 만족해했는데, 낙엽이 자기 그림자와 완전히 조우해 자기동일성을 완성하는 순간을 포착했기 때문이다. 그것은 장아이링 문학에서 드물게 보이는, 현실의 대립이 화해로 승화되는 순간이다. 장아이링은 "더럽고, 복잡하고, 말로는 납득할 수 없는 현실"[52] 속에서 잠시나마 대립의 극복과 화해가 달성되는 순간을 '낙엽의 사랑'으로 꿈꾸었던 것이다.

5. 장아이링과 선총원, 그리고 루쉰

지금까지 우리는 장아이링과 최승희의 만남, 장아이링의 한국전쟁 서사 및 김일성 사망 소식에 대한 반응을 통해 근현대 시기 한중 교류의 구체적인 실례를 확인하고 상호 이해의 역사적 경험을 반추할 수 있는 일단의 계기를 확보한 셈이다. 더욱이 논의 과정에서 장아이링의 문학적 입장과 사상적 특징을 좀 더 깊이 있게 가늠할 수 있게 되었다.

장아이링과 최승희는 동양적 전통에 대한 예술적 자각으로 서로 공명했는데, 그들은 전통문화에 뿌리를 내려 각기 문학과 무용에서 중국적인 양식과 정서, 조선적인 양식과 정서를 현대화시키는 데 크게 공헌했다. 그들은 공히 서양적인 것으로부터 많은 것을 배웠지만 동양적인 것에 뿌리를 내림으로써 자신만의 창조적이고 독특한 문학세계와 무용세계를 완성할 수 있었다. 장아이링의 장편소설 『적지지련』에 공산화된 중국을 황폐한 땅의 이미지로 그려내려는 작가의 의도가 담겨 있다고 할 때 그것은 '반공 선전'의 성격도 띠게 되는데, 작가의 실제 경험과 거리가

52 張愛玲, 「第一爐香」, 『傾城之戀』(張愛玲全集), 20쪽.

면, '위임받은' '고정된 줄거리'에 의거해 씌어진 한국전쟁 서사는 '반공 선전'의 의미가 더욱 두드러진다. 하지만 '아'와 '적'을 확연하게 구분하거나 그 어느 한쪽에 정당성을 부여하는 그런 '역사'를 회의적인 시선으로 바라보았던 장아이링에게 '아'와 '적'의 구분을 넘어 '적'을 미화까지 하고 있는 한국전쟁 서사는 장아이링의 본래적 작가의식에 크게 위배되는 것이었다. 그렇기에 장아이링은 반공 포로로 분류된 주인공 류취안이 결국 중국 대륙행을 결심하는 것으로 한국전쟁 서사를 마무리하게 되는데, 이는 극한적 이념 대립을 극복하고 화해로 이끌고자 하는 작가의 무의식적 지향이 은연중에 드러난 것이다. 또한 장아이링은『대조기』에서 김일성 사망 소식이 헤드라인 기사로 실린 신문을 들고 찍은 자신의 사진을 마지막 '몽타주' 사진으로 실었는데, 이는 시간의 제약에서 벗어날 수 없는 인간의 비극적 운명과 작가 자신의 죽음에 대한 예감, 영웅 서사의 거부와 이념 대립의 극복에 대한 기대 등을 은유적으로 표현한 것이다.

이렇게 보자면, 동양적 뿌리가 장아이링의 문학세계를 구축하는 중요한 구성 요소로 강조되어야 하지만 그것은 동양과 서양의 대결 구도를 조장하는 방식으로 효력을 갖는 것이 아니라 양자의 융합이나 화해를 이끌어내는 계기로 포착되어야 하는 것이다. 또한『적지지련』이라는 작품이 '반공 선전'의 의도를 뚜렷하게 보여주고 있다고 해도 좌우의 이념 대립을 강화하려는 것이 아니며, 거기에는 이념 대립을 극복하고 화해로 이끌려는 작가의 내적 지향성이 깊이 스며있는 것이다. 이는 이분법적 구분이나 대립을 거부하고 국가주의와 같은 정치적 이념을 초월하려는 장아이링의 문학적 태도가 무의식적으로 반영된 결과이다. 장아이링이 냉전 체제의 극한적 이념 대립의 상징이라 할 한국전쟁의 직접적인 당사자의 한 사람인 김일성의 죽음을 알리는 저승사자로 분장한 것도 결국 이념 추구의 허망함을 드러내고 이념 대립의 종식을 기대하고 있었기 때문이다.

장아이링은 중국 현대문학 작가 중에서 선총원(沈從文)을 무척 좋아했다. 1971년 비평가 쉐이징(水晶)이 장아이링을 방문했을 때 그녀는 선총원의 작품을 대단히 좋아한다고 말하고 선총원을 훌륭한 문학가로 평가한 바 있다.[53] 『변성(邊城)』의「머리말(題記)」의 "나는 이 민족이 역사라는 운명에 이끌려 알 수 없는 데로 나아갈 때, 그 변동의 와중에 겪게 되는 보통 사람들의 우환과, 하루하루 '어떻게 살아갈까' 고민하는 개인들의 관념과 욕망을 소박하게 서술한 것이다"[54]라는 표현에서 드러난 선총원의 문학적 태도에 장아이링도 십분 공감하고 있었기 때문일 것이다. 쉐이징에 따르면, 장아이링은 또 중국인의 어둡고 저열한 국민성을 폭로하는 데 특장을 보인 루쉰(魯迅)을 높이 평가하면서, 이후 그 전통이 끊어져 중국 작가들은 민족의 자존심을 고취한다는 명분으로 모두 '허물과 잘못을 지나치게 치장하는(文過飾非)' 길로 나아가 좋은 것만 말하고 나쁜 것은 말하지 않았다고 진술했다고 한다.[55] 장아이링은 일찍이 "나도 결코 유미파에 찬성하지 않는 것은 아니다. 다만 생각건대, 유미파의 결점은 그 아름다움에 있는 것이 아니라 그 아름다움에 밑바탕(底子)이 없다는 데 있다"[56]라고 하여 아름다움의 배경이 되는 '밑바탕'을 강조한 바 있다. 장아이링의 문학적 본령이 남녀 애정이나 혼인과 같은 평범한 사람들의 소박한 이야기를 묘사하는 데 있었으니, 그것은 '허물과 잘못을 지나치게 치장하지' 않고 '밑바탕'의 실상(實狀)을 계시하는 것이었다.

그렇다면 장아이링은 역사와 혁명과 같은 정치적 거대 담론으로부터 일정한 거리를 두고자 했던 선총원의 문학적 특징과 역사 속에서 누적되

---

53 水晶,「夜訪張愛玲」,『永遠的張愛玲』, 317쪽 참조.

54 沈從文,「邊城題記」,『邊城集』(岳麓書社, 1995年 2次 印刷), 96쪽.

55 水晶,「夜訪張愛玲」,『永遠的張愛玲』, 316-317쪽 참조.

56 張愛玲,「自己的文章」,『流言』(張愛玲全集), 188쪽 참조.

어온 중국인의 저열한 근성이나 인간의 나약한 성격을 심각하게 폭로하고 있는 루쉰의 문학적 특징을 복합적으로 추구한 것은 아닐까. 장아이링의 문학세계는 아름다운 인성과 이상을 담아낸 선총원의 유토피아적 서사와 달리 회의적인 시선으로 삶의 황량함을 묘사하고, 루쉰의 예리한 풍자와 심각한 폭로를 순화시켜 그것을 담담하게 표현한 데서 그 특징을 찾을 수 있을 것이다.

제8장

장아이링의 서사 전략: 축적된 곤경의 기억

1. 대도시 상하이와 '경계지대'의 경험

장아이링(張愛玲)의 작품 중에서 무엇보다 주목되는 것은 출판 당시부터 베스트셀러에 오르며 사람들로부터 크게 환영을 받은 소설집 『전기(傳奇)』이다. 원래 '전기(傳奇)'는 당대(唐代)에 유행한 기이한 이야기나 남녀 애정을 담은 문언소설을 가리키고 명대(明代)에는 남녀 간의 사랑을 극화한 희곡(戲曲)을 가리킨다. 나중에 그것은 남녀의 애정을 다룬 로맨스소설을 의미하게 되었다. 이 소설집은 1944년 8월에 출판되어 9월에 곧바로 재판이 나왔고 1946년에는 다시 증정본(增訂本)이 나왔다. 초판본 『전기』에는 「황금 족쇄」, 「경성지련」, 「재스민 차」, 「침향설: 첫 번째 향로」, 「침향설: 두 번째 향로」, 「유리기와」, 「심경」, 「젊었을 때」, 「꽃이 지다」, 「봉쇄」 등 10편의 작품이 수록되어 있고, 1946년의 증정본 『전기』

상하이에서 가장 번화한 와이탄(外灘) 전경(2012년 촬영)

에는 신작 「남은 감정(留情)」, 「난새의 경사(鴻紅鸞禧)」, 「붉은 장미 흰 장미」, 「기다림(等)」, 「아샤오의 슬픔(桂花蒸 阿小悲秋)」이 추가로 실려 있다.

장아이링은 도시에서 태어나고 자란 순수한 도시인이었기 때문에 도시의 영혼을 주로 그렸다. 그녀의 소설은 대부분 대도시 상하이의 봉건 가정을 배경으로 하여 연애와 혼인을 둘러싼 남녀 문제를 다루었다. 장아이링은 1937년부터 시작된 중일전쟁, 이른바 항일전쟁(抗日戰爭) 시기와 일본이 패망한 1945년 이후 중국 국민당과 공산당 사이의 국공내전(國共內戰) 시기를 거쳤으면서도 그녀의 소설 속 주인공들은 전쟁이나 혁명과는 직접적인 연관이 없다. 그렇기 때문에 장아이링의 소설은 사회주의 중국이 성립된 1949년 이후에는 대륙 중국에서 완전히 사라졌으며, 그녀가 죽은 뒤 1990년대 이후에야 다시 부활하게 된다.

장아이링은 『전기』의 창작과 관련해 "작품을 쓸 때 한시도 상하이인(上海人)을 생각하지 않은 적이 없었다…… 상하이인만이 나의 글이 다 드러내지 못한 의미를 이해할 수 있다"[1]라고 말했을 만큼 장아이링의 소설은 상하이인과 떼어서 생각하기는 어렵다. 그녀는 상하이인의 특징을 이렇게 묘사했다. "상하이인은 전통적인 중국인에 더하여 근대의 고압(高壓)적인 생활에 단련된 사람이다. 신구(新舊) 문화의 갖가지 기형적인 산물의 교류는 결과적으로 그다지 건강한 것이 아니다. 하지만 여기에는 어떤 알 수 없는 지혜가 있다."[2] 장아이링은 전통과 근대가 병존하고 신구 문화가 뒤섞여 있는 상하이 사람들의 특징을 묘사했는데, 그것은 당시 상하이 도시 공간의 특수성이기도 하다. 그 무렵 상하이는 매우 발달한 근대적인 상업 도시로서 근대적인 것과 전통적인 것이 병존해 있었고 서양적인 분위기와 중국적인 분위기가 혼재해 있었다. 바로 이러한 상하이에서 나고 자란 그녀의 작품은 '동서고금(東西古今)'이 교차하는 당시 상하이의 특수한 문화적 성격을 반영하고 있다.

요컨대, 장아이링은 근대적인 것과 전통적인 것, 서양적인 것과 중국적인 것이 혼재해 있던 도시 공간에서 '경계지대'의 경험을 누구보다 많이 했다. 그녀는 가장 근대적인 도시 생활을 누렸을 뿐만 아니라 청말(淸末)의 대신인 리훙장(李鴻章)의 외증손녀로서 전통 귀족 가문의 생활양식에도 익숙해 있었다. 또한 가장 발달한 대도시의 서구화된 생활을 누리면서도 중국의 전통소설을 탐닉하는 등 '동양적인 것'에도 심취해 있었다. 장아이링의 『전기』 작품을 두고 "북적대는 연회에 나타난 불청객처럼 이쪽에도 말이 통하지 않고 저쪽에도 말이 통하지 않아 냉담하지만 너무나 익숙한 그런 것이었다"[3]라는 당시의 비평은 대단히 의미심장하다.

---

1 張愛玲, 「到底是上海人」, 『流言』(張愛玲全集)(北京出版社出版集團 · 北京十月文藝出版社, 2009), 5쪽.

2 張愛玲, 「到底是上海人」, 『流言』(張愛玲全集), 5쪽.

3 李君維, 「張愛玲的風氣」, 『張愛玲的風氣: 1949年前張愛玲評說』, 陳子善 編(山東畵報出版社, 2004), 53쪽 참조.

2. 비극적인 시간의식과 시대문명에 대한 회의

장아이링은 미국의 로스앤젤레스에서 죽기 1년 전 무렵 마지막 사진을 남겼는데, 앞서 언급했듯이 '주석 김일성이 어제 갑자기 사망하다'라는 뉴스를 표제어로 한 중국어 신문을 들고 찍은 사진이다. 장아이링은 이 사진을 『대조기(對照記)』의 재판본 「발문(跋)」에 싣고 "여러분과 함께 동일한 헤드라인 뉴스를 보니 '하늘가에서 이 시각을 공유하는(天涯共此時)' 즉각감(卽刻感)이 든다. 신문을 손에 들고 있으니 마치 유괴범이 유괴당한 이의 가족에게 보내는 사진처럼 그날 아직 살아 있다는 것을 증명하는 것 같다"[4]라고 말했다. 장아이링이 김일성 사망 소식을 표제어로 전한 신문을 들고 찍은 사진을 『대조기』의 「발문」에 함께 실은 것은 독자들과 현재의 시간을 공유하고 있음을 확인시켜주고 또 「발문」을 쓴 객관적인 시점을 밝혀주기 위함이었다. 하지만 거기에는 또 다른 의미가 담겨 있음을 감지할 수 있다. 장아이링은 갑자기 전해진 김일성의 죽음을 통해 인간이 시간의 포로가 되어 그 제약으로부터 벗어날 수 없음을 깨달았고 자신에게도 죽음이 성큼 다가와 있음을 직감하게 된 것이다. 김일성의 죽음이 장아이링에게 충격을 주었다면, 그것은 시간의 제약으로부터 벗어날 수 없는 인간의 비극적 운명을 증명해주는 것이었기 때문이다. 그런데 그녀는 이러한 인간의 운명을 그저 "일소(一笑)"[5]함으로써 담담하게 받아들인다. '일소'는 벗어날 수 없는 인간의 비극적 운명에 대한 달관의 경지이다. 이 '일소'는 소설 「경성지련(傾城之戀)」에서 여주인공 류쑤(流蘇)가 이혼 후 재혼해 놀라운 성공을 거두었다고 하여 이를 모범 삼아 자기도 이혼하기로 결정한 올케인 넷째 마나님을 떠올리며 '빙그레 웃었지만

4 張愛玲, 『對照記』(張愛玲集)(北京出版社出版集團 · 北京十月文藝出版社, 2007), 82쪽.

5 張愛玲, 『對照記』(張愛玲集), 82쪽.

여전히 쓸쓸했다'[6]라고 표현한 그 웃음과 동일한 씁쓸한 웃음이다.

이 대목에서 우리는 장아이링의 시간의식을 좀 더 세밀하게 검토할 필요성을 느끼게 된다. 장아이링은 시간의 흐름에 매우 민감하게 반응한 것으로 보이는데, 그녀의 시간의식은 『전기』의 작품세계를 이해하는 데 매우 중요한 실마리를 제공해줄 것으로 기대되기 때문이다.

장아이링은 산문 「비밀스러운 이야기(私語)」에서 어린 시절, 성장기, 홍콩대학 입학 및 태평양 전쟁으로 인한 학업 중단, 상하이로 돌아온 후의 아파트 생활 등을 서술한 뒤에 이렇게 끝을 맺고 있다.

> 지금 나는 옛 꿈에 붙어살고 있으며, 옛 꿈에서 새로운 꿈을 꾸고 있다. 여기까지 쓰고 보니 등 뒤에서 부는 바람이 차가왔고, 가서 유리문을 닫았다. 발코니 쪽으로 귀여운 노란 달이 떠 있었다. 고대의 밤에는 야경 도는 딱따기 소리(更鼓)가 있었고, 지금은 훈툰(餛飩)을 파는 딱따기(梆子)가 있어 천 년 동안 무수한 사람들의 꿈의 박자판은 '딱, 딱, 딱, 딱' 소리를 내어왔다. 사랑스럽고도 슬픈 세월이여![7]

장아이링은 '딱따기' 소리에 대한 감상(感傷)을 표현하는 것으로 글을 마무리 지으며 세월에 대한 깊은 여운을 남기고 있다. 물론 딱따기 소리와 세월이 어떤 관계에 놓여 있는지 금방 이해되는 것은 아니다. '딱, 딱, 딱, 딱' 하고 들리는 딱따기 소리는 보이지도 들리지도 않는 시간의 흐름을 청각적으로 느끼게 해주는데, 이 딱따기 소리가 장아이링에게는 왜 '사랑스럽고도 슬프게' 들렸을까?

---

6 張愛玲, 「傾城之戀」, 『傾城之戀』(張愛玲全集)(北京出版社出版集團 · 北京十月文藝出版社, 2009), 201쪽 참조.

7 張愛玲, 「私語」, 『流言』(張愛玲全集), 118쪽.

'딱, 딱, 딱, 딱' 박자판 소리로 이어져온 천 년의 세월은 '딱—, 딱—, 딱—, 딱—' 하는 리듬처럼 단절적임을 암시한다. 시간의 흐름은 딱따기 소리의 리듬처럼 분절음이 반복되는 단절성을 내포하고 있다. 그래서 '딱—, 딱—, 딱—, 딱—' 하고 단절적으로 진행되는 물리적 시간 단위는 꿈의 불연속 내지 순간성을 암시한다. 만일 시간의 흐름이 단절적이라면 그런 시간의 흐름 속에서 사람들이 꾸는 꿈도 영원성을 획득하기 어렵다. 단절적인 시간의 흐름은 사람들의 꿈을 순간적인 것으로 만들어버리기 때문이다. 그렇다면 인간의 꿈은 순간적이고 일시적이며, 항상적인 가치를 지니기 어렵다. 인간은 시간 속의 존재이므로 세월을 사랑하지 않을 수 없지만, 단절적인 시간의 흐름이 영원한 꿈을 저버리기에 그 세월은 슬프지 않을 수 없다. '사랑스럽고도 슬픈 세월'은 이렇게 해석된다.

시간의 흐름이 지닌 단절성으로 말미암아 시간은 때로는 황무지로 인식되기도 한다. 장아이링은 길거리에서 만난, 구걸하는 한 도사가 두드리는 대나무 통 소리를 통해 시간의 황무지를 깨닫는다.

> 그는 대나무 통을 비스듬히 흔들며 '탁— 탁—' 두드리고 있었다. 일종의 시계추이기도 하지만 셈하고 있는 것은 다른 시간이었다. 마치 황산(荒山)의 오래된 사원에서 조금씩 기울어지는 해 같았다. 시간은 공간과 마찬가지로 가치 있는 때도 있지만 온통 황무지일 때도 있다…… 주위의 수많은 번잡한 광고판, 점포, 자동차가 빵빵거리는 소리 속에서 그는 고대의 전기(傳奇) 이야기에 나오는 황량몽(黃粱夢)을 꾸는 사람이다. 그런데 그는 오직 잠을 잘 뿐 결코 그런 꿈을 꾸지 않았다. 그래서 더욱 망연하기만 할 뿐이다.[8]

8 張愛玲, 「中國的日夜」, 『流言』(張愛玲全集), 259쪽.

길거리의 거지 도사에게는 현재의 시간이 한 푼어치의 가치도 없다. 그것은 공간의 황무지처럼 시간의 황무지이다. 대나무 통을 흔들면서 '탁— 탁—' 두드리는 소리는 일종의 시계추처럼 물리적 시간의 흐름을 상징하는데, '딱따기' 소리와 다르지 않다. 시간은 '탁— 탁—' 하는 리듬의 진행처럼 단절적이고 순간적으로 흘러간다. 단절적이고 순간적인 시간의 흐름으로 말미암아 시간의 가치는 불연속적이고 때로는 황무지로 변한다. 황무지로 변한 시간은 시간의 비극성을 암시하는바, 단절적인 시간의 흐름 속에서 순수하고 진실한 가치는 영속성과 절대성을 가질 수 없다.

이러한 비극적인 시간의식은 장아이링이 시대문명을 회의적인 시선으로 바라보게 되는 근거가 된다. 시간의 흐름 속에서 시대문명은 언제나 순간적이고 과도적인 현상에 지나지 않기 때문이다.

> 이 시대는 낡은 것이 붕괴하고 새로운 것이 자라나고 있는 중이다. 하지만 시대의 고조(高潮)가 도래하기 전에 단호하고 분명한 사물은 예외에 지나지 않는다. 사람들은 일상의 모든 것들이 다소 옳지 않다고 느끼거나, 공포스러울 정도로 옳지 않다고 느낄 뿐이다. 사람은 어느 한 시대에서 생활하고 있지만 이 시대는 오히려 그림자처럼 침몰해가고 사람들은 자신이 버림받았다고 느낄 뿐이다. 자기의 존재를 실증하기 위해서는 무언가 진실한 것, 가장 기본적인 것을 붙잡아야 하는데, 오래된 기억, 즉 인류가 모든 시대에서 생활한 적이 있는 기억으로부터 도움을 받지 않을 수 없다. 기억은 미래를 바라보는 것보다 더욱 분명하고 친절하다. 그리하여 그것은 주위의 현실에 대해 일종의 기이한 느낌을 낳는데, 이건 황당하거니와 과거 세계가 아닌가, 음침하면서도 환하게 밝은 것이 아닌가 의심이 간다. 추억과 현실 사이에 때때로 난처한 부조화가 발생하고, 이 때문에 정

중하면서도 가벼운 소동, 진지하면서도 명분이 없는 투쟁이 일어난다.[9]

낡은 것과 새로운 것이 혼재해 있는 현실, 그림자처럼 침몰해가는 시대, 현실에 대한 기이한 느낌, 추억과 현실 사이의 부조화 등으로 인해 장아이링은 회의적인 눈으로 세계를 바라보았다. 그녀의 눈에 비친 시대는 파괴와 성장이 동시에 일어나므로 일시적이고 과도기적이다. 장아이링이 "빨리, 빨리, 늦으면 안 돼, 겨를이 없어!"라고 다그치며 창작을 서둘렀던 이유도 분명하다. "개인은 설령 기다릴 수 있지만 시대는 황급하다 못해 이미 파괴 중에 있으며, 게다가 더욱 큰 파괴가 다가올 것이다. 어느 날 우리의 문명은 승화(升華)든 부화(浮華)든 모두 과거가 될 것이다. 만약 내가 가장 널리 사용하고 있는 글자가 '황량(荒涼)'이라고 한다면, 그것은 사상 배경 속에 이러한 불안한 위협이 있기 때문이다."[10] 장아이링이 '빨리'를 반복한 것은 단순한 공명심 때문이 아니라, 시간의 순간성과 과도적 단절성을 누구보다 예민하게 느끼고 있었기 때문이다. 거스를 수 없는 시간의 흐름 속에서 새로운 것은 금방 낡은 것으로 변해버리기에 시대문명은 항상성을 가질 수 없다. 항상성이 없는 문명이라면, 승화든 부화든 그것은 금방 지나가 버리는 한낱 과도적 현상에 지나지 않는다. 말하자면 길거리 거지 도사의 일화에 나오는 '황량몽'과 같다. 기존의 힘은 금방 낡은 과거로 변하고 성장하는 새로운 힘 앞에서 파괴의 대상이 되어버린다. 「첫 번째 향로(第一爐香)」에 나오는 "저 더럽고 복잡하고 납득할 수 없는 현실"[11], 「젊었을 때(青年的時候)」의 "너무도 온전치 못한 이 세계"[12]라는 표현은 장

9 張愛玲, 「自己的文章」, 『流言』(張愛玲全集), 187쪽

10 張愛玲, 「傳奇再版的話」, 『流言』(張愛玲全集), 156쪽.

11 張愛玲, 「第一爐香」, 『傾城之戀』(張愛玲全集), 20쪽.

12 張愛玲, 「青年的時候」, 『紅玫瑰與白玫瑰』(張愛玲全集)(北京出版社出版集團 · 北京十月文藝出版社, 2009), 7쪽.

아이링의 시대문명에 대한 회의적인 시각을 직접적으로 반영한다. 비극적인 시간의식과 그로 인한 시대문명에 대한 회의가 내면 심리로 옮겨지면 '황량(荒凉)'의식을 낳게 되는 것이다.

장아이링의 비극적인 시간의식 및 시대문명에 대한 회의는 그녀가 나고 자랐던 대도시 상하이의 '동서고금'이 교차하는 시공간적 특수성, 즉 '경계지대'의 경험과 뗄 수 없는 관계에 놓여 있다. 하지만 주지하는 바와 같이 그녀의 유년기와 성장기의 원체험도 함께 고려해야 한다. 아버지에게 애정이 없던 어머니는 장아이링이 4살 되던 해에 영국으로 유학을 떠났고, 장아이링이 초등학교에 입학할 무렵에 귀국한 어머니는 얼마 후 아버지와 이혼한다. 아버지는 재혼했으나 장아이링은 새어머니와의 갈등으로 인해서 아버지에 의해 반년간 감금되기도 하는데, 감금에서 탈출한 장아이링은 다시 어머니와 함께 살게 되지만 어머니는 이미 미국인 애인이 있었으므로 어머니에게도 마음을 줄 수가 없었다. 어머니의 가족사도 평범하다고 할 수 없다. 외할머니는 시골 출신으로 자식이 없던 외할아버지의 소첩으로 들어와 이란성 쌍둥이로 장아이링의 어머니와 외삼촌을 낳았고, 얼마 후 외조부모가 모두 죽는 바람에 어머니와 외삼촌은 다른 사람에 의해 길러졌다. 이러한 가족사는 예민했던 성장기의 장아이링에게 심리적 상처가 되어 그녀의 인생 태도에 큰 영향을 끼쳤을 것으로 보인다. "굴곡 많은 성장기 역시 아득히 머나먼 길에 끝이 보이지 않았다. 온통 황량함만이 가득했으며, 단지 할아버지, 할머니의 부부인연만이 색채가 선명하여 내게 큰 만족을 주었다."[13] 할아버지와 할머니의 부부인연만이 만족스럽게 느껴졌을 뿐 그 외는 온통 황량함만 가득했다는 장아이링의 술회는 그녀의 내면 심리의 황량함이 가족사와 깊은 연관이 있음

13 張愛玲, 『對照記』(張愛玲集), 81쪽.

을 암시한다. 그렇기에 장아이링이 길거리에서 만난 거지 도사에게서 느꼈던 시간의 황무지는 자신의 '황량함'의 내면 의식을 전이해 표현한 것일 수도 있다. '끝이 보이지 않는' 황량함의 내면 의식이 물질화되어 시간의 황무지로 표현된 것으로 보이기 때문이다.

3. '불철저'한 정체성과 '엇섞인 대조'의 묘사법

장아이링은 1944년 9월에 『전기』를 재판하면서 그 표지를 친구 옌잉(炎櫻)이 그려준 그림으로 바꾸었는데, 그 도안이 마음에 들어 한 획 한 획 습자하듯이 베끼면서 그때의 느낌을 이렇게 표현했다. "생명도 이와 같은 것이리라. 생명은 그 자체의 도안(圖案)이 있으며 우리는 단지 임모(臨摹)일 뿐이다…… 이러한 굴복(屈服)은 내 소설 속 인물의 모호하고(不明不白), 용렬하고, 난감하고, 체면을 잃은 그러한 굴복 같지는 않지만, 그래도 결국은 처량한(凄哀) 것이다."[14] 우리의 모습이 생명의 도안을 '임모'한 것에 지나지 않는다면, 우리는 수동적인 존재로서 '굴복'적이다. 바로 이러한 '굴복'적인 존재로서의 우리의 모습은 '모호한' 형상을 띠며 『전기』 작품에서 갖가지 형태로 출현한다. 「봉쇄(封鎖)」에서 우취위안(吳翠遠)의 얼굴 윤곽은 "그녀의 어머니조차도 긴 얼굴인지 둥근 얼굴인지 표현할 수 없는" 모호한 형상이며, "겨울날 입 안에서 뿜어져 나오는 입김처럼" 형체가 뚜렷하지 않다.[15] 「젊었을 때」에서 류량(流良)이 책의 여백에 그려 넣은 친시아(沁西亞)를 닮은 사람의 옆얼굴도 모두 눈과 입이 없는 그림이었

14 張愛玲, 「『傳奇』再版序」, 『張愛玲書話』, 止庵·萬燕(天津社會科學院出版社, 2003), 재판본 표지그림 설명 참조.

15 張愛玲, 「封鎖」, 『傾城之戀』(張愛玲全集), 151쪽, 157쪽.

장아이링의 자화상

다. "류량은 그녀에게 눈과 입은 그릴 줄 모른다고 변명할 방법이 없었다. 이 옆얼굴을 제외하고는 그는 아무것도 그릴 줄 모른다."[16] 「붉은 장미 흰 장미」에서 전바오(振保)가 옌리(烟鸝)를 처음 만났을 때, 옌리가 전바오에게 준 첫인상도 "애매한 흰색이었다."[17]

그런데 흥미로운 것은 이러한 '모호한' 인물 형상이 장아이링의 자화상과도 닮아 있다는 점이다. 1944년 6월 『잡지(雜誌)』 제13권 제2기에는 후란청(胡蘭成)의 「장아이링을 평함(評張愛玲)」이라는 글이 게재되어 있고 장아이링의 자화상 그림도 함께 실려 있다. 이 그림은 전체 검은색의 형체에 흰 선을 사용해 윤곽만 그려놓은 장아이링의 서 있는 모습인데, 이목구비가 그려져 있지 않아 얼굴 표정을 알 수 없는 형상이다. 그렇다면 작품 속 인물들의 '모호한' 얼굴 형상과 이목구비를 그려 넣지 않은 장아이링의 자화상은 서로 겹친다.

이목구비가 없는 인물 형상은 장아이링의 작품집 표지그림에도 등장한다. 1944년 12월에 출판된 장아이링의 첫 번째 산문집 『유언(流言)』의 표지그림은 이목구비가 없는 얼굴에 윤곽만 그려진 여인의 형상이다. 이 그림은 중국의 전통 의상을 입고 찍은 장아이링의 사진을 모델로 해서 친구 옌잉이 디자인한 것으로, 장아이링의 산문집 표지그림인 만큼 장아이링의 '자화상'으로 보아도 좋을 것이다. 또 1946년 11월에 출판된 『전기』의 증정본(增訂本) 표지그림에도 유사한 형상이 등장하는데, 창문틀에

16 張愛玲, 「青年的時候」, 『紅玫瑰與白玫瑰』(張愛玲全集), 4쪽.

17 張愛玲, 「紅玫瑰與白玫瑰」, 『紅玫瑰與白玫瑰』(張愛玲全集), 81쪽.

팔꿈치를 괴고 방 안을 들여다보고 있는, 이목구비가 없는 유령 같은 여인의 형상이다. 이 그림 역시 옌잉이 디자인한 것인데, 장아이링의 자화상과 동일한 계열의 그림으로 보아도 무방하다. 산문집 『유언』의 표지그림이든 증정본 『전기』의 표지그림이든 모두 장아이링의 친구인 옌잉이 그렸다는 점을 감안하면, 이목구비가 없는 여인의 형상은 모두 장아이링의 모습을 밑그림으로 하고 있음이 분명해 보인다.

산문집 『유언』의 표지

그렇다면 장아이링은 왜 자신의 자화상을 이목구비가 없는 얼굴 형상으로 그렸으며, 그것을 작품집의 표지에 넣고 작품 속 등장인물의 형상과도 겹치게 했을까? 산문 「재난에서 살아남은 이야기」의 결미에서 그 단서를 찾아보자.

소설집 『전기』의 증정본 표지

> 시대의 기차는 쿵쾅쿵쾅 앞을 향해 나아가고 있다. 차 안에서 스쳐지나가고 있는 것은 아마도 몇몇 익숙한 거리에 지나지 않지만, 하늘 가득한 불빛 속에서 스스로도 몹시 놀라워할 것이다. 그런데 애석하게도 우리는 언뜻 지나가버린 상점의 쇼윈도에서 자신의 그림자를 바삐 찾고 있을 뿐이다. 우리는 창백하고 보잘것없는 자기 얼굴을, 이기심과 공허, 전혀 부끄러움 모

르는 미련함을 발견할 뿐이다. 어느 누구라도 마찬가지이며, 우리 각자는 다 고독한 사람이다.[18]

'그림자'는 지나간 순간의 흔적이다. 우리의 모습이란 이 흔적으로서의 그림자에 지나지 않는다. 언뜻 지나가 버린 상점의 쇼윈도에 비친 우리의 모습은 '그림자'처럼 창백하고 보잘것없는 얼굴을 하고 있다. 이러한 창백하고 보잘것없는 '그림자' 같은 얼굴로부터 우리는 이목구비가 없는 '자화상' 얼굴 형상을 발견하게 된다. 그것은 장아이링의 자화상인 동시에 우리의 자화상이기도 하다. 그렇다면 작품 속 등장인물의 '모호한' 얼굴 형상은 작가의 자화상을 닮은 것이면서 동시에 우리의 자화상을 의미하는 것이다.

인물의 '모호한' 얼굴 형상이, 생명의 도안을 임모한 것에 지나지 않는 수동적이고 굴복적인 존재인 우리의 모습을 담아낸 것이라면, '그림자'라는 말이 풍기듯이 그것은 우리의 '불철저'한 정체성을 드러낸 것이다. 장아이링은 스스로 『전기』의 인물 형상에 대해 이렇게 비평한 바 있다.

극단적으로 병태적이거나 극단적으로 각성한 사람은 어쨌든 많지 않다. 시대는 이렇게 무거운데 그렇게 쉽게 완전한 깨달음을 얻을 수는 없다…… 그래서 내 소설 중에 「황금 족쇄」의 차오치차오(曹七巧)를 제외하면 전부 불철저한 인물들이다. 그들은 영웅이 아니며 이 시대의 짐을 짊어지고 있는 대중들이다. 왜냐하면 그들은 비록 불철저하지만 결국은 진실한 사람들이기 때문이다. 그들에게는 비장함(悲壯)은 없으며 단지 창량함(蒼凉)만 있다. 비장함은 일종의 완성이며 창량함은 일종의 계시이다.[19]

18 張愛玲, 「燼餘錄」, 『流言』(張愛玲全集), 59쪽.

19 張愛玲, 「自己的文章」, 『流言』(張愛玲全集), 186쪽.

무거운 시대로부터 벗어날 수 없는 대중들은 "쉽게 완전한 깨달음을 얻을 수 없으니", "그저 그렇게 될 수밖에 없다."[20] 극단적으로 병태적인 것과 극단적으로 각성하는 것, 이른바 '철저함'은 대중들이 감당할 보편적인 몫이 아니다. 더구나 영웅의 '철저함'도 진정한 실재를 반영한 것이 아니며 오히려 구성적 현실로서 허구에 가깝다. '완성'을 이루기 위해 '철저함'을 가장해 만들어진 구성적 현실은 사람들에게 자극적인 비장함을 가져다줄 수는 있지만, 그것은 어디까지나 구성적인 한에서 '부자연스러움(做作)'을 조성할 수밖에 없다. 장아이링이 채플린 영화를 그다지 좋아하지 않은 것도 "채플린의 영화는 대단하다고 할 수 있지만, 떠돌이의 부자연스러움이 느껴져 나는 싫어요"[21]라는 말에서 알 수 있듯이 그것의 풍자적 특징에도 불구하고 '부자연스러움' 때문이었다.

장아이링은 대중들이 "연약한 범인에 지나지 않아 힘을 가진 영웅에 미치지 못하지만, 바로 이런 범인이 영웅보다 이 시대의 전체를 대표할 수 있다"[22]고 보았다. 이 시대의 전체를 대표하는 '범인' 대중들은 연약하기에 '불철저'한 정체성을 드러내며, 그런 만큼이나 '창량함(蒼凉)'을 지닌다. 하지만 이들이야말로 현실 도처에서 만날 수 있는 사람들의 실제 모습이다. 더욱이 작품 「젊었을 때」에서 눈과 입이 없는 '옆얼굴'의 주인공 친시아가 장티푸스를 앓아 병원 침상에 누워 있을 때 "세상의 모든 것에 대한 냉담함이 그녀의 옅은 남색 눈에서 색깔을 없애버렸다"[23]라고 묘사했듯이, '무거운 시대' 현실은 '눈 색깔이 없는' 인물의 '모호한' 얼굴 형상을 낳는 토양이 된다. 그렇다면 장아이링의 소설 속 등장인물의 '모호

20 張愛玲, 「關于傾城之戀的老實話」, 『流言』(張愛玲全集), 193쪽.

21 王一心, 『張愛玲 蘇青 胡蘭成 他們仨』(東方出版中心, 2009), 110쪽 재인용.

22 張愛玲, 「自己的文章」, 『流言』(張愛玲全集), 187쪽.

23 張愛玲, 「青年的時候」, 『紅玫瑰與白玫瑰』(張愛玲全集), 15쪽.

한' 얼굴 형상은 결국 이목구비가 없는 작가의 자화상을 밑그림으로 하여 대중들의 '불철저'한 정체성을 형상적으로 드러낸 것이며, 그것은 '무거운 시대' 현실의 실제 모습을 재현한 것이다.

더욱이 '불철저'한 정체성은 작가의 고독한 심리와 겹치면서 인물의 심리적 불안과 공포를 유발하는 요인으로 작용한다. 장아이링은 어느 날 밤 10시를 알리는 나팔 소리를 듣고 그 자리에 같이 있던 고모에게 이를 들었냐고 물었으나 듣지 못했다는 대답을 듣는다. 그녀는 나팔 소리가 없었는데 청각상의 기억에 의한 착각이 아닐까 의심하면서 "처량하다 못해 공포를 느낀다."[24] 곧이어 바깥에서 누군가가 나팔 소리의 곡조에 맞춰 불어대는 휘파람 소리를 듣고는 기쁨에 차서 창가로 달려갔다고 했는데, 이는 오히려 처량함을 넘어 공포에 사로잡힌 장아이링의 고독한 심리를 돋보이게 해준다. 이러한 작가의 심리는 작품 속 인물의 심리로 전이되어 표현된다. 예컨대, 「첫 번째 향로」에서 묘사된 웨이룽(薇龍)의 심리는 그것을 대변해준다. '사람들 무리 속에서 이리저리 밀리고', '영원히 변치 않을 계획을 갖고 있지 않는' '불철저'한 정체성을 가진 웨이룽은 '끝없는 황량함, 끝없는 공포'를 느낀다.[25] '불철저'한 정체성으로 말미암아 웨이룽은 끝없는 황량함과 끝없는 공포에 휩싸이게 되는데, 웨이룽의 심리는 작가의 심리를 그대로 옮겨놓은 듯하다. 장아이링은 증정본 『전기』의 표지그림에 대해 "만약 이 그림이 사람들에게 불안한 느낌을 주는 데가 있다면 그것이 바로 내가 만들어내고자 한 분위기이다"[26]라고 했는데, 작가의 자화상을 밑그림으로 하고 있는, 이목구비가 없는 여인의 형상을 통해 작품의 불안한 분위기를 전달하고자 했다는 작가의 설명은 그녀

24 張愛玲, 「夜營的喇叭」, 『流言』(張愛玲全集), 91쪽.

25 張愛玲, 「第一爐香」, 『傾城之戀』(張愛玲全集), 51쪽 참조.

26 張愛玲, 「有幾句話同讀者說」, 『流言』(張愛玲全集), 264쪽.

의 불안한 심리가 등장인물의 심리로 전이되어 표현되고 있음을 암시해준다. 작품 속 인물의 '모호한' 얼굴 형상이 장아이링의 자화상과 겹치듯이 웨이룽의 심리는 작가의 심리와 겹친다. 인물의 '불철저'한 정체성은 작가의 고독한 심리가 더해지면서 인물의 불안과 공포의 심리를 조장한다.

그렇다면 인물의 '모호한' 얼굴 또는 '불철저'한 정체성을 형상적으로 담아내는 묘사 방법은 무엇일까? 장아이링은 「나의 문장(自己的文章)」에서 자신의 묘사 방법을 구체적으로 제시한 바 있다.

> 나의 글쓰기 제재는 바로 이러한 시대이며 나는 엇섞인 대조의 수법을 사용하는 것이 비교적 적절하다고 여긴다. 이런 수법을 사용해 인류가 모든 시대 가운데 생활해온 기억을 묘사한다. 그리고 이로써 주위의 현실에게 일종의 계시를 준다…… 나는 소박함을 좋아한다. 그러나 단지 현대인의 기지(機智)와 장식(裝飾)을 묘사하는 가운데 인생의 소박함의 밑바탕을 두드러지게 할 수 있을 뿐이다…… 허위와 진실을 강렬한 대조로 묘사하지 않고, 엇섞인 대조의 수법을 사용해 현대인의 허위 속에 진실이 있고 부화(浮華) 속에 소박함이 있다는 것을 묘사해낸다…… 그리고 내가 사용하고 있는 것은 엇섞인 대조의 묘사법이므로 선과 악, 영과 육이 첨예하게 충돌하는 그런 고전적인 묘사법을 채용하길 좋아하지 않는다. 그래서 나의 작품은 때로는 주제가 분명하지 않다.[27]

장아이링은 「경성지련에 관한 솔직한 이야기」에서도 "나는 엇섞인 대조의 묘사법을 좋아한다. 왜냐하면 그것은 비교적 사실에 가깝기 때문이다"[28]라고 하여 '엇섞인 대조'의 묘사법을 반복적으로 강조했다. '엇섞인

27 張愛玲, 「自己的文章」, 『流言』(張愛玲全集), 187－188쪽.

28 張愛玲, 「關于傾城之戀的老實話」, 『流言』(張愛玲全集), 193쪽.

대조'의 묘사법은 「붉은 장미 흰 장미」에서 형상적으로 잘 드러나 있는데, 정열적인 여인을 비유하는 '붉은 장미'와 순결한 아내를 비유하는 '흰 장미' 사이의 가치의 전도와 어긋남을 보여주는 바로 그것이다.[29] 유부녀인 '붉은 장미' 자오루이(嬌蕊)와 사랑을 나누었던 주인공 전바오(振保)가 '흰 장미' 옌리(烟鸝)를 아내로 맞이했으나 결국 아내는 무미건조한 부인으로 변해 전바오는 다시 창녀촌을 드나들게 된다. 그리고 헤어진 '붉은 장미' 자오루이는 재혼해 평범한 부인이 되고, 믿었던 순종적인 아내 '흰 장미' 옌리는 재봉사와 바람이 난다. 이 소설은 '붉은 장미'와 '흰 장미' 중 어느 것에도 집착하거나 만족할 수 없는 인간 욕망의 비애를 드러내고, 영원한 붉은 장미도 영원한 흰 장미도 없다는 현실의 '소박한' 진실을 보여준다. 버스 안에서 재혼한 자오루이를 만난 전바오가 자신의 '원만하고 행복한 생활을 두 마디 말로 귀납하고자 막 글자를 찾고 있는데', 버스 기사 오른쪽에 돌출된 거울 속에 비친 그의 얼굴 모습은 '엇섞인 대조'의 묘사법이 무엇인지 상징적으로 보여준다. "평온해 보였지만 차가 흔들리는 바람에 거울 속의 얼굴도 따라서 부들부들 떨고 있었다. 아주 기이한 일종의 평온하고 온화한 떨림이었다."[30] 전바오의 얼굴은 '평온하고 온화한' 듯하지만 결국은 '떨고' 있는 얼굴이다. 또한 작품 「꽃이 지다(花凋)」에서 일 년 내내 침대에서만 지낸 촨창(川嫦)이 어머니가 사온 가죽구두를 신으며 희망을 품지만 이내 죽고 마는, 생에 대한 기대와 실질 사이의 어긋남도 '엇섞인 대조'의 묘사법의 한 형태이다. "그녀는 이불 속에서 발 한 짝을 꺼내 가죽 신발에 넣어보았다. '이런 가죽은 아주 질겨서 이삼 년은 신을 수 있겠군.' 그녀는 삼 주 후 죽었다."[31] 이는 장아이링

---

29 홍석표, 『중국현대문학사』(이화여자대학교출판부, 2009), 438–439쪽 참조.

30 張愛玲, 「紅玫瑰與白玫瑰」, 『紅玫瑰與白玫瑰』(張愛玲全集), 85쪽.

31 張愛玲, 「花凋」, 『紅玫瑰與白玫瑰』(張愛玲全集), 35쪽.

이 말한 "반고조(反高潮), 즉 특이한(艷異) 분위기 조성과 갑작스런 하락"[32]을 보여주는 '엇섞인 대조'의 묘사법의 구체적인 실례라고 할 수 있다.

더욱이 장아이링은 '엇섞인 대조'의 묘사법이 현실의 소박한 진실을 드러낸다는 점을 「경성지련」의 작품을 예로 들어 부연하기도 했다. "「경성지련」에서 부패하고 낡은 가정으로부터 빠져나온 류쑤(流蘇)의 경우, 홍콩 전쟁(일본이 홍콩을 침략해 발생한 전쟁)이 그녀를 감화시켜 혁명여성으로 만들지 않았다. 홍콩 전쟁은 판류위안(范柳原)에게 영향을 미쳐 그로 하여금 평범한 생활로 돌아와서 결국 결혼하게 만들었지만 결혼은 결코 그를 성인(聖人)으로 변화시켜 지난 생활 습관과 태도를 완전히 버리도록 만들지는 못했다. 이 때문에 류위안과 류쑤의 결말은 다소 건강한 것이지만 여전히 저속하다. 사실대로 말하자면 그들은 그저 그렇게 될 수밖에 없다."[33] 장아이링에게는 '저속하고' '그저 그렇게 될 수밖에 없는' 현실의 진실을 담담하게 담아내는 것이 더욱 중요했다. 만약 봉건 가정으로부터 도망치다시피 빠져나온 류쑤가 일본의 침략 전쟁으로 인한 홍콩의 함락에 감화를 받아 혁명에 뛰어들었다면 이 작품은 일종의 계몽적인 소설이 된다. 마찬가지로 류위안이 홍콩 함락으로 인해 외국으로 출장가지 못하고 평범한 생활로 돌아와 류쑤와 결혼하고 예전의 생활 습관을 버리고 성실한 결혼 생활을 했다면 이 역시 계몽적인 소설이 된다. 하지만 장아이링은 이상적이고 낙관적인 계몽주의적 태도를 버리고 오히려 저속하지만 현실의 진실에 더 가까운 인물 형상을 그려냈다. 장아이링이 "내가 엇섞인 대조의 묘사법을 좋아하는 것은 그것이 비교적 사실에 가깝기 때문이다"[34]라

32 止庵·萬燕, 『張愛玲畫話』, 112쪽 참조. "我喜歡反高潮-艷異的空氣的制造與突然的跌落, 可以覺得傳奇裏的人性呱呱啼叫起來."

33 張愛玲, 「關于傾城之戀的老實話」, 『流言』(張愛玲全集), 193쪽.

34 張愛玲, 「關于傾城之戀的老實話」, 『流言』(張愛玲全集), 193쪽.

고 말한 것도 그런 의미이다.

장아이링은 시대의 무거움에서 벗어날 수 없어 완전히 깨달을 수 없는 '불철저'한 대중들의 모습을 담아내는 데는 '엇섞인 대조'의 묘사법이 가장 적절하다고 판단했다. 그것은 '불철저'한 정체성을 가진 평범한 인물들의 진실을 소박하게 드러내는 방법이다. 시대의 무거움이 부모의 이혼과 재혼을 경험한 장아이링의 성장기의 원체험과, 고금의 교체와 동서문명의 혼재라는 상하이의 시공간적 특수성과 관련이 있는 한 '엇섞인 대조'의 묘사법은 장아이링의 개인사와 시대 현실의 미적(美的) 전유로도 볼 수 있다.

4. 순간의 진실과 기억의 슬픈 서사

「경성지련(傾城之戀)」의 제목은 '경국지색(傾國之色)'이라는 말이 있듯이 전통적인 의미에서는 '도시를 무너뜨린 사랑 이야기' 정도로 번역될 수 있으니 감동적인 사랑 이야기를 의미할 것이다. 하지만 장아이링은 이 소설에서 그러한 감동적인 사랑 이야기를 말하려는 것이 아니라 오히려 그것을 비웃고 조롱한다. '경성지련'은 '도시 함락으로 맺어진 사랑 이야기' 정도로 번역될 수 있는데, 도시 함락이라는 우연적인 사건을 계기로 주인공 남녀가 결혼에 성공하게 된다는 뜻이다. 이 작품에서 주인공 바이류쑤(白流蘇)와 판류위안(范柳原)의 결합은 이렇게 묘사된다.

> 이 요동치는 세계 속에서 돈, 땅, 영원히 변치 않는 것, 전부 믿을 수 없다. 믿을 수 있는 것은 단지 그녀의 가슴 가득한 숨결과 그녀의 옆에서 자고 있는 이 사람뿐이다. 그녀는 갑자기 류위안의 옆으로 올라가 그가 덮

고 있는 면 이불 위로 그를 껴안았다. 그가 이불 속에서 손을 내밀어 그녀의 손을 잡았다. 그들은 서로를 투명하고 환하게 보았다. 단지 순간적인 철저한 이해였지만 이 순간은 그들이 함께 8년이고 10년이고 화목하게 살아갈 수 있게 하기에 충분했다.[35]

8년 또는 10년의 화목은 한순간의 철저한 이해에 의해 유지될 수 있는데, '철저한 이해'는 어쨌든 순간의 진실로 실현될 뿐이다. 이때 '철저한 이해'의 순간 진실이 흔적으로 기억된다면 그것은 그림자의 모습과 다르지 않다. 그래서 순간 진실로 실현된 '철저한 이해'가 기억의 흔적으로 남아 그림자의 모습으로 현현할 때 화목은 유지될 수 있다. 8년 또는 10년의 화목은 '철저한 이해'가 이루어지는 순간 진실의 기억이 흔적으로 남아 그림자로 지속할 때 가능해지는 것이다. 류쑤가 재혼해 명실상부한 류위안의 아내가 되지만 결국 실의에 빠지지 않을 수 없는 이유도 명백하다. "류위안은 이제 거의 그녀와 놀시 않았다. 그는 우스갯소리를 아껴 옆의 여인들에게 들려주었다. 그것은 축하할 만한 좋은 현상으로 그가 그녀를 완전히 자신의 사람, 명실상부한 아내로 대하고 있다는 것을 보여주었다. 그럼에도 불구하고 류쑤는 여전히 쓸쓸했다."[36] 기억의 흔적으로 남아 그림자로 현현하는 순간 진실은 그것이 진실이라 하더라도 그림자에 지나지 않기 때문에 '불철저'할 수밖에 없다. 결혼에 성공해 명실상부한 류위안의 아내가 되는 순간 류쑤는 오히려 실의에 빠진 자신의 처지를 발견하게 되는 것이다. 「황금 족쇄(金鎖記)」에서 차오치차오가 죽음을 기다리며 침상에 누워 18, 19세의 청춘 시절을 회상하면서 자신을 좋아했던 남자들을 떠올릴 때도 사랑의 순간적 진실을 어렴풋이 감지하

35 張愛玲, 「傾城之戀」, 『傾城之戀』(張愛玲全集), 199쪽.

36 張愛玲, 「傾城之戀」, 『傾城之戀』(張愛玲全集), 201쪽.

고 있었다. "만일 그녀가 그들 중의 하나를 선택하고 이후 시간이 좀 지나 아이를 낳았다면 남자는 얼마간 그녀를 진심으로 대해주었을 것이다."[37] 이처럼 '진심(眞心)'이 지속되는 기간은 '얼마간'으로 한정되고 만다. 「첫 번째 향로」의 결미에서 묘사된 금방 꺼져버리는 불꽃의 비유도 진실의 순간성을 암시한다. 추운 겨울에 웨이롱과 조지(喬琪)가 차를 타고 귀가하는데, 조지가 담배에 불을 붙이자 그것이 마치 꽃이 핀 것 같았으나, "꽃은 금방 졌다. 다시 차가움과 어두움이…… 이 홍콩 이야기는 여기서 끝이다…… 웨이룽의 화로 향 역시 곧 다 타버릴 것이다"[38]라고 표현된다.

「봉쇄」는 진실의 순간성을 더욱 극명하게 보여주는 작품이다. '봉쇄'로 인해 전차는 멈추고 전차 안의 시공간은 현실의 그것과 단절된다. "봉쇄되었다. 종이 울렸다. '딩링링링링링', '링'자는 하나하나 차가운 작은 점이 되어 한 점 한 점 연결되어 점선을 이루면서 시간과 공간을 단절시켰다."[39] "끝이 없고 끝이 없는", "길고도 긴 지렁이"처럼 꿈틀거리는 궤도를 영원히 멈추지 않고 달릴 듯한 전차는 때마침 '봉쇄'를 만나 진행을 멈추고, '링'이라는 글자가 이루는 점선에 의해 전차 안의 시공은 현실의 시공과 전혀 다른 새로운 것으로 바뀐다. '봉쇄'로 말미암아 번잡하고 무료한 일상으로 가득한 현실로부터 일시적 단절이 이루어지는 순간, 결혼에 불만을 품은 뤼쭝전(呂宗楨)과 학교에서든 집안에서든 무시를 당하는 대학 강사 우취위안(吳翠遠)이 우연한 계기로 그들만의 애정을 추구하게 된다. 그렇지만 '봉쇄' 해제의 종소리가 울리면서 단절되었던 시공간은 원래의 현실로 회복되고 뤼쭝전 역시 제자리로 돌아가 앉음으로써

---

37 張愛玲, 「金鎖記」, 『傾城之戀』(張愛玲全集) 260쪽.

38 張愛玲, 「第一爐香」, 『傾城之戀』(張愛玲全集), 53쪽.

39 張愛玲, 「封鎖」, 『傾城之戀』(張愛玲全集), 148쪽.

두 사람은 낯선 타인이 된다. 일시 모면을 위해 벌인 희극적인 행동이 절묘하게 자연스럽고 진실한 사랑을 엮어내지만 그 사랑은 현실적인 이해관계가 개입되면서 진실성을 잃고 '봉쇄' 해제의 종소리와 더불어 끝나버린다. 모든 것이 제자리로 돌아가고 번잡하고 자질구레한 일상이 회복된다. "봉쇄 기간의 모든 일은 일어나지 않은 것이나 마찬가지이다. 상하이 전체가 졸면서 이치에 맞지 않은 꿈을 꾸었다."[40] "전차가 땅땅거리며 앞으로 내달리자 그들은 하나하나 죽으러 간다."[41] 그들의 사랑은 '연극 같은 순간'이었으며, '공교롭게 얻어진 것'이었다.

뤄쫑전과 우취위안의 사랑은 희극적이고 우연적인 만남에 의해 이루어진 것인 만큼 영원성과 절대성을 가지지 못한다. 그들의 사랑은 일시적이고 순간적인 진실로 구축되었으며, 그림자처럼 순간의 흔적으로만 기억될 뿐이다. 뤄쫑전이 전차 유리창에 우유 광고로 붙어 있던 통통한 아이 그림의 찢어진 부분을 통해 차에 오르던 우취위안의 모습을 언뜻 보았던 장면은 진실의 우연성과 편린성을 절묘하게 형상화해준다. "그 찢긴 틈으로 당신의 옆모습이 보였소. 턱만 살짝 말이요…… 후에 당신이 고개를 숙여 가죽 지갑에서 돈을 꺼낼 때야 비로소 당신의 눈과 눈썹, 머리카락이 보였다오."[42] 광고지의 찢어진 틈으로 우취위안을 보는 장면은 '광고'의 우연성과 '찢어진 틈'의 편린성을 동시에 드러낸다. 사랑은 우연성과 편린성에 의해 구축되며 순간의 진실로 반짝일 뿐임을 암시한다. 「봉쇄」에 에피소드처럼 삽입된, 순간적으로 살짝 드러나는 생명에 대한 묘사도 같은 의미를 담고 있다. 부드럽고 딱딱한 어린아이의 발, 뤄쫑전이 내민 팔, 금발 여인이 이탈리아 해군을 호객하는 행위 등은 "오직

40 張愛玲, 「封鎖」, 『傾城之戀』(張愛玲全集), 159쪽.
41 張愛玲, 「封鎖」, 『傾城之戀』(張愛玲全集), 159쪽.
42 張愛玲, 「封鎖」, 『傾城之戀』(張愛玲全集), 154쪽.

한순간에만 살아 있는 것에 지나지 않는다."[43]

이처럼 순간의 진실과 그 흔적으로서의 그림자만이 유의미할 때, 장아이링에게 사람의 이야기는 궁극적으로 공허하고 처량하다. 장아이링의 '전기(傳奇)' 서사가 대부분 '슬픈 이야기'로 채워져 있는 것은 이 때문이다. 클레멘타인이 '나'에게 들려준 「두 번째 향로(第二爐香)」도 "인생은 종종 이와 같이 철저하지 않으니까" 슬픈 이야기이다.[44] 「재스민 차(茉莉香片)」의 도입부도 슬픈 이야기임을 암시한다. "내가 당신에게 타주는 재스민 차는 너무 쓸지 모릅니다. 아마 내가 당신에게 들려주려고 하는 홍콩 이야기도 마찬가지로 쓸 겁니다. 홍콩은 화려하고 아름답지만 슬픈 도시이지요."[45] 슬픈 이야기를 연주하는 호금(胡琴)의 음악 소리로부터 시작하는 「경성지련」은 수미가 호응을 이루며 끝나지 않을 호금의 슬픈 음악 소리로 마감한다. "호금이 잉잉 울고 있다. 모든 등불에 불이 켜지는 밤에 미처 끝내지 못할 처량한 이야기를 켜고 또 켠다. 묻지 않아도 그만인 것을!"[46] 「황금 족쇄」에서는 "노인들이 기억하는 30년 전의 달은 유쾌하고 눈앞의 달보다 크고, 둥글고 하얗다. 그러나 30년의 고생길을 지나 돌이켜보면 아무리 예쁜 달빛일지라도 역시 처량함을 지니고 있다"[47]라고 시작함으로써 이 역시 슬픈 이야기가 전개될 것임을 암시한다. 더욱이 작품의 결미에서 "30년 전의 달빛은 이미 사그라졌고 30년 전의 사람도 죽었다. 그러나 30년 전의 이야기는 아직 끝나지 않았다. 끝날 수 없다"[48]라는 말로 맺음으로써 영원히 반복될 슬픈 이야기를 암시하고 그로부터 헤

43 張愛玲, 「封鎖」, 『傾城之戀』(張愛玲全集), 159쪽.

44 張愛玲, 「第二爐香」, 『傾城之戀』(張愛玲全集), 55쪽.

45 張愛玲, 「茉莉香片」, 『傾城之戀』(張愛玲全集), 91쪽.

46 張愛玲, 「傾城之戀」, 『傾城之戀』(張愛玲全集), 201쪽.

47 張愛玲, 「金鎖記」, 『傾城之戀』(張愛玲全集), 216쪽.

48 張愛玲, 「金鎖記」, 『傾城之戀』(張愛玲全集), 261쪽.

어날 수 없는 삶의 진실을 드러낸다.

진실은 순간적이고 편린적으로 구축되므로 영속성이 없지만, 그래도 기억의 흔적으로 남아 그림자로 현현한다. 장아이링이 과거, 이른바 '오래된 기억'에 기대어 잠시나마 위로를 받고자 했던 것도 바로 이 때문이다. 더욱이 그녀가 "모든 시대를 거치며 생활해온 인류의 기억을 묘사한다"[49]라고 했던 것도 과거의 기억, 즉 축적된 인류의 기억 속에서 믿을 만한 근거를 발견할 수 있다고 보았기 때문이다. 장아이링이 과거의 기억에 의지하고자 한 것은 그녀의 개인사, 즉 잠시나마 '상당히 유쾌하게 보냈던' '어린 시절'[50]과 관계가 깊다. 그렇기에 '더럽고 복잡하고 납득할 수 없는' 현실세계에서 과거는 일시적이나마 온화하고 한가롭고 아름다운 추억을 떠올리게 하는 공간이다. 「첫 번째 향로」에서 묘사된 옷장 안은 그런 과거와 연결되는 공간이요 통로로서 기능한다. "그 안에는 여전히 온화하고, 한가로우면서 시간을 아랑곳하지 않는 오래된 과거의 공기가 있었다. 옷상 안에는 칭박같이 상쾌한 아침, 획일적인 녹색의 풀밭, 무섭고 고요한 얼굴, 입가의 땅콩 껍질…… 저 더럽고 복잡하고 납득할 수 없는 현실은 없었다."[51] 그렇지만 장아이링은 모든 시대를 거치며 생활해온 인류의 기억을 묘사해내고 이를 통해 사람들에게 어떤 계시를 주고자 했기 때문에, 믿을 만한 과거라고 하더라도 그것은 오랜 세월 축적된 기억인 만큼 벗어날 수 없는 인간의 곤경을 의미한다.

그렇기에 장아이링이 들려주는 이야기는 구중국의 편린으로서 현대사회의 어디서나 발견되는 과거의 축적된 곤경의 기억이다.

---

49 張愛玲, 「自己的文章」, 『流言』(張愛玲全集), 187쪽.

50 張愛玲, 『對照記』(張愛玲集), 81쪽 참조. "悠長得像永生的同年, 相當愉快地度日如年, 我想許多人都有同感."

51 張愛玲, 「第一爐香」, 『傾城之戀』(張愛玲全集), 20쪽.

류쑤와 류쑤의 집, 그런 구중국의 편린들은 현대사회 어디에나 있다. 요즘 수돗물이 종종 끊기는 바람에 항아리에 물을 길어다 쓰곤 하는데, 그때 작은 황룡이 조각된 황토색 물 항아리에 조용히 자기 얼굴을 비춰보면 그 오랜 세월 우물가에 와서 물도 긷고 거울삼아 얼굴을 비춰보기도 하던 여인들이 자연스레 떠올려지듯이 말이다. 나는 「경성지련」의 관중들이 그것을 아득히 먼 전기(傳奇)로 보지 말기를 바란다. 그것은 그대 가까이에 있는 인물이요 사건이다.[52]

진실의 순간성으로 말미암아 기댈 수 있는 것은 과거의 기억밖에 없지만 그 기억은 인류의 축적된 곤경의 기억이므로 장아이링이 들려주는 이야기는 슬픈 서사가 된다. 「경성지련」에서 "여자가 아무리 훌륭해도 이성의 사랑을 얻지 못하면 동성의 존경도 얻을 수 없다. 여자들은 그렇게 비열하다"[53]라고 서술한 대목은 장아이링의 '전기' 서사가 '완성'을 향한 새로운 세계의 구축이 아니라 축적된 기억의 형상화이며 실상의 '계시'에 속한다는 점을 시사한다. "겉으로 보기에 세계 각국의 부녀의 지위는 그 고하(高下)가 동일하지는 않지만, 실제적으로 여인의 지위는 언제나 낮다. 화를 내도 소용이 없으니, 인생은 울컥해서 될 일이 아니다."[54] 인류의 축적된 기억의 서사인 장아이링의 이야기가 곤경의 슬픈 서사가 되는 것은 당연하다.

그렇다면 장아이링의 이야기는 '아득히 먼 전기(傳奇)'가 아니라 우리 가까이에 있는 인물과 사건에 관한 친숙한 이야기가 된다. 장아이링은 1954년에 증정본 『전기』를 저본(底本)으로 하여 제목과 표지를 바꾼 『장

52 張愛玲, 「羅蘭觀感」, 『流言』(張愛玲全集), 195쪽.

53 張愛玲, 「傾城之戀」, 『傾城之戀』(張愛玲全集), 171쪽.

54 張愛玲, 「羅蘭觀感」, 『流言』(張愛玲全集), 194－195쪽.

아이링 단편소설집』을 펴내면서 그 서문에서 "여기 있는 이야기는 어느 시각에서 보면 전기(傳奇)라고 할 수 있지만 사실 이런 종류의 사건은 흔하다. 나는 독자들이 이 책을 볼 때 아마 자기가 알고 있는 인물 또는 보거나 들어본 적이 있는 사건을 연상하기를 바란다"[55]라고 했던 것도 그런 의미이다. '전기(傳奇)'란 기이한 이야기 또는 사랑 이야기를 가리키는데, 장아이링의 '전기'는 이 둘을 합친 '기이한 사랑 이야기' 정도로 풀이할 수 있고 그런 제목에도 불구하고 그 '기이함'을 조롱하듯이 오히려 평범하고 친숙한 이야기를 들려주고 있다. 장아이링이 어떤 이야기가 "한 사건의 실상과 한 인물의 내면의 곡절"을 드러내주는 것이라면 "우리는 '슬퍼하고 불쌍히 여길 것이며 기뻐하지 말아야' 한다"[56]라고 주문한 것도 그 이야기가 바로 우리 자신의 이야기이기 때문이다. 장아이링의 이야기가 동정 어린 슬픈 이야기로 들리는 것도 바로 이 대목에서 가능해진다.

더욱이 장아이링의 이야기는 슬픈 서사임에도 불구하고 아무렇지도 않은 듯이 담담하게 서술되고 있다는 점도 특기할 만하다. 당시의 비평가 우장펑(吳江楓)의 말처럼, "사실 장아이링의 이야기는 대부분 창량함(蒼涼)'과 '비량함(悲涼)'의 맛을 담고 있어 읽으면 다소 우울해진다. 그렇지만 결코 무겁지 않으며, 담담한 한(淡淡的哀怨)이라고 할 수 있다."[57] 장아이링은 엄숙함과 숭고함, 그리고 숙명 등을 거부했는데, 그녀의 작품에서는 남녀 애정이 심금을 울리거나 흥분을 유발시키지도 않으며 오히려 '담담한 한'으로 표현된다. 예를 들면, 「두 번째 향로」의 결미에서 로저 알버트의 죽음에 관한 묘사는 그 비극성에도 불구하고 다음과 같이 너무나 담담하게 서술된다. "그는 가스를 잠그고 또 문을 닫고 잠갔다.

55 張愛玲, 「張愛玲短篇小說集自序」, 『重訪邊城』(張愛玲全集), 3쪽.

56 張愛玲, 「張愛玲短篇小說集自序」, 『重訪邊城』(張愛玲全集), 3쪽.

57 記者, 「『傳奇』集評茶會記」, 『張愛玲的風氣: 1949年前張愛玲評說』, 75쪽.

그런 다음 다시 가스를 틀었다. 그러나 이번에는 성냥을 그어 불을 붙이지 않았다. 가스가 지니고 있는 은은한 단내가 점점 짙어졌다. 동시에 로저 알버트의 향로의 향도 점점 약해져 갔다. 침향 조각이 다 타버렸다. 불이 꺼졌다. 재가 식었다."[58] 누구도 슬픈 이야기에서 벗어날 수 없다고 한다면 그것은 삶의 진실에 대한 통찰을 보여준다. 장아이링은『시경(詩經)』의 시 중에서 '죽거나 살거나 함께 고생하자던 당신과 굳고 굳은 언약 있었네. 당신의 손을 잡고 당신과 백년해로하자고'라는 구절을 인용하면서 슬픈(悲哀) 시라고 말했는데,[59] 이 시가 함축하고 있는 담담한 슬픔을 간파하고 있었던 것이다. 백년해로를 위한 '굳은 언약'은, 백 년도 넘기지 못하는 인간의 짧은 운명과 그토록 짧은 운명에도 불구하고 손을 맞잡고 함께하기가 쉽지 않다는 것을 함축하고 있기 때문이다.『시경』의 시가 담담한 슬픔을 함축하고 있듯이 장아이링이 들려주는 이야기 역시 그러하다. 장아이링은 "나는 많은 작품 속에서 힘(力)의 성분이 미(美)의 성분보다 크다는 것을 발견했다. 힘은 즐거운 것이고 미는 슬픈 것이라 양자는 독립 병존할 수 없다"[60]라고 전제하고 '즐거운 힘'보다 '슬픈 미'를 추구하고자 했다. 그것은 '담담한 서술'[61]에서 배어나는 '슬픈

---

58 張愛玲,「第二爐香」,『傾城之戀』(張愛玲全集), 90쪽.

59 張愛玲,「自己的文章」,『流言』(張愛玲全集), 186쪽 참조. "死生契闊, 與子成說. 執子之手, 與子偕老."

60 張愛玲,「自己的文章」,『流言』(張愛玲全集), 186쪽.

61 장아이링이 만년에 오지역 방언(吳語, 현재 쑤저우蘇州 지역의 방언)으로 씌어진『해상화열전(海上花列傳)』을 베이징 표준어로 번역한 것은 그 작품이 가진 작품성을 무엇보다 중시했기 때문이다. 장아이링은 미국에 있을 때, 후스(胡適)에게 보낸 편지에서 이렇게 말한 바 있다. "『성세인연(盛世因緣)』과『해상화(海上花)』의 경우, 하나는 짙게 씌어졌고 하나는 엷게 씌어졌습니다만 동일하게 아주 잘 씌어진 작품입니다. 나는 늘 이 작품을 대신해 불평을 털어놓는데, 아무래도 이들 작품은 세계 명작이 되어야 한다고 생각합니다"(張愛玲,「致胡適信」,『張愛玲文集補遺』, 子通 · 亦清 編, 中國華僑出版社, 2002, 282쪽).『해상화열전』이 엷게 씌어졌다는 것은 담담한 서술을 가리킨다. 장아이링이『해상화열전』을 좋아한 것은 그것이 구소설 발전의 극단에 이른 가장 전형적인 작

미'가 홍분이나 자극보다 계시를 주어 독자들에게 깊은 여운을 남기기 때문이다.

5. 곤경의 기억과 실상의 계시

장아이링은 스스로 "나는 그저 남녀 사이의 작은 이야기를 묘사할 뿐이며, 나의 작품에는 전쟁도 없고 혁명도 없다. 사람은 연애할 때가 전쟁이나 혁명 때보다 훨씬 소박하고 더욱 자유로운 법이다"[62]라고 했듯이 전쟁이나 혁명 같은 주제보다 개인의 삶이나 남녀 간의 애정 문제를 소설에 담아냈다. 그래서 장아이링의 '전기(傳奇)' 서사에는 시대와 민족의 대서사가 전면에 나서지 못하고 평범한 인물들의 자질구레한 이야기의 배경으로만 처리된다. 「봉쇄」에서 일본군의 점령지 상하이에서 발생한 '봉쇄'도 뤼쭝전과 우춰위안이 우연한 만남으로 사랑을 나누는 소서사 구성의 매개 역할을 할 뿐이다. 「경성지련」에서 류위안과 류쑤의 결혼을 이끌어내는 홍콩 함락도 사실 일본군의 홍콩 침략이라는 대서사가 배

품이라는 점보다는 '암사(暗寫)', '백묘(白描)', '경묘담사(輕描淡寫)'의 특징이 두드러지고 일상생활의 맛이 풍부하기 때문이었다(張愛玲, 『憶胡適之』, 『重訪邊城』, 23쪽). 이보다 앞서 후스는 1926년에 『해상화열전』을 이렇게 평가한 바 있다. "『해상화』의 장점은 언어의 전신(傳神), 묘사의 세밀함(細緻), 동시에 각 이야기의 자연스런 발전에 있다. 읽을 때는 자세하게 완미하게 하며 읽고 난 후에는 깊은 인상과 끝없이 이어지는 여운을 느끼게 한다. 루쉰(魯迅) 선생은 『해상화』를 칭찬해 '평담하면서 자연스러움에 가깝다(平淡而近自然)'라고 했다. 이것은 문학상 매우 이루기 어려운 경지이다"(胡適, 「海上花列傳序」, 『胡適文存』 第三集, 亞東圖書館, 1930, 494쪽)라고 했다. 후스의 비평은 장아이링이 왜 『해상화열전』을 세계 명작으로 인정해야 한다고 보았는지 이해할 수 있는 대목이다. 여기서 『해상화열전』에 대한 후스의 비평을 장아이링의 '전기' 서사에 대한 비평으로 확대 적용할 수도 있으며, 장아이링의 '전기' 서사가 『해상화열전』의 서사 방법으로부터 영향을 받았음을 짐작할 수 있다.

62 張愛玲, 「自己的文章」, 『流言』(張愛玲全集), 188쪽.

경이 되고 있으나 그것은 그저 두 사람의 결혼을 성사시켜주는 우연적인 사건으로 처리될 뿐이다.[63] 이처럼 장아이링의 '전기' 서사에는 대서사가 소서사를 이끌어내는 우연적인 요인으로만 작용하는 데 그친다. '광인'의 입을 빌려 "나는 아무런 두려움 없이 오로지 나의 길을 간다", "진심으로 마음을 고쳐먹으라"[64]라고 했던 루쉰(魯迅)의 계몽주의적 태도와는 뚜렷한 차이를 보여준다. 시대와 민족의 무게를 문학적 주제로 삼았던 루쉰과 달리 장아이링은 남녀 애정과 혼인 문제를 둘러싼 개인적 삶의 무게를 다루었다. 그녀는 이상과 의지가 충만하던 시대에 그것을 비웃기라도 하듯이 평범한 사람들의 세속적인 욕망과 그 욕망의 허망함을 세련되고 절실한 언어로 표현해냈다. 그 결과 장아이링의 문학에는 인간의 고독과 슬픔의 기억이 스며 있으며, 그 순환과 반복에 대한 비극적인 인식이 깔려 있다.

장아이링은 『홍루몽염(紅樓夢魘)』을 출판하면서 그 서문에서 자신의 '홍루몽' 연구에 대한 어느 비평가의 평가인 '장이 보다(張看)'라는 말과 관련해 이렇게 이야기한 바 있다. "'장이 보다(張看)'는 장(張)의 견해 또는 대롱으로 엿보기(管窺)—안으로 들여다보다(往里面張望)—이며, …… '유언(流言)'이란 오래 지속되지 않는다는 뜻이요 소문처럼 빠르게 전해졌으면 하는 바람을 담고 있다."[65] '장아이링의 견해' 또는 '안으로 들여다

63 물론 대서사가 배경으로만 처리되고 있다고 하더라도 그것이 소서사를 안개처럼 감싸서 독자들로 하여금 흐릿하게 감지하도록 만든다는 점은 고려되어야 한다. 「봉쇄」에서 봉쇄령이 내려지자 사람들의 다급한 상황을 묘사하면서 "그렇지만 문은 여전히 단단히 닫혔다. 철문 안의 사람과 철문 밖의 사람은 눈을 크게 뜨고 서로 마주 보면서 서로 두려워하고 있었다"(張愛玲, 「封鎖」, 『傾城之戀』, 148쪽)라고 했듯이 소서사를 에워싸고 있는 대서사의 공포가 표현되어 있기 때문이다.

64 魯迅, 「狂人日記」, 『吶喊』, 『魯迅全集(1)』(人民文學出版社, 1981), 423쪽, 430쪽.

65 張愛玲, 「自序」, 『紅樓夢魘』(張愛玲全集)(北京出版社出版集團 · 北京十月文藝出版社, 2009), 1-2쪽.

보다'라는 두 가지 의미로 해석될 수 있는 '장이 보다'라는 말은 '전기' 서사를 비평하는 데도 적용할 수 있다. '전기' 서사는 장아이링의 시선으로 바라본 삶의 이야기이지만 대롱으로 안을 들여다보듯이 삶의 진실을 통찰하고 있기에 깊은 울림을 준다. 그것은 빠르게 흘러가는 '소문(流言)'처럼 남녀 애정과 혼인 문제라는 통속적인 주제를 다루고 있지만, 인간의 피할 수 없는 세속적인 욕망과 그 욕망의 허망함을 드러냄으로써 삶은 궁극적으로 슬프다는 메시지를 전달한다.

이러한 장아이링의 문학적 주제는 그녀의 성장기의 원체험과 무관하지 않으며, 더구나 당시 대도시 상하이의 시공간적 특수성과 밀접하게 관련되어 있다. '동서고금'이 교차하는 대도시 상하이의 특수성으로 말미암아 '경계지대'에서의 삶의 경험은 그녀에게 진실은 절대적이거나 영원한 가치로 다가오지 않으며 항상 순간적으로 실현되어 그림자의 모습으로 현현하게 만든다. '시대의 무거움'과 '경계'에 놓여 겪게 되는 정체성의 혼란은 작품에서 인물의 모호한 얼굴 형상 또는 이목구비가 없는 얼굴 형상—그것은 작가의 자화상이면서 우리의 자화상이기도 하다—등으로 그려져 상징적으로 묘사된다. 진실은 순간적으로 유효해 살짝 드러나므로 기대와 이상은 항상 현실과 어긋나며 기억의 흔적으로만 현현할 뿐이다. 장아이링의 '전기'가 '엇섞인 대조'의 묘사법에 의해 '창량함(蒼涼)'의 미의식을 구현하고 '담담한 한'을 드러내는 슬픈 기억의 서사가 되는 것은 바로 이 때문이다. 따라서 인류의 축적된 곤경의 기억을 담고 있는 장아이링의 '전기' 서사는 '완성'을 향한 새로운 세계의 구축이 아니라 실상의 '계시'에 속한다고 할 수 있다.

보론

『점석재화보(點石齋畵報)』의 조선 재현 양상

1. 『점석재화보』의 내용

『점석재화보(點石齋畵報)』는 청(淸) 광서(光緖) 10년인 1884년 5월 8일 상하이에서 『선바오(申報)』 부간(副刊)으로 창간되었다. 이 화보는 『선바오』의 발행인인 영국인 어니스트 메이저(Ernest Major)가 운영하던 석판인쇄 전문 출판사 점석재석인서국(點石齋石印書局)에서 순간(旬刊)으로 발행되었으며, 1898년 8월 초 정간될 때까지 528호가 나와 현재 4,647폭의 방대한 그림이 남아 있다.

중국 화보의 역사는 대체로 석판인쇄(1884년), 동판인쇄(1920년), 사진판인쇄(1930년)의 시대로 나뉘는데, 『점석재화보』는 석판인쇄 시대의 시작을 알리는 중국 최초의 화보로서 주로 뉴스를 전문적으로 다루었다.[1] 1930년 황톈펑(黃天鵬)은 「50년 동안 화보의 변천(五十年來畵報之變遷)」이라는 글에서 『점석재화보』의 특징을 이렇게 설명했다. "이 화보의 내용을 보면, 글의 측면에서 요재지이(聊齋志異) 같은 데가 있지만 당시 신문의 사회 기사처럼 시대와 관계가 있었고, 회화 측면에서 그 정교함은 칭찬할 만한 부분이 있다."[2] 황톈펑의 지적처럼 『점석재화보』는 '요재지이' 같은 기이하고 재미있는 이야기를 소재로 하고 있지만 대체로 시사와 관련이 많았으며, 그림은 매우 정교해 중국 회화사에서 높이 평가받고 있다.

『점석재화보』의 내용은 '시사(時事)', '새로운 지식(新知)', '기이한 이야기(奇聞)', '인과응보(果報)'로 나누어볼 수 있는데,[3] 특히 시사·풍속을 많이 다루고 있어 오늘날 근대 중국을 연구하는 데 매우 중요한 자료로 활용되고 있다. 19세기 말 중국의 특수한 역사적 조건에서 중서(中西)의 정치·군사·문화·민속상의 충돌과 대치, 융화를 담고 있으며, 또한 중국의 민간질고·풍토인정·관리부패, 서양의 주요 사회뉴스·과학기술의 성과·생활습속을 담고 있다고 평가된다. 이 화보는 근대 중국의 역사적 전환기에 발행되어 중국뿐만 아니라 외국의 시사·풍속을 중국인의 시각으로 정교하게 그려놓았는데, 조선, 일본, 베트남 등 주변국의 정세나 풍속도 담고 있어 주목할 만하다.

『점석재화보』는 근대 중국의 사회와 문화를 이해하는 데 대단히 귀중한 자료일 뿐만 아니라 당시의 조선을 이해하는 데에도 도움이 되는 자료이다. 조선에 관한 그림은 『점석재화보』가 창간된 1884년 그해 12월에

---

1 『점석재화보』 이전에도 『환영화보(寰瀛畵報)』, 『소해월보(小孩月報)』, 『장도신보(長圖新報)』라는 화보가 있었지만, 이들은 모두 서양의 화가가 그린 것이며 그 내용도 대부분 서양에 관한 것이다.

2 黃天鵬, 「五十年來畵報之變遷」, 『良友』 第四十九期(民國 19年 8月), 36쪽.

3 陳平原, 「導讀: 晩淸人眼中的西學東漸」, 『點石齋畵報選』(貴州敎育出版社, 2000), 29쪽 참조. 천핑위안(陳平原)에 따르면, 초기에는 '시사'와 '새로운 지식'의 소개가 비교적 많으나 후기로 갈수록 '인과응보'와 '기이한 이야기'에 관한 것이 많아진다고 한다.

우요루(吳友如)가 그린 「조선에서 위조지폐를 단속하다(高麗錢禁)」가 처음이며, 1885년 2월 제31호 특집으로 「조선의 정변(朝鮮亂略)」이라는 제목으로 조선의 갑신정변(甲申政變)을 다룬 8폭의 화보가 두 번째이다. 그 뒤 조선의 정치 · 사회적 사건, 사회 · 문화적 풍속, 기이한 이야기 등을 내용으로 하는 화보가 종종 등장한다. 조선 관련 화보는 전부 52폭으로서 『점석재화보』 전체 분량에서 차지하는 비중은 그리 크지 않지만, 이들을 통해 단편적이나마 조선의 당시 사회 상황을 엿볼 수 있고 중국인이 조선을 어떻게 인식하고 있었는지도 확인할 수 있다.

『점석재화보』가 발행되던 1880-1890년대 조선의 정치 상황은 풍전등화와 같은 국가 존망의 위기에 처해 있었다. 대내적으로는 척사 · 개화의 대립, 친청 · 친일 · 친러의 대립이 치열했고, 대외적으로는 외세의 침략이 본격화되어 청국, 일본, 러시아가 조선을 두고 각축을 벌이고 있었다. 『점석재화보』가 재현하고 있는 조선의 이미지는 이처럼 특수한 역사적 상황을 반영하고 있다. 이 글에서는 『점석재화보』에 실린 조선 관련 화보를 골라내어 전체 윤곽을 살피고 그 특징을 분석해 당시 중국인의 조선 인식과 그 재현 양상을 검토하고자 한다.

『점석재화보』는 현재 초간본이 거의 없어진 상태여서 주로 중간본을 연구 자료로 사용하고 있다. 『점석재화보』의 판본은 여러 종이 나와 있으나 1983년 광둥인민출판사(廣東人民出版社)가 간행한 5함(函) 44집(集) 528호의 영인 선장본이 가장 중시되고 있다. 이것은 점석재석인서국이 1897년에 중간한 판본에 의거한 것인데, 결여나 누락이 없어 현재까지 중국 연구자들이 가장 많이 사용하고 있는 판본이다.[4] 그리고 2001년에는 상하이화보출판사(上海畵報出版社)에서 다커탕판(大可堂版) 『점석재화

4 陳平原, 「導讀: 晩淸人眼中的西學東漸」, 『點石齋畵報選』, 73쪽 참조.

보』를 간행했는데, 이 판본은 전 15책으로 되어 있으며 인쇄가 훌륭하고 한 폭의 그림이 한 페이지에 인쇄되어 있어 보기에 편하다. 이 글은 주로 다커탕판 『점석재화보』를 일차 자료로 사용했음을 밝혀둔다.

2. 『점석재화보』의 성격과 조선 관련 화보

『점석재화보』에 나오는 52폭의 조선 관련 화보는 수량 면에서 많지 않다. 이는 당시 중국인의 조선에 대한 관심이 상대적으로 적었음을 보여준다. 그렇지만 이 화보는 19세기 후반 청국, 일본, 러시아 사이에 조선을 둘러싼 주도권 다툼이 본격화되던 시기에 나왔으므로 어떤 식으로든 조선을 반영하지 않을 수 없었을 것이다.

『점석재화보』의 그림을 그린 화가는 모두 23명이며,[5] 이 중에서 조선 관련 그림을 그린 화가는 8명이다. 구체적으로 예거하면, 우자요(吳嘉猷, 요루友如, 8폭), 톈잉(田英, 쯔린子琳, 3폭), 장즈잉(張志瀛, 7폭), 진궤이(金桂, 찬샹蟾香, 16폭), 저우췐(周權, 무차오慕喬, 1폭), 푸제(符節, 건신艮心, 6폭), 마쯔밍(馬子明, 1폭), 허위안쥔(何元俊, 밍푸明甫, 10폭)이다. 전체 23명의 화가 중에서 13명은 가끔 등장하므로 『점석재화보』의 그림을 그린 주요 화가는 그 나머지 10명으로 제한된다. 조선 관련 화보의 그림을 그린 8명의 화가는 모두 이 10명의 주요 화가에 속한다.

---

5 王爾敏, 「中國近代知識普及化傳播之圖說形式」, 『近代史研究所集刊』 第十九期. 23명의 이름을 구체적으로 들면, 吳嘉猷(友如), 金桂(蟾香), 張志瀛, 周權(慕喬), 顧月洲, 賈醒卿, 田英(子琳), 吳貴(子美), 金鼎(犕卿), 邱書孝, 何元俊(明甫), 馬子明, 符節(艮心), 李煥堯, 管劬安, 葛尊, 許壽山, 沈梅坡, 孫友之, 王釗, 張其, 張文秉, 朱儒賢(雲林)이다. 이 중에서 賈醒卿, 吳貴(子美), 金鼎(犕卿), 邱書孝, 李煥堯, 管劬安, 葛尊, 許壽山, 沈梅坡, 孫友之, 王釗, 張其, 張文秉 등 13명의 이름은 가끔 나온다.

조선 관련 화보는 대체로 정치·사회적 사건, 사회·문화적 풍속, 기이한 이야기를 그 내용으로 하고 있으며, 『점석재화보』가 창간된 해인 1884년부터 종간된 해인 1898년까지 단속적이기는 하지만 지속적으로 등장한다. 다커탕판 『점석재화보』에 의거해 조선 관련 화보를 기간별로 정리하면 다음과 같다.

1884년 5월–1885년 4월

[조선에서 위조지폐를 단속하다(高麗錢禁)], 「조선의 정변(朝鮮亂略)」: [우정국에 연회를 베풀어 손님을 초대하고, 완고당이 방화하고 관원을 살상하다(郵政局肆筵速客 頑固黨放火戕官)], [거짓으로 호절(虎節)을 보내 왜병을 끌어들이고, 국왕을 독촉해 별궁으로 옮기다(假傳虎節召倭兵 威逼鑾輿遷別院)], [간계에 속아 한국 조정에 충신의 피 뿌려지고, 난당(難黨)을 피해 관묘(關廟)에서 눈물 흘리다(中奸謀韓廷飛碧血 避難黨關廟泣青燐)], [구름같이 집결한 대장군의 군대는 의기충천하고, 조선 국왕은 온데간데없이 몸을 숨기다(雲屯霧沛大帥鷹揚 海闊天空藩王豹隱)], [분연히 창을 휘둘러 간신배의 머리를 베고, 나약한 군주는 청국 군대에 의탁하다(奮天戈奸臣授首 投華寨弱主潛身)], [군중의 분노에 인천으로 달아나고, 황제의 은혜로 일본인 처자들을 안전하게 제포로 보내주다(犯衆怒避禍走仁川 普皇恩送孥歸濟浦)], [전보를 보내 보호를 요청하자, 사절을 파견해 위엄을 떨치다(電報飛傳求保衛 星軺移指壯聲威)], [시퍼렇게 해상에 군대를 주둔시켜놓고, 성 안에서 조약을 체결하다(霜鋋雪鋋海上觀兵 玉敦珠槃城中立約)], 「후기(後記)」

1885년 4월–1886년 4월

[왕비가 궁을 옮기다(王妃移宮)], [각기 기치를 내걸다(各樹一幟)], [조선의 과거시험(朝鮮科甲)], [사람을 해치는 기이한 쥐(異鼠傷人)], [대원군의 귀국

(院君回國)], [이상한 얼굴 모습(殊不雅相)]

1886년 4월-1887년 4월

[관기의 기둥서방(官妓之夫)], [언어불통(言語不通)], [풍년을 축하하며 풍악을 즐기다(民歌大有)], [기이한 물고기(魚異)], [거대한 쥐가 개와 싸우다(巨鼠鬪狗)]

1887년 4월-1888년 3월

[조선 맹인회(朝鮮瞽會)], [거대한 물고기를 메어다 팔다(扛賣巨魚)], [필묵의 인연(翰墨因緣)], [외국의 인재 선발(海國選才)], [호랑이 머리에 뱀 꼬리를 한 물고기(虎頭蛇尾)]

1888년 3월-1889년 3월

[신을 베개 삼아 버티며 상소하다(枕韡納諫)], [필담을 나누다(以筆代舌)]

1889년 3월-1890년 3월

[천연 퉁소 이야기(記天然簫)], [거대한 쥐 이야기(碩鼠誌異)]

1890년 3월-1890년 12월

[조선 사신의 청국 여행(韓使淸游)], [목표물을 잘못 명중하다(誤中副車)]

1892년 2월-1893년 1월

[중양절 활쏘기(重陽習射)], [새로 임명된 관리는 얼굴에 칠을 하다(新官塗臉)]

1894년 1월–1895년 1월

[나라를 위해 간신배를 처단하다(爲國除奸)], [해상 승전보(海戰捷音)], [해적과 같은 일본군(形同海盜)], [어려움에 처한 왜병(倭兵無狀)], [파죽지세(破竹勢成)], [군령이 삼엄하다(軍令森嚴)], [대동강 전투 1(大同江記戰一)], [대동강 전투 2(大同江記戰二)]

1896년 1월–1897년 1월

[군중의 분노는 막기 어렵다(衆怒難犯)], [왜놈을 불태우다(倭奴火化)], [러시아가 조선 정변을 돕다(俄援高亂)], [조선의 기이한 인물(高國妖人)], [불길한 조선(朝鮮妖孽)], [조선의 외로운 충신(鮮國孤忠)], [무녀의 액막이굿(女巫跳神)], [자식 낳기를 바란 재미있는 이야기(望子奇聞)], [갇힌 숙부를 계략으로 구해내다(計脫叔囚)]

1897년 1월–1898년 1월

[왕비가 영험함을 드러내다(王妃顯靈)]

1898년 1월–1898년 8월

[스님 입성 금지(禁僧入城)]

조선 관련 화보의 특징을 분석하기 위해서는 우선 『점석재화보』의 성격을 살펴보아야 한다. 『점석재화보』의 창간 취지는 화보의 발행인 어니스트 메이저가 존문각주인(尊聞閣主人)이라는 필명으로 제1호 첫머리에 쓴 「점석재화보연계(點石齋畫報緣啓)」에 잘 나타나 있다.

그림을 멋지게 잘 그리는 사람에게 신기하고 즐거운 사건을 골라 그것

> 을 그리게 했다. 매월 세 차례 내고, 매번 8폭의 그림을 담는다. 뉴스 보기를 즐기는 이들은 그 사건을 고증할 수 있으며, 더욱이 차를 마시거나 술을 마신 뒤 펼쳐 감상한다면 감각적인 즐거움이 훨씬 더할 것이다.[6]

어니스트 메이저는 처음에 상업적인 목적을 가지고 『점석재화보』를 발행했으므로 당연히 중국의 독자 대중을 고려해야만 했다. '신기하고 즐거운 사건(新奇可喜之事)'은 독자 대중의 흥미와 관련된 것인데, '신기하고 즐거운 사건'을 사실적으로 재현해 독자 대중에게 보여줌으로써 재미있는 이야깃거리를 제공하고 또한 시각적인 즐거움도 주고자 했다. 제1호 화보의 발행에 즈음해 『선바오』에서도 「화보판매(畵報出售)」라는 제목으로 『점석재화보』의 발행을 광고했다. "본관(本館)은 새로 화보를 창간해 특별히 그림에 뛰어난 화가를 청해 뉴스 중에서 놀랍고도 즐거운 사건을 골라 그림으로 그리고 또한 사건의 개략적인 설명을 덧붙여 점석재(點石齋)에서 인쇄했다."[7] 이 광고에서도 '놀랍고도 즐거운 사건(可驚可喜之事)'이라는 말을 앞세웠는데, 『점석재화보』는 처음부터 일반 사건의 객관적인 보도에 치중하기보다 좀 더 흥미로운 사건이나 이야기를 다루어 독자 대중의 흥미를 유발하려는 의도를 가지고 있었던 것이다.

그렇다면 『점석재화보』에 실린 조선 관련 화보 역시 독자 대중의 흥미를 유발할 수 있는 내용으로 꾸며졌을 것이다. 다시 말하면, 조선에 관한 객관적인 뉴스 일반을 다루기보다 중국인 독자 대중에게 즐거움을 줄 수 있는 내용이 선택되고 그 즐거움을 극대화할 수 있는 방식으로 그려졌을

---

6 尊聞閣主人, 「點石齋畵報緣啓」: "倩精于繪事者, 擇新奇可喜之事, 摹而爲圖. 月出三次, 次凡八幀. 俾樂觀新聞者有以考證其事, 而茗余酒后, 展卷玩賞, 亦足以增色舞眉飛之樂."

7 申報館主人, 「畵報出售」(『申報』, 1884. 5. 8); 陳平原, 「導讀: 晩淸人眼中的西學東漸」, 『點石齋畵報選』, 25쪽 재인용. 『점석재화보』 제4호의 광고란에 실려 있는 '대등화보고백계(代登畵報告白啓)'에서도 "독자들의 눈길을 끌고자 한다(醒目爲主)"라고 했다.

것이다. 『점석재화보』는 그 내용이 외국에 관한 것일수록 그러한 경향이 더욱 두드러진다. 이에 대해 1931년 루쉰(魯迅)은 다음과 같이 지적했다.

> 이 화보는 우요루(吳友如)가 책임지고 편집한 것이었는데, 신선(神仙) 인물이나 국내외 뉴스 등 그리지 않는 것이 없었다. 그러나 외국 사정에 대해 그는 잘 알지 못했다. 예를 들면 군함을 그린다는 것이 상선을 그리고 갑판에다 야전포를 그려놓았으며, 격투하는 것을 그린다는 것이 예복을 입은 두 군인이 객실에서 장도를 빼들고 서로 찌르며 그 바람에 꽃병이 떨어져 깨진 것까지 그려놓았다. 그러나 '창기를 학대하는 기생 어미', '협잡하는 건달' 따위의 그림은 아주 잘 그렸는데, 이는 그가 너무 많이 본 탓이라고 생각한다. 지금도 상하이에서 우리는 그가 그린 것과 같은 얼굴들을 흔히 볼 수 있다. 당시 이 화보의 영향력은 대단히 컸다. 그것은 각 성에 유포되어 '시무(時務)'—당시에 이 명칭은 지금의 이른바 '신학(新學)'과 같은 것이었음—를 알려는 사람들의 귀와 눈이라 할 만한 것이었다. 몇 년 전에 또 이것은 『우요루묵보(吳友如墨寶)』라는 이름으로 번각되었는데, 훗날에 끼친 그 영향은 실로 대단했다.[8]

『점석재화보』는 우요루가 책임 편집을 맡았는데, 그는 장쑤성(江蘇省) 우현(吳縣) 출신으로서 상하이 도시와 관련된 내용은 매우 사실적으로 그릴 수 있었지만 외국과 관련된 내용은 사실적으로 그리는 데 한계가 있었다. 루쉰의 지적은 조선 관련 화보를 직접 겨냥한 것은 아니지만 조선 관련 화보에도 적용할 수 있을 것이다. 『점석재화보』의 화가들은 대부분 남방 출신이며, 이들은 조선이라는 '외국의 사정'을 잘 알지 못했으므로

8 魯迅, 「上海文藝之一別」, 『二心集』, 『魯迅全集(4)』(人民文學出版社, 1981), 292-293쪽.

조선의 사건이나 상황을 사실적으로 표현하기 어려웠다. 루쉰은 『점석재화보』에 덧붙여 인쇄되었던 『만유수록도기(漫游隨錄圖記)』에 대해서도 "그림에 나오는 이역의 풍경은 모두 그린 사람이 억측해 만들어낸 것으로 실제와 상당히 거리가 멀어 믿을 수 없다"[9]라고 했다. 『만유수록도기』는 청말 왕타오(王韜)가 서양과 일본 및 중국 국내를 유람하면서 명승고적과 풍토인정(風土人情)을 기록한 것을 장즈잉(張志瀛)이 그림으로 그린 것이다. 장즈잉은 『점석재화보』의 주요 화가이며 조선 관련 그림도 7폭이나 그렸다. 이러한 사정을 감안한다면, 『점석재화보』에 실려 있는 조선 관련 화보는 실재의 객관적인 재현으로 보기 어려울 것이다. 우선 독자 대중의 흥미를 유발할 수 있는 내용이 채택된 후 상상으로 그려졌을 것으로 추정된다.

또한 보통 중국 그림은 서양 그림에 비해 객관적 묘사보다 화가의 주관적 묘사—'사의(寫意)'—를 중시하는데, 중국 화가에 의해 그려진 조선 관련 화보에도 주관적 묘사가 끼어들지 않을 수 없었다. 존문각주인은 「점석재화보연계」에서 서양에서 유행한 화보가 중국에서는 유행하지 못한 이유를 서양 그림과 중국 그림의 차이에서 발견하고 이렇게 설명했다. "요약하면, 서양 그림은 반드시 닮음(肖)을 최상으로 여기고 중국 그림은 그럴듯함(工)을 귀하게 여긴다. 초(肖)는 진(眞)이요, 공(工)은 반드시 진(眞)일 필요는 없다. 반드시 진(眞)일 필요가 없다면 그 사건을 기술하는 데 어찌 모양 그대로를 취하겠는가?"[10] 어니스트 메이저는 서양 그림과 중국 그림의 차이를 분명하게 인식하고 중국인의 기호에 맞도록 중국

9 魯迅, 「題『漫游隨錄圖記』殘本」, 『集外集拾遺補編』, 『魯迅全集(8)』, 371쪽.

10 尊聞閣主人, 「點石齋畵報緣啓」: "僕嘗揣知其故, 大抵泰西之畵不與中國同. ……要之, 西畵以能肖爲上, 中畵以能工爲貴. 肖者眞, 工者不必眞也. 旣不皆眞, 則記其事又胡取其有形乎哉?"

인 화가들에게 그림을 그리게 했다. 전통적으로 중국 그림은 '진(眞)'보다 '공(工)'을 추구하므로 조선 관련 화보 역시 실재의 객관적 묘사라고 볼 수 없는 것이다.

물론 『점석재화보』가 그려지던 당시에 중국 상인들이 이미 조선에 많이 들어와 활동하고 있었으니 화가들은 그들을 통해 조선의 실제 상황을 파악할 수 있었을 것이다. 이는 조선 관련 화보가 실재를 반영한 객관적인 묘사도 포함하고 있었음을 시사한다. 하지만 당시 중국 화가들이 서양 기법을 차용해 사실적인 묘사를 중시했다고는 하나 전통적인 그림을 배운 그들로서는 중국 그림의 특색을 지닐 수밖에 없었다. 화보의 화풍과 관련해 왕얼민(王爾敏)은 "점석재의 주인은 서양인 메이저이지만 화보에 실은 그림은 순전히 중국 전통 기교와 화풍이며, 다만 제재, 대상, 경물 및 표현 형식은 확대되어 새로움을 추구한 것이 적지 않은데, 시세에 대응하고 소식을 제시해야 했으므로 바뀌지 않을 수 없었다"라고 지적하고, "기본적으로 순전히 중국의 화풍이다"라고 평가했다.[11] 이러한 『점석재화보』의 그림의 특징을 생각할 때, 조선 관련 화보는 실재를 그대로 재현한 객관적인 묘사로 보기 어려운 것이다.

실제로 조선 관련 화보를 보면, 등장인물은 상당히 사실적으로 표현되어 있으나 배경으로서의 공간은 대부분 상상에 의해 그려진 것임을 쉽게 확인할 수 있다. 그림에서 볼 수 있듯이 등장인물의 얼굴, 복식 등은 조선적 특징을 가지고 있지만 가옥의 형태나 원형의 문, 실내 구조 등은 중국 남방 지역 그것의 특징을 보여주고 있다([도 1], [도 2] 참조). 또 [무녀의 액막이굿(女巫跳神)]에서 굿하는 조선의 무녀를 중국 전통 희극(戲劇)에 나오는 도마단(刀馬旦: 무예에 뛰어난 여자 역)의 형상으로 그려놓았다([도 3]).

11 王爾敏, 「中國近代知識普及化傳播之圖說形式」, 『近代史研究所集刊』 第十九期.

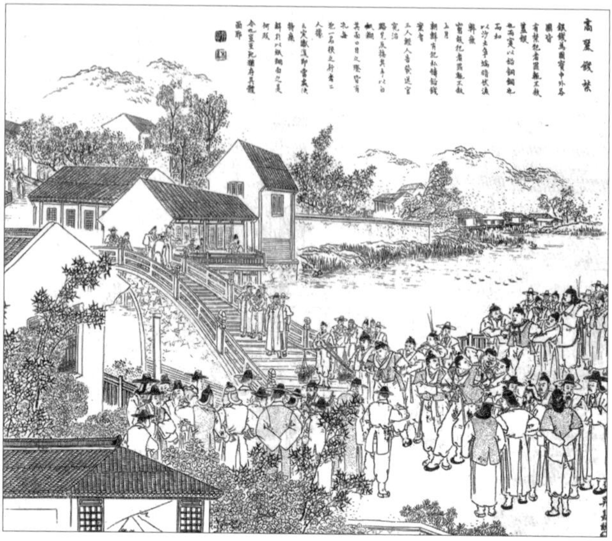

[도 1] 조선에서 위조지폐를 단속하다(高麗錢禁)

[도 2] 조선의 정변(朝鮮亂略): 거짓으로 호절(虎節)을 보내 왜병을 끌어들이고, 국왕을 독촉해 별궁으로 옮기다(假傳虎節召倭兵 威逼鸞輿遷別院)

[도 3] 무녀의 액막이굿(巫女跳神)

이는 화가들이 조선의 화보를 제작할 때 상상으로 그렸다는 것을 보여준다. 따라서 『점석재화보』의 조선 관련 화보는 화가가 글의 내용을 토대로 상상으로 그려 독자 대중에게 글의 내용을 효과적으로 전달하고 시각적 즐거움을 주기 위한 것이었다고 할 수 있다.

3. 조선 관련 화보에 반영된 시각과 욕망

앞서 설명했듯이 『점석재화보』의 내용은 보통 '시사(時事)', '새로운 지식', '기이한 이야기', '인과응보' 네 영역으로 나눌 수 있지만, 조선 관련 화보는 그 기준에 따라 분류하기가 어렵다. '새로운 지식'은 주로 서양의 새로운 기술과 기물(奇物)을 소개하는 내용을 의미하므로 그것을 조선 관련 화보에 적용하기는 어렵다. 대체로 조선 관련 화보의 내용은 정치 ·

사회적 사건, 사회 · 문화적 풍속, 기이한 이야기로 분류할 수 있다.[12] 『점석재화보』의 조선 관련 화보는 정치 · 사회적 사건을 다룬 것이 가장 많고, 사회 · 문화적 풍속에 관한 것이 그 다음, 기이한 이야기에 관한 것이 그 다음이다. 『점석재화보』가 시사를 중시했으므로 조선 관련 화보 역시 정치 · 사회적 사건을 가장 많이 다루고 있음은 이상할 것이 없다. 더욱이 『점석재화보』가 발행되던 시기에 청국이 조선을 두고 일본, 러시아와 각축을 벌이고 있었으므로 중국인은 조선의 정치 · 사회적 사건에 관심이 많았다. 또한 이웃 나라 조선의 사회 · 문화적 풍속과 그곳에서 발생한 기이한 이야기 역시 중국 독자 대중의 흥미를 유발하기에 충분했을 것이다.

그러면 정치 · 사회적 사건이든 사회 · 문화적 풍속이든 기이한 이야기이든 이들 내용이 어떤 시각에서 선택되고 편집되었던 것일까? 이를 검토하기 위해서는 우선 『점석재화보』가 발행되던 당시 청국과 조선의 특수한 정치적 관계를 살펴보아야 한다. 청국은 1882년 조선과 상민수륙무역장정(商民水陸貿易章程)이라는 이름으로 일종의 통상조약을 맺는다. 이 통상조약을 통해 청국은 상국(上國)의 권위로써 청조(淸朝) 양국 간의 종

12 다른 분류 방식으로 나눌 수도 있고 어떤 것은 중첩되기도 하지만, 대체로 다음과 같이 분류할 수 있다. 정치 · 사회적 사건: [高麗錢禁], (「朝鮮亂略」), [郵政局肆筵速客 頑固黨放火戕官], [假傳虎節召倭兵 威逼鸞輿遷別院], [中奸謀韓廷飛碧血 避難黨關廟泣青燐], [雲云霧沛大帥鷹揚 海闊天空藩王豹隱], [奮天戈奸臣授首 投華寨弱主潛身], [犯衆怒避(禍)走仁川 普皇恩送孥歸濟浦], [電報飛傳求保衛 星軺移指壯聲威], [霜鋋雪鋋海上觀兵 玉敦珠槃城中立約], (「後記」), [王妃移宮], [院君回國], [枕韡納諫], [爲國除奸], [海戰捷音], [形同海盜], [倭兵無狀], [破竹勢成], [軍令森嚴], [大同江記戰一], [大同江記戰二], [倭奴火化], [俄援高亂], [鮮國孤忠]. 사회 · 문화적 풍속: [各樹一幟], [朝鮮科甲], [官妓之夫], [言語不通], [民歌大有], [朝鮮瞽會], [翰墨因緣], [海國選才], [以筆代舌], [韓使淸游], [誤中副車], [重陽習射], [新官塗臉], [衆怒難犯], [女巫跳神], [望子奇聞], [禁僧入城]. 기이한 이야기: [異鼠傷人], [殊不雅相], [魚異], [巨鼠鬪狗], [扛賣巨魚], [虎頭蛇尾], [記天然籥], [碩鼠誌異], [高國妖人], [朝鮮妖孽], [計脫叔囚], [王妃顯靈].

속 관계를 표시하고 일방적인 치외법권을 획득한 것 이외에도, 한성을 포함한 네 곳의 조선 내지(內地) 거주와 통상의 권리, 연안어업권, 내지행상(內地行商)과 내지유력(內地遊歷)의 권리를 얻었을 뿐만 아니라, 특수한 관세율의 혜택을 받고 조선의 해상 방위를 담당할 수 있는 특수한 지위도 인정받았다. 이처럼 청국은 조선과의 관계에서 종속 관계를 명문화하고 불평등한 통상 관계를 맺음으로써 전통적인 책봉조공의 관계에서 벗어나 가능한 수단과 방법으로 모든 특권과 이익을 추구하는 제국주의적 성격으로 변질되어가고 있었다.[13] 『점석재화보』는 바로 청국과 조선이 불평등한 정치·경제적 관계를 맺게 된 이후에 발행되었으므로 이 화보 역시 그러한 정치·경제적 불평등 관계를 은연중에 반영하고 있다고 보아야 한다.

천핑위안(陳平原)은 그림을 어떻게 그릴 것인가는 우요루(吳友如) 등의 일이지만 무엇을 그릴 것인가는 화보의 발간 취지에 따라 결정되는 것으로 이는 개별 화가가 독단할 수 있는 것이 아니었고 화보의 내용은 주로 『점석재화보』의 발행인인 어니스트 메이저에 의해 결정되었다는 논지를 폈다. 천핑위안은 『점석재화보』 창간호의 「점석재화보연계」에 나오는 "뉴스 보기를 즐기는 이들은 그 사건을 고증할 수 있으며, 더욱이 차를 마시거나 술을 마신 뒤 펼쳐 감상한다면 감각적인 즐거움이 훨씬 더할 것이다"라는 언급에 우선 주목하고, 이어 이듬해에 나온 제31호 「조선의 정변」의 「후기」인 존문각주인의 발문에 주목했다. 천핑위안은 '연계'와 '발문'에 근거해 '감각적인 즐거움(色舞眉飛)'과 '대의명분(大義凜然)', 이 두 가지의 결합이 『점석재화보』의 기본적인 내용을 구성한다고 했다. 그래서 그는 '권선징악'의 기치가 없다면 전통 사대부들의 동의를 얻을 수 없으

13 김한규, 『韓中關係史 II』(마르케, 2002), 851-852쪽 참조.

며, '책을 펼쳐 감상할(展卷玩賞)' 즐거움이 없으면 광대한 독자들을 유인할 수 없다고 지적했다.[14]

천핑위안의 논지를 좀 더 꼼꼼히 따져보기 위해 존문각주인의 발문인 「후기」의 전체 내용을 살펴보자.

> 난신(亂臣)과 악인을 사람들이 잡아다 죽이는 것은 『춘추』의 규율이다. 화보는 비록 소도(小道)이지만 재미있고도 놀랄 만할 사건이 두루 갖추어져 있으며, 후세에 전해질 만한 이야기도 담을 수 있고 경계로 삼을 만한 것도 수시로 채택할 수 있다. 이번에 홍영식, 김옥균 무리가 신하로서 임금을 거역하여 난을 일으켜 임금이 이 때문에 옮겨가고 신민이 재앙에 빠졌다. 다행히도 서둘러 난을 진압해 며칠 사이에 평정되었는데, 그렇지 않았다면 전쟁 소동이 삼국(三國)에 들이닥쳤을 것이니 그 재앙은 이루 말할 수 없었을 것이다. 그림으로 그리고 설명을 덧붙여서 그 주모자를 징벌하니, 비록 실록(實錄)으로 간주할 필요는 없지만 대략적인 내용이 모두 여기에 갖추어져 있다. 독자는 그 속뜻(意)을 이해하고 그 표면적인 말(詞)에 빠지지 말아야 될 것이다. 광서 11년 을유년 정월 존문각주인 발.[15]

이 글은 조선에서 일어났던 갑신정변의 사건 전개를 8폭의 화보로 표현하고 그 말미에 붙인 후기이다. 이 글에는 '존문각주인 발(尊聞閣主人跋)'이라는 서명이 있으나 내용을 자세히 읽어보면 존문각주인이 직접 썼

---

14 陳平原, 「導讀: 晚清人眼中的西學東漸」, 『點石齋畫報選』, 23−24쪽 참조.

15 "亂臣賊子, 人人得而誅之, 『春秋』之律也. 畫報雖小道, 而凡事之可喜可驚, 足以備遺聞, 而昭法戒者無不隨時采入. 此次洪英植金玉均輩, 以臣子而犯上作亂, 君上因而播遷, 臣民陷於水火. 幸而蒼蒼厭亂底定在數日間, 不則干戈擾攘瀉及三國, 其禍可勝言哉. 繪圖演說, 懲首惡也, 雖不必據以爲實錄, 而大略具備於是. 閱者會其意, 而勿泥其詞也可. 光緒十一年乙酉正月尊聞閣主人跋"(「後記」).

다고 보기 어려운 몇 가지 사실을 발견할 수 있다. '『춘추』의 규율'을 언급한다든지, 화보를 '소도'로 간주한다든지, 삼국에 미칠 재앙을 언급한다든지 하는 부분에 이르면, 이를 서양인인 어니스트 메이저의 목소리로 간주하기에는 무언가 석연치 않다. 물론 발행인으로서 그의 생각이 반영될 수는 있었겠지만, 이 글의 문맥으로 보건대 그가 직접 썼다고 보기는 어렵다. 발행인이 존문각주인이므로 아마 중국인이 쓴 내용에 그의 이름을 빌려 기록한 것으로 보는 것이 더욱 타당하다.[16] 더군다나 조선의 갑신정변의 내용을 다룬 8폭의 「조선의 정변」은 청국의 시각을 적극적으로 반영하고 있어 이 화보의 「후기」를 어니스트 메이저가 직접 썼다고 보기는 더욱 어렵다. 그렇다면 존문각주인의 생각은 주로 '연계'에 반영되어 화보의 발간 취지를 밝히는 데 그치고, 그 이후는 주로 중국인의 시각이 적극적으로 개입되었을 것으로 판단된다. 더욱이 "주모자를 징벌하다"는 언급이나 "실록으로 간주할 필요는 없다"는 언급에서 보아 중국인의 시각을 적극적으로 표출한 것으로 볼 수 있다.

천핑위안은 존문각주인의 말에 근거해 독자 대중에게 '감각적인 즐거움'을 줄 수 있는 오락적 기능과 사대부의 동의를 얻기 위해 '대의명분'을 앞세운 교육적 기능의 결합이 『점석재화보』의 기본적인 내용이라 했는데, 「후기」는 전통적인 군신 관계를 강조하고 있다는 점에서 조선의 사건을 타산지석으로 삼고자 하는 교육적 효과를 표현한 것으로 볼 수 있다. 실제로 『점석재화보』에는 [효행이 아름답다(孝烈可嘉)]의 경우처럼 효행 등 유가적 덕목을 강조하는 내용이 자주 등장한다([도 4]).

16 천하오원(陳鎬汶)은 「『점석재화보』 탐의(『點石齋畫報』探疑)」라는 글에서 '『점석재화보』의 주편(主編)은 누구인가'라는 물음을 제기하고 처음에는 왕타오(王韜)가 맡았고 그 뒤 왕윈덩(王蘊登)이 맡았음을 고증하고 있다. 어쩌면 「조선의 정변(朝鮮亂略)」의 「후기(後記)」는 왕타오에 의해 씌어진 것인지도 모른다.

[도 4] 효행이 아름답다(孝烈可嘉)

그렇지만 「조선의 정변」은 갑신정변을 청국의 입장에서 해석해 중국인에게 알리는 것이었으므로 그 '대의(大義)'라는 것도 일국 내의 군신 관계를 나타내는 '대의'로 보기 어렵다. 「조선의 정변」의 「후기」는 갑신정변의 예를 통해 조선 내 군신 관계의 '대의'를 회복할 것을 강조함으로써 중국 독자 대중의 교육적 효과를 기대하고 있는 것 같지만, 이것은 '표면적인 말(詞)'에 지나지 않는다. 갑신정변에 의해 깨어진 중국과 조선의 군신 관계 '대의'의 회복이 그 '속뜻(意)'이다. 만일 천핑위안이 이 점을 알고 있으면서도 굳이 「조선의 정변」의 「후기」를 예로 들어 『점석재화보』의 '대의명분'을 설명했다면, 은연중에 화보의 시각을 드러내고 있는지도 모른다. 「조선의 정변」의 「후기」는 『점석재화보』에 실린 조선 관련 화보의 내용을 규정하는 기본적인 시각을 담고 있는데, 이는 청국의 조선에 대한 정치적 입장을 분명히 나타내는 '대의'로서 중국의 일반 독자 대중의 흥미를 유발하기에 충분한 것이다. 그렇기에 『점석재화보』가 강조하고 있는 '대의'는 사대부의 동의를 얻기 위한 것일 뿐만 아니라 일반 독자 대중의 교육과 흥미에 부합하기 위한 것이기도 하다.

또한 조선 관련 화보의 특징을 이해하기 위해서는 화가들의 신분도 검토할 필요가 있다. 『점석재화보』는 화가를 공개적으로 모집하기도 했는데, 창간된 해인 1884년 6월 『선바오』에서 '뛰어난 화가의 초빙(招請名手繪圖)'을 실어 화가들을 공개 모집했다. "본재(本齋)가 구한 기이한 서적(奇書)은 여러 종이 있지만 설명만 있고 그림이 없어 완전하다고 할 수 없으므로 그림에 정통한 사람을 특별히 초빙한다. 이전의 화보에 실린 크기대로 견본 그림을 그려 상하이 점석재장방(點石齋帳房)으로 부쳐주고, 기용할 만하면 즉시 본재로 청해 직접 만나 상담할 것이다."[17] 이렇게 화가를 공개 모집할 수 있었던 것은 화가들이 상하이 주변으로부터 모여들어 상하이에 운집해 있었기 때문이다. 당시 중국에서는 사인(士人)이 급증해 직업을 가질 수 없었던 사인들이 상하이에 모여들었고,[18] 그중 일부 사인은 그림을 팔아 생계를 유지했다.[19] 『점석재화보』의 화가들도 바로 상하

17 "本齋所得奇書數種, 惟有說無圖, 似欠全美, 故特招聘精于繪事者, 卽照前報所登尺寸繪成樣張, 寄上海点石齋帳房, 一經合用, 當卽面請至本齋面洽." 王爾敏, 「中國近代知識普及化傳播之圖說形式」, 『近代史研究所集刊』 第十九期.

18 李長莉, 『晚清上海社會的變遷: 生活與倫理的近代化』(天津人民出版社, 2002), 158-159쪽 참조.

19 李長莉, 『晚清上海社會的變遷: 生活與倫理的近代化』, 164-166쪽 참조. 상하이에 모여든 이들 사인(士人)들의 직업을 보면, 첫째 현아(縣衙), 해관도서(海關道署), 해운국(海運局) 등의 관부기관(官府機關) 및 강남제조국(江南制造局) 등 관변 양무기관(官辦洋務機關)에서 문사(文事)의 일을 맡는 경우, 둘째 서양인이 경영하던 출판기구(出版機構), 보관(報館), 학당(學堂) 등의 문화사업 및 서양 각국의 상하이 주재 관서나 서양인의 양행(洋行)에서 초빙되어 문사필무(文事筆務)를 담당하는 경우, 셋째 상인 가정의 사숙에서 그 자제들을 가르치는 경우, 넷째 상업이 발달함에 따라 직접 상업에 종사하는 경우, 다섯째 전통적으로 사인들에게 방문좌도(旁門左道)로 인식되었던 의술(醫術), 송사(訟事), 점복(占卜), 매자매화(賣字賣畵)로 생활하는 경우이다. 특히 일부 서화(書畵)에 뛰어난 문인들은 상하이에 몰려와 그 재주를 팔았는데, 상하이에 오랫동안 거주했던 한 문인은 1880년대 초 이곳 서화가들이 운집한 상황을 이렇게 기술했다. "각 성의 서화가들 중에

이 주변에서 모여든 사인 범주에 드는 사람들이었다. 그렇다면 『점석재화보』의 화가들은 전통 지식인으로서 전통의식을 가지고 있었을 것이며, 조선 관련 화보도 중국 전통 지식인의 시각에 따라 내용이 결정되고 그림이 그려졌다고 할 수 있다. 게다가 독자 대중의 흥미를 유발하기 위한 방식으로 내용이 선택되고 그림이 그려졌으므로 조선 관련 화보는 전통 지식인과 독자 대중이 공동으로 만들어낸 것이다.[20]

『점석재화보』는 한 화면에 글과 그림이 함께 나오는데, 화면 위쪽에 글이 배치되어 있고 그 아래에 그림이 그려져 있다. 화보의 제작과 관련해 글과 그림 중에 무엇이 먼저 이루어졌는가는 금방 판단하기 어렵지만 대체로 글이 먼저 선택되고 그것을 그림으로 옮긴 것으로 판단된다. 왜냐하면 글은 대개 사건의 내용 전달에 치중하고 있으나 그것을 그림으로 옮기면서 그림이 과장되어 표현되는 경우가 많기 때문이다.[21] 이는 글과 그림이 서로 어긋나고 있음을 시사하며, 조선 관련 화보에서도 이 점을 확인할 수 있다.

[사람을 해치는 기이한 쥐(異鼠傷人)]는 조선에 기이한 쥐가 출현해 사람

서 상하이에서 재주로써 이름을 떨치던 사람이 백여 명을 넘는다(各省書畫家以技鳴滬上者, 不下百餘人)."

20 당시 중국 화보의 독자는 일반 대중이었다. 「국재화보발간사(菊齋畫報發刊辭)」에 "화보(畵報)와 자보(字報)를 비교해보면, 화보는 희극(戲劇)을 보는 것과 같고, 자보는 청서(聽書: 소설을 듣다)에 비교할 수 있다. 화보를 볼 경우 글자를 몰라도 그림을 구입할 수 있으며, 자보를 볼 경우 글자를 모르면 구입하는 사람이 극히 적을 것이다. 화보는 보아서 금방 알 수 있으므로 부녀자나 어린아이도 쉽게 이해할 수 있다"라는 설명이 나오는데, 화보의 독자는 광범한 일반 대중이었음을 알 수 있다. 黃天鵬, 「五十年來畵報之變遷」, 『良友』 第四十九期(民國 19年 8月), 36쪽 재인용.

21 민정기는 [격치유해(格致遺骸)](1888)라는 제목의 화보를 분석했는데, 서양에서 인간의 시신을 처리해 기름 · 알칼리성 물질 · 비료 등을 얻는다는 내용을 그림으로 옮기면서, 여기저기 널려 있는 팔과 다리와 머리, 살점을 발라낸 인골의 모습을 그려놓아 문자 재현과 시각 재현 사이의 어긋남을 지적했다. 민정기, 「『點石齋畵報』(1884-1898)의 서양관에 관한 연구」, 『中國現代文學』 제35호, 2005, 261-262쪽 참조.

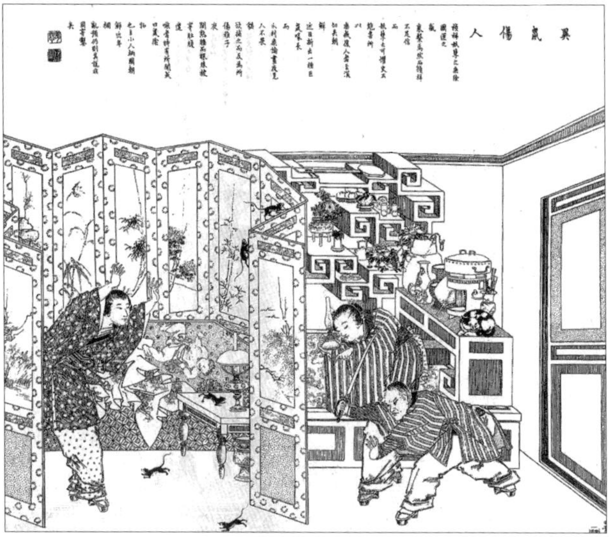

[도 5] 사람을 해치는 기이한 쥐(異鼠傷人)

을 해친다는 내용으로 독자 대중의 호기심을 자극하기 위한 '기이한 이야기' 범주에 든다. 또한 조선의 국운을 암시하는 상징적인 화보이기도 하다([도 5]).

이 화보의 글 내용은 이렇다. "길조와 흉조는 국운의 성쇠와 연관이 있다. 그런데 길조는 잘 믿지 않지만 흉조가 크면 두려워서 역사서에 끊이지 않고 기록하는데, 그래서 후대 사람들에게 주는 교훈은 실로 심각하다. 조선에서 최근 주둥이가 길고 발톱이 날카로운 쥐가 새로이 출현했다. 밤낮으로 사람을 보아도 두려워하지 않고, 고양이가 잡으려 해도 오히려 상처를 입히고, 아이가 밤에 깊이 잠들면 눈을 쑤시고 배를 쪼는 경우도 있다. 누군가가 듣고서 쥐는 음물(陰物)이니 소인(小人)이 나라를 장악하고 있음을 예시한다고 말했다. 조선은 근년에 화란(禍亂)이 빈발하고 있으니 그 말은 견강부회가 아니다."[22] 음물인 쥐의 출현은 바로 조선의 재앙을 상징한다. 기이한 쥐의 출현으로 조선의 재앙을 상징하는 이 그림에서 등장인물은 조선인의 형상이 아니라 일본인의 형상이다. 그림은 일본의 가정집을 그려놓았는데, 이는 글의 내용을 잘못 그린 것인가? 그렇지 않다. 이 그림은 글의 내용보다 훨씬 더 많은 정보를 전달해주고 있다. 이 그림은 갑신정변이 일어난 다음 해인 1885년에 그려졌으며, 이 시기에 조선에는 이미 많은 일본 상인이 진출해 터를 잡고 있었다. 화가는 이 점에 착안해 기이한 쥐가 조선에 거주하는 일본인 가정에 출현한 것으로 묘사한 것이다. 이는 두 가지 점을 암시한다. 첫째, 음물인 쥐의 출현은 그 나라의 재앙과 관련이 있는데, 쥐가 조선에 거주하는 일본인 가정에 나타난 것으로 묘사함으로써 조선 재앙의 근원이 일본에 있다는 것을 암시한다. 둘째, 글의 내용에서 보듯 쥐는 잠자는 아이의 눈을 쑤시고 배를 쪼는 피해를 가져오는데, 그 피해자를 일본인으로 묘사함으로써 일본에 대한 화가의 증오심을 우회적으로 표현한 것이다. 이는 화가의 주관적 욕망이 그림에 강하게 반영되어 있음을 뜻한다.

또한 갑신정변 실패 후 일본에 망명했다가 11년 만에 홍종우(洪鍾宇)에 의해 상하이로 유인되어 살해된 김옥균(金玉均)의 피살사건을 다룬 [나라를 위해 간신배를 처단하다(爲國除奸)]에는 '주모자를 징벌'하려는 화가(중국인)의 욕망이 적극적으로 반영되어 있다([도 6]).

이 화보는 홍종우가 상하이의 모 호텔에서 김옥균을 살해하는 순간의 장면을 묘사했는데, 그림에서 조선의 전통 사대부 복장을 한 홍종우와 근대 일본식 복장을 한 김옥균을 대비시킴으로써 '친일 매국노'라는 김옥균의 이미지를 크게 부각시키고 있다. 더욱이 홍종우를 크게 그리고 김

---

22 [異鼠傷人]: "禎祥妖孽之無除 國運之盛衰繫焉 然而禎祥不足信, 而妖孽大, 可懼史不絶書所以垂戒後人者至深切矣. 朝鮮近日新出一種鼠, 喙長而爪利, 無論晝夜, 見人不畏, 猫欲捕之而反爲所傷, 稚子夜間熟睡而眼珠被穿, 肚腹遭嗾者時有. 所聞或曰, 鼠陰物也, 主小人柄國. 朝鮮近年禍亂頻仍, 則其說非同穿鑿矣."

[도 6] 나라를 위해 간신배를 처단하다(爲國除奸)

옥균을 작게 그림으로써 '대역부도(大逆不道)'한 소인배 김옥균의 특징을 형상적으로 드러내어 화가의 욕망을 표현하고 있다.

이렇게 『점석재화보』의 조선 관련 화보는 글 내용의 선택뿐만 아니라 글을 그림으로 옮기는 과정에서 화가의 욕망을 적극적으로 반영하고 있다. 더욱이 그것은 독자 대중을 만족시키려는 목적을 가진 화보이기에 화가는 독자 대중의 욕망도 함께 고려해 반영하고 있다고 보아야 한다.

4. 조선 인식과 재현 양상

화가와 독자 대중의 욕망을 반영하고 있는 조선 관련 화보는 중국인의 '심리적 만족'을 강화해주는 방식으로 글이 선택되고 그림이 그려졌다고 보아도 좋을 것이다. 이는 조선 관련 화보가 당시의 특수한 역사적 조건

속에서 중국인의 욕망을 적극적으로 반영해 조선을 재현하고 있음을 의미한다. 이제 또 다른 구체적인 예시를 통해 중국인의 조선 인식과 그 재현 양상을 살펴보고자 한다.

속방 조선의 이미지 강화

『점석재화보』는 조선의 정치·사회적 사건을 다룰 때, 대체로 사건을 보도하기에 앞서 청국을 종주국으로, 조선을 속방(屬邦)으로 전제하고 있다. 갑신정변을 다룬 「조선의 정변」의 첫 번째 화보 [우정국에 연회를 베풀어 손님을 초대하고, 완고당이 방화하고 관원을 살상하다(郵政局肆筵速客 頑固黨放火戕官)]는 "우리 청조(清朝)는 랴오닝(遼寧) 지역에서 일어나서, 조선은 으뜸가는 속방(附庸)이며, 그래서 300년 동안 한 집안의 부자지간으로 대해왔다"라는 말로 시작한다. 이는 청국의 조선에 대한 지위를 명확히 함과 동시에 종주국의 입장에서 조선의 정치·사회적 사건을 다루고 해석하겠다는 의미로 받아들여진다. 갑신정변에 관한 화보는 제31호 특집으로 발행될 정도로 당시 중국인의 관심이 높았는데, 조선을 두고 일본과 주도권을 다투고 있던 청국으로서는 갑신정변이 매우 중요한 정치적 사건이었을 것이다. 비록 실패하기는 했지만 갑신정변은 종주국으로서 청국의 위상을 크게 손상시킨 사건이었으므로 이 사건을 계기로 중국인들은 조선에 대한 청국의 종주국으로서의 위상을 회복하려는 욕망을 적극적으로 표출하게 된다([도 7]).

[대원군의 귀국(院君回國)]은 갑신정변이 일어난 이듬해 1885년 2월 조선통상사무전권위원으로 부임하는 위안스카이(袁世凱)와 함께, 1882년 임오군란 때 청국의 개입으로 청국으로 연행되어 바오딩(保定)에서 3년간 유폐 생활을 하던 대원군(大院君)이 조선으로 귀국하는 장면을 묘사하고

[도 7] 조선의 정변(朝鮮亂略): 우정국에 연회를 베풀어 손님을 초대하고, 완고당이 방화하고 관원을 살상하다(郵政局肆筵速客 頑固黨放火戕官)

있다([도 8]).

이 화보에서도 대원군의 귀국을 마치 청국이 속방에게 베푸는 시혜인 것처럼 표현하고 있다. "고려 대원군 이하응(李昰應)이 바오딩에서 수년간 여거(旅居)하고 있었는데, 이번에 고려왕이 상소해 석방 귀국을 간청했다. 황상(皇上)은 효(孝)로써 천하를 다스려……, 즉 8월 하순에 문무관병을 파견, 호송해 귀국하게 했다. 나라에 도착하던 날 대원군의 풍채를 앙망하던 자가 수만에 이르렀고 환영의 소리가 우레와 같았으니 고려왕은 진실로 지성이 대단한 사람이다. 역시 우리나라의 도량이 넓음은 하늘에까지 미칠 정도이다."

청국과 조선의 관계를 종주국과 속방의 관계로 표현해 대원군의 귀국을 신하에 대한 임금의 시혜로 묘사하고 있다. 대원군의 호송 행렬 속의 청국의 관료, 군인과 이를 맞이하는 조선의 조정 신료들의 표정이나 자

[도 8] 대원군의 귀국(院君回國)

세는 크게 다르다. 조선의 조정 신료들은 대부분 고개를 숙이고 있으나 청국의 관료와 군인은 고개를 들고 있으며 그중에는 무표정하게 조선의 조정 신료들을 구경하는 사람들도 있다. 1882년 임오군란 발발 이후 그 책임을 물어 청국이 대원군을 강제 연행해 유폐시킨 사건의 진실은 은폐하고, 오히려 청국이 속방인 조선에 큰 시혜를 베풀고 있다는 이미지를 구성해 종주국으로서의 위상을 강화하고 동시에 독자 대중의 '심리적 만족'을 더해주고 있는 것이다. 이러한 속방 조선의 이미지를 강화하려는 욕망은 조선 관련 화보 곳곳에 편재한다.

낙후하고 우매한 조선사회 이미지 재현

조선 관련 화보 중에서 오랫동안 병란으로 고생하다 때마침 풍년이 들어 그 기쁨을 이기지 못하고 대여섯 명의 사람들이 모여 악기를 연주하고 한 사람이 춤을 추는 내용을 담은 [풍년을 축하하며 풍악을 즐기다(民歌大有)]와 같이 조선 민간풍속의 특징을 객관적으로 소개한 것도 있다. 또한 [조선에서 위조지폐를 단속하다(高麗錢禁)]처럼 조선에서 일어난 화폐 위조사건과 그 사건의 주모자 2명이 체포되어 처형되었다는 사실을 알리면서 흰 종이로 얼굴을 가려 범인을 이송하는 장면을 그림으로 표현함으로써 체면을 중시하는 조선의 풍속을 소개한 것도 있다.[23] 그렇지만 『점석재화보』에 묘사된 조선사회는 대체로 낙후하고 우매한 것으로 재현된다.

예를 들어 [각기 기치를 내걸다(各樹一幟)]에서는 정월 대보름 이후 두 마을 사이에서 벌어지는 싸움을 흥밋거리로 소개하고 있다. "큰 용기는 지혜로써 싸우고 작은 용기는 힘으로써 싸운다(大勇角知小勇角力)"라는 말을 서술한 뒤 이러한 싸움은 "어리석은 백성의 풍속(愚民之習俗)"이라고 하여 조선사회를 문화적으로 열등한 것으로 재현하고 있다. 또한 [관기의 기둥서방(官妓之夫)]에서는 기생의 기둥서방이 외관을 화려하게 꾸며 자신을 자랑스럽게 여기는 태도를 소개함으로써 조선사회가 도덕적으로 낙후되어 있다는 점을 부각시키고 있다. "득의양양해하고 태연스럽게 걸어다니며, 부끄럽게 여기지 않을 뿐만 아니라 오히려 영광스럽게 여기니, 부끄러워하는 마음이 우리 중국인보다 못한 것이리라"라는 표현에서 드러나듯 조선사회는 중국에 비해 도덕적으로 낙후되어 있는 것으로 재현된다.

어느 프랑스 병사가 조선을 여행하다가 말이 통하지 않아 겪게 된 재미있는 일화를 소개한 [언어불통(言語不通)]은 '견문이 좁아 세상일에 어두운(少見多怪)' 조선사회의 낙후성을 드러내고 있다. [거대한 쥐 이야기(碩

23 조선에서 일어난 화폐 위조사건을 소개함으로써 중국 내의 화폐 위조에 대한 경각심을 불러일으키기 위한 계몽적 의도도 있었을 것으로 짐작된다.

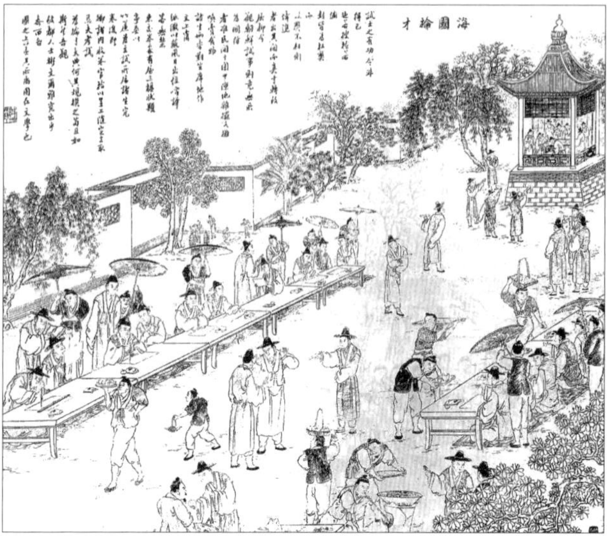

[도 9] 외국의 인재 선발(海國選才)

鼠誌異)]에서는 조선의 경상도에 이리처럼 큰 쥐가 나타나자 중국 상인이 이를 보고 괴상하다고 여겨 권총으로 죽이려 했으나 그곳 '한인(韓人)'은 '나라의 신물(邦中之神)'이라 하여 극력 저지했다고 소개하며 '우매한(陋)' 관념이라 비평하고 있다. [조선의 과거시험(朝鮮科甲)]에서 "조선의 과거제도는 중국과 차이가 없다"라고 하여 조선의 과거제도가 중국의 그것과 유사함을 지적하기도 하지만, [외국의 인재 선발(海國選才)]에서는 엄격하지 않은 조선의 과거 시험장을 소개함으로써 무질서한 조선사회의 낙후성을 형상화하고 있다([도 9]).

이처럼 대체로 조선 관련 화보에서 재현되고 있는 조선사회는 중국에 비해 낙후하고 우매한 것으로 표현되며, 이는 당시 중국인이 조선을 어떻게 인식하고 있었는지 그 단면을 보여준다.

조선 사인문화(士人文化)의 특징과 중국 친연성 이미지 강화

『점석재화보』에서는 조선의 진사 조옥파(趙玉坡)와 관련된 화보가 세 번 등장한다. 1887년의 [필묵의 인연(翰墨因緣)], 1888년의 [필담을 나누다(以筆代舌)], 1890년의 [조선 사신의 청국 여행(韓使淸游)]이 그것이다. 52폭의 조선 관련 화보 가운데 조옥파 개인에 관한 이야기가 세 번 나온다는 것은 특이한 일이다. [필묵의 인연]은 "고려는 문명이 있는 외국 나라(海外文物之邦)로서 그 사대부는 고상하고 문필(詞翰)이 무엇보다 훌륭하다"라고 하여 조선 사인문화의 품격을 높이 평가하고, 조옥파의 중국 방문에서 중국인과의 교류를 크게 부각시키고 있다. [필담을 나누다]에서는 "조선의 문자는 중국과 서로 같다"고 하여 조옥파가 중국 여행에서 중국인과 필담으로 대화를 나누는 장면을 소개하고 있다. [조선 사신의 청국 여행]에서는 명대 관복을 입고 북방어음을 구사하며 학식이 넓고 서예에 조예가 깊은 조옥파를 소개하면서 '먼 나라의 시문에 뛰어난 선비(遠邦之風雅士)'로 높이 평가하고 있다.

조옥파는 윤치호(尹致昊)의 1886년 7월의 일기에 나오는 인물이다. 그 일기에 따르면 조옥파는 윤치호를 방문해 중국 여행 여비를 간청한 적이 있는데,[24] 조옥파에 관한 화보가 세 번이나 등장하는 것은 조선 사인(士人)의 문화 수준을 소개하기 위한 것이기도 하지만, 그 이면에 조선 사인문화의 중국 친연성(親緣性)을 강조하기 위한 것으로 판단된다.

조선의 사인문화가 중국의 문화와 가깝다는 이미지는 [중양절 활쏘기

24 尹致昊,『尹致昊日記(1卷)』卽祚二十二年, 開國紀元四百九十四年乙酉. "(晴, 愼, 三十一日) 是早, 趙氏來訪, 乞余請于 阿蓮 師, 借得其路費, 余以貽人之笑, 絶之, 惻其失路彷徨之狀, 又難絶其懇求之容, 且見似操守人, 故自忖與其使我國人窘乏於外, 見恥於人, 寧不若照我力助護, 故贈以三圓, 使其待有力還報, 孟子曰, 可以與, 可以不與, 與傷惠, 其余之謂歟."

(重陽習射)]에서 두드러지게 표현된다. 여기서는 고대 중국 풍습의 하나였던 중양절 활쏘기가 중국에서는 이미 사라졌으나, 조선에서는 여전히 성행하고 있음을 소개하고 있다. 김창업(金昌業)의 『가재연행록(稼齋燕行錄)』에 나와 있거니와 베이징(北京) 사행(使行) 때 청국 황제가 조선 비장(裨將)들의 활쏘기에 관심이 많았던[25] 것과 같은 맥락에서 중국인은 조선에 활쏘기 풍습이 남아 있는 데 대해 크게 관심을 가지고 있었던 것 같다. 이런 내용의 화보는 특히 갑신정변 이후 청일전쟁 발발까지의 기간 동안에 주로 등장한다는 것도 매우 시사적이다. 일본과 주도권을 다투고 있던 시기에 조선 사인의 문화 수준을 긍정하면서 그것의 중국 친연성을 강조하고 있는 것은 중국 독자 대중에게 조선에 대한 관심을 지속적으로 환기시키기 위한 것으로 판단된다.

조선의 위기 심화와 항일 적개심의 표출

조선 관련 화보 중에서 큰 쥐의 출현을 소개한 것은 세 폭이나 된다. 조선 내 일본인 가정에 출현한 큰 쥐를 소개한 [사람을 해치는 기이한 쥐(異鼠傷人)]가 첫 번째이고, 개가 큰 쥐를 물어 죽임으로써 그 집에 화재가 발생했다는 기이한 이야기를 소개한 [거대한 쥐가 개와 싸우다(巨鼠鬪狗)]가 두 번째이며, 중국 상인이 쥐를 죽이려 하자 한인(韓人)이 극력 말렸다는 이야기를 소개한 [거대한 쥐 이야기(碩鼠誌異)]가 세 번째이다. 앞서 언급했듯이 음물인 쥐의 출현은 조선사회의 운명을 암시하는데, 조선 관련 화보에서 쥐의 출현이 세 번이나 소개되고 있다는 것은 그만큼 조선의 운명이 풍전등화와 같은 위기에 처해 있었음을 상징한다.

25 정혜중, 「18세기 조선 선비의 북경 여행」, 『동아시아 역사 속의 중국과 한국』(서해문집, 2005), 136쪽 참조.

[도 10] 불길한 조선(朝鮮妖孽)

조선의 운명을 상징하는 것은 쥐의 출현만이 아니라 괴물의 출현도 포함된다. 충청도 목천군에 나타난, 소 울음소리를 내는 말 머리에 호랑이 몸(馬首虎身)을 한 괴물의 출현을 소개하고 있는 [불길한 조선(朝鮮妖孽)] 역시 기이한 이야기의 범주에 속하며 조선의 운명을 암시하고 있다. [불길한 조선]은 고려의 왕(王)씨 왕이 몰락할 때도 괴물이 나타났음을 상기시킴으로써 조선의 운명이 다하고 있음을 직접적으로 표현하고 있기도 하다([도 10]).

1896년에 그려진 [무녀의 액막이굿(女巫跳神)]에서는 굿이 진행되는 과정을 상세히 소개한 뒤, 그 전해 봄에 있었던 사건, 즉 심야에 왕궁의 문창(門窗)이 우는 기이한 일이 발생해 무녀에게 굿을 행하게 했다는 내용을 소개하고 있다. 무녀가 6월 무렵에 궁내(宮內)에 재앙이 일어나니 왕에게 얼른 거처를 옮기라고 아뢰었으나 그렇게 하지 않았으며, 결과적으로 '일본인의 변란(日人之變)'이 일어나 조선사람들이 무녀를 더욱 신봉하게 되었다는 내용이다. '일본인의 변란'은 1895년 10월 8일에 일어난 민비시해사건을 가리키는데, 기이한 이야기와 조선의 운명을 상징적으로 연결시키고 있는 일례라고 할 수 있다([도 3]).

조선의 재앙을 일본과 연결시키고 일본에 대한 조선인의 저항을 집중적으로 표현하고 있는 것도 조선 관련 화보의 두드러진 특징 중의 하나이다. 조선인의 일본에 대한 저항을 표현하기 위해, [각기 기치를 내걸다(各樹一幟)]에서 이미 소개한 정월 대보름 이후 두 마을 사이에서 벌어지는 싸움이 [군중의 분노는 막기 어렵다(衆怒難犯)]에서 한 번 더 묘사된다. 이 화보는 청일전쟁 이후 1896년에 그려졌는데, 마을 싸움에서 일본 순경이 개입하자 싸움을 벌이던 두 마을 사람들이 합심해 오히려 일본 순경을 공격하고, 일본 순경을 몰아낸 뒤 다시 그 싸움을 계속한다는 내용이다. 당시 조선인의 일본에 대한 저항을 재미있는 사건을 통해 중국인들에게 소개하고 있다.

같은 해에 그려진 [왜놈을 불태우다(倭奴火化)]에서는 조선인의 일본에 대한 적개심이 더욱 강조되어 표현되어 있다([도 11]). '왜놈(倭奴)'이 조선을 강점해 신법을 고쳐서 천노인원(天怒人怨)을 야기했으며, 동학당(東學黨) 사람들의 마음이 잦아들지 않고 충군애국(忠君愛國)의 정의가 더욱 격렬해져 일본 순경을 잡아 불태워 죽인다는 내용이다. 게다가 동학당 사람의 말을 인용해 일본이 조선에 화를 미쳤을 뿐 아니라 상국(上國)에까지 그 화를 미치게 했으니 불태워 죽이는 처벌은 지나치지 않다고 설명하고 있다. "그 나라(일본을 가리킴-인용자 주)는 천리(天理)를 돌보지 않고 가벼이 전쟁을 일으켜 우리 고려 백성을 해치고 그 화를 상국에까지 미쳤다." 이는 당시 조선인의 일본에 대한 적개심을 충분히 묘사하고 있지만, 조선인의 적개심을 상국에 대한 예의와 연관시킴으로써 화가와 중국 독자 대중의 욕망을 동시에 반영하고 있는 것으로 판단된다.

[도 11] 왜놈을 불태우다(倭奴火化)

사실 청일전쟁을 다룬 화보 중의 하나인 [군령이 삼엄하다(軍令森嚴)]에서는 난행을 저지르는 일본군과 대비되는, 엄격한 군율에 따라 통제되는 청국군을 소개하고 있다. “왜병이 조선에서 간음하고 총격하는 등 못하는 짓이 없어 조선 백성들이 뼈에 사무치는 원한을 품고 있는데, 중국 구원병을 기다리는 것이 마치 설을 기다리는 것과 같다”라고 하여 일본군의 만행과 청국군의 지원을 학수고대하고 있는 조선인의 기대를 소개하고 있다. 또한 평양에 주둔하고 있던 청국 병사 두 명이 조선 백성의 물건을 훔친 데 대해 엄격한 군율에 따라 처형되는 장면을 그림으로 그려 청국군은 ‘절제된 병사(節制之師)’임을 과시하고 있다. 당시 청국군 역시 점령군의 형태로 조선에 들어왔으므로 화보의 내용처럼 그렇게 엄격한 군율에 따라 행동하지 않았을 것이다. 물론 일본군에 비해 상대적으로 절제된 행동을 취했을 가능성은 있다. 하지만 일본군의 만행을 적극 부각시키고 청국군의 엄격한 군율을 강조함으로써 청국의 조선 개입의 정당성을 환기시키려는 중국인의 욕망이 반영되어 있는 것으로 판단된다.

이상에서 살펴본 바와 같이 『점석재화보』의 조선 관련 화보는 속방 조선의 이미지 강화, 조선사회의 낙후성과 우매함 표현, 조선 사인문화의 특징과 중국과의 친연성 강조, 조선의 위기 심화와 항일 적개심의 표출 등을 그 내용으로 하고 있다.

5. 화이관(華夷觀)을 넘어

『점석재화보』는 청국과 조선의 기존 질서 체계에 일본이 개입함으로써 조선을 둘러싸고 청국과 일본이 각축을 벌이던 시기에 발행되었다. 그래서 화가와 독자 대중의 욕망이 동시에 반영되어 있는 『점석재화보』의 조선 관련 화보에는 청국과 조선의 기존 질서 체계를 유지하려는, 즉 조선에 대한 청국의 종주국으로서의 지위를 지속적으로 환기시키고 그것을 관철시키려는 중국인의 욕망이 담겨 있다. 조선의 정치 · 사회적 사건은 항상 청국의 종주국으로서의 지위를 앞세우며 중국인의 시각을 적극적으로 개입시켜 해석했다. 조선사회의 낙후성과 우매함을 드러내고, 조선 사인문화의 중국 친연성을 부각시키며, 조선의 운명을 상징하는 기이한 이야기를 소개함으로써 청국의 조선 개입은 문화적 친연성의 측면에서, 그리고 문화적 시혜의 측면에서 정당한 것으로 환기시킨다. 더욱이 일본군의 조선에서의 만행과 조선인의 일본에 대한 저항을 적극 묘사함으로써 일본의 조선 침략의 부당성을 폭로하는 한편 은연중에 청국의 개입을 합리화하고 청국의 종주국 지위 상실에 따른 일본에 대한 증오심을 우회적으로 표현했다. 말하자면 조선 관련 화보는 조선에 관한 객관적인 사실을 소개 · 보도하는 데 치중하기보다 청국의 종주국 지위 관철이라는 맥락에서 중국인의 욕망을 재현하는 경향을 두드러지게 보여주고 있는 것이다.

1904년 량치차오(梁啓超)는 「조선망국사략(朝鮮亡國史略)」을 발표해 조선이 망해가는 과정을 서술했다. 그는 서두에서 "이제 삼천 년의 고국(古國)이 하루아침에 갑자기 멀리 가버리게 되었으니 그들과 친척 관계에 있는 자로서 최후를 장식하는 역사적 사실에 대해 기록하지 않을 수 있겠는가? 오호라! 이로써 슬픔을 생각하면, 슬픔을 알 수 있을 것이다"[26]라고 운을 띄운 뒤 그 결미에서 "오호라, 삼천 년 동안의 기자(箕子)에 대한 제사는 드디어 끊어졌도다. 끊어졌도다"[27]라고 끝을 맺으며 조선의 멸망을 통탄했다. 량치차오는 이웃 나라 조선의 멸망을 애도하며 그것을 타산지석으로 삼으려 했지만 동시에 조선이 청국으로부터 떨어져 나간 전통 관계의 해체에 대한 아쉬움을 표출하고 있는 것이다. 량치차오의 아쉬움의 표출은 『점석재화보』의 조선 재현에 담긴 중국인의 욕망과 깊은 연관이 있으며, 이러한 욕망은 잠재된 형태로 남아 중국인의 무의식 속에 지속적으로 작용하고 있는 듯하다.

그동안 한국에서는 동아시아 담론이 크게 활성화되어 동아시아의 공존과 안정을 구축하기 위한 이론적 방안을 모색해왔다. 그런데 중국에서는 한국에서 논의되고 있는 동아시아 담론 등에 크게 주목하지 않는 것 같다. 1990년대 이후 중국 사상계에서 상당한 영향력을 행사해온 왕후이(汪暉)는 오히려 동아시아 담론을 부정적으로 이해하고 있는 듯하다. "동아시아 중심의 아시아관과 유교주의적 아시아관 사이의 복합 관계로는 아시아 대륙과 중국 내부의 종교·민족·문화·제도의 다양성을 해석하

26 梁啓超, 「朝鮮亡國史略」, 『梁啓超文集』 第三集(雲南教育出版社, 2001), 1729쪽.

27 梁啓超, 「朝鮮亡國史略」, 『梁啓超文集』 第三集, 1737쪽.

기 힘들다."[28] "단일한 문화로 아시아를 설명하는 것은 그 어떠한 방식으로도 정당성을 부여받기 힘들다. 유교주의적 아시아관으로는 중국의 문화적 구성조차도 설명할 수 없으니, 설령 아시아 개념을 동아시아 개념으로 축소한다고 해도 동아시아 내부의 문화적 다원성 문제를 피할 방법이 없다. 여기에서 문제의 두 측면을 중점적으로 지적할 필요가 있다. 즉, 한편으로 문화적 다원성은 이제껏 아시아 내부의 교류와 연계에 방해가 되지 않았으며, 여러 문화 사이의 공존 · 융합 · 교류는 오히려 중국 역사와 아시아 역사의 가장 중요한 경험을 구성했다."[29] 이러한 그의 주장은 나름대로 타당성을 가진다. 다민족으로 구성되어 있고 정치적으로 민감한 위구르(新疆) · 티베트(西藏) 문제를 안고 있으며 문화적으로 다양한 아시아의 여러 나라와 국경을 맞대고 있는 오늘날의 중국의 상황을 고려할 때, 전통 유교 문화를 기반으로 하여 한 · 중 · 일 삼국 중심으로 논의되는 동아시아 담론을 쉽게 받아들이기 어려울 것이다. 그런데 문제는 그가 과거 아시아의 역사적 경험을 "여러 문화 사이의 공존 · 융합 · 교류"라는 말로 손쉽게 귀납해 지나치게 낙관적으로 묘사하고 있다는 데 있다.

예컨대, 왕후이는 과거 아시아의 조공 관계를 현재적으로 재해석할 필요성을 조심스럽게 제기했다. "조공 관계는 단순히 경제 관계가 아니며 상이한 문화와 신앙의 사회집단 사이에 형성된 예의와 정치 관계를 포함한다. 따라서 조공 관계의 다중적 의미를 한 걸음 더 나아가 해석하고, 아울러 그 속에서 현대 자본주의와 상호 중첩하거나 충돌하는 부분을 찾아내야 한다."[30] 왕후이는 과거 아시아의 조공 관계를 재해석함으로

28 왕후이 저, 『새로운 아시아를 상상한다』, 이욱연 외 역(창비, 2003), 206쪽.

29 왕후이, 『새로운 아시아를 상상한다』, 221쪽.

30 왕후이, 『새로운 아시아를 상상한다』, 206쪽.

써 오늘날 그것을 새롭게 참조할 수 있다고 보았다. 다시 말하면, 오늘날 신자유주의의 전 지구적 추세와 국가정책에 대한 저항 담론을 구성하려는 아시아 상상을 위해 과거 아시아의 다원적 체제의 역사적 경험의 하나인 조공 관계를 재해석할 필요가 있다는 것이다. 물론 그는 아시아 상상의 가능한 방향의 하나를 제시하면서 "아시아 내부의 문화 공존적 제도 경험을 취해 민족국가 범위 내에서 그리고 아시아 지역 내부에서 상이한 문화, 종교 및 민족의 평등을 구현할 수 있는 새로운 형태의 민주적 모델을 발전시켜야 한다"[31]라고 했다. 하지만 조공 관계를 '아시아 내부의 문화 공존적 제도 경험'의 하나로 재해석한다면 그것은 자칫 중국인의 잠재된 욕망을 불러일으킬 위험이 있다. 그는 과거 아시아의 역사적 경험을 지나치게 낙관적으로 바라보고 있기에 '예의와 정치 관계를 포함한' '조공 관계의 다중적 의미' 속에 숨겨진 중국인의 욕망이 그에게는 잘 포착되지 않는 것이다. 오늘날 아시아에서 근대 국민국가 체제가 성립된 이후 조공 관계 또는 종주국과 속방의 국제 관계는 분명 시효를 다한 것이지만, 중국인들은 그 욕망을 잠재된 형태로 내면화하고 있으며 때에 따라 은연중에 드러내기도 한다. 이러한 욕망이 오늘날 우리가 지속적으로 환기시키고 검토해야 할 대상이다.[32]

사실 중국인의 이러한 욕망은 한족과 그 이외의 민족을 엄격히 차별하는 전통적인 화이관(華夷觀)에 기초한다. 화이관은 한족이 지리적 · 문화적 · 정치적으로 여타 민족보다 우월하다는 주장으로 이루어져 있다. 일찍이 홍대용(洪大容)은 「의산문답(毉山問答)」에서 '허자(虛子)'와 '실옹(實翁)'

31 왕후이, 『새로운 아시아를 상상한다』, 222쪽.

32 물론 이러한 태도는 자칫 이데올로기화해서 대립과 충돌을 야기할 수도 있지만, 그것은 중국에 대한 '공격'이라기보다 공식화되지 않고 내면화되어 있는 중국인의 잠재의식을 지속적으로 '환기'시켜주는 역할을 할 것이다.

의 문답을 통해 이러한 전통적인 화이관을 철저하게 부정한 바 있다. 그는 '실옹'의 입을 빌려 지구가 둥글고 회전한다는 학설에 근거해 천원지방설(天圓地方說)과 내외의 구분, 즉 중심과 변방을 구분하는 기존의 주자학적 질서 체계를 부정하는 관점을 명확히 제시했다. "하늘이 낳고 땅이 길러 무릇 혈기만 있으면 다 같은 사람이며, 그중 우수한 인재로서 한 지역을 통치하는 자는 다 같은 임금이며, 관문을 튼튼히 하고 해자를 깊이 파서 자기 영토를 지키는 것은 다 같은 제후국이며, 장보(章甫: 은나라 때 쓰던 관冠)를 쓰거나 위모(委貌: 주나라 때 쓰던 관)를 쓰거나 문신(文身: 동이東夷의 습속)을 하거나 조제(雕題, 이마에 단청丹靑을 새기는 남만南蠻의 습속)를 하거나 다 같은 습속이니, 하늘의 입장에서 보면 어찌 내외(內外)의 구분이 있으랴? 그러므로 각각 자기들끼리 친하고 자기 임금을 높이며 자기 나라를 지키고 자기 풍속을 편하게 생각하는 것은 화(華)와 이(夷)가 한가지이다."[33] 인종적 · 지리적 · 문화적 · 정치적 화이평등을 주장한 홍대용의 관점은 전통적인 화이관의 차등주의적 세계관을 부정하는 것이었다. 이러한 홍대용의 관점은 오늘날 우리에게 많은 시사점을 던져준다. 따라서 중국인의 잠재된 욕망을 비판적으로 검토하는 것과 더불어 우리 내부의 타성 또한 점검할 필요가 있다.

---

33 洪大容 저, 「毉山問答」, 『韓國文集叢刊 248 湛軒書 · 青城集』, 民族文化推進會 편(民族文化推進會, 2000), 99쪽. "天之所生, 地之所養, 凡有血氣, 均是人也. 出類拔華, 制治一方, 均是君王也. 重門深濠, 謹守封疆, 均是邦國也. 章甫委貌, 文身雕題, 均是習俗也. 自天視之, 豈有內外之分哉. 是以各親其人, 各尊其君, 各守其國, 各安其俗, 華夷一也."

▌연보▌

이육사 연보

1904년 4월 4일(음력 3월 21일) 경상북도 안동군 도산면(陶山面) 원천동(遠川洞) 882번지[당시 마을 이름은 '원촌(遠村)']에서 퇴계(退溪) 이황(李滉)의 13대 손인 이가호(李家鎬)와 의병장 범산(凡山) 허형(許蘅)의 딸 허길(許吉) 사이에서 차남으로 태어남. 첫 이름이 원록(源祿), 그 다음 이름이 원삼(源三)이며, 스스로 활(活)이라고 이름을 짓기도 함. 어려서는 조부 치헌공(痴軒公)을 모시고 다섯 형제와 함께 한학을 수학함.

1910년(6세) 예안(禮安)에 설립된 신교육기관 보문의숙(寶文義塾)에 백형 원기(源祺)를 따라다니며 새로운 학문의 세례를 받음.

1916년(12세) 조부 별세. 이 무렵부터 가세가 기울기 시작함.

1919년(15세) 향리(鄕里) 원촌(遠村)에서 같은 안동군 녹전면(綠轉面) 신평동(新坪洞) 속칭 '듬벌이'로 이사함. 3·1운동 때 예안만세사건을 겪음.

1920년(16세) 백형 원기 및 아우 원일(源一)과 함께 대구로 감. 원일과 경주 양동 사람 운거(雲居) 이명룡(李命龍)이 석재(石齋) 서병오(徐丙五)에게 사사할 때 그들과 동행, 서예와 그림을 배움.

1921년(17세) 영천(永川) 오동(梧桐) 안용락(安庸洛)의 딸 일양(一陽)과 결혼.

1922년(18세) 영천 화북면(華北面) 백학학교(전 백학학원白鶴學院)에서 이명선, 서만달, 백기만과 함께 약 6개월간 수학함. 그 후 대구 교남학교(嶠南學教)로 옮겨 적을 둔 것으로 전해짐.

1923년(19세) 대구 남산동 662번지로 이사했으며, 봄에 일본으로 건너가 약 9개월을 지냄. 일본에서는 동경의 세이소쿠예비학교(正則豫備校)와 니혼대학(日本大學)에 다녔다고 알려짐. 경찰 신문조서에는 간다꾸(神田區)의 긴죠고등예비학교(錦城高等豫備學院)에 1년간 재학한 것으로 기록되어 있기도 함. 이때 대구의 김관제(金觀濟, 약업인), 김현경(金顯敬, 삼강병원장), 강신묵(姜信默, 경북도청 근무) 등의 재정적 도움을 받음.

1925년(21세) 백형 원기와 아우 원일과 함께 독립운동단체인 정의부(正義府) · 군정서(軍政署) · 의열단(義烈團)에 가입해 활동을 시작함.

1926년(22세) 대구 조양회관(朝陽會館)에 나가 신문화강좌(新文化講座)에 참가함. 이해에 이정기(李定基)와 베이징에 감. 베이징의 중국대학(中國大學)에서 수학함.

1927년(23세) 베이징에서 귀국. 이해 가을 장진홍(張鎭弘) 의사의 조선은행 대구지점 폭파사건 피의자로 백형 원기, 아우 원조와 함께 피검. 원조는 재학생이어서 나오고 육사는 2년 7개월의 옥고를 치름. 이때 변호인이 이우익과 강희준이었음.

1929년(25세) 장진홍 의사가 검거되어 육사 형제가 석방됨. 조선일보 대구 지국에서 근무. 이해 11월에 광주학생운동이 일어나자 또다시 예비 검속됨.

1930년(26세) 첫 시 「말」을 『조선일보』(1월 3일)에 발표. 아들 동윤(東胤) 출생(2세 때 사망).

11월 대구의 격문사건(檄文事件)에 연계되어 원일과 함께 대구 경찰서에 연행, 투옥됨. 원일은 2개월여 만에 병보석으로 나오고 육사는 6개월 만에 석방됨.

1931년(27세) 외숙 허규(許珪)의 독립군 자금 모금에 관계되어 만주로 감. 도중에 만주사변이 일어나자 동행은 돌아오고 육사는 봉천(奉天) 김두봉(金斗奉)에게 가서 지냄.

1932년(28세) 베이징에 가 있다가 10월 22일 국민당 정부 부설의 조선혁명군사간부학교(교장 김원봉金元鳳)에 입교함.

1933년(29세) 4월 22일 조선혁명군사간부학교(제1기생)를 졸업하고 10월 14일 상하이(上海), 신의주를 거쳐 귀국함.

『신조선(新朝鮮)』에 시 「황혼」을 발표함으로써 본격적인 시작(詩作) 활동을 시작함.

1934년(30세) 5월 25일 서울에서 일본 헌병에 의해 피검되어 약 7개월 정도 구속됨. 백형 원기가 육사의 활동 자금 때문에 연행됨.

1935년(31세) 봄부터 위당(爲堂) 정인보(鄭寅普) 선생의 지도를 받음. 이때 신석초(申石艸)를 만나 평생지기가 됨.

『개벽(開闢)』 1월호에 「위기에 임한 중국 정국(政局)의 전망」, 3월호에 「중국 청방비사(青幇秘史) 소고(小考)」 등을 발표, 정치 · 사회 활동에 깊은 관심을 보임.

6월과 12월 그가 관계한 『신조선』에 「춘수삼제(春愁三題)」, 「실제(失題)」 등의 시 작품을 발표.

1936년(32세) 만주 목단강 쪽에 있다가 귀국하자 곧 피검되어 서울형무소에 구류됨. 10월 사망한 중국 작가 루쉰(魯迅)을 애도하는 「루쉰 추도문」을 『조선일보』에 게재함. 루쉰의 단편소설 「고향」을 번역, 『조광(朝光)』 12월호에 게재함. 『풍림(風林)』 제1집(12월호)에 시 「한 개의 별을 노래하자」를 발표.

1937년(33세) 「해조사(海潮詞)」(『풍림』 3월호), 「노정기(路程記)」(『자오선(子午線)』 제1집) 등의 시와 「질투의 반군성(叛軍城)」, 「무희의 봄을 찾아서」 등의 산문을 발표함.

서울 명륜동에서 아우인 원일과 함께 생활함.

1938년(34세) 음력 11월 23일 부친 아은(亞隱)의 회갑연을 간소하게 치름. 이때 신석초(申石艸), 최용(崔鎔), 이명룡(李命龍)과 함께 경주로 여행함. 나중에 그는 삼불암(三佛庵)에 들어가 요양함.

「강건너 간 노래」(『비판』 7월호), 「소공원(小公園)」(『비판』 9월호), 「아편」(『비판』 11월호) 등의 시와 「모멸의 서」(『비판』 10월호), 「조선 문화는 세계문화의 일륜」(『비판』 11월호), 「계절의 오행」(『조선일보』, 12월), 「초상화」(『중앙시보』, 3월) 등의 산문과 수필을 발표.

1939년(35세) 가을에 서울 종암동 62번지로 이사함.

이해에 「절정」, 「남한산성」, 「청포도」 등의 시와 「영화에 대한 문화적 촉망」, 「시나리오 문학의 특징」 등의 영화 · 예술 관련 평론을 발표.

1940년(36세) 일제의 삼엄한 전시 체제 선포로 활동 여건이 크게 악화됨.
이해에 발표된 시는 「반묘(斑猫)」(『인문평론』 3월호), 「일식」(『문장(文章)』 5월호), 「교목(喬木)」(『인문평론』) 등이며 「청란몽(靑蘭夢)」, 「현주(玄酒) · 냉광(冷光)」 등의 수필도 발표.

1941년(37세) 4월 26일 부친 별세.
9월에 성모병원에 입원함. 딸 옥비(沃非) 출생.
『인문평론』, 『문장』 등의 잡지에 「파초」, 「독백」, 「아미(娥眉)」, 「자야곡(子夜曲)」, 「서울」 등의 시를 발표하는 한편, 수필 「연인기(戀印記)」, 「산사기(山寺記)」와 「중국 현대시의 일단면」 및 중국 후스(胡適)의 「중국문학 오십년사」를 초역(抄譯)해 소개함.

1942년(38세) 2월에 퇴원해 요양차 경주 안강(安康) 기계리(杞溪里)의 해산(奚山) 이영우(李英雨) 집에서 머묾. 건강 회복에 힘썼으나 모친 환보(患報)를 받고 상경. 음력 4월 29일(양력 6월 12일) 모부인 허 씨 별세. 이해 음력 7월 13일에 백형 일하도 타계. 연첩한 상고(喪故)에 몸이 쇠약하게 되자 잠시 서울 미아리에 사는 의성(義城) 이태성(李泰成) 집에서 휴식을 취함.
『조광』 1월호에 게재된 수필 「계절의 표정」, 같은 해 12월 1일 『매일신보』에 게재된 「고란초」를 끝으로 육사의 문필 활동은 종식됨. 육사의 유고로 남은 「광야」, 「꽃」은 이 무렵(1942－1943년)에 씌어진 것으로 추정됨.

1943년(39세) 육사와 원일은 명륜동에, 원조는 혜화동에, 아우 원창(源昌)은 인천 송현동(松峴洞)에 떨어져 살게 됨. 육사는 또 베이징으로 들어갔다가 모친과 백형의 소상에 참석하기 위해 음력 4월에 귀국, 안동 원촌에서 얼마 동안 지냄. 7월에는 안동 풍산에서 일박하고 서울로 상경, 서울에서 동대문경찰서 형사대와 헌병대에 의해 피검되어 베이징으로 압송됨.

1944년(40세) 양력 1월 16일 새벽 5시 베이징 소재 일본 총영사관 감방에서 별세.

김태준 연보

1905년 11월 22일 평안북도 운산군 동신면(東新面) 성지동(聖旨洞)에서 출생. 호는 천태산인(天台山人)이고 별호로는 고불(古佛), 성암(聖巖)이 있음.
아버지는 김하룡(金河龍)으로 한학에 소양을 가진 시골 선비로 추정되며 가세는 중농 이상이었을 것으로 짐작됨. 공교육기관에 취학하기 전 당시의 관습에 따라 기초 한문 교육을 받았음.

1920년(15세) 3월 운산(雲山)공립보통학교 졸업. 당시 보통학교는 6년제였으나 김태준이 1914년에 운산공립보통학교에 입학한 것인지는 확인되지 않음.

1921년(16세) 4월 영변농학교(寧邊農學校) 입학. 이 학교는 후에 영변농업학교로 개칭되어 정식 실업학교가 되었으나 당시에는 지방 농사지도원 양성을 목적으로 개설된 학교임.

1923년(18세) 영변농학교 2학년을 마치고 4월 21일 관립 이리농림학교 농업과 3학년에 편입.

1925년(20세) 총독부의 차별교육정책에 항의해 이리농림학교의 동맹휴학이 발생. 당시 김태준은 학급 급장이어서 이 동맹휴학에 책임을 지고 2개월 동안 근신처분을 받았음.

1926년(21세) 이리농림학교를 졸업(제2회)하고 경성제국대학(京城帝國大學) 예과에 진학(4월 1일). 문과 을류(乙類)에 입학했으며 예과 동기로는 조선어문학과의 김재철(金在喆), 이재욱(李在郁) 등이 있었고 이들과는 그 후 계속 깊이 교유했음.
경성제대 예과 교유회지 『청량(淸凉)』 창간호에 순한문으로 된 「변칠원도론(辯漆園道論)」을 발표해 한문 구사 능력을 과시하기도 했으며 한국인 학생들만으로 이루어진 문우회에 관계하면서 본격적으로 민족의식에 눈뜨기 시작함. 문우회는 순한글의 동인지(同人誌) 『문우(文友)』를 발간.

1928년(23세) 4월에 경성제대 예과를 마치고 동숭동에 있는 경성제대 법문학부 중국어문학과(支那語學支那文學科)에 진학.

그 무렵에 김태준은 이미 장가를 들어 두 딸을 두었음. 학부에서는 유진오(兪鎭午)가 중심이 된 경제연구회에 가입해 활동했는데 플레하노프의 『유물사관의 근본문제』, 부하린의 『유물사관』 등을 윤독 교재로 삼았음. 이 모임은 이강국(李康國), 박문규(朴文圭), 최용달(崔容達) 등이 참가하게 되면서 급격히 좌경화되었음.

1929년(24세) 경성제대 재학생 동인지 『신흥(新興)』에 참여, 경성제대 내 좌파 쪽으로 기울게 됨. 도남(陶南) 조윤제(趙潤濟)가 주축이 된 조선어문연구 모임에도 참여하기 시작함. 그의 한국문학 연구는 이때부터 가시화됨.

1930년(25세) 10월 31일부터 『동아일보』에 『조선소설사』를 발표. 이는 근대적 학문 연구 방법에 입각한 최초의 한국문학사로 본격적인 논문 체제 형식을 갖추어 학계와 문단의 주목을 받았음.

1931년(26세) 학부 졸업논문으로 「성명잡극연구(盛明雜劇硏究)」를 썼으며, 이 논문의 자료 수집을 위해 한 해 앞서 베이징을 다녀옴. 이때, 루쉰(魯迅)의 『중국소설사략(中國小說史略)』, 궈모뤄(郭沫若)의 『중국고대사회연구(中國古代社會硏究)』를 입수해 읽게 되는데 이는 『조선소설사』 서술에 영향을 끼침.

2월 『동아일보』의 『조선소설사』 연재를 마침.

3월 9일 경성제대 법문학부 중국어문학과를 졸업. 그와 동시에 성균관의 개편된 형태인 경학원(經學院)의 직원(直員)이 됨.

『신흥』에 참여해 제5호에 「조선의 한문학원류(漢文學原流)」, 「중국영화를 논함(談談中國映畵)」 등의 글을 발표.

10월 조선어문학회에 참여해 『조선어문학회보(朝鮮語文學會報)』 제2호에 「임제(林悌)의 연문학(軟文學)」을 발표.

12월 말 조선어문학회 연구총서 제1호로 『조선한문학사』 간행.

1932년(27세) 2월과 4월 『조선어문학회보』 제3, 4호에 연암 박지원의 한문소설을 초역으로 소개한 「연암소설 경개(燕巖小說梗槪)」를 발표함.

12월 『신흥』 제7호에 「중국의 한자폐지운동」을 발표함.

1933년(28세) 2월 『조선어문학회보』 제6호에 「문자의 기원」을 번역해 발표함.

7월 『조선어문학회보』 제7호에 「성씨 · 문벌 · 족보(姓氏 · 門閥 · 族譜)의 연구」를 발표함.

12월 『동아일보』에 연재한 『조선소설사』를 수정 · 보완해 단행본으로 출간.

1934년(29세) 2월 조선어문학회를 통해 『조선가요집성 고가편(朝鮮歌謠集成 古歌篇)』을 출간.

5월 미야케 시카노스케(三宅鹿之助) 교수를 중심으로 한 경성제대 내 좌익조직이 발각된 미야케사건(三宅事件)에 연루되어 이강국 등과 함께 연행되어 조사를 받았으나 김태준은 실제 활동에 가담하지 않은 것으로 밝혀져 곧 석방됨. 당시 한국학 연구자의 총결합체인 진단학회(震檀學會) 발기인이 되어 동(同) 학회의 창립에 참여함.

9월 『한글』에 「열두 달의 명칭」을 발표함.

1935년(30세) 3월 1일 명륜학원(明倫學院) 강사가 되었고, 후에 이 학원이 명륜전문학교(明倫專門學校)로 승격하자 조교수로 발령받음. 이미 일제의 전시 체제가 구축된 시기였으나 김태준은 최소한의 민족적 절조를 지키고자 노력했는데 공식 행사에서 일본 국가를 부르지 않았고 황국신민서사도 복창하지 않았다고 전해짐. 이때부터 연구의 관심 영역이 역사와 문화 전반으로 확대됨.

이해에 「대원군의 서원 훼철령의 의의」(『신흥』, 1935. 5), 「진정한 정다산 연구의 길」(『조선중앙일보』, 1935. 7－8. 5), 「조선 역사의 변천과정」(『조선일보』, 1935. 6. 16－6. 20), 「추석과 향촌」(『조선중앙일보』, 1935. 9), 「단군신화 연구」(『조선중앙일보』, 1935. 12. 6－12. 14) 등의 글을 발표함.

1936년(31세) 사학 연구 쪽으로 방향을 전환. 「사학연구의 회고, 전망, 비판」(『삼천리』, 1936. 4), 「야담의 기원에 대하여」(『비판』, 1936. 4), 「정인보론(鄭寅普論)」(『조선중앙일보』, 1936. 5. 16－5. 19), 「조선민란사화」(『조선중앙일보』, 1936. 5. 27－7. 4), 「기자조선변(箕子朝鮮辯)」(『중앙』, 1936. 5), 「원조선인(原朝鮮人)에 대한 고찰」(『사해공론』, 1936. 7) 등의 글을 발표함.

1937년(32세) 1월 『신흥』에 「신라 화랑제도의 의의」를 발표함. 이 무렵부터 영남 쪽으로 답사여행을 다니며 지역 문헌을 다수 입수, 차람할 기회를 가짐.

1938년(33세) 10월 20일부터 『조선일보』에 「조선가요개설」 연재를 시작함. 이는 고대 시가에서부터 향가, 고려가요, 가사, 시조 등 여러 양식을 역사적으로 검토해 그 맥락을 잡으려고 한 것으로 『조선소설사』와 『조선한문학사』에 이은 한국문학사 쓰기의 또 다른 시도임.

1939년(34세) 1월 김두헌(金斗憲)과 함께 일본 학사원(學士院) 학술연구보조부로부터 조선 문화를 연구할 요원으로 선발되어 거액의 연구비를 지원받음.

2월 경성제국대학 법문학부 다카하시 도오루(高橋亨) 교수의 퇴임으로 조선문학 강좌를 담당할 강사로 위촉됨.

임화(林和)가 관계한 학예사에서 『청구영언(青丘永言)』(1939. 3, 총 196면)과 『고려가사』(1939. 4, 총 119면)를 문고판으로 간행.

1940년(35세) 5월 권우성(權又成)의 소개를 통해 이현상(李鉉相)을 만나고 '조선공산당 재건 경성위원회'(약칭 경성콤그룹)에 포섭됨.

7월 경상북도 안동 주촌(周村) 진성(眞城) 이 씨(李氏) 종가에서 『훈민정음』 해례본 원본을 발굴, 간송 전형필(澗松 全鎣弼)에게 매입하도록 주선.

8월 경성콤그룹을 재조직 · 개편한 김삼룡(金三龍)과 함께 지하투쟁에 대한 협의 진행, 8월 10일에 이현상의 안내로 경성콤그룹의 최고 책임자인 박헌영과 대면. 이후 이현상, 정태식과 함께 인민전선부에서 활동을 시작. 박헌영과 한글학자 신명균의 회담을 주선. 8월 20일 박헌영의 지령을 받고 함경남도 함흥으로 내려가 그 지역 책임자인 장순명(張順命)과 강경자(姜京子)를 만나 기관지 『코뮤니스트』 8월호 2부를 전달하고 동시에 운동 자금을 건네줌.

10월 권우성과 박헌영 등을 만나 구체적인 활동 방법을 토의함. 같은 무렵에 김삼룡을 통해서 '조선공산당행동강령' 1부와 기관지 10월호, 11월호 각 1부씩을 받아 권우성에게 전달해 출판을 도움.

12월 5일, 8일 김삼룡에게 운동 자금을 전달. 또한 이 무렵에 일제의 추적에서 조직을 보호하기 위해 김삼룡의 의뢰를 받고 마산으로 여공(女工) 두 사람을 도피시킴.

1941년(36세) 경성콤그룹의 지하운동이 발각됨. 이관술(李觀述), 김삼룡, 이현상, 권우성과 전후해 서대문경찰서의 사찰진에 의해 검거 투옥됨.

1943년(38세) 병보석으로 석방되나, 투옥된 동안 노모와 아내, 어린 아들이 사망함. 출옥 직후부터 함흥과 원산의 적색노동조합, 태평양 노조와 연락을 시도. 지하운동자들로 일제의 검거망을 피해 살아남은 자들과 협의한 끝에 김태준, 박진홍(朴鎭洪)이 중심이 되어 공산주의자협의회 결성을 시도.

1944년(39세) 11월 28일 국내의 지하투쟁에 제약을 느끼고 동지들과 협의 끝에 중국 옌안(延安)행을 결심. 박진홍과 압록강을 건너 펑톈(奉天), 톈진(天津)을 지나 베이징으로 감. 일제의 경계망을 뚫고 팔로군(八路軍) 지역으로의 탈출에 성공, 리자좡(李家莊)을 경유해 12월 5일 취엔자거우(泉家溝)에 도착, 조선의용군 주최의 환영회에 참석하고, 독립동맹의 고봉기(高峰基), 공명우(孔明宇)를 만남.

1945년(40세) 1월 취엔자거우를 떠나 옌안으로 가는 길에 저커우전(折口鎭)에서 일본군의 소탕전과 맞닥뜨림.

4월 5일 옌안에 도착해 조선독립동맹에 가담함.

8월 15일 일제가 패망한 후 옌안을 출발, 그해 11월에 서울에 도착.

9월 조선인민공화국 정무조직에서 김성수가 부장인 문교부의 대리가 됨. 재건파 공산당에서 서기국원이 됨. 그 무렵 경성대학에 복귀함.

12월 13일 조선문학가동맹이 개최한 전국문학자대회의 준비위원으로 선임됨.

12월 21일 경성대학 전학대의원회에서 3명의 총장 후보 가운데 한 사람으로 선출됨. 교직원까지 참여한 투표에서 최대 다수표를 얻어 경성대학 총장이 되었다고 선전되기도 했으나 군정청 학무국이 좌익의 총장이 선출된 것을 인정하지 않음.

1946년(41세) 2월 8일 전국문학자대회에서 '문화유산의 정당한 계승방법'이라는 제목으로 강연을 했으며, 조선문학가동맹 중앙집행위원회 평론분과 위원장으로 선출됨.

11월 조선공산당의 확대 개편 조직인 남로당의 문화부장에 임명됨. 문화단체총연맹, 민주주의 민족전선, 교육자협회, 과학자동맹 등 좌익단체에서도 간부로 활동함.

1947년(42세) 4월 조선문학가동맹 기관지 『문학』에 탈출기 「옌안행(延安行)」을 발표. 『문학』 제3호에 3회분까지 연재됨.

8월 15일 남로당이 일으킨 8·15폭동 음모사건이 있자 주모자로 허헌과 함께 연행, 투옥됨. 미소공동위원회의 북측 대표인 소련군의 항의로 얼마 뒤 석방됨.

1949년(44세) 1월 무장투쟁 노선을 택한 남로당의 문화공작 책임자가 됨.

6월 남로당 특수정보부를 조직함. 폭력혁명 단계에 든 남로당의 지하조직 최고 간부 가운데 하나로 활동. 지리산 유격전구의 공작 활동을 지도했으며 그의 지시로 유진오(兪鎭五) 등 문화공작대가 이현상 부대의 전구인 지리산에 파견됨.

7월 26일 남로당 특수 정보부장의 신분으로 경찰에 체포됨.

8월 5일 헌병대로 이송된 다음 군검찰의 취초를 받음.

9월 30일 서울지방법원 대법정에서 군사재판의 피고인으로 기소되었으며, 심리를 거친 후 그와 그의 조직원들은 총살형을 선고받음.

11월 수색의 군 처형장에서 총살형이 집행됨.

루쉰(魯迅) 연보

1881년　9월 25일 중국 저장성(浙江省) 사오싱부(紹興府) 성내(城內) 둥창팡커우(東昌坊口) 저우(周) 씨 집안에서 장남으로 태어남. 본명은 저우수런(周樹人)이며, 필명으로 루쉰(魯迅), 탕쓰(唐俟), 바런(巴人) 등을 사용. 동생으로는 저우쭤런(周作人), 저우젠런(周建人)이 있음.

1887년(6세)　가숙(家塾)에서 공부함. 주로 『감략(鑒略)』을 읽음.

1892년(11세)　삼미서옥(三味書屋)에서 서우징우(壽鏡吾)를 스승으로 모시고 공부함. 경서와 사서를 공부하는 것 외에도 그림 그리는 것을 좋아하고 그림을 수집하기도 함.

1893년(12세)　가을에 조부인 저우푸칭(周福淸)이 '과거시험 부정사건'으로 투옥되어 집안이 몰락함. 연루를 피해 동생 저우쭤런과 함께 친척집에 피신함.

1894년(13세)　봄에 집으로 돌아와 삼미서옥에서 계속 공부함.
겨울에 부친인 저우펑이(周鳳儀)가 중병에 걸리자 루쉰이 장남으로서 전당포와 약방을 자주 드나듦.

1896년(15세)　10월 12일 부친이 향년 37세로 세상을 떠남. 부친의 사망으로 가세가 급격히 기욺.

1898년(17세)　5월 난징(南京)으로 가서 강남수사학당(江南水師學堂) 기관과에 입학.
11월 강남수사학당의 환경에 만족하지 못하고 집으로 돌아옴.

1899년(18세)　강남육사학당(江南陸師學堂) 부설의 광무철로학당(礦務鐵路學堂)에 입학. 새로운 사조를 소개하는 서적을 비롯해 소설을 많이 읽음.

1902년(21세)　1월 27일 광무철로학당 졸업.
4월 일본 유학 신청, 국비 유학생으로 선발되어 도쿄에 도착, 중국인 유학생을 위한 예비학교인 고분학원(弘文學院)에 입학. 틈틈이 철학과 문예 관련 서적을 읽고 인성과 국민성 문제에 관심을 가짐.

1903년(22세)　3월 변발을 자르고 사진을 찍어 친구 쉬서우창(許壽裳)에게 보냄.
6월 『저장의 물결(浙江潮)』 제5기에 「스파르타의 혼(斯巴達之魂)」을 발표.

10월 『저장의 물결』 제8기에 「라듐에 대하여(說鉬)」, 「중국지질약론(中國地質略論)」을 발표.

11월 혁명을 고취하던 '절학회(浙學會)' 활동에 참가.

1904년(23세) 4월 고분학원 수료.

9월 센다이(仙台)에 있는 센다이의학전문학교(仙台醫學專門學校)에 입학.

1906년(25세) 1월 수업 중 슬라이드 상연에서 일본군이 러일전쟁에서 중국인을 살해하는 장면을 보고 큰 자극을 받아 의학을 포기하고 문예로 전향, 국민정신을 개조할 것을 결심함.

3월 센다이의학전문학교를 중퇴하고 도쿄로 돌아와 쉬서우창 등과 함께 문예운동을 제창함. 후에 '도쿄 독일어 협회'가 설립한 독어학교에 들어감. 이때 많은 외국문학 작품을 수집해 읽음.

6월 일시 귀국해 어머니의 권유로 사오싱부(紹興府) 산인현(山陰縣)의 주안(朱安) 여사와 결혼. 동생 저우쭤런과 함께 도쿄로 돌아옴.

1907년(26세) 쉬서우창 등과 함께 문예 잡지 『신생(新生)』을 발간하려 했으나 자금 부족으로 실패. 이때 쓴 「인간의 역사(人之歷史)」, 「마라시력설(摩羅詩力說)」, 「과학사교편(科學史教篇)」, 「문화편향론(文化偏至論)」을 허난(河南) 일본 유학생들이 주관하던 월간 『허난(河南)』에 발표.

1908년(27세) 여름에 쉬서우창, 첸쉬엔퉁(錢玄同), 저우쭤런 등과 함께 민보사(民報社)에서 장타이옌(章太炎)의 문자학(文字學) 강의를 들었고 '광복회(光復會)' 회원이 됨. 동생 저우쭤런과 함께 외국소설을 번역함.

1909년(28세) 3월 저우쭤런과 함께 동유럽의 단편소설을 번역한 『역외소설집(域外小說集)』 두 권을 출판.

6월 일본 유학 생활을 청산하고 귀국해 항저우(杭州)의 저장양급사범학당(浙江兩級師范學堂)의 생물학 및 화학 교사로 부임.

1910년(29세) 7월 저장양급사범학당 교사직을 사임하고 사오싱으로 돌아옴.

9월 사오싱부중학당(紹興府中學堂)에서 교원 겸 감학(監學)을 맡음.

1911년(30세) 여름 사오싱부중학당 직을 사임함.

10월 신해혁명(辛亥革命) 발발, 11월 저장산후이사범학당(浙江山會

初級師范學堂)의 교장(監督)직을 맡음.
겨울에 문언단편소설 「옛날을 그리워하며(懷舊)」를 창작해 이듬해에 『소설월보(小說月報)』 제4권 제1호에 발표함.

1912년(31세) 1월 1일 중화민국(中華民國) 임시정부가 난징(南京)에 성립되고, 교육부총장 차이위엔페이(蔡元培)의 요청으로 난징으로 가서 교육부 직원이 됨.
5월 초 베이징에 도착해 교육부 사회교육사 제1과 과장을 맡음.
8월에 교육부 첨사(僉事)로 임명됨. 틈틈이 사승(謝承)의 『후한서(後漢書)』를 편집함.

1913년(32세) 6월 휴가를 내고 진푸로(津浦路)를 통해 집으로 돌아와 어머니를 봄.
8월에 베이징에 돌아옴.
10월 『혜강집(嵇康集)』을 교정함.

1914년(33세) 불경을 연구함.

1915년(34세) 1월에 『회계군고서잡집(會稽郡故書雜集)』 1책을 편집해 동생 저우쭤런의 이름으로 출판함. 같은 달 『백유경(百喩經)』의 판각을 완성함.
금석탁본의 수집과 연구에 몰두.

1916년(35세) 5월 사오싱회관(紹興會館)의 보수서옥(補樹書屋)으로 이사함.
12월 휴가를 내고 진푸로(津浦路)를 통해 어머니를 뵈러 감.
조상(造象) 및 묘비 탁본의 수집과 연구를 지속함.

1915년(36세) 1월 초에 베이징으로 돌아옴.
7월 초 장쉰(張勛)의 복벽운동이 일어나자 교육부를 사직했다가, 복벽운동이 평정되자 교육부로 돌아옴.

1918년(37세) 4월 2일 단편소설 「광인일기(狂人日記)」를 창작해 5월 『신청년(新青年)』 제4권 제5호에 발표. 처음으로 '루쉰(魯迅)'이라는 필명을 사용.

1919년(38세) 1월 「수감록 40(隨感錄四十)」을 『신청년』 제6권 제1호에 발표, 나중에 잡문집 『열풍(熱風)』에 수록함.
4월 25일 단편소설 「약(藥)」을 창작.
6월 말에서 7월 초 사이 단편소설 「내일(明天)」을 창작.
8월 바다오완(八道灣)에 집을 장만함.

10월 「우리는 지금 아버지 노릇을 어떻게 할 것인가」라는 논문을 『신청년』 제6권 제6호에 발표, 나중에 잡문집 『무덤(墳)』에 수록함.

11월 동생 저우쭤런과 함께 새집으로 이사함.

12월 휴가를 내고 고향에 돌아가 어머니와 동생 저우젠런(周建人)을 데리고 베이징으로 옴.

1920년(39세) 1월 일본 작가 무샤노코지 사네아쓰(武者小路實篤)가 지은 극본 『어느 청년의 꿈(一個青年的夢)』을 번역함.

8월 니체의 「차라투스트라는 이렇게 말했다」의 서언을 번역해 『신조(新潮)』 제2권 제5기에 발표.

10월 러시아 작가 아르치바세프의 소설 『노동자 셰빌로프(工人綏惠略夫)』를 번역함. 같은 달에 단편소설 「머리털 이야기(頭髮的故事)」를 발표.

가을부터 베이징대학 및 베이징고등사범학교 강사를 겸임함.

1921년(40세) 2월과 3월에 『혜강집』을 다시 교정함.

12월 4일부터 중편소설 「아Q정전(阿Q正傳)」을 베이징 『신보부간(晨報副刊)』에 연재하기 시작해 이듬해 2월 2일에 마침.

1922년(41세) 2월에서 8월에 『혜강집』을 또다시 교정함.

5월 러시아 작가 에로센코의 동화극 『연분홍빛 구름(桃色的雲)』을 번역함. 이 무렵 단편소설 「단오절(端午節)」, 「흰빛(白光)」, 「토끼와 고양이(兎和猫)」, 「오리의 희극(鴨的喜劇)」, 「마을 연극(社戲)」 등을 창작.

12월 3일 첫 소설집 『납함(吶喊)』의 편집을 끝내고 서문을 씀. 이듬해 9월 베이징 신조사(新潮社)에서 출판.

1923년(42세) 8월에 주안타 골목(磚塔胡同) 61호로 이사함.

12월 푸청먼(阜成門) 내 시산탸오 골목(西三條胡同) 21호의 집을 삼.

12월 11일 『중국소설사략(中國小說史略)』 상권을 신조사에서 출판.

12월 26일 베이징여자고등사범학교에서 '노라는 떠난 후 어떻게 되었는가(娜拉走後怎樣)'라는 제목으로 강연회를 가짐. 이해 가을부터 베이징대학, 베이징사범대학, 베이징여자고등사범학교 및 세계어전문학교 강사를 겸임함.

1924년(43세) 1월 17일 베이징사범대학 부속중학교에서 '천재가 없다고 하기 전에(未有天才之前)'라는 제목으로 강연회를 가짐.

5월 시산탸오(西三條) 골목의 새집으로 이사함.

6월 20일 『중국소설사략』 하권을 신조사에서 출판. 같은 달 다시 『혜강집』을 교정하고 교정본에 대해 머리말을 씀.

7월 7일 시안(西安)의 시베이대학(西北大學)에서 '중국소설의 역사적 변천(中國小說的歷史的變遷)'이라는 제목으로 강의함.

8월에 베이징에 돌아옴.

9월 산문시 「가을밤(秋夜)」 등을 쓰기 시작해 후에 산문시집 『들풀(野草)』로 엮음.

9월 22일 일본인 구리야가와 하쿠손(廚川白村)의 『고민의 상징(苦悶的象徵)』을 번역해 12월에 출판함.

10월 28일 잡문 「뇌봉탑이 무너진 데 대하여(論雷峰塔的倒掉)」를 씀.

1925년(44세) 2월 「다시 뇌봉탑이 무너진 데 대하여(再論雷峰塔的倒掉)」, 「거울을 보고 느낀 생각(看鏡有感)」 등을 씀. 단편소설 「장명등(長明燈)」, 「조리돌림(示衆)」 등을 창작.

4월 에세이 「춘말한담(春末閑談)」, 「등하만필(燈下漫筆)」을 씀.

5월 12일 베이징여자사범대학(女師大, 1925년 베이징여자고등사범학교의 이름을 이렇게 바꿈) 학생자치회에서 개최한 교사학생연석회의에 출석해 교장 양인위(楊蔭榆)의 봉건적 조치에 반대하는 학생들의 투쟁을 지지.

7월 22일 논문 「눈을 크게 뜨고 볼 것에 대하여(論睜了眼看)」를 씀.

8월 7일 여사대(女師大)의 교사와 학생으로 구성된 교무유지회(校務維持會)에 참가, 8월 13일에는 위원으로 추천됨.

10월과 11월에 걸쳐 단편소설 「고독자(孤獨者)」, 「죽음을 슬퍼하며(傷逝)」, 「형제(弟兄)」, 「이혼(離婚)」 등을 창작.

11월 잡문집 『열풍(熱風)』을 베이징 북신서국(北新書局)에서 출판.

12월 29일 논문 「페어플레이는 아직 이르다(論'費厄潑賴'應該緩行)」를 씀.

일본 작가 구리야가와 하쿠손이 쓴 『상아탑을 나와(出了象牙之塔)』를 번역함. 잡문집 『화개집(華蓋集)』을 엮어 1926년 6월 북신서국에서 출판.

1926년(45세) 2월 산문 「개, 고양이, 쥐(狗 · 貓 · 鼠)」 등을 쓰기 시작해 후에 산문집 『조화석습(朝花夕拾)』으로 엮음.

3월 18일 똰치루이(段祺瑞) 정부의 실정을 비난하는 학생과 시민의 반정부 시위(3 · 18사건)가 발생, 학생들이 크게 다침. 3월 26일 체포령이 내려진 50명의 명단 속에 루쉰도 포함됨.

7월부터 중앙공원에서 치쫑이(齊宗頤)와 『꼬마 존(小約翰)』을 번역.

8월 말 베이징을 떠나 샤먼(厦門)에 가서 샤먼대학(厦門大學) 문과 교수로 취임.

8월 『소설구문초(小說舊聞鈔)』와 단편소설집 『방황(彷徨)』을 북신서국에서 출판.

12월 학교에 대한 불만으로 사직함.

1927년(46세) 1월 샤먼을 떠나 광저우(廣州)에 도착, 중산대학(中山大學) 문과 교수 겸 교무장에 취임. 잡문집 『화개집속편(華蓋集續編)』을 북신서국에서 출판.

2월 홍콩에서 '소리 없는 중국(無聲的中國)'이라는 제목의 연설을 하고, 이튿날 '묵은 노래는 이미 다 불렀다(老調子已經唱完)'라는 제목의 강연을 함.

3월 잡문집 『무덤(墳)』을 베이징 미명사(未名社)에서 출판. 황화절(黃花節)에 링난대학(嶺南大學)에 가서 강연을 하고 같은 날 백운루(白雲樓)로 이사함.

4월 12일 4 · 12정변이 발생, 15일 중산대학의 주임들을 소집해 긴급회의를 열고 체포된 학생들을 구하려 노력했으나 효과를 보지 못하자 사직함.

7월 즈용중학(知用中學)과 시 교육국에서 주최하는 학술강연회에 가서 '독서잡담(讀書雜談)', '위진 풍도 및 문장과 약 및 술과의 관계(魏晉風度及文章與藥及酒之關係)'라는 제목으로 강연함.

8월 산문시집 『들풀(野草)』을 북신서국에서 출판.

10월 3일 상하이(上海)에 도착. 8일 여관에서 징원리(景雲里) 23호로 이사하고 쉬광핑(許廣平) 여사와 동거 시작.

10월과 11월에 걸쳐 상하이 학계의 라오동대학(勞動大學), 리다대학(立達大學), 푸단대학(復旦大學), 중화대학(中華大學), 광화대학(光華大學) 등으로부터 강연 요청을 받음.

12월 대학원 원장인 차이위엔페이의 초청으로 특약저작원(特約著作員)을 맡음. 같은 달 『당송전기집(唐宋傳奇集)』 상권을 북신서국에서 출판.

1928년(47세) 1월 창조사(創造社) 및 태양사(太陽社) 작가들과 혁명문학논쟁(革命文學論爭)을 벌이며 5월까지 지속함.

2월 『꼬마 존』이 출판됨. 같은 달 『근대 미술사조론(近代美術史潮論)』을 번역해 『북신월간』에 기고했으며, 잡지 『어사(語絲)』를 편집함. 『당송전기집』 하권을 북신서국에서 출판.

6월에 『사상, 산수, 인물(思想 · 山水 · 人物)』의 번역본 및 『분류(奔流)』 창간호 출판.

11월 잡문집 『이이집(而已集)』을 북신서국에서 출판.

1929년(48세) 1월에 왕팡런(王方仁), 추이전우(崔眞吾), 러우스(柔石)와 함께 자금을 모아 조화사(朝花社)를 설립, 문예서적과 목판화집 『예원조화(藝苑朝花)』를 출판.

4월 일본인 노보루 쇼무(昇曙夢)가 일본어로 번역한 러시아 문예비평가 루나찰스키의 『예술론(藝術論)』을 번역.

5월 『벽하역총(壁下譯叢)』 출판.

9월 27일 아침 쉬광핑이 아들 하이잉(周海嬰)을 낳음.

10월 러우스의 중편소설 『2월』을 교정. 일본인 구라하라 고레히토(藏原惟人)가 일본어로 번역한 루나찰스키의 문예논문집 『문예와 비평(文藝與批評)』을 번역해 수말서점(水沫書店)에서 출판.

1930년(49세) 월간지 『맹아(萌芽)』 출간.

2월 자유운동대동맹(自由運動大同盟)에 참여.

3월 중국좌익작가연맹(中國左翼作家聯盟)이 성립되자 영수로 추대됨.

4월 신주국광사(神州國光社)와 『현대문예총서』의 편집·번역에 대한 계약을 체결함.

5월 12일 징윈리(景雲里)에서 쓰촨북로(四川北路)의 라모스(拉摩斯) 아파트로 이사.

5월 일본인 가이손 시로(外村史郎)가 일본어로 번역한 러시아 문예비평가 플레하노프의 『예술론(藝術論)』을 번역함.

8월 '여름철 문예학습회'에 가서 강연을 함. 같은 달 야코브레프의 장편소설 『10월(十月)』을 번역함.

9월 허페이(賀非)가 번역한 미하일 숄로호프의 소설 『고요한 돈 강(靜靜的頓河)』의 교정을 끝냄. 과로로 열이 남.

10월 4일과 5일 우치야마 간조(內山完造)와 함께 베이쓰촨로에서 '판화전'을 열고, 같은 달 『약용식물(藥用植物)』을 번역함.

11월 『중국소설사략』을 수정함.

1931년(50세) 1월 20일 국민정부의 좌익문인 탄압으로 러우스가 체포되고, 루쉰은 집을 나와 피신함.

2월 칼 메페르의 『시멘트의 삽화(士敏土之圖)』를 출판. 같은 달 집으로 돌아옴.

3월 '중국좌익작가연맹'의 기관지 『전초(前哨)』의 출판을 주관.

4월 동문서원(同文書院)에 가서 「건달과 문학(流氓與文學)」이라는 제목으로 강연을 함. 미국인 아그네스 스메들리(Agnes Smedley)의 소개로 미국 잡지 『신군중(新群衆, *New Masses*)』에 「어두운 중국 문예계의 현상(黑暗中國的文藝界的現狀)」을 발표함.

1932년(51세) 1월 29일 상하이에서 전란이 발생, 이튿날 우치야마서점으로 피신함.

2월 6일 우치야마서점의 주인 우치야마 간조가 루쉰을 영국 조계지에 있는 우치야마 지점에 잠시 피신시킴.

4월에는 1928년부터 1929년 사이에 쓴 단평들을 정리해 『삼한집(三閑集)』으로 엮고 1930년부터 1931년 사이의 잡문을 정리해 『이심집(二心集)』으로 엮음.

5월 자신의 번역 저서 목록을 만듦.

9월 신인 러시아 소설가 20인 작품집 상권에 대한 번역과 편집을 끝내고 『하프(豎琴)』라는 제목을 붙임. 하권에 대한 번역과 편집을 끝내고 『하루의 일(一天的工作)』이라고 제목을 붙임.

11월 9일 어머니의 병환 소식을 듣고 베이징을 방문. 같은 달 22일부터 베이징대학, 푸런대학(輔仁大學), 여자문리학원(女子文理學院), 사범대학(師範大學), 중국대학(中國大學)에 가서 강연함.

1933년(52세) 1월 4일 차이위엔페이의 서신 요청으로 '민권보장동맹회(民權保障同盟會)'에 가입, 집행위원으로 추대됨.

2월 17일 차이위엔페이의 서신 요청으로 쑹칭링(宋慶玲)의 저택에 가서 버나드 쇼를 환영함.

3월 천마서점(天馬書店)에서 『루쉰 자선집(魯迅自選集)』을 출판. 같은 달 27일 개인 소장 서적들을 디쓰웨이로(狄思威路)에 마련한 장서실로 옮김.

4월 11일 라모스아파트에서 다루신춘(大陸新村) 9호로 이사함.

4월 쉬광핑과 주고받은 편지를 모은 『양지서(兩地書)』를 청광서국(靑光書局)에서 출판.

5월 13일 독일 영사관에 가서 '파쇼' 폭행에 대한 항의서를 전달.

6월 20일 양취엔(楊銓)이 피살되어 만국장례식장에 가서 장례에 참석.

10월 루쉰이 머리말을 쓴 판화집인 『한 사람의 수난(一個人的受難)』을 출판. 잡문집 『위자유서(僞自由書)』를 청광서국에서 출판.

1934년(53세) 1월 『베이핑전보(北平箋譜)』 출판.

3월 잡문집 『남강북조집(南腔北調集)』을 동문서점(同文書店)에서 출판.

4월 루쉰이 머리말을 쓴 『인옥집(引玉集)』 출판.

8월 『역문(譯文)』 창간호 편집.

10월 『목각기행(木刻紀行)』 출판.

12월 잡문집 『준풍월담(准風月談)』을 흥중서국(興中書局)에서 출판.

1935년(54세) 1월 러시아 작가 반다레프의 『시계(表)』를 번역.

2월 고골리의 『죽은 넋(死魂靈)』 제1부를 번역하기 시작함.

4월 『십죽재전보(十竹齋箋譜)』 제1책 출판.

5월 잡문집 『집외집(集外集)』을 양지윈(楊霽雲)이 편찬해 군중도서공사(群衆圖書公司)에서 출판.

6월 『신문학대계(新文學大系)』 소설 2집을 편집하고 머리말을 써서 출판.

9월 일본인 다카하시 반세이(高橋晩成)가 일본어로 번역한 러시아 작가 고리키의 『러시아 동화(俄羅斯的童話)』를 번역해 문화생활출판사(文化生活出版社)에서 출판.

11월 『고사신편(故事新編)』의 창작을 이어감.

12월 취츄바이(瞿秋白)의 유작 『해상술림(海上述林)』 상권을 편집. 『죽은 넋 백도(死靈魂百圖)』 목각본을 정리하고 머리말을 씀. 중국좌익작가연맹 내에서 저우양(周揚) 일파가 주장한 '국방문학(國防文學)'과 루쉰 일파가 주장한 '민족혁명전쟁의 대중문학(大衆文學)'이 대립되어 치열한 논쟁이 전개됨.

1936년(55세) 1월 『고사신편』을 교정해 출판함.

2월 『죽은 넋』 제2부를 번역함.

4월 『해상술림』 하권을 편집함.

6월 단평집 『화변문학(花邊文學)』을 연화서국(聯華書局)에서 출판.

7월 『케테 콜비츠 판화선집』을 편찬해 출판.

10월 19일 지병으로 사망.

장아이링(張愛玲) 연보

1920년　9월 30일 중국 상하이(上海)에서 부친 장즈이(張志沂, 팅중廷重)와 모친 황쑤잉(黃素瑩, 이판逸梵) 사이의 장녀로 태어남. 본명은 장잉(张瑛), 본적은 허베이(河北) 펑룬(豐潤). 조부 장페이룬(張佩綸)은 청말 고위 관직에 있었고 조모 리쥐위(李菊隅)는 청말의 세력가 리훙장(李鴻章)의 친딸로 전형적인 중국 귀족 명문가의 후예임. 1930년 소학교 6학년에 편입할 때 모친이 장아이링(張愛玲)이라는 이름으로 고쳐주고 영문 이름 'Eileen'을 지어줌.

1921년(1세)　12월 11일 남동생 장쯔징(張子靜) 출생.

1922년(2세)　부친이 진푸철로국(津浦鐵路局)에 근무하게 되어 가족이 톈진(天津)으로 이주. 고모 장마오위엔(張茂淵)도 동행.

1924년(4세)　사숙에서 공부함. 부친이 아편을 피우고 첩을 두는 전형적인 청말 타락한 귀족처럼 생활하자 모친은 이를 참지 못하고 장아이링의 고모와 함께 영국으로 유학을 떠남. 두 아이가 있는 상황에서 유학을 떠난다는 것은 당시로서는 파격적인 일이었음.

1928년(8세)　부친의 실직으로 상하이로 돌아오고 얼마 후 모친이 귀국. 부친과 모친의 관계가 다소 원만해졌으나 자식들의 교육 문제로 다시 갈등이 시작됨.

1930년(10세)　봄에 부모가 이혼하면서 장아이링과 남동생은 부친이 맡아 기르기로 함. 모친은 이혼 조건에 아이들의 교육과 진학 문제에 있어서는 반드시 모친의 동의를 거쳐야 한다는 조항을 넣음. 장아이링은 모친의 결정에 따라 미국 교회협회에서 운영하던 황씨소학(黃氏小學)에 입학. 모친은 프랑스 조계지 내에 있는 아파트에서 장아이링의 고모 장마오위엔과 함께 살다가 다시 프랑스로 떠남.

1931년(11세)　성마리아여학교에 입학해 기숙 생활을 시작함.

1932년(12세)　교내 간행물 『봉조(鳳藻)』 제12기에 단편소설 「불행한 그녀(不幸的她)」를 발표.

부친이 쑨융판(孫用蕃)과 재혼함. 계모의 포악한 성격 때문에 보통

주말에 집에 가지 않고 학교에 머물렀음.

1933년(13세) 『봉조』 제13기에 단편소설 「이상 중의 이상촌(理想中的理想村)」, 산문 「해질녘(遲暮)」을 발표.

1934년(14세) 장회소설 「모던 홍루몽(摩登紅樓夢)」(5회)을 창작해 주변에 돌려 읽음.

1936년(16세) 『봉조』 제16기에 「가을비(秋雨)」를 발표.

교내 문예 잡지 『국광(國光)』 창간호에 단편소설 「소(牛)」 및 「독서보고 세 가지(讀書報告三則)」를 발표.

1937년(17세) 『국광』 제6기에 서평 「무궤도열차(無軌列車)」, 「어둠 속에서(在黑暗中)」를 발표.

『국광』 제9기에 소설 「패왕별희(霸王別姬)」를 발표.

『봉조』 졸업문집에 「만화의 전도를 논함(論卡通畫之前途)」, 영문 습작 "Sketches of Some Shepherds, My Great Expectation" 발표.

여름에 성마리아여학교를 졸업.

모친이 프랑스에서 귀국.

1938년(18세) 부친에게 영국 유학을 요구하지만 거절당함. 남동생과 함께 모친의 집에서 2주일을 지내는데 이를 알게 된 계모가 불같이 화를 내자 맞섰고, 이에 아버지는 장아이링을 집 안에 감금시킴. 가까스로 탈출한 뒤 그간의 경과를 영문으로 써서 영자지 *Evening Post*에 "What a life, What a girl's life" 발표.

1939년(19세) 부친으로부터 벗어난 장아이링은 모친의 집으로 옮김. 모친은 영국인 개인교사를 두어 공부를 시켰고 장아이링은 런던대학 유학생 선발에서 수석 합격함. 제2차 세계대전의 발발로 인해 영국 유학이 좌절되고 그 대신 홍콩대학에 입학함.

1941년(21세) 「천재의 꿈(天才夢)」이 상하이 서풍출판사(西風出版社)의 『서풍(西風)』 창간 3주년 원고 공모에 선정됨.

태평양전쟁의 발발로 인해 홍콩이 일본에 함락되자 구호 활동에 참여. 모친은 싱가포르로 피난 갔다가 다시 인도로 감.

1942년(22세) 홍콩대학을 졸업하지 못하고 상하이로 돌아온 후 학업을 마치기 위해 성요한대학에 편입하려 했으나 '국문' 실력의 부족으로 합격하지 못하고 보습반(補習班)에 들어감. 경제적 이유로 보습반을 중퇴하고, 문예 창작에 몰두함.

1943년(23세) 이 시기에 장아이링은 독일인 클라우스 매너트가 편집장으로 있는 영문지 『20세기(The 20th Century)』에 연극, 영화평론을 쓰고 문학 창작에 매진함.

5월부터 9월까지 『자라란(紫羅蘭)』에 중편소설 「침향설: 첫 번째 향로(沉香屑: 第一爐香)」, 「침향설: 두 번째 향로(沉香屑: 第二爐香)」를 연재하면서 문단에 이름을 알림. 「재스민 차(茉莉香片)」, 「경성지련(傾城之戀)」, 「봉쇄(封鎖)」, 「심경(心經)」, 「황금 족쇄(金鎖記)」 등의 작품을 연달아 발표하면서 상하이 문단에서 가장 유명한 여류작가로 명성을 얻게 됨.

1944년(24세) 2월에 38세의 후란청(胡蘭成)을 알게 되고 여름에 그와 결혼. 후란청은 『잡지(雜誌)』에 「장아이링을 평함(評張愛玲)」이라는 글을 통해 그녀의 문학적 자질에 대해 높이 평가함. 당시 후란청은 기혼인 상태였고 일본 괴뢰 정부 선전부의 요직을 맡고 있어 매국노의 신분이었음.

1월에서 6월까지 『만상(萬象)』에 장편소설 「연환투(連環套)」를 연재, 『잡지』에 「붉은 장미 흰 장미(紅玫瑰與白玫瑰)」, 「꽃이 지다(花凋)」, 「당근에 대해 말하다(說胡蘿蔔)」, 「잊을 수 없는 그림(忘不了的畫)」, 「기다림(等)」 등을, 「천지(天地)」에 「재난에서 살아남은 이야기(燼餘錄)」, 「여인을 말하다(談女人)」, 「글쓰기를 논함(論寫作)」, 「어린 시절을 마음껏 이야기하다(童言無忌)」, 「비밀스러운 이야기(私語)」 등을 발표.

8월 15일 10편의 소설을 엮은 『전기(傳記)』를 출판, 4일만에 초판이 매진됨.

12월에 29편의 산문을 엮은 『유언(流言)』을 출판.

1945년(25세) 1월부터 7월까지 「창세기(創世紀)」, 「고모 어록(姑姑語錄)」, 「남은 감정(留情)」, 「쑤칭 장아이링 대담기(蘇青張愛玲對談記)」, 「길조(吉利)」 등을 꾸준히 발표.

4월 『신중국보(新中國報)』 신문사가 개최한 '최승희와 상하이 여작가 좌담회'에 참가, 최승희의 무용을 높이 평가함.

8월에 일본이 패망하고 후란청이 피신하자 장아이링의 작품 활동도 잠시 중단됨. 겨울에 「중국의 날(中國的日夜)」을 발표.

1946년(26세) 원저우(溫州)에 피신 중인 후란청을 만나 그곳에서 20여 일 머무름.

모친이 중국으로 돌아옴. 이때 장아이링은 '문화 매국노'로 몰림.

11월에 산하도서공사(山河圖書公司)에서 초판본의 내용에 5편, 즉 「남은 감정(留情)」, 「난새의 기쁨(鴻鸞禧)」, 「붉은 장미 흰 장미(紅玫瑰與白玫瑰)」, 「기다림(等)」, 「아샤오의 슬픔(桂花蒸: 阿小悲秋)」을 더한 『전기 증정본(傳奇增訂本)』을 출판, 「독자들과 나누고 싶은 말(有幾句話同讀者說)」을 수록.

1947년(27세) 6월 10일 후란청에게 편지와 함께 30만 위안(元)을 보내고 결별을 고함. 이듬해 정식으로 이혼함.

같은 해 『대가(大家)』에 「화려한 인연(華麗緣)」, 「너무 미워(多少恨)」를 발표, 「너무 미워(多少恨)」를 각색한 『사랑은 못 잊어(不了情)』가 영화로 상영됨. 극본 『부인 만세(太太萬歲)』를 씀.

1948년(28세) 모친이 영국으로 돌아감. 영화 『부인 만세(太太萬歲)』가 상영됨.

1950년(30세) 상하이 『역보(亦報)』에 『십팔춘(十八春)』(후에 『반생연(半生缘)』으로 개작) 연재. 사회주의 중국이 성립한 후 량징(梁京)이라는 필명으로 소설을 발표함.

7월에 상하이에서 열린 제1차 문학종사자대표대회에 참가함.

1952년(32세) 7월 복학을 이유로 상하이를 떠나 홍콩에 도착. 영문으로 장편소설 『앙가(秧歌)』를 집필하기 시작함.

11월 일본에 있던 옌잉(炎櫻)의 요청으로 도쿄에 가서 3개월 정도 머물다 홍콩으로 돌아옴.

1953년(33세) 2월에 일본에서 홍콩으로 돌아옴.

부친 사망(향년 57세).

장편소설 『적지지련(赤地之戀)』을 집필하기 시작함.

1954년(34세) 7월 홍콩의 천풍출판사(天風出版社)에서 『장아이링 단편소설집(張

愛玲短篇小說集)』을 출판.

『앙가』와 『적지지련』을 홍콩의 『금일세계(今日世界)』에 연재, 단행본으로 출간.

1955년(35세) 1월 미국 Charles Scribner's 출판사에서 *The Rice-Sprout Song* (『앙가』 영문판)을 출판. 이를 미국에 있던 후스(胡適)에게 편지와 함께 보냄. 후스는 근래에 읽은 중국 문예 작품 가운데 가장 훌륭하다는 평을 보냄. 이에 장아이링은 중문판 『앙가』, 『전기』, 『유언』, 『적지지련』 영문판 등 총 5권을 추가로 보냄.

11월에 미국으로 건너가 뉴욕에서 후스를 만남.

1956년(36세) 2월 Edward MacDowell Colony 장학금 획득. 미국 뉴햄프셔 주로 이주해 2년 동안 거주. 이곳에서 66세의 좌익작가 페르디난드 레이어(Ferdinand Reyher)와 재혼함.

9월 12일 미국 *The Reporter* 잡지에 "Stale Mates"(「오사유사(五四遺事)」)를 발표, 『적지지련』의 영문판 *Naked Earth: A Novel of China*를 Hong Kong Union Press에서 출판.

1957년(37세) 1월 『문학잡지(文學雜誌)』[타이완대학(臺灣大學) 외국어문학계(外文系) 잡지] 제1권 제5기에 「오사유사(五四遺事)」 발표.

장아이링이 쓴 시나리오 『연애는 전쟁처럼(情場如戰場)』이 홍콩에서 영화로 상영.

연말에 모친이 영국에서 사망(향년 61세).

1958년(38세) 1월 자료 수집을 위해 일본에 있던 후란청에게 편지를 씀. 11월 캘리포니아 주 헌팅턴·하트포드 장학금(6개월) 획득. 남캘리포니아로 이주.

12월 후란청이 일본에서 보내온 『금생금세(今生今世)』 상권을 받고 회신함.

1959년(39세) 5월에 샌프란시스코로 이주. USIA(미국문화정보국)에서 일하기 시작.

9월에 후란청이 보내온 『금생금세』 하권을 받음.

1960년(40세) 7월에 미국 국적을 취득함.

1961년(41세) 소설 소재를 찾기 위해 타이완 방문.

11월에 홍콩으로 감. 남편 레이어가 중풍에 걸림.

1962년(42세) 1월에서 3월까지 홍콩에서 영화 극본을 창작. 3월에 레이어가 있던 워싱턴으로 감.

1963년(43세) 미국에 있던 샤즈칭(夏志淸)과 서신 왕래를 시작함.

3월 미국 *The Reporter* 잡지에 "A Return to the Frontier"를 발표. 홍콩 금일세계사(今日世界社)에서 『미국시선(美國詩選)』(공역), 『오웬소설집(歐文小說集)』(공역), 『미국문선(美國文選)』을 출판.

1964년(44세) 7월 장아이링이 쓴 시나리오 『잊을 수 없는 노래(一曲難忘)』가 홍콩에서 영화로 상영.

9월 장아이링이 쓴 시나리오 『남북의 즐거운 상봉(南北喜相逢)』이 홍콩에서 영화로 상영.

1966년(46세) 9월 오하이오 주 옥스퍼드 시로 이주. 이듬해 4월까지 마이애미대학에 잠시 거주.

홍콩의 『성도만보(星島晚報)』, 타이완의 『황관(皇冠)』 잡지에 장편소설 『원녀(怨女)』를 연재.

1967년(47세) 4월 매사추세츠 주 케임브리지 시로 이주. 래드클리프대학 특별연구원으로 있으면서 학교 기금을 받아 청대 말엽의 장편소설 『해상화열전(海上花列傳)』을 영문으로 번역함. 하버드 옌칭도서관에서 『홍루몽』의 다양한 판본과 관련 연구 저서를 읽으며 홍루몽을 연구하기 시작.

10월에 남편 레이어가 향년 76세로 사망.

런던에서 *The Rouge of the North*(『원녀』의 영문판)를 출판.

1968년(48세) 2월부터 7월까지 타이베이(臺北)의 『황관(皇冠)』에 『망연기(惘然記)』를 연재.

12월 『황관』에 「홍루몽미완(紅樓夢未完)」을 발표.

타이베이의 황관출판사에서 『원녀(怨女)』, 『반생연(半生緣)』, 『앙가(秧歌)』, 『유언(流言)』, 『장아이링 단편소설집(張愛玲短篇小說集)』 출판.

1969년(49세) 샤즈칭의 추천으로 캘리포니아대학 중국연구센터에서 연구원으로 들어감.

1971년(51세) 캘리포니아대학 중국연구센터 연구원을 그만둠.

1972년(52세) 10월에 로스앤젤레스로 이주, 은거 생활을 시작함. 헤밍웨이의 『노인과 바다』를 번역, 홍콩 금일세계사에서 출판.

1974년(54세) 후란청이 타이완으로 감.

3월 『유사문예(幼獅文藝)』에 「홍루몽을 처음 비평하다(初評紅樓夢)」를 발표.

4월 『중국시보(中國時報)』의 부간 『인간(人間)』에 「여인을 말하다(談女人)」, 「독서에 대한 이야기 후기(談看書後記)」를 발표.

6월 『유사문예(幼獅文藝)』에 「연환투(連環套)」를 발표.

8월 『문계(文季)』 제3기에 「창생기(創生記)」를 발표.

1975년(55세) 10월 『황관』에 「천재의 꿈(天才夢)」를 발표.

1976년(56세) 후란청이 일본으로 돌아감. 2월 『연합보(聯合報)』에 「장이 보다 자서(張看自序)」를 발표.

3월 황관출판사에서 산문소설집 『장이 보다(張看)』 출판.

1977년(57세) 8월 황관출판사에서 『홍루몽염(紅樓夢魘)』 출판. 11월 재판.

1978년(58세) 4월 『중국시보』의 부간 『인간』에 단편소설 「색, 계(色, 戒)」를 발표.

1981년(61세) 출국 이래 처음으로 동생 및 고모와 서신을 주고받음.

7월 29일 후란청이 도쿄에서 향년 76세로 사망.

1982년(62세) 3월에서 9월까지 『황관』에 『해상화열전』(베이징중국어판) 연재. 이듬해에 단행본으로 출판.

1983년(63세) 황관출판사에서 『망연기(惘然記)』 출판.

1984년(64세) 8월 『명보(明報)』의 '경성지련의 상영 특집'에 「경성지련의 회고(回顧傾城之戀)」를 발표.

1989년(69세) 교통사고로 골절상을 당함.

1991년 (71세) 고모 장마오위엔이 향년 90세로 사망.

황관출판사에서 『장아이링전집(張愛玲全集)』(전장판典藏版) 출판.

1994년(74세) 타이완의 『중국시보(中國時報)』로부터 문학 '특별성취상'을 받음.

황관출판사에서 『대조기(對照記)』 출판.

1995년(75세) 9월 8일 로스앤젤레스의 아파트에서 생을 마감함. 사망한 지 일주일이 지나서야 발견됨.

유골은 화장해 9월 30일 태평양에 뿌려짐.

▌참고문헌▐

1. 원전

『開闢』 제7호, 1921. 1.

『青丘學總』 제7호, 청구학회, 1932. 2.

『韓國現代小說理論資料集(22卷)』, 韓國學術振興院, 1985.

國史編纂委員會, 『韓民族獨立運動史資料集 30 · 31』, 國史編纂委員會, 1997.

金澤東 편저, 『李陸史全集』, 새문社, 1986.

김용직 · 손병희 편저, 『李陸史全集』, 깊은샘, 2008.

金台俊, 『朝鮮漢文學史』, 朝鮮語文學會, 1931. 12.

金台俊 저, 『(증보)조선소설사』, 朴熙秉 교주, 한길사, 1990.

金台俊 저, 『金台俊文學史論選集』, 丁海廉 편역, 現代實學社, 1997.

金台俊 저, 『朝鮮漢文學史』, 崔英成 역주, 시인사, 1997.

金台俊, 『金台俊全集』(1-5), 도서출판 보고사, 1998.

김태준 저, 『조선가요집성』, 김명준 교주, 도서출판 다운샘, 2007.

魯迅 저, 『中國小說史略』, 丁範鎭 역, 學研社, 1992.

朴在淵 편, 『梁白華文集 1(소설 · 번역)』, 지양사, 1988.

박현수, 『원전주해 이육사 시전집』, 예옥, 2008.

심원섭 편주, 『원본 李陸史 전집』, 집문당, 1986.

尹致昊, 『尹致昊日記(1卷)』 卽祚二十二年, 開國紀元四百九十四年乙酉.

이동영 편저, 『이육사: 이육사 전집/이육사 평전 · 연구자료』, 문학세계사, 1992.

장아이링 저, 『경성지련』, 김순진 역, 문학과지성사, 2005.

장아이링 저, 『첫 번째 향로』, 김순진 역, 문학과지성사, 2005.
장아이링 저, 『적지지련』, 임우경 역, 시공사, 2012.
張愛玲 저, 『秧歌』, 河正玉 역, 志學社, 1987.
丁來東, 『丁來東全集(I)』(學術論文篇), 금강출판사, 1971.
조선어문학회 · 허재영 편, 『朝鮮語文學會報』, 亦樂, 2004.
韓洪九 · 李在華 편, 『韓國民族解放運動史資料叢書 3』, 京沅文化社, 1988.
洪大容 저, 『湛軒書』(韓國思想大全 34), 千寬宇 역, 良友堂, 1994.
洪大容 저, 「毉山問答」, 『韓國文集叢刊 248 湛軒書 · 青城集』, 民族文化推進會 편, 民族文化推進會, 2000.

『中國新文學大系 小說二集』, 上海良友圖書公司, 1935.
『語絲』(影印本) 第三期, 第五期, 第三十三期, 第一百三十四期, 第一百三十七期, 第一百四十一期, 第一百四十六期.
京城帝國大學 編, 『京城帝國大學一覽(自昭和 2年 至昭和 3年)』, 昭和 3年(1928) 4月 10日.
京城帝國大學 編, 『京城帝國大學一覽(昭和 4年)』, 昭和 4年(1929) 6月 10日.
京城帝國大學 編, 『京城帝國大學一覽(昭和 5年)』, 昭和 5年(1930) 8月 8日.
南富鎭 · 白川豊 編, 『張赫宙日本語作品選』, 東京: 勉誠出版, 2003.
魯迅, 『魯迅全集』(1－16), 人民文學出版社, 1981.
魯迅, 『魯迅全集』(1－18), 人民文學出版社, 2005.
魯迅博物館 等編, 『魯迅回憶錄散篇』(上 · 中 · 下), 北京出版社, 1999.
魯迅博物館 · 魯迅研究室 編, 『魯迅年譜』 第二卷, 人民文學出版社, 1983.
魯迅先生紀念委員會 編, 『魯迅先生紀念集』, 上海書店復印, 1979.
大可堂版, 『點石齋畵報』(全15册), 上海畵報出版社, 2001.
臺靜農, 『地之子 建塔者』, 人民文學出版社, 1984.
劉運峰 編, 『魯迅佚文全集』(上 · 下), 群言出版社, 2001.
北京民國大學出版部 編著, 『北京民國大學一覽』, 北京民國大學消費社, 民國 十三年(1924).
辛島驍, 『中國現代文學研究』, 汲古書院, 昭和 五十八年.

沈從文,『邊城集』, 岳麓書社, 1995年 2次 印刷.
艾青,『艾青詩全編』, 人民文學出版社, 2003.
梁啓超,『梁啓超文集』第三集, 雲南教育出版社, 2001.
鹽谷溫 著,『中國文學概論講話』, 孫俍工 譯, 上海 開明書店, 1929年 初版 · 1933年 5版.
吳友如 主編,『點石齋畵報』(上 · 下), 江蘇廣陵古籍刻印社.
魏建功,『魏建功文集』(1－5册), 江蘇教育出版社, 2001.
李大釗,『李大釗全集』第三卷, 河北教育出版社, 1999.
李霽野,『魯迅先生與未名社』, 湖南人民文學出版社, 1980.
李霽野,『魯迅先生與未名社』, 人民文學出版社, 1984.
任建樹 · 張統模 · 吳信忠 編,『陳獨秀著作選』第一卷, 上海人民出版社, 1993.
子通 · 亦淸 主編,『張愛玲評說六十年』, 中國華僑出版社, 2001.
子通 · 亦淸 編,『張愛玲文集補遺』, 中國華僑出版社, 2002.
張鳴 · 袁賀 編著,『土眼洋事之萬國聊齋』, 中國大百科全書出版社, 2005.
張鳴 · 袁賀 編著,『土眼洋事之總理衙門』, 中國大百科全書出版社, 2005.
張鳴 · 袁賀 編著,『土眼洋事之華洋衆生』, 中國大百科全書出版社, 2005.
張愛玲,『秧歌』, 今日世界社, 1954年 7月 初版.
張愛玲,『傾城之戀』, 中國文聯出版社, 1986.
張愛玲,『赤地之戀』(張愛玲全集), 人民文學出版社, 2000.
張愛玲,『張愛玲典藏全集: 1952年以後作品』(散文卷四), 哈爾濱出版社, 2003.
張愛玲,『張愛玲典藏全集: 1952年以後作品』(對照記), 哈爾濱出版社, 2003.
張愛玲,『對照記』(張愛玲集), 北京出版社出版集團 · 北京十月文藝出版社, 2007.
張愛玲,『傾城之戀』(張愛玲全集), 北京出版社出版集團 · 北京十月文藝出版社, 2009.
張愛玲,『小團圓』(張愛玲全集), 北京出版社出版集團 · 北京十月文藝出版社, 2009.
張愛玲,『流言』(張愛玲全集), 北京出版社出版集團 · 北京十月文藝出版社, 2009.
張愛玲,『重訪邊城』(張愛玲全集), 北京出版社出版集團 · 北京十月文藝出版社, 2009.
張愛玲,『紅樓夢魘』(張愛玲全集), 北京出版社出版集團 · 北京十月文藝出版社, 2009.

張愛玲,『紅玫瑰與白玫瑰』(張愛玲全集), 北京出版社出版集團·北京十月文藝出版社, 2009.
張赫宙 等著,『山靈』, 胡風 譯, 文化生活出版社, 1936年 4月 初版, 1953年 5月 八版.
陳子善 編,『張愛玲的風氣: 1949年前張愛玲評說』, 山東畵報出版社, 2004.
中國社會科學院文學研究所魯迅研究室 編,『魯迅研究學術論著資料匯編』(第一卷－第五卷), 中國文聯出版公司, 1985.
許廣平,『許廣平文集』第一卷, 江蘇文藝出版社, 1998.
胡蘭成,『今生今世』, 團結出版社, 2006.
胡適,『胡適文存』(第一集－第四集), 亞東圖書館, 1921·1924·1930·1935.
胡適,『白話文學史』, 樂天出版社, 中華民國 六十三年(1974).
胡適,『胡適自傳』, 黃山書社, 1986.
胡適,『胡適文集』(1－12), 北京大學出版社, 1998.
胡適,『白話文學史』, 百花文藝出版社, 2002.

2. 단행본

강창민,『李陸史 詩의 硏究』, 국학자료원, 2002.
김용직,『김태준 평전』, 일지사, 2008.
김채원(金采媛),『최승희 춤: 계승과 변용』, 민속원, 2009.
김학동,『張赫宙의 일본어 작품과 민족』, 국학자료원, 2008.
김한규,『韓中關係史 II』, 마르케, 2002.
김희곤,『새로 쓰는 이육사 평전』, 지영사, 2000.
시라카와 유타카(白川豊),『張赫宙 연구』, 동국대학교출판부, 2010.
신희교,『日帝末期小說硏究』, 국학자료원, 1996.
楊昭全,『中國에 있어서의 韓國獨立運動史』, 韓國精神文化硏究院, 1996.
왕후이 저,『새로운 아시아를 상상한다』, 이욱연 외 역, 창비, 2003.
정병호,『춤추는 최승희』, 뿌리깊은나무, 1995.
조동일·曺南鉉 외,『韓國 近代文學의 爭點(Ⅰ)』, 한국정신문화연구원, 1991.

한상도, 『韓國獨立運動과 中國軍官學校』, 문학과지성사, 1994.
한상도, 『중국혁명 속의 한국독립운동』, 집문당, 2004.
홍석표, 『중국현대문학사』, 이화여자대학교출판부, 2009.

季季 · 關鴻 編, 『永遠的張愛玲』, 學林出版社, 1996.
金柄珉 · 金寬雄 主編, 『朝鮮文學的發展與中國文學』, 延邊大學出版社, 1994.
金宰旭, 『値得珍視和銘記的一頁: 中國現代文學中的韓國人和韓國』, 知識産權出版社, 2012.
陶方宣, 『尋踪 · 張愛玲』, 東方出版中心, 2009.
瀨沼三郎, 『支那の現代文藝』, 『大支那大系(第十二卷) 文學 · 演劇篇(下卷)』, 東京: 萬里閣書房, 昭和 5年(1930).
凌靖 主編, 『北京中國大學英烈』, 北京中國大學校友會, 2007.
馬嘶, 『一代宗師 魏建功』, 文化藝術出版社, 2007.
北京中國大學校友會, 『北京中國大學簡介』, 北京中國大學校友會 編輯, 1993.
上海魯迅記念館 編, 『魯迅著譯系年目錄』, 上海文藝出版社, 1981.
淳子, 『在這裏 張愛玲城市地圖』, 人民文學出版社, 2006.
余斌, 『張愛玲傳』, 南京大學出版社, 2007.
王一心, 『張愛玲 蘇青 胡蘭成 他們仨』, 東方出版中心, 2009.
于青, 『張愛玲傳』, 中國華僑出版社, 2003.
劉川鄂, 『傳奇未完 張愛玲 1920－1995』, 北京出版社出版集團 · 北京十月文藝出版社, 2008.
李長莉, 『晩淸上海社會的變遷: 生活與倫理的近代化』, 天津人民出版社, 2002.
周國偉 · 柳尙彭, 『尋訪魯迅在上海的足迹』, 上海書店出版社, 2003.
朱正 · 陳漱渝 等著, 『魯迅史料考證』, 河北敎育出版社, 2001.
止庵 · 萬燕, 『張愛玲畵話』, 天津社會科學院出版社, 2003.
陳夢熊, 『魯迅全集中的人和事: 魯迅佚文佚事考釋』, 上海社會科學院出版社, 2004.
陳平原, 『點石齋畵報選』, 貴州敎育出版社, 2000.
夏志淸, 『中國現代小說史』, 復旦大學出版社, 2005.

3. 논문

「建設的 文學革命論」, 『東明』 제2권 제16호, 1923. 4.

「김태준(1905－1950): 국문학자 삶 떨치고 공산주의 활동」(발굴 한국현대사인물 80), 『한겨레』, 1991. 9. 13.

강만길, 「조선혁명간부학교와 육사 이활」, 『민족문학사연구』 제8호, 민족문학사연구소, 1995.

金時俊, 「流亡在中國的韓國知識分子與魯迅」, 『中國現代文學』 제17호.

金喜坤, 「李陸史의 생애에 대한 재검토: 독립운동으로 중심으로」, 『한국근현대사연구』 2000년 여름호 제13집.

김순진, 「여성의 몸과 몸의 공간: 張愛玲 소설을 중심으로」, 『中國硏究』 제25권.

김시준, 「魯迅이 만난 韓國人」, 『中國現代文學』 제13호, 1997. 12.

김시준, 「申彦俊의 『魯迅訪問記』에 관하여」, 『中國現代文學』 제22호, 2002. 6.

金台俊, 「조선소설사(21)」, 『東亞日報』, 1930. 12. 8.

金台俊, 「古典涉獵 隨感」, 『東亞日報』, 1935. 2. 9－2. 16.

金台俊, 「外國文學專攻의 辯(6)」, 『東亞日報』, 1939. 11. 10.

柳浚弼, 「形成期 國文學硏究 展開樣相과 特性: 趙潤濟, 金台俊, 李秉岐를 中心으로」, 서울대학교 박사학위 논문, 1998.

妙香山人, 「中國文學의 價値를 論함」, 『開闢』 제4호, 1920.

민정기, 「『點石齋畵報』(1884－1898)의 서양관에 관한 연구」, 『中國現代文學』 제35호, 2005.

박자영, 「소문과 서사: 장아이링 『전기』 다시 읽기」, 『여성문학연구 20』, 2008.

박희병, 「天台山人의 국문학연구(상)」, 『民族文學史硏究』 3호, 민족문학사연구소, 1993.

백영길, 「김태준과 동아시아 문학: 중국현대문학론 및 延安行을 중심으로」, 『한림일본학』 Vol.2, 한림대학교 일본학연구소, 1997.

北旅東谷, 「現中國의 舊思想 · 舊文化의 改革으로부터—新東洋文化의 樹立에—他山의 石으로 現中國의 新文學建設運動을 이야기함」, 『開闢』 제30호, 1922. 12.

申彦俊, 「中國의 大文豪 魯迅 訪問記」, 『新東亞』, 1934. 4.

심원섭, 「이육사의 초기 문학평론 및 소설에 나타난 노신 문학 수용양상」, 『연세어문학』 19, 1986.
梁白華, 「文學革命에서 革命文學」, 『東亞日報』, 1930. 4. 1.
吳章煥, 「李丁奎(1897-1984)의 無政府主義運動」, 『史學研究』 제49호, 韓國史學會, 1995. 3.
兪鎭午, 「片片夜話」, 『東亞日報』, 1974. 3. 26.
임우경, 「「경성지련」의 쓸쓸한 계시: 계몽담론 속의 '노라' 허상」, 『중국문화연구』 제1호, 2005. 3.
임형택, 「한국근대의 '국문학'과 문학사: 1930년대 趙潤濟와 金台俊의 조선문학연구」, 『민족문학사연구』, 민족문학사학회 민족문학사연구소, 2011.
張赫宙, 「獨特の作風」, 『文學案内』 2巻 12月號, 1936. 12.
정혜중, 「18세기 조선 선비의 북경 여행」, 『동아시아 역사 속의 중국과 한국』, 서해문집, 2005.
조영식, 「이육사 시와 그 역사인식 연구」, 『청람어문학』, 청람어문학회, 1993.1.
天台山人(金台俊), 「文學革命後의 中國文藝觀: 過去十四年間(1-18)」, 『東亞日報』, 1930. 11. 12-12. 8.
최병우, 「이육사 시 연구: 한시 전통 계승 문제를 중심으로」, 『先淸語文』 제14 · 15 합집, 1986. 10.
崔鳳春, 「중산대학과 1920년대 조선인의 혁명운동」, 『史學研究』 제48호, 韓國史學會, 1994. 5.
최재봉, 「이육사가 다닌 중국대학 찾아냈다」, 『한겨레』, 2006. 6. 5.
崔昌圭, 「外國文學專攻의 辯(3)」, 『東亞日報』, 1939. 11. 1.

關昕, 「刺刀下的課卓: 淪陷區時期的中國大學」, 『先鋒國家歷史』(期刊), 2008. 4.
關昕, 「中國大學: 37年的變遷」, 『先鋒國家歷史』(期刊), 2008. 4.
洛川, 「崔承喜二次來滬記」, 『雜誌』 1945年 4月號.
潘建國, 「馬廉的藏書及其小說研究」, 『文學遺産』 網絡版, 2011年 第1期.
傅斯年, 「朝鮮獨立運動之新教訓」, 『新潮』 第1卷 第4號(影印本), 1919. 4.
辛島驍, 「金聖歎の生涯とその文藝批評」, 『朝鮮支那文化の研究』(京城帝國大學法文

學會第二部論纂 第一輯), 東京: 刀江書院, 昭和 4年 9月(1929. 9).

辛島驍,「支那の新しい文藝に就て」,『朝鮮及滿洲』, 1930. 1.

辛島驍,「支那小說と奎章閣(上)」,『朝鮮之圖書館』 1卷 3號, 朝鮮圖書館研究會, 1932. 2. 16.

辛島驍,「魯迅追憶」,『桃源』 創刊號, 東京: 1949年 6月.

辛島驍,「回憶魯迅」(任鈞 譯),『魯迅回憶錄(散篇 · 下册)』, 北京魯迅博物館 · 魯迅研究室 · 魯迅研究月刊選 編, 北京出版社, 1999.

王爾敏,「中國近代知識普及化傳播之圖說形式」,『近代史研究所集刊』 第十九期.

于光遠,「關于知識分子的屬性:『我的父親齊燕銘』」,『炎黃春秋』 2008年 第12期.

蔣梅 選輯,「抗戰勝利後私立中國學院謀求改爲國立及恢復舊稱相關史料」,『民國檔案』, 中國第二歷史檔案館, 2007. 1.

井上泰山,「增田涉と辛島驍:『中國小說史略』の飜譯をめぐって」,『関西大学東西学術研究所紀要(45)』, 2012. 4.

曹伯言,「胡適的新文學史觀述評」,『胡適研究叢刊』 第一輯, 北京大學出版社, 1995.

陳兆疇,「朝鮮獨立運動感言」,『新潮』 第1卷 第4號(影印本).

黃天鵬,「五十年來畵報之變遷」,『良友』 第四十九期(民國 19年 8月).

▌출전▐

이 책에 실린 글은 다음의 논문을 토대로 책 전체 구도에 맞게 수정·보완해 새롭게 구성한 것이다.

제1부

「李陸史의 중국 유학과 北京中國大學」, 『中國語文學誌』 제29집, 2009. 4.

「시인 李陸史와 중국 현대문학」, 『中國現代文學』 제55호, 2010. 12.

제2부

「김태준(金台俊)의 학문연구: 일인학자 및 루쉰(魯迅)과의 학문적 교섭」, 『中國現代文學』 제63호, 2012. 12.

「胡適과 김태준의 문학사서술의 특징」, 『中國語文學誌』 제22집, 2006. 12.

제3부

「魯迅의 식민지 조선 인식에 관한 연구」, 『中國語文學誌』 제26집, 2008. 4.

「루쉰(魯迅)과 그 제자들 그리고 '조선' 인식」, 『中國語文學誌』 제47집, 2014. 6.

제4부

「장아이링(張愛玲)과 최승희, 한국전쟁 서사 그리고 김일성 사망 소식」, 『中國語文學誌』 제48집, 2014. 9.

「張愛玲의 '황량(荒涼)'의식과 『전기(傳奇)』의 서사전략」, 『中國文學』 제63집, 2010. 5.

보론

「『點石齋畵報』의 조선 재현 양상과 중화주의적 욕망」, 『中國語文學誌』 제21집, 2006. 8.

▌찾아보기▐

29 중학 63, 64

5 · 4신문화운동 29, 47, 139

『50년 동안의 중국문학(五十年來中國之文學)』 47, 71

[ㄱ]

『개벽(開闢)』 47, 147, 148, 363

『개조(改造)』 19, 99, 100, 222

「건설적 문학혁명론」 148

「결옥물어(決獄物語)」 128

『경교사료(景教史料)』 243

경성제국대학(京城帝國大學) 114, 116, 117, 119, 130, 136, 146, 166, 169, 170, 177, 205, 206, 208–211, 223–226, 228, 230, 242, 247, 249, 365, 368

『경성제국대학일람(京城帝國大學一覽)』 223, 245

「경성지련(傾城之戀)」 41, 256, 292, 295, 307, 309–311, 314, 316, 319, 383, 387, 394

경제연구회(經濟研究會) 119, 366

「계절(季節)의 오행(五行)」 50

「계절(季節)의 표정(表情)」 79

『고된 여정의 우리들(跋涉的人們)』 239

「고란(皐蘭)」 58

「고전섭렵(古典涉獵) 수감(隨感)」 127

고지마 켄키치로(兒島獻吉郎) 226, 228

「고향(故鄕)」 16, 47, 71, 74, 75, 363

「골목안(小巷)」 47, 75

공즈팡(龔之方) 369

공청단(共靑團) 32

관루(關露) 263

「광야(曠野)」 16, 45, 97, 364

「광인일기(狂人日記)」 24, 30, 124, 190, 230, 373

교한쇄담(僑韓瑣談) 226, 232, 233, 241, 249, 250

구딩(古丁) 47, 75

구라이시 다케시로(倉石武四郎) 221, 243

구제강(顧頡剛) 160

『국민공보(國民公報)』 192

국민대학(國民大學) 60

『국어문학사(國語文學史)』 140, 141

「국풍 겸가장(國風兼葭章)」 79, 80

「군관학교사건의 진상」 53

군정대학(軍政大學) 60

궈모뤄(郭沫若) 28, 82, 93, 121, 122, 132, 366

『금병매(金瓶梅)』 40, 135, 136, 259, 268

「기다림(等)」 293, 383, 384

긴죠고등예비학교(錦城高等豫備學院) 362
김공신(金公信) 87, 88
김광섭(金珖燮) 109
김구경(金九經) 202, 220, 221, 223, 224, 241, 242, 244
김성탄(金聖歎) 116, 133
김원봉(金元鳳) 89
김일성(金日成) 14, 261, 281, 283, 284, 288, 289, 295, 396
김재철(金在喆) 26, 120, 144, 169, 365
김진섭(金晉燮) 109
김태준(金台俊) 10, 16, 23, 109–113, 118, 123, 127, 134, 137, 144, 145, 153, 156, 157, 162, 167, 169, 174, 176, 365, 369, 388, 391, 393, 396
김환태(金煥泰) 109
「꽃이 지다(花凋)」 292, 308, 383

[ㄴ]
「나의 문장(自己的文章)」 307
「나의 문학(僕の文學)」 246
「나의 이웃(我的隣居)」 223, 233–235, 238–241, 249, 250
「낙엽의 사랑(落葉的愛)」 286
「난새의 경사(鴻紅鸞禧)」 293
「남은 감정(留情)」 293, 383, 384
「내 절열관(我之節烈觀)」 190
「내각문고서목(內閣文庫書目)」 207
노가쿠(能樂) 266
『노동문제(勞動問題)』 193
「늦게 찾아온 영예: 부친 류수인 선생을 추억하며」 30
니혼대학(日本大學) 51, 66, 82, 362

[ㄷ]
다니 마사유키(谷正之) 32
다카하시 도오루(高橋亨) 228, 368
다케우치 요시미(竹內好) 7
「담담중국영화(談談中國映畵)」 142
「대구사회단체개관(大邱社會團體槪觀)」 90
『대조기(對照記)』 14, 261, 281–283, 289, 295, 387
도쿄제국대학(東京帝國大學) 22, 115, 116
「독특한 작풍(獨特の作風)」 19, 99, 100
『동명(東明)』 148
『동아일보(東亞日報)』 20, 25, 99, 109, 112, 117, 125, 137, 140, 142, 149, 251, 366, 367
동쭤빈(董作賓) 160, 240
「두 명의 주자(兩朱子)」 232, 238
『들풀(野草)』 84, 125, 375, 377
『땅의 아들(地之子)』 234, 238, 239, 250

[ㄹ]
라오서(老舍) 255
『라오찬 유기(老殘游記)』 259
량징(梁京) 256, 384
량치차오(梁啓超) 357
「루쉰 방문기(魯迅訪問記)」 20, 21
「루쉰 선생(魯迅先生)」 230, 246
『루쉰 선생과 미명사(魯迅先生與未名社)』 223, 241, 243
「루쉰 추도문(魯迅追悼文)」 9, 17, 47, 59, 71, 72, 74, 85, 91, 92, 100, 101, 363
루쉰(魯迅) 7–10, 12–17, 19–21, 24, 30, 35, 47, 49, 59, 71, 72, 74, 77–79, 82, 83, 85, 88, 91, 92, 99–102, 117, 123–127, 136, 137, 181, 182,

191, 202, 203, 205, 206, 208, 217, 218, 223, 230, 233, 234, 240–244, 246, 247, 251, 252, 255, 258, 259, 288, 290, 319, 320, 331, 363, 366, 371, 373, 379, 380, 396
루쉰공원(魯迅公園) 181
『루쉰과 그의 저작에 관하여(關於魯迅及其著作)』 233
『루쉰선생기념집(魯迅先生紀念集)』 99
「루쉰을 추억하며(回憶魯迅)」 207, 210, 248
『루쉰전집(魯迅全集)』 188, 190
루펑(魯風) 38, 263
뤄용(羅庸) 229, 231
뤼허뤄(呂赫若) 217, 218
류기석(柳基石) 30
류서(柳絮) 30, 32
류수인(柳樹人) 16, 29–31
리다자오(李大釗) 213
리샤오핑(李小峰) 239
리샬(李霞兒) 214
리서우장(李守章) 239
리지예(李霽野) 202, 220–224, 234, 241, 242, 249
리허린(李何林) 121
리훙장(李鴻章) 294, 381
린창민(林長民) 60
린커둬(林克多) 187

[ㅁ]

마쓰다 와타루(增田涉) 15, 117, 185, 211, 248, 249
「마쓰타 와타루와 카라시마 타케시」 247, 248
마오둔(茅盾) 255
마요(馬堯) 114, 130
마위짜오(馬裕藻) 226
마위칭(馬隅卿) 224
마쯔밍(馬子明) 326
마헝(馬衡) 229
만국빈의사(萬國殯儀社) 17, 18, 85, 89
만보산사건(萬寶山事件) 198
『만상(萬象)』 256, 383
『만유수록도기(漫游隨錄圖記)』 332
「멀리서 돌아온 그대 떠나니, 다시 이별시를 짓다」 33
메이란팡(梅蘭芳) 263, 266
명륜전문학원(明倫專門學院) 113
「모던 홍루몽(摩登紅樓夢)」 382
「모래(沙)」 200
「모시 칠월장(毛詩七月章)」 81
「목양애화(牧羊哀話)」 121
「몽결초한연의(夢決楚漢演義)」 128
묘향산인(妙香山人) 151
무라야마 도모요시(村山知義) 100
무샤노코지 사네아쓰(武者小路實篤) 192, 374
「무엇을 쓸 것인가(寫什麼)」 274
무화과(無花果) 87, 90, 91
『문예신문(文藝新聞)』 198
『문장(文章)』 47, 364
「문학개량추의(文學改良芻議)」 148
『문학논집(文學論集)』 121
「문학사상(文學史上)에 발견되는 괴사편편(怪事片片)」 142
『문학안내(文學案內)』 19, 99, 100
문학종사자대표대회(文學工作者代表大會) 269
「문학혁명 후의 중국문예관」 25, 117, 152
미명사(未名社) 202, 221, 223, 234, 241, 243,

250, 376
미즈노 세이치(水野清一) 221, 243
민간문학연구회(民間文學研究會) 161
『민주(民主)』 218

[ㅂ]

바진(巴金) 217, 255
박열(朴烈) 238
박외선(朴外仙) 105
「박재서목(舶載書目)」 207
박지원(朴趾源) 251, 252, 366
『반생연(半生緣)』 256, 384, 386
『방황(彷徨)』 125, 376
「배헌(拜獻, 삼가 바치리)」 47
백학학원(白鶴學院) 51
백화문운동(白話文運動) 148, 155
백화문학(白話文學) 24, 27, 139, 141, 144, 145, 153, 155, 157, 176
『백화문학사(白話文學史)』 25–27, 121, 139–141, 144–146, 149, 150, 152, 154, 156, 160
「베이징 국민대회에서 대중을 흥분시킨 동포: 조양대학에 재학 중인 류군 벽두에 등단하여 일장 연설」 30
베이징사범대학(北京師范大學) 60, 231, 374, 375
베이징이셴학원(北京逸仙學院) 61
베이핑중국학원(北平中國學院) 60
『변성(邊城)』 290
『별건곤(別乾坤)』 90
『별록(別錄)』 243
「병후잡담(病後雜談)」 83, 84
볜즈린(卞之琳) 96
「봉쇄(封鎖)」 256, 292, 301, 312, 313, 319, 320, 383
북여동곡(北旅東谷) 148
「붉은 장미 흰 장미(紅玫瑰與白玫瑰)」 41, 256, 293, 302, 308, 383, 384
「비밀스러운 이야기(私語)」 296, 383
『비연외전(飛燕外傳)』 135
「비평가가 필요하다(我們要批評家)」 239

[ㅅ]

사마모전(司馬貌傳) 129
『산신령(山靈)』 9, 218
『삼국지』 7
『삼십년 방랑기』 29
상시집(嘗試集) 93
상하이 다화대희원(上海大華大戲院) 262, 264
상하이루쉰기념관(上海魯迅紀念館) 181, 188
상하이화극단체(上海話劇團體) 208
상하이화보출판사(上海畵報出版社) 325
「색, 계(色, 戒)」 255, 256, 387
샤먼대학(厦門大學) 58, 86, 207, 229, 376
샤옌(夏衍) 269
샤즈칭(夏志淸) 255, 386
샹페이량(向培良) 121, 137
『서양기(西洋記)』 205
『서유기(西遊記)』 259
선과생 방청생 규칙(選科旁聽生規則) 67
『선바오(申報)』 323, 330, 341
선인모(沈尹默) 93, 224, 226
선젠스(沈兼士) 220–222, 229, 230, 240
선총원(沈從文) 14, 255, 288, 290
「성대(城大) 교수 평판기」 22, 23

『성도일보(星島日報)』 256
「성명잡극연구(盛明雜劇研究)」 113, 115, 149, 366
『성세인연(醒世姻緣)』 205, 259, 318
『세계지식(世界知識)』 218
세누마 사부로(瀨沼三郎) 118
세이소쿠예비학교(正則豫備校) 51, 66, 82, 362
셰빙신(謝冰心) 93
『소단원(小團圓)』 281
『소련 견문록(蘇聯聞見錄)』 187
『송원희곡사(宋元戲曲史)』 121
「수감록(隨感錄)」 188, 190, 191, 252, 373
『수호전(水滸傳)』 40, 135, 268
송이랑(宋以朗) 280
쉐이징(水晶) 273, 290
쉬광핑(許廣平) 218, 377
쉬서우창(許壽裳) 186, 371, 372
쉬쉬성(徐旭生) 230
쉬즈모(徐志摩) 16, 47, 93, 97, 98
쉬쭈정(徐祖正, 야오천耀辰) 224
슝이첸(熊以謙) 205
스유헝(時有恒) 35, 36
스즈키 다이세쓰(鈴木大拙) 242
승무(僧舞) 39, 262
『시경(詩經)』 7, 80, 146, 318
시오노야 세츠잔(鹽谷節山) 205
시오노야 아쯔시(鹽谷溫) 115, 130, 131, 134, 136, 205, 211
『시잉한화(西瀅閑話)』 121
「시체(死屍)」 97
『신동아(新東亞)』 20, 47, 87, 202
신문학운동(新文學運動) 165
신석초(申石艸) 82, 363
신성중학(新生中學) 63
신언준(申彦俊) 16, 20, 23, 202, 251
신잉중학(新英中學) 63
『신조(新潮)』 194, 374
『신조선(新朝鮮)』 47, 363
신주국광사(神州國光社) 150, 378
『신중국보(新中國報)』 260, 263, 383
「신진작가 장혁주 군 방문기(新進作家 張赫宙君의 訪問記)」 19, 90, 99
『신청년(新青年)』 121, 137, 190, 192, 373, 374
신해혁명 60, 124, 372
「심경(心經)」 256, 292, 383
『십팔춘(十八春)』 256, 384
쑤저우대학(蘇州大學) 35
쑨거(孫歌) 8
쑨원(孫文) 17, 60
쑹자오런(宋敎仁) 60
쑹치(宋淇) 273
쑹칭링(宋慶玲) 17, 379
쓰다 쓰요시(津田剛) 210

[ㅇ]

「아귀도(餓鬼道)」 19, 99, 102
아사리 준지로오(淺利順次郎) 193
「아샤오의 슬픔(桂花蒸 阿小悲秋)」 293, 384
아오키 마사루(青木正兒) 121
아이칭(艾青) 39, 265
『악의 꽃(惡之華)』 97
「안작(贋作)」 52, 70
「압록강에서(鴨綠江上)」 121
『앙가(秧歌)』 256, 261, 270-273, 275, 384-386
야오한(姚憾) 60

양백화(梁白華) 124, 125, 130, 147
양싱포(楊杏佛) 9, 17, 85
양주동(梁柱東) 109
양쿠이(楊逵) 217
『어느 청년의 꿈(一個青年的夢)』 192, 374
「어머니와 딸(母親與女兒)」 39, 265
『어사(語絲)』 97, 207, 224, 226, 230, 232, 233, 241, 249, 251, 252, 377
엇섞인 대조의 묘사법 301, 307–310, 321
에구치 칸(江口渙) 100
「여명(黎明) 이전의 선구자들」 121
여운형(呂運亨) 74
『역보(亦報)』 256, 384
『역외소설집(域外小說集)』 191, 372
「연암소설경개(燕巖小說梗概)」 143
『열하일기(熱河日記)』 243, 251
『영남민요(嶺南民謠)』 143
「영초지(英草紙)」 128
「예술형식의 변천과 영화의 집단성(集團性)」 92
옌잉(炎櫻) 301, 384
옌징대학(燕京大學) 221, 230
「옛일을 회상하며: 한국 혁명 선배 류수인의 중국에서의 항일생활」 29
오구라 신페이(小倉進平) 123
「오대사평화(五代史平話)」 128
「오중전회(五中全會)를 앞두고 외분내열(外分內裂)의 중국정정(中國政情)」 47
오타니대학(大谷大學) 242
와세다대학(早稻田大學) 60
와카모토 하마요시(岡本濱吉) 22
왕궈웨이(王國維) 121
왕두칭(王獨淸) 96
왕위안(王淵) 263
왕인촨(王印川) 60
왕정팅(王正廷) 60
왕징즈(王靜之) 93
왕후이(汪暉) 357, 358, 359, 391
「외국문학 전공의 변(辯)」 24, 28, 109–111, 114, 119, 121, 129, 149, 168
『외침(吶喊)』 71, 124
요재지이(聊齋志異)』 324
우요루(吳友如) 325, 331, 337
『우요루묵보(吳友如墨寶)』 331
우자요(吳嘉猷) 326
우장펑(吳江楓) 317
우치야마 간조(內山完造) 20, 185, 186, 209, 378
우치야마서점(內山書店) 20, 21, 184, 203
『원녀(怨女)』 256, 386
원대인사(圓台印社) 240
원사소설(譚詞小說) 116, 133
웨이쑤위안(韋素園) 234
웨이젠공(魏建功) 8, 220–224, 227, 229, 231, 232, 239, 244, 249
「위기에 임한 중국 정국(政局)의 전망」 47, 363
위다푸(郁達夫) 121, 137, 252
위안스카이(袁世凱) 60, 189, 346
위안퉁리(袁同禮) 243
위핑보(俞平伯) 93
「유리기와(琉璃瓦)」 256, 292
「유세명언(喻世明言)」 128
『유언(流言)』 256, 278, 302, 303, 383, 385, 386
육사(陸史) 48, 49, 53, 56, 70, 77, 78, 88, 90, 91, 362, 393
「의산문답(醫山問答)」 359

「의열단 군관학교 관계자 씨명표(義烈團 軍官學校 關係者 氏名表)」 50, 51, 53
의열단(義烈團) 50, 51, 53, 89, 362
이가원(李家源) 113
이남해(李南海) 88
이노우에 코바이(井上紅梅) 248
이노우에 타이장(井上泰山) 247
이립옹(李笠翁) 133
『이마(二馬)』 259
이마무라 간도(今村完道) 226
이북명(李北鳴) 217
이선장(李善長) 74
이셴전수학원(逸仙專修學院) 61
이시이 바쿠(石井漠) 39, 262
이시항(李時恒) 143
이양하(李敭河) 109
이원록(李源祿) 49, 50–53, 65, 67
이원심(李源三) 53
이원조(李源朝) 109
이육사(二六四) 90
이육사(李陸史) 7, 10, 16, 23, 45, 49, 53, 56, 57, 81–84, 90, 361, 388, 391, 394
이윤재(李允宰) 148
이재욱(李在郁) 143, 365
이정기(李定基) 57, 362
「이혼(離婚)」 375
이활(李活) 48, 49, 50, 52, 53, 56–59, 89, 90, 91, 393
이효석(李孝石) 109
『인간(人間)』 256, 387
『일출(日出)』 259
「임제(林悌)의 연문학(軟文學)」 142, 366
임학수(林學洙) 109
잉치루안(應起鸞) 29

[ㅈ]

『자기의 정원』 124
『자라란(紫羅蘭)』 255, 383
자오스강(趙世綱) 51, 59
『잡지(雜誌)』 36, 256, 263, 302, 383
장광츠(蔣光慈) 121
장무한(張目寒) 221, 224, 233
장수정(張守正) 88
장슈저(張秀哲) 193
장아이링(張愛玲) 10, 36–38, 255, 256, 263, 267, 271, 272, 275, 277–280, 283, 288, 292, 316, 381, 383, 384, 386, 389, 393, 396
장워쥔(張我軍) 193
『장이 보다(張看)』 387
장즈잉(張志瀛) 326, 332
장진홍(張鎭弘) 55, 90, 362
장펑쥐(張鳳擧) 220, 221, 224, 226, 228–230
장혁주(張赫宙) 9, 19, 20, 23, 90, 99, 101, 102, 217, 246, 398
「재난에서 살아남은 이야기(燼餘錄)」 273, 275, 303, 383
「재별강교(再別康橋)」 47
「재스민 차(茉莉香片)」 256, 292, 314, 383
저동학풍(浙東學風) 78
저우쭤런(周作人) 8, 124, 149, 224, 226, 371, 372
저우첸(周權) 326
저우치밍(周啓明) 160
『적지지련(赤地之戀)』 14, 256, 261, 269, 270–281, 285, 288, 289, 384, 385, 389

『전기(傳奇)』 41, 256, 257, 274, 278, 292–294, 296, 301–304, 306, 316, 383–385, 393, 396
『전봉월간(前鋒月刊)』 197
『전상평화삼국지(全相平話三國志)』 205
『전쟁과 평화』 40, 259, 268
전지공작대(戰地工作隊) 30
「절정(絕頂)」 16, 45, 46, 96, 98, 364
점석재석인서국(點石齋石印書局) 323
『점석재화보(點石齋畫報)』 10, 14, 323–327, 329–333, 335, 336, 337, 339–342, 345, 346, 349, 351, 356, 357
정래동(丁來東) 109, 130, 148
정보치(鄭伯奇) 208
정우상(鄭遇尙) 217
「제마무전(諸馬武傳)」 128, 129
『조광(朝光)』 47, 363, 364
「조난 전후(遭難前後)」 218
「조선 아가씨(朝鮮姑娘)」 218
『조선가요집성(朝鮮歌謠集成)』 123, 160, 367, 388
『조선과 만주(朝鮮及滿洲)』 22, 126
「조선독립운동에 대한 감언(感言)」 194
「조선독립운동의 신교훈」 194
「조선망국사략(朝鮮亡國史略)」 357
조선문인보국회(朝鮮文人保國會) 210
조선문인협회(朝鮮文人協會) 22, 210
『조선소설사(朝鮮小說史)』 23, 25, 29, 109, 110, 113, 127, 128, 130, 131, 133, 134, 136, 138, 143, 144, 150, 174, 176, 366–368
『조선연극사(朝鮮演劇史)』 144
「조선의 지식인에게 호소함(朝鮮の知識人に訴ふ)」 101
『조선일보(朝鮮日報)』 17, 30, 47, 86, 87, 89, 90, 99, 100, 362, 363, 367, 368
〈조선풍의 듀엣〉 265
『조선한문학사(朝鮮漢文學史)』 23, 24, 26, 109, 110, 139–146, 149–151, 158, 159, 169–171, 173, 174, 176, 366, 368
조선혁명군사간부학교 50, 57, 70, 82, 362
조양회관(朝陽會館) 82, 362
『종적(踪跡)』 96
종징원(鍾敬文) 160
주샹(朱湘) 96
주시쭈(朱希祖) 226
주쯔칭(朱自淸) 93, 96
「중국 농촌의 현상(現狀)」 47
「중국 현대시의 일단면」 47, 71, 74, 75, 93, 364
중국경사대학교(中國京師大學校) 국학연구관(國學硏究館) 242
『중국고대사회연구(中國古代社會硏究)』 28, 29, 122, 366
『중국근세희곡사(支那近世戲曲史)』 121
중국대학(中國大學) 10, 12, 17, 49–51, 53, 54, 56, 59–66, 69, 70, 76, 77, 82, 86, 362, 379, 394
『중국문예논전(中國文藝論戰)』 121, 125
「중국문학 오십년사(中國文學 五十年史)」 47, 72, 364
『중국문학개론강화(中國文學概論講話)』 116, 130, 138
『중국문학진화사(中國文學進化史)』 121
중국사회사논전(中國社會史論戰) 150
『중국소설사략(中國小說史略)』 15, 25, 116, 117, 130, 138, 150, 185, 247–249, 366, 374, 375,

378, 398
『중국시보(中國時報)』 256, 283, 387
「중국신시개관(中國新詩概觀)」 121
「중국의 대문호 루쉰 방문기」 202
『중국의 현대문예(支那の現代文藝)』 118, 121, 122, 137
「중국인의 생명권(中國人的生命圈)」 201
중국자유운동대동맹 186
중국좌익작가연맹 120, 137, 186, 208, 378, 380
「중국 청망비사(中國靑幇秘史)」 47
『중국현대문학작가(中國現代文學作家)』 121
『중국현대소설사(A History of Modern Chinese Fiction)』 234, 255
중산공원(中山公園) 61
중산당(中山堂) 61
중산대학(中山大學) 49, 56, 57, 59, 193, 207, 231, 376
중외일보(中外日報) 50, 51, 55, 67, 90
『지나문학개론강화(支那文學槪論講話)』 115
지나철학사대강(支那哲學史大綱) 150
「지하실」 88
진궤이(金桂) 326
「진자점에서 한가한 시간을 보내다(榛子店養閑的)」 251
「질투(嫉妬)의 반군성(叛軍城)」 363
쯔가모도 젠고(塚本善隆) 221, 243

[ㅊ]
차오양대학(朝陽大學) 30
차오징화(曹靖華) 234
창웨이쥔(常維鈞) 221, 224
『창조(創造)』 230
창조사(創造社) 28, 125, 377
창후이(常惠) 160, 240
천두슈(陳獨秀) 148, 213
천원지방설(天圓地方說) 360
천위안(陳源) 121, 137
천자오초우(陳兆疇) 194, 195, 212
『천지(天地)』 256
천태산인(天台山人) 117, 365
천팡밍(陳芳明) 282
천핑위안(陳平原) 324, 337
「청운동 무당춤(淸雲巫舞)」 226, 229
「청포도」 16, 45, 364
첸쉬엔통(錢玄同) 226
첸싱춘(錢杏邨) 121, 124, 137
최승희(崔承喜) 14, 16, 36, 38, 255, 260, 262-265, 268, 391, 396
최창규(崔昌圭) 109, 111, 114, 119, 120, 130
「축복(祝福)」 258
『춘추(春秋)』 47, 338, 339
『측천외사(則天外史)』 135
「침향설: 두 번째 향로(沉香屑: 第二爐香)」 292, 314, 317, 383
「침향설: 첫 번째 향로(沉香屑: 第一爐香)」 255, 277, 292, 306, 312, 315, 383

[ㅋ]
카라시마 노보루(辛島昇) 247
카라시마 타케시(辛島驍) 20, 22, 23, 112, 114, 126, 136, 205-207, 224, 245, 247, 248, 250
캉바이칭(康白情) 93
커링(柯靈) 269, 275
「케임브리지와 다시 이별하며」 93, 95, 96

[ㅌ]

타이징농(臺靜農) 220-224, 232-234, 240, 244, 249, 252
탄정비(譚正璧) 121
『탑을 세우는 사람(建塔者)』 234
『태평광기(太平廣記)』 109, 224
『털매미(蟪蛄)』 238
톈한(田漢) 208
톈싱(天行) 221, 224
톈잉(田英) 326

[ㅍ]

판류다이(潘柳黛) 263
푸쓰녠(傅斯年) 194, 212
푸제(符節) 326
프롤레타리아 문학운동 122

[ㅎ]

『한민족독립운동사자료집(韓民族獨立運動史資料集)』 52
핫토리 우노키치(服部宇之吉) 225, 226
『해상화열전(海上花列傳)』 259, 260, 318, 319, 386, 387
『향차일록(香槎日錄)』 243
허규(許珪) 74, 362
허위안쥔(何元俊) 326
허치공(何其鞏) 60
허핑호텔(和平飯店) 36, 37, 263
『헐포조(歇浦潮)』 259
혁명대학(革命大學) 60
『현대평론(現代評論)』 230
『현대희극(現代戲劇)』 121
호평(胡平) 88
홍대용(洪大容) 359
『홍루몽(紅樓夢)』 38, 40, 133, 134, 259, 260, 267, 268, 386
『홍루몽염(紅樓夢魘)』 260, 320, 387
홍커우공원(虹口公園) 181
홍학(紅學) 133
화마오호텔(華懋飯店) 37, 260, 263
화베이연합대학(華北聯合大學) 60
화이관(華夷觀) 14, 356, 359
화중공학(華中公學) 30
황관출판사(皇冠出版社) 258, 281
「황금 족쇄(金鎖記)」 256, 292, 304, 311, 314, 383
황도문학(皇道文學) 210
『황명유민전(皇明遺民傳)』 243
황싱(黃興) 60
황엽전(黃葉箋) 84
황윈펑(黃雲鵬) 60
「황인종의 피(黃人之血)」 197
황전샤(黃震遐) 197
황톈펑(黃天鵬) 323
황화집(皇華集) 143
후란청(胡蘭成) 39, 259, 265, 302, 383
후스(胡適) 10, 16, 23, 24, 27, 28, 47, 83, 93, 121, 137, 139, 147, 150, 157, 272, 318, 364, 385
『후스문존(胡適文存)』 121, 130
후펑(胡風) 9, 217
훼멸(毁滅) 96
『희곡개량개평(戲曲改良槪評)』 121

근대 한중 교류의 기원

문학과 사상 그리고 학문의 교섭

펴낸날 초판 1쇄 2015년 2월 2일
지은이 홍석표
펴낸이 김훈순
펴낸곳 이화여자대학교출판부
주소 서울특별시 서대문구 이화여대길 52(우120-750)
등록 1954년 7월 6일 제9-61호
전화 02) 3277-2965(편집), 02) 362-6076(마케팅)
팩스 02) 312-4312
전자우편 press@ewha.ac.kr
홈페이지 www.ewhapress.com
책임편집 김미정
디자인 정혜진
찍은곳 네오프린텍

ISBN 979-11-85909-20-2 93820

값 27,000원

* 잘못된 책은 바꾸어 드립니다.

이 도서의 국립중앙도서관 출판예정도서목록(CIP)은 서지정보유통지원시스템 홈페이지(http://seoji.nl.go.kr)와 국가자료공동목록시스템(http://www.nl.go.kr/kolisnet)에서 이용하실 수 있습니다. (CIP제어번호: CIP2015001538)